青少年课外阅读系列丛书

中国通史

ZHONGGUOTONGSHI

南京大学出版社

- 启发生命中更宽阔的智慧视野，旁征博引、拈提古今、蕴意深邃、生动幽默、古为今用
- 品味传统经典文化，启发生命智慧视野，提升个人精神品质
- 开卷有益，让光芒四射的智慧炫起来

杨 非◎编写

【学生版】

前言

记得有一段时间，全国人民都迷恋历史评书。在评书表演艺术家精彩的演说下，一段段引人入胜的故事曾经令万人空巷，从那里很多人知道了三国的诸葛亮、隋唐的瓦岗寨、宋朝的岳飞。只是当时沉浸在跌宕起伏的情节中，或许并不知道这就是中国的历史，或许并不知道诸葛亮六出祁山、瓦岗寨农民大起义、岳飞英勇抗击金兵就是中国历史上曾经发生过的大事。

中国的历史的确就像评书所讲的那样精彩，甚至更丰富，不信你数数中国人的姓氏，翻翻厚厚的词典，要知道，每一个汉字后面都有一段经典的“故事”。

用环环相扣、源远流长来形容中国历史上各个朝代的更迭并不为过，用波澜壮阔、异彩纷呈来形容中国历代所发生的大事也一点不夸张。秦始皇修建万里长城、东汉蔡伦发明造纸术、南朝祖冲之创造新历、唐代文成公主入藏、宋代毕昇发明活字印刷术……这样的历史不能不让人骄傲，这样的历史大事不能不令人神往。

介绍中国历史的读物不在少数，其编排格式也多种多样、各有千秋，本书中我们试图用另一种方式来讲述历史。本书以每个朝代中发生的一个个重大历史事件为主，用朝代更迭为线将其串起来，事件各自独立又互为因果。

全书叙事上起传说中的三皇五帝，下迄中华人民共和国成立，首尾浩浩上下五千年，内容涉及政治、经济、文化、科教、宗教、民俗等诸多领域。

在全书的编写过程中，编著者倾注了巨大的心力，查阅比较了大量史料，力求在满足趣味性、通俗性的前提下保证史实性。这样操作虽然有一定难度，但编著者希望竭尽所能实现之。

前人的经验是宝贵的财富，可以帮助后人洞察世事，少走弯路，所以培根说：“读史使人睿智。”退而求其次，至少知史可以让你具有与众不同的学识和魅力。

有历史是一种荣耀，它是一个民族智慧的积淀。华夏文明博大精深，非一家之言所能道尽。愿您能喜欢本书，并先睹为快。

编　者

第一章　史前神话传说

第二章　夏商与西周

第三章　春秋战国

第四章　秦汉时代

第五章　三国两晋南北朝

第六章　隋唐时代

第七章　两宋时代

第八章　元朝时代

第九章　明朝时代

第十章　清朝时代

第十一章　近现代

第一章 史前神话传说

现在的考古学以及历史学的研究成果一致认为，距今约3600年的商，是第一个可考的朝代。换句话说，目前所知有文献的历史是从商开始的。因此，在商之前追溯到约170万年前甚至更遥远的过去，这样一个漫长的时间跨度，史学家们习惯称之为史前。

在史前史当中，最引人注意的还是神话传说。神话传说大致产生于原始社会末期，当时生产力低下，人们对自身，对千变万化的自然现象做不出正确的认识和解释，于是，便渐渐产生了“神”这个概念（以盘古、女娲、伏羲、炎帝等为代表），继而又通过天马行空的想象，将认识和改造大自然的活动神奇化，附加在“神”的身上，于是便产生了神话传说。史前神话传说虽然荒诞离奇，却反映出当时的人们认识自然和改造自然的强烈愿望。在文字记载出现之前，这些神说靠世世代代的传说而流传，后来，这些内容被世人整理并用文字记录下来，便成为文献中的史前神话传说，并流传至今。

盘古开天辟地

传说天地原本是黑暗混沌的一团,就像一个大鸡蛋一样。那里面是漆黑一团,什么也没有,玉帝于是派盘古大仙下凡开天辟地。

盘古在“鸡蛋”里睡了一万八千年才醒了过来。当他发现他生活在黑暗混沌的“大鸡蛋”里,看不见一丝光明时,心里闷得慌。

他想活动筋骨,胳膊一伸,腿脚一蹬,“咔嚓”一声,“大鸡蛋”就被蹬碎了。

盘古睁开眼睛一看,上下左右黑糊糊的漆黑一团,四面八方没有一点亮光,啥也看不见。盘古一急,抡起拳头就砸,抬起脚就踢。

盘古的胳膊又粗又大,像铁打的一样。他这一踢一打,凝聚了一万八千年的混沌黑暗,都给他踢打得稀里哗啦乱动。三晃荡,两晃荡,紧紧缠住盘古的混沌黑暗,轻的清的东西就慢慢地飘动起来,变成了蓝天;重的浊的东西慢慢沉淀下来,变成了大地,天和地裂开了一条缝。

天地一分开,盘古觉得舒坦多了。他长长地透了一口气,就一骨碌坐了起来。可是缝太小了,天在上边压着他的头,地在下边挤着他的屁股。

盘古怕天地再合起来,就手撑天,脚蹬地,猛一使劲,又把天撑开一截。盘古站直了,身子一天长一丈,天地也一天离开一丈。又过了一万八千年,盘古长成了一个高九万里的巨人,天地也被撑开了九万里。这就是人们说的“九重天”的来历。

盘古开天辟地,耗尽了心血,流尽了汗水,不久就累死了。盘古心眼好,临死前心里还想着:只有蓝天大地不行,还得在天地间造出日月山川、人类万物。可是他已经累倒了,已不能亲手造这些了。最后,他说了一句:“把我的身体留给世间吧。”然后就死了。

说也奇怪,盘古死后,他的左眼,变成了又圆又大又明亮的太阳,高挂天上,给大地送暖;右眼变成了明晃晃的月亮,夜间给大地照明。他睁眼时,月儿是圆的,眨眼时,月儿是缺的。他的头发、胡子,变成了密密麻麻的星星,布满蓝天,伴着月亮走,跟着月亮行。

他嘴里呼出的气,变成了春风、云雾,使得万物生长。他的声音,变成雷霆闪电。他身上的肉,变成了土地;他的筋脉变成了道路;他的手足四肢,变成了崇山峻岭;骨头牙齿变成了埋藏在地下的金银铜铁、玉石宝藏;他的血液,变成了滚滚的江河,汗水变成了雨露;他的汗毛,变成花草树木;他的精灵,变成人畜鸟兽鱼虫。从此,天上有了日月星辰,地上有了山川树木、人畜鸟兽。人们管理着万物,天地间从此有了世界。

女娲抟土造人

传说盘古开出天地后便死了,天地间空荡荡的,什么也没有。后来,神农造了百草和树木,伏羲造了飞禽走兽,于是天地间便热闹起来。谁知热闹反而不好,百草、树木、飞禽、走兽都吵成一团,你争你大,你该吃我;我争我大,我该吃你,谁也不服从谁。神农和伏羲商量,该定个主人。定谁呢?商量来商量去总是定不下。这时女娲走来说:“我造些人,让人做主吧。”神农、伏羲答应了。

女娲来到一处水塘边,蹲下身子,用手撮起一些塘边的黄土,用塘水使土润湿和成泥,仿照倒映在水面上自己的形象,抟成了一个小小的泥娃娃。经女神之手抟的泥娃娃一放到地上就有了生命,围着女娲又跳又叫。女娲高兴极了,非常满意自己的创造物,于是她继续抟土造泥娃娃。一个又一个的小生命不断地从她的手中诞生。过了许久,女娲累了。经她手虽抟出了许多小生命,但与广袤的大地相比,还是太少了。于是女娲想出了一个新办法,用一根长绳子伸入到泥浆里来回拖拉甩动,甩动时溅落到周围地面上的泥点也立即变成了很多欢蹦乱跳的小人。最初的人类就这样被创造出来了,不久,人类的足迹就遍布了世界。

女娲看到自己创造的孩子们在大地上活动,感到十分欣慰,但又有了新的忧虑:人的生命是有限的,总有一天会死,如何才能使人类永远存在下去?她左思右想,终于想到应将男人与女人相互匹配,让人类自己繁衍和哺育后代,这样人类才可以永存。于是,她走向一座庄严的神坛,向着主神虔诚地祷告:请允许我做人类的媒妁,以使人类世代繁衍,永远不绝。她得到了神的允诺。这样,女娲又成为人类最早的媒人,为人类建立了婚姻制度。从此,人类男女相爱,生儿育女,幸福地生活在大地上。

每当阳光普照的白天,或是皓月当空的夜晚,女娲常常坐在高高的山巅之上,观看人们的一言一行,一举一动,心中有说不出的欢畅。然而,她慢慢地发现,人们还不会运用智慧为自己的生活创造乐趣。于是她又创造了一种叫做“笙”的乐器,把它交给人类,并教会人们如何使用。从此之后,人间处处飘荡着优美动听的管弦丝竹之声,男男女女在优美的旋律中翩翩起舞,人类的生活中增添了无穷的欢乐。

女娲在为人类做完了这四件功德无量的大事后,像一位伟大的母亲那样,安详地离去了。她乘坐着一条巨大的蛟龙,在众多神灵的陪伴下,缓缓飞升,一直飞到那高高的九天之上,住在天帝为她安排的宫殿中。女娲虽然离人类而去,但她为人类所建立的伟大业绩却永远留在人们心中,千百年来,人们一直在怀念这位伟大的创世女神。

女娲炼石补天

盘古开天辟地以后的很多年,不知什么原因,支撑着天穹的四根大柱子突然折断了,半边天空坍塌下来,蔚蓝色的天幕上露出个黑洞洞的大窟窿;九州的土地也忽然裂开了,分割成一条一块的。天不能完全覆盖住大地,地也不能完全负载着万物了。洪水四处泛滥,大火在各处燃烧。天神女娲看见天地被弄得一团糟,心里非常难过,决心把天上的黑洞补上,把天下儿女们从水深火热中拯救出来。于是她来到昆仑山上,亲手熔炼了五色石子,把苍天修补好,天空又变得和先前一样美好;她又砍下大乌龟的四只脚,用来代替天柱,树立在大地的四方,将天空支撑起来;她还把那兴风作浪的黑龙杀掉,使得中原的百姓得以安生;然后,又把芦苇烧成灰烬,堆积起来,用它阻挡住滔滔的洪水。

经过一番辛苦的工作,苍天补好了,四极稳住了,洪水退去了,恶禽猛兽被诛杀了,中原一带灾难平息了,善良的人民得到了拯救,又过上无忧无虑的生活。

中国通史

神农尝百草

上古时期，五谷和杂草长在一块，药物和百花开在一起，哪些是可以吃的粮食，哪些是可以治病的草药，谁也分不开。黎民百姓靠打猎过日子，天上的飞禽越打越少，地下的走兽越打越稀，人们就只好饿肚子。谁要生疮害病，无医无药，不死也要活受罪！

老百姓的疾苦，炎帝神农氏瞧在眼里，疼在心头。怎样给百姓充饥？怎样为百姓治病？炎帝苦思冥想了三天三夜，终于想出了一个办法。

这天，炎帝带着一批臣民，从家乡随州历山出发，向西北大山走去。他们走啊，走啊，腿走肿了，脚起茧了，还是不停下，整整走了四十九天，来到一个地方。只见高山一峰接着一峰，峡谷一条连着一条，山上长满奇花异草，大老远就闻到了香气。炎帝他们正往前走，突然从峡谷里窜出来一群豺狼虎豹，把人们团团围住。炎帝马上让臣民们挥舞神鞭，向野兽们打去。打走一批，又拥上来一批，一直打了七天七夜，才把野兽都赶跑了。那些虎豹蟒蛇身上被神鞭抽出一条条一块块伤痕，后来变成了皮上的斑纹。

这时，臣民们说这里太险恶，劝炎帝回去。炎帝摇摇头说："不能回！黎民百姓饿了没吃的，病了没医的，我们能回吗？"他说着领头进了峡谷，来到一座大山脚下。

这山半截插在云彩里头，四面是刀切崖，崖上挂着瀑布，长着青苔，溜光水滑，看来没有登天的梯子是上不去的。臣民们又劝他算了吧，还是趁早回去。炎帝摇摇头："不能回！黎民百姓饿了没吃的，病了没医的，我们能回吗？"他站在一个小石山上，对着高山，上望望，下望望，左瞅瞅，右瞄瞄，定主意，想办法。后来，人们就把他站的这座小山峰叫"望农亭"。

忽然，炎帝看见几只金丝猴，顺着高悬的古藤和横倒在崖腰的朽木爬过来。炎帝灵机一动，有了！他当下把臣民们喊来，叫他们砍木杆，割藤条，靠着山崖搭成架子，一天搭上一层，从春天搭到夏天，从秋天搭到冬天，不管刮风下雨，还是飞雪结冰，从不停工。整整搭了一年，搭了三百六十层，才搭到山顶。传说，后来人们盖楼房用的脚手架，就是学习神农的办法。

炎帝带着臣民，攀登木架，上了山顶。嘿呀！山上真是花草的世界，红的、绿的、白的、黄的，各色各样，密密丛丛。炎帝高兴极了，他叫臣民们防着狼虫虎豹，他亲自采摘花草，放到嘴里尝。为了在这里尝百草，为老百姓找吃的，找医药，炎帝就叫臣民在山上栽了几排冷杉做城墙防野兽，在墙内盖茅屋居住。后来，人们就把炎帝住的地方叫“木城”。

白天，炎帝领着臣民到山上尝百草，晚上，他叫臣民生起篝火，他借着火光把它们详细记载下来。哪些草是苦的，哪些热，哪些凉，哪些能充饥，哪些能医病，都写得清清楚楚。

有一次，炎帝把一棵草放到嘴里一尝，霎时天旋地转，一头栽倒。臣民们慌忙扶他坐起，他明白自己中了毒，可是已经不会说话了，只好用最后一点力气，指着面前一棵红亮亮的灵芝草，又指指自己的嘴巴。臣民们慌忙把那红灵芝放到嘴里嚼嚼，喂到他嘴里，炎帝吃了灵芝草，毒气解了，头不昏了，能说话了。从此，人们都说灵芝草能起死回生。臣民们担心他这样尝草，太危险了，都劝他还是下山回去吧。炎帝又摇摇头：“不能回！黎民百姓饿了没吃的，病了没医的，我们能回吗？”说罢，他又接着尝百草。

炎帝尝完一山花草，又到另一山去尝，还是用木杆搭架的办法，攀登上去。一直尝了七七四十九天，踏遍了这里的山山岭岭。他尝出了麦、稻、谷子、豆子、高粱能充饥，就叫臣民把种子带回去，让黎民百姓种植，这就是后来的五谷。他尝出了三百六十五种草药，写成《神农本草》，叫臣民带回去，为天下百姓治病。

炎帝尝完百草，为黎民百姓找到了充饥的五谷和医病的草药，就来到回生寨，准备下山回去。他放眼一望，遍山搭的木架不见了。原来，那些搭架的木杆，落地生根，淋雨吐芽，年深月久，竟然长成了一片茫茫林海。炎帝正在为难，突然天空飞来一群白鹤，把他和护身的几位臣民，接上天庭去了。从此，回生寨一年四季，香气弥漫。

为了纪念炎帝神农氏尝百草、造福人间的功绩，老百姓就把这一片茫茫林海，取名为“神农架”。把炎帝升天的回生寨，改名为“留香寨”。

后人为了纪念我国这位最古的药王爷，中国最早的一部药物学专著即命名为《神农本草经》。

伏羲画八卦

据说在中国西北几千万里的地方，有一个极乐的国土，叫做“华胥氏之国”。这里的人民都没有欲望和嗜好，一切听其自然，所以每个人的寿命都很长，生活得美满而快乐。他们能走进水里面不怕水淹，走进火里面不怕火烧，在天空中往来如履平地，云雾阻挡不了他们的视线，雷霆也搅乱不了他们的听闻。这个国家的人可以说是地上的神仙。

在这个极乐的国土上，有个叫“华胥氏”的姑娘。有一次，她到东方一个林木葱郁的地方去玩，偶然看到一个巨人的足印，觉得又奇怪又好玩，就用自己的脚去踩这个巨人的足印，刚踩下去，仿佛有所感应，后来就怀了孕，生下一个儿子，叫做“伏羲”。

伏羲对于人民的贡献很大，他曾经画过八卦，用各种符号来代表天、地、水、火、山、雷、风和泽，人民就拿它来记载生活里发生的各种事情。伏羲还把绳子编织起来，做成渔网，教人民打鱼；他的臣子芒氏，又仿照他的办法，做成鸟网，教人民捕鸟。这些对于改善人民的生活，都有着很大的帮助。

伏羲对人类最大的贡献就是把火种带给人民，让人民吃到烤熟的野味，学会了吃熟食。伏羲氏又叫“庖羲”，即不要吃生肉、“打到野兽到厨房烧制”的意思。伏羲当时取得的火，大概是大雷雨之后山林里燃烧起来的天然火。

燧人氏击石取火

据说很古的时候，商丘这地方是一片山林，燧人氏当了皇帝后就住这里。那时候，燧人氏经常带领人们四处打猎，人们靠猎取野兽、吃生肉喝生血充饥。有一次，山林里突然失了火，火灭了之后，有许多禽兽被火烧死了，皮被烧焦了，肉被烤熟了。燧人氏捡起来一尝，真香！于是他带领大家去捡吃烧死的禽兽。熟肉吃完了，他们只得重新去打猎，仍然吃生肉生血。这时，大家都觉得生肉没有熟肉好吃，都盼望再来一场大火。

一天，燧人氏突然遇到从太阳宫里来的太阳公主。太阳公主送给他一块会生火的宝石。燧人氏非常高兴地把宝石放在一个地方，等着它生出火来，可是一天天地过去了，怎么也不见宝石生出火来。燧人氏失望地说："原来太阳公主是骗人的，这宝石既然不能生火，我还留着它干什么呢？"说罢，抓起宝石使劲朝一块石头摔去。这时却只听得"嘭"地一声，火花四溅，燧人氏这才恍然大悟，接着经过多次试验，成功地用击石的办法生起了火。从此，人们才开始把食物放在火上烤着吃。

燧人氏击石取火为人类造了福，百姓都很敬仰他。传说他活了100岁，人们给他修的大墓至今还保存着。

黄帝战蚩尤

大约5000年以前，在我国黄河流域有着许多部落。以黄帝为首领的部落最初兴起于今陕西北部，后来沿着洛水南下，东渡黄河，定居于河北涿鹿附近，从游牧生活转为农耕定居生活。

黄帝部落定居中原后，势力迅速扩大，与西边的炎帝发生了激烈的对抗。炎帝姓姜，号为神农氏，传说他牛头人身，是南方的太阳神。他自行其是，不听从黄帝的号令，终于导致双方在阪泉之野展开了大战。炎帝在战斗中使用火攻，并请火神祝融下凡助战。黄帝是主雷雨的天神，便以水攻反击炎帝。他统帅神兵天将，并调集熊、罴、貔、貅、豹、虎等上战场助攻，经过三次激战，炎帝战败，被迫退回南方。

黄帝战胜炎帝之后，成为中央天帝。他位居天庭的中央，手里握着一根绳子，与他的属神后土共同统领四方。在中央天帝黄帝四面，各有一位天帝，分别掌管各自一方的事务。东方天帝是太豹，其属神是勾芒，手执圆规，掌管春天，是春神；南方天帝是炎帝，属神是祝融，手执秤杆，掌管夏天，是夏神；西方天帝是少昊，属神是佐蓐收，手执曲尺，掌管秋天，是秋神；北方天帝是颛顼，属神是玄冥，手执秤锤，掌管冬天，是冬神。四方天帝皆属中央天帝管辖，从而建立了以黄帝为中心的神国组织。

炎帝失败后，他的部下蚩尤势力迅速膨胀，声称要为炎帝复仇。蚩尤姓姜，是炎帝的后代。传说蚩尤长着四只眼睛六只手，人身牛蹄，头上长着锐利的犄角，耳边鬓毛硬如刀剑，以铁块、石头和沙子当饭吃。蚩尤共有八十一个兄弟，人人铜头铁额，个个凶猛异常。蚩尤开山挖洞打造戈、矛、戟和弩弓等各种兵器，调集兵马，胁迫苗民从军，并网罗山精水怪、魑魅魍魉，气势汹汹地向黄帝发起了进攻。

黄帝闻讯，急忙集合兵马抵御蚩尤的进犯，双方在中原大地展开了一场恶战。

战斗开始不久，正当双方人马在原野上酣战之时，蚩尤施展本领，造起弥天大雾。黄帝及其军队均迷失在大雾之中。大家不辨方向，晕头转向，自相残杀，蚩尤趁机进攻，黄帝军队被杀得人仰马翻。紧要之时，黄帝的臣子风后替黄帝制造了指南车，依靠指南车的指引，黄帝才带领大军冲出了大雾。

几日后，双方再次交战。蚩尤命令自己军队中的妖魔鬼怪、魑魅魍魉一齐发出怪叫声，这怪叫声使黄帝军中的虎、豹、狼、熊心惊胆战，四散奔逃，使士兵迷失本性，束手就擒。危难之时，黄帝忙令士兵用牛角做号角，吹出低沉的龙吟声，以抵御怪叫声的侵袭。那些发出怪叫的妖魔鬼怪、魑魅魍魉听到了龙吟，一个个浑身无力，魂飞魄散，赶忙停止怪叫，向后逃窜，黄帝的大军才得以保全。

黄帝见蚩尤凶悍善战，又能呼风唤雨，便让臣子应龙设计击败蚩尤。应龙来到冀州，积蓄了大量的水，准备以水攻击破蚩尤大军。不料蚩尤却抢先从天上请来了风伯雨师，纵起狂风暴雨，劈头盖脸扫向黄帝大军。黄帝的部队顿时陷入一片汪洋之中，纷纷抱头鼠窜。黄帝大惊，连忙召自己的女儿天女魃从天上下来助战。天女魃降到地面，施展周身本领，将满天的狂风暴雨一扫而光，天空重现红日。黄帝的大军再次转危为安。

经过连续九次激战，黄帝耗尽了全力，但始终无法彻底打败蚩尤，不由得心情抑郁。

一天深夜，浓雾弥漫，天昏地暗，黄帝独自一人闷闷不乐地坐在营帐中，苦苦思索破敌之策。忽然，有一位妇人从天上降落到黄帝面前，她长着人的脑袋，鸟的身子。黄帝一见，连忙起身行礼。妇人说："我是九天玄女，你有什么疑难问题吗？"黄帝说："我想学习打败敌人的战法。"于是，玄女将战法传授给了黄帝。

按照玄女的指教，黄帝派人开山采铜，打造兵器，以剑戟弓箭武装战士；又派人到东海流波山上，杀死一头名叫夔的巨兽，用它的皮蒙鼓，取龙身人头的雷神身上的骨头来敲鼓，声震五百里；再依照玄女所传授的战法，操练布阵，使部队阵形严整，进退自如，作战有序，部队士气顿时大振。

经过一番精心准备之后，黄帝领军与蚩尤在涿鹿之野展开了决战。战斗刚一开始，蚩尤故伎重演，马上放出弥天大雾。黄帝军中马上推出新造的数辆指南车，指挥部队破雾前进。蚩尤一见，立即派出妖魔鬼怪、魑魅魍魉齐声怪叫。黄帝军中也立即吹起龙吟之声，惊退众妖。蚩尤再次纵起狂风暴雨，但也立即被天女魃破除。蚩尤眼见各种法术都不灵验，不由大怒，便率81个兄弟，督促本部兵马、被胁迫的苗民和山精水怪、魑魅魍魉挥动长矛大弩拼死猛冲。黄帝大军沉着应战，黄帝士兵的剑戟与蚩尤兵士的长矛势均力敌，黄帝军中的弓箭胜过了蚩尤部队的大弩，黄帝兵马布下的战阵更是神出鬼没，势如破竹，直杀得蚩尤大军丢盔弃甲，鬼哭狼嚎。蚩尤见势不妙，便使出他空中飞走的本领，企图逃之夭夭。但黄帝早有准备，立刻命人擂起夔皮鼓。夔皮鼓一响，惊天动地，蚩尤顿时骨软筋麻，从空中跌落下来，早已守候在一旁的应龙一把抓住了他，送到黄帝面前。黄帝下令处死了这个恶神。

黄帝处死蚩尤之后，天下重归太平。黄帝实行仁政，爱护百姓，除暴安良，赏罚分明。在他的统治下，年年风调雨顺，岁岁五谷丰登，人民安居乐业，共享幸福。传说黄帝不仅会用铜、石造兵器，还发明了船、车、染五色衣服。他的妻子嫘祖养蚕抽丝,苍颉造文字,对中华民族文明的发展做出了重大贡献。

在涿鹿之战后留在中原地区的蚩尤部落民众、炎帝族民众与黄帝族民众生活在一起,相互融合,共同形成了中华民族的祖先,而黄帝也被尊为中华民族的始祖神。

尧舜禅让帝位

尧是陶唐氏部落的酋长,后来又做了部落联盟的首领。由于尧能严于律己,关心人民,所以后世传说多歌颂他的仁德和功绩,甚至把他神化了。尧是个非常节俭的人,可是对老百姓却充满了深厚的仁爱之心。假如有哪一个人挨了饿,尧就说:“这是我的罪过,使他挨饿的呀!”假如有哪一个人受了冻,尧就说:“这是我的罪过,使他受冻的呀!”假如有哪一个人犯了罪,受到处罚,尧就说:“这是我的罪过,使他陷入罪恶呀!”

在尧做国君的70年里,先是遇到大旱,天上同时出现了10个太阳,大地上的草木都干枯了,尧派羿射下了9个太阳,消除了旱灾。后来又遇到了特大的洪水,九州大地一片汪洋,老百姓无法安居乐业。无奈之下,尧就命禹去治水,禹花费了13年的时间,历尽千辛万苦,终于把洪水制服了。所以那时人民虽然也过了些苦日子,可是百姓对尧始终是衷心爱戴的,没有一点怨言。难怪后来孔子也对尧大加赞赏:尧这位国君,真伟大呀,最崇高最威严的是上天,唯有尧能像上天那样爱抚人民。他那种对人民的宽厚坦荡的爱呀,让老百姓都不知道用什么词来称赞才好。

舜是有虞部落里的人,所以也叫“虞舜”。舜的父亲名叫瞽叟,是个瞎眼的老头。舜的母亲很早就去世了,后来瞽叟又娶了妻子,生了个儿子名叫象,生了个女儿叫敤手。

舜在家中的处境是很苦的,父亲是个老糊涂,只知道宠爱后妻的子女。后母凶狠阴险,把舜看成眼中钉。弟弟象是个粗野傲慢、自私自利的家伙。只有小妹妹多少还有点少女的善良之心。

舜生活在这样的家庭中,不但得不到丝毫的温暖,还常常遭到父亲的毒打。那心肠狠毒的后母，总想杀死舜。后来舜觉得在家中实在呆不下去了，只好一个人搬出去，在历山脚下盖一间草屋，开垦了一些荒地，一个人独自生活。舜是有名的孝子，尽管父亲打骂他，后母想害死他，弟弟也欺负他，可是他总是一片真心敬孝父母，爱护弟妹。他在历山耕田，每遇荒年，常暗中拿些粮食接济父母。

舜还是个品德高尚、富于谦让精神的人，他在历山耕作没有多久，那些过去争夺地界的农民，在他德行的感化下，都互相让起土地来了。后来舜又到雷泽去打鱼，不久那些为抢占渔场而打得头破血流的人也争着让起渔场来。舜又到黄河之滨去做陶器，没有多久，那些粗制滥造的陶工们制作的陶器也都又美观又耐用了。舜的崇高德行感化了远近的人，大家都愿跟他住在一块儿。过了一年，他住的地方便成了村庄；到了第三年就成了一个小部族。

这时候，尧的年纪也越来越老了，他想在天下寻找一位德高望重的贤人，然后把帝位禅让给他。各地的族长们都推荐舜，说他既孝顺又有才干，可以做候选人。于是尧就把自己的两个女儿娥皇和女英嫁给舜做妻子，又对他进行了长时间的多方考察，确认舜是个道德高尚的贤人，就把自己的帝位禅让给了他。舜做了国君以后，心里时刻装着天下的人民，关心百姓的疾苦，把国家治理得非常好。

湘妃竹上的斑点

尧是继炎帝、黄帝之后又一个最有威望的部落首领。其都城设在平阳（今山西省临汾市）。

尧日理万机，勤勤恳恳地为人们办事。尧非常善于发现和使用人才，他建立了很有效的行政机构，是中国政治制度的萌芽。

在尧老了的时候，尧按惯例召开了部落会议，商议确立自己的继承人，大家通过商量一致推举尧的儿子丹朱继承首领的位置。

于是，尧开始教育丹朱怎样来治理国家。可是丹朱是一个成天游手好闲、东游西逛的人，根本不关心人民。尽管尧想尽办法试图使儿子走上正道，但最终无法改变丹朱的本性。

后来，大家又推举舜作为尧的继承人。尧为了考察舜是一个怎样的人，将自己的两个女儿娥皇和女英嫁给了他，以时刻监视舜的言行，看他是否有资格做自己的继承人。经过考核和观察，尧认为舜是一个德才兼备的人。等到尧退休的时候，他让位给了舜，这就是所谓“尧舜禅位”。司马迁在《史记》里说：“尧知子丹之不肖，不足授天下，于是乃权授舜。授舜，则天下得其利而丹朱病；授丹朱，则天下病而丹朱得其利。尧曰：‘终不以天下之病而利一人。’而卒授舜以天下。”

舜是黄帝的第九世孙，他生在姚墟（今山西省永济县北 10 公里处），他的父亲封在虞地，所以舜又叫虞氏、虞舜。他的继母和弟弟象曾经多次陷害他，历史上有“象日以杀舜为事”，意思就是象每日把杀死舜作为自己的工作。

他的父亲瞽叟也十分偏爱象，但舜却曲尽孝道，成为中国历史上第一个最有名的孝子。

舜当了首领之后任用贤人“八恺”、“八元”除掉了“四凶”。他制定了“五刑”，设立了各级官职，定下了天子巡狩和部落领袖朝觐的制度。舜所制定的这些制度标志着中国氏族社会向阶级社会的转化。

舜与娥皇和女英结婚后，在她俩的帮助下，战胜了继母和弟弟象。舜与娥皇、女英夫妻百般恩爱，给后人留下了很多美丽而又动人的神话故事。湘妃竹上的斑点就是其中一个。

舜老了以后，把首领的位置禅让给禹，自己远行巡狩于苍梧之野（今湖南宁远县），劳瘁而死，葬在九嶷山南面。娥皇和女英千里奔丧，眼泪深深地浸在竹子上，竹子布满了点点滴滴的泪痕，后世的人们称之为湘妃竹。娥皇、女英后来投湘水自尽，成了湘水的女神。

第二章　夏商与西周

夏朝，大约公元前2070年建立，直到公元前1603年灭亡，共有14世、17王，经历了400多年。夏朝是由家居在黄河下游的夏部，与周边地区其他部族联盟共同建立的，它的第一位统治者是夏禹，夏朝是我国的第一个朝代，它的建立标志着"天下为公"的原始氏族社会的瓦解和奴隶社会私有制的初步形成。

夏朝的最后一个统治者桀残暴无道，于公元前1600年被汤所灭。夏朝灭亡，汤建立商朝，商朝是奴隶制社会的第二个王朝，也是奴隶制发展的重要时期，商朝已经掌握了雄厚的武装力量和精良的统治武器，文字的发展水平也很高，这一切都说明了商朝已经充分具有奴隶王朝的规模。然而，商后期政治腐败，社会矛盾十分尖锐，到了商纣王时达到了顶峰，约公元前1046年，周武王伐纣，商纣兵败牧野，商朝灭亡。

周武王灭商后，还师归朝，在都邑镐京（今陕西长安西北沣水东）举行盛大典礼，正式宣告建立周朝，史称西周。西周大约从公元前1046年到公元前771年，这期间奴隶制不断发展，达到顶峰后，渐渐走向衰落。公元前781年，周幽王继位，这时，周王朝和一些诸侯国的矛盾已经非常尖锐，公元前771年犬戎和吕、军国攻周，周幽王被杀于骊山之下，西周灭亡。

夏、商、周三朝，是我国奴隶社会的鼎盛时期，此后，奴隶制逐渐向封建制过渡，并最终被封建制所取代。

大禹治水

大禹，因受封为夏伯，所以又称为夏禹（夏地在今河南阳翟），他本姓姒，相传为黄帝的玄孙，鲧之子，夏后氏部落领袖，奉舜命治理洪水。他采用疏导的方式制住了泛滥的洪水，被舜选为继承人，在舜死后担任部落联盟首领。禹死后，他的儿子启继承了首领的位置，建立了中国历史上第一个奴隶制国家，即夏朝。

尧在位时，黄河流域发生了罕见的水灾，洪水滔天，包围了高山，没过了丘陵，平原地带到处是一片汪洋，庄稼被淹，房屋被冲毁，老百姓生计艰难，生命难保。为了战胜洪水，尧派鲧去治理水患。但鲧只知道水来土挡，造堤筑坝，堵截洪水，结果洪水冲毁了堤坝，"九年而水不息，功用不成"。于是，尧杀掉了鲧。到了尧年老的时候，他将部落联盟首领的位置禅让给了舜，舜又让鲧的儿子禹去治理泛滥的洪水。

大禹身负治水重任，跋山涉水，历尽千辛万苦，走遍黄河上下，西抵戎狄，东达黄海、东海之滨。他和老百姓一起劳动，戴着箬帽，拿着锹镐，带头挖土、挑土，累得脚掌生了老茧，小腿上的毛也磨光了，"劳身焦思，居外十三年，过家门不入"。有一天，禹的妻子涂山氏生下了儿子启，禹正从门外经过，听见婴儿正哇哇地哭，他多想看一眼他那刚刚出生的儿子呀！可是他没有回家去，狠了狠心，又急匆匆地奔向了被水淹没的河滩。

在治理洪水的过程中，大禹吸取了父亲治水失败的教训，先是动员九州的百姓调查地势的高低，"左准绳，右规矩"，立"表木"为记，然后根据地形的变化，采用"开"、"通"、"疏"、"凿"、"引"等办法，让高处积水流往低处，使小河的水注入大江，最后流入东海。当时，黄河中游有一座大山叫龙门山，堵住了河水的去路，把河水挤得十分狭窄。奔腾东下的河水受到龙门山的阻挡，常常溢出河道，酿成水患。禹带领人们凿开龙门山，使流往东海的三江五河畅通无阻。

大禹终于治理好了泛滥的洪水，他的威望也大大提高，舜便把部落首领的位置禅让给他。大禹受禅为帝以后，实行善政养民，为人"敏给克勤，其德不违，其仁可亲，其言可信"，继续保持着高尚的情操和优良的作风，更加博得了人们的尊敬和爱戴。

大禹死后，被大禹选定为继承人的东夷首领伯益坚持不肯受命。后来禹的儿子启被拥戴继位。启建立了中国历史上第一个奴隶制国家——夏朝，从此开创了子继父位的世袭制度。

少康复国

禹治水成功，舜去世后，禹正式成为部落联盟的领袖，这就是夏朝的开始。夏朝是我国历史上第一个朝代，禹是夏朝的第一个国君。禹死后，其子启继承了王位，开创了王位世袭制的先河。夏自禹至桀，共传 14 世 17 王，统治时间约 400 多年。

启死后，他的长子太康继位。

太康对治国一窍不通，做了国王后，丢开国家大事不管，整日外出狩猎，一去就是几个月。

就在太康荒政、国势日衰的时候，东边的有穷国强大起来了。有穷国的国君就是传说中的后羿，他看到太康长期外出打猎，乘机率兵夺取了夏朝的首都安邑。太康身边兵马无几，不能与之抗衡，没过几年，便在忧郁中死去。

他的弟弟仲康自立为夏王，继续在外流亡，等待复国的时机。

后来，仲康死后，他的孙子少康在有虞国国君的帮助下，从纶地起兵收复了夏故都。他安抚百姓，设置百官，重整国家。几年后，少康又起兵讨伐一些地方势力。几个地方势力被少康消灭了，天下又回到夏禹子孙的手里。

暴君夏桀

桀是夏朝最后一个君主，是历史上一个有名的暴君。桀长相粗野无比，力大无穷，胸无点墨。桀荒淫无耻，整天不思国家大事，只想着自己怎样享乐。

他整日沉溺于酒色之间，所以宫廷里日日喝酒声不断。他十分喜欢女色,经常派许多大臣在全国征选美女。

诸侯们也摸到他的习性,常常送些美女来,桀总会给他们封官。那些小国家也常常献美女给桀,希望夏国不要攻打他们。

有一次,桀攻打有施国。有施国的城池就要被攻下的时候,有施国中的一个大臣向国王提出一个建议,给桀送去美女,也许可以保住国家。

有施国王听从他的话,在国中选出美女妹喜献给桀。桀一见就带着妹喜回宫并答应有施国退兵。有施国以一女而保国平安。

桀自得到妹喜之后,整天和她厮守在一起,对她百般宠爱。桀动用国内最优秀的工匠,为她修建了一座宫殿。这座宫殿是当时京城的最高建筑,高耸入云,从远处看似乎要倒下了。所以人们就给它起了个名字叫倾宫。

倾宫的内部装潢华丽无比,用白玉雕成楼栏,以锦绣铺地,用象牙镶嵌在宫殿的走廊里。桀每日在倾宫和妹喜嬉戏游乐,大臣们要进宫报告事情,也一律被挡在宫外不准入内。

就在桀享受着声色犬马之乐时,宫廷之外的老百姓却挣扎在水深火热之中。桀夺走了他们的口中食,掠走了他们的身上衣,而且,这个暴君还杀人如儿戏。桀想像自己的统治像太阳一样长久,百姓实在愤怒至极,他们指着太阳骂道:“你这个可恶的太阳什么时候完蛋啊,我真愿和你一道灭亡。”

就在百姓无路可走,渴望暴君灭亡的时候,在黄河下游,有一个诸侯国渐渐地发展壮大起来了,这就是商。商的国君叫汤,十分贤良,以仁义治国,以礼貌待人,百姓都说遇到了一个明君,周围的诸侯国也都渐渐疏远夏而与商和睦相处。

商汤的名气越来越大,桀担心自己地位不保,就命令赶快把汤抓来,囚禁在夏台(今河南汤阴县北)。汤的大臣伊尹,见到汤王被囚,国内无君,就派人到国内去四处广搜财宝金银,挑选美女,并派了一个巧舌如簧的使者到夏都去贿赂桀。

那使者到了夏都后,先向桀呈献上一队美女,然后加上许多金银财宝,于是桀就把汤给放了。

汤一回国,就着手准备灭夏,他收罗人马,训练军队,准备粮草,打通各个诸侯国的关节,尽力形成一种共同讨伐桀的态势,并且逐步树立自己的威信。

有一个小诸侯国叫葛国。它的国君不理朝政，也不祭祀祖先和天地。汤派人去问起这事，葛国国君说：“我们国家小，没有牛羊，不能祭祀。”

汤派人给他们送去牛羊，但是葛国的国君却把这些牛羊都杀了。当时，在商的周围，还有一个诸侯国叫昆吾。昆吾力量强大，公开地和夏作对，而且也不把商放在眼里，于是汤以替夏伐昆吾为由发兵去攻打昆吾。汤亲自拿着大斧指挥部队，最后灭了昆吾。汤寻找不同的借口，先后灭了周围许多小国。渐渐地，汤的国力强大了，具备了和夏分庭抗礼的条件。

在攻打桀的时候，伊尹献计希望汤先做个试探，也给自己的讨伐找个借口。他要汤不再向夏进贡物品。桀知道此事后，以为汤要造反，马上派大兵去攻打汤。

汤动员自己的所有力量讨伐桀，出兵前，为鼓舞士兵斗志举行了誓师大会。汤作了一篇《汤誓》在大会上宣读，汤说：“众兵士，我不是造反发动兵乱，而是因为夏桀犯下的罪孽太多了，现在上天命令我去惩罚他，希望大家和我一道去。”

汤和桀的军队相遇了，汤最后战胜了夏桀。夏桀带着妹喜和金银财宝一起往南逃去。汤乘胜攻打了偏向夏的一个小国，也大获全胜。

桀和妹喜逃到南巢，汤追到那里，在南巢活捉了桀。

汤把桀流放到南巢这个地方。被囚禁的桀后悔地说：“当初我真应该把那个反贼汤杀掉。”

伊尹由奴成商相

夏朝末年，臣服于夏朝的各个部落也渐渐发展壮大强盛起来，由于夏桀为人十分腐朽残暴，人民的生活处于水深火热之中，老百姓怨声载道，恨不得和桀一起毁灭。当时有个部落的首领叫商汤，他准备推翻夏桀的统治，商汤手下人才济济，伊尹便是其中最出色的一位。

伊尹原来是有莘国（今开封陈留一带）的奴隶，由于心灵手巧，厨艺超群，深受有莘国君的喜爱，让他主管招待外宾一职。伊尹心胸宽广，不满足于现实，由于职务的关系，经常从外宾的口中听说一些天下大事，了解到一些时势变化，便暗下决心找机会到外面去干一番事业。

不久，商汤的左相仲虺来给夏桀送贡品，在有莘国住了几天，他无意间发现这个送饭菜的奴隶伊尹很有才智。经过一番交谈之后，发现伊尹果然是个很出色的人，就想把他带回国去。但是有莘国的国君无论如何也不同意让伊尹离开有莘国，无奈之下，仲虺只好拿些赎金送给伊尹，让他自己把自己赎买出来，免去奴隶身份。

仲虺回国后就向商汤举荐了伊尹，商汤立即派了一名使臣带上车马和聘礼，到有莘国去请伊尹。使臣到了有莘国后，花费了好几天的时间，明察暗访，最后在野外的一间小茅草屋里找到了伊尹。

使臣把伊尹上下打量了一番，看到他长得实在是平庸无奇，不由得显出一副傲慢无礼的神气来，他向伊尹说道："你就是伊尹吧，你的运气来了，我们商王想见你，赶紧收拾东西跟我上车吧！"伊尹被这傲慢无礼的态度给惹恼了，随即回答道："你大概是商国派来的使臣吧！我伊尹有田种，有饭吃，过得像尧舜一样痛快，为什么要去见你们商王呢！"商国的使臣碰了一鼻子灰，只好垂头丧气地回去了。

商汤派使臣来请伊尹的事，早已惊动了有莘国的国君，他怕伊尹日后对自己不利，于是找了个借口把伊尹抓起来。等到仲虺亲自再次来请时，伊尹已失去了人身自由。仲虺只好请求有莘国君把伊尹放出来随他一同到商国去。有莘国的国君拒绝了仲虺的要求，仲虺只好悻悻而回。

仲虺回来后，把到有莘国的情况向商汤汇报了一遍，并向商汤建议说:“现在唯一的办法就是向有莘国求婚,这样就可以要求他们把伊尹作为有莘国公主的陪嫁奴隶送往商国。这样不但可以请来伊尹,而且也免去了有莘国的疑虑。”商汤听后非常赞成,于是立即就派人到有莘国去求婚。有莘国的国君完全答应了商汤的要求,让伊尹作为陪嫁奴隶陪女儿到商国去。

伊尹来到商国后,商汤想到他只是一个奴隶,如果让他担任重要职务,大臣们一定会表示反对,于是决定把大臣们召集起来,让伊尹当众谈谈对天下大事的看法。只见伊尹不卑不亢地拜了一拜,然后从容不迫地讲道:“我只是一个奴隶,本来是无权参与政事的,但现在既然商王看重我,我也不妨说说我对当今天下的看法。现在夏王桀荒淫无耻,闹得天下大乱,百姓吃尽了苦头,心里早就希望他快点灭亡。在这污浊无道的天下,商王算是很难得的一个明君了,他伸张正义,灭掉葛国,宽厚仁慈,取信于民,已是天下众望所归。要想天下的人们得到解救,只有辅佐商王,准备力量,灭掉夏国。我很早就有这种想法,今天来到商国,正是实现这一想法的良机。如今商王对我这样的奴隶不加鄙视,我还敢不尽全力吗?”一席话说得商汤的大臣们茅塞顿开,连连点头称是。

商汤也感到伊尹果然是个不可多得的人才,于是就当众任命伊尹为商国右相,和仲虺共同议决各种国事。伊尹就这样由一个奴隶一跃变成了商国的宰相。不久后,汤在伊尹的帮助下,势力更加强大,最后终于灭掉了腐朽的夏王朝,建立了商朝。

盘庚迁都

商自建国以来,前后迁都数次。

商朝最后定都于殷(今河南省安阳市),所以商朝又叫殷商或者商殷。

商朝定都于殷是从第十九王盘庚开始的。

商朝在太甲以后,奴隶和奴隶主之间阶级矛盾十分尖锐,奴隶们大批逃亡;在王室贵族当中,王位争夺愈演愈烈,常常展开你死我活的斗争;生产荒废了,一些北方的小国和少数民族不再受商朝的控制,加上水涝、干旱等自然灾害，使得商朝这个奴隶制国家简直维持不下去了。

局面到了盘庚时已经糟得一塌糊涂。盘庚觉得应当想出一个行之有效的办法来缓和这些矛盾，挽救商朝的衰亡。他想出来的办法就是把都城迁到殷。他的理由是：殷地的土地比较肥沃，有利于发展农业生产；迁都以后，一切都得从头做起，奴隶主贵族不能过分享受，阶级矛盾就可以缓和一些；迁都可以避开反叛势力；都城比较安全，统治可以稳定。

迁都的决定招致了贵族们的强烈反对，盘庚用软硬兼施的手段，排除众议，最终将首都迁到了殷。从此，商朝的都城就固定在殷城，这使得社会经济和文化有了巨大的发展。

首先，铜的冶炼技术大大提高。殷城附近就有一个很大的拥有上千奴隶劳动的青铜器作坊。奴隶们用铜、锡、铅三种金属做原料，冶炼铸造了成千上万件斧、钺、戈、矛、刀、镞等武器；鼎、爵、觚、壶、盘、盂等饮食器皿；斧、锛、凿、钻、铲等工具。许多青铜器造型十分优美，花纹图案十分精巧，形成了后来著称于世的青铜器文化。有一个很著名的司母戊大方鼎，高133厘米，长110厘米，宽78厘米，重达865千克，已经被考古学家从殷墟遗址中发掘出来，完整地保存在中国历史博物馆里。这是世界上到现在为止发掘到的最大的青铜器。

在殷墟遗址中，还发掘到大批乌龟的腹甲和牛的肩胛骨，上面刻着许多文字，记载着殷朝的许多大事。这些就是甲骨文，甲骨文的发现为我们研究殷商的历史提供了可靠的资料。

盘庚迁都，使得殷商成了当时世界上的文明大国。

商纣王残暴亡国

商纣王小时候天资聪颖，反应机敏，能说会道；膂力过人，能赤手空拳跟猛兽搏斗。他的智慧足以使他拒绝他人的劝谏，口才足以掩饰自己的过错。他常在大臣面前炫耀才能，向整个天下吹嘘名声，目中无人，喜欢酗酒淫乐，宠幸妇人。他尤其宠爱妲己，妲己说什么，他就听什么。他让师涓创作新的淫荡的音乐，还有鄙俗的北里之舞，成日沉溺于颓废柔靡的声乐之中。他横征暴敛增加赋税用来充实鹿台的钱财,增加钜桥的存粮,又搜寻狗马珍玩,充塞宫廷之中。他进一步扩大沙丘的园林楼台,养了大量的野兽飞鸟。对鬼神倨傲无礼。整天在沙丘游玩戏乐,以酒为池,让男男女女赤裸着身体在其中追逐嬉戏,犹如肉林,通宵达旦地吃喝玩乐。老百姓怨声载道,有的诸侯已经开始背叛他,于是纣就加重刑罚,发明炮烙等酷刑。

他任命西伯侯姬昌、九侯和鄂侯为三公。九侯有个绝色的女儿,献给了纣王。九侯的女儿不喜欢淫荡,纣王一怒之下,把她杀了,又把九侯剁成肉酱。鄂侯跟他争论过,商纣把他杀掉后做成肉干。西伯侯姬昌听说这事后,私下叹息。崇侯虎(崇国诸侯虎的简称)将西伯一事向纣王告发,纣就把西伯囚禁在羑里。西伯的臣子闳夭等人,连忙到各处搜寻美女、奇珍异物及良马,进献给纣王,纣王这才宽赦了西伯。

西伯出狱后就献上洛河西岸的大片土地,并请求废除炮烙之刑。纣王答应了他,并赐给弓矢斧钺,让他征伐其他诸侯,从而使他成为西方诸侯的首领。纣王又任用费仲主持政务。费仲善于阿谀逢迎,为人贪财好利,殷朝人都不喜欢他。纣又重用恶来。恶来擅长搬弄是非、毁谤他人,因此诸侯对纣更加疏远。

西伯回去后,就暗中修德行善,实行仁政。诸侯多背叛纣王,归附西伯,西伯的势力日益强大,纣王的威严也就逐渐削弱。王子比干劝谏纣王,纣王不听。商容是受人尊敬的贤良之人,百姓们都喜欢他,纣王却废掉他不予任用。等到西伯灭了饥国,纣王的大臣祖伊听说后心中责备周人,同时深感恐怖,便去报告纣王说:“上天已经快要终止我们殷朝的国运,派人用灵龟占卜的结果也不是吉兆,这不是先王不帮助我们这些后人,而是大王暴虐无道自绝于天,所以上天抛弃我们,大家寝食难安,你自己不在意上天的意旨,做事又不遵循国家的常法,如今民众没有一个不希望你早点灭亡的,说:‘上天为什么不降下威严惩罚他?天命为什么不早日到来?’现在你该怎么办呢?”纣说:“我不是生下来就有命在天嘛!”祖伊回去后说:“纣是没法劝谏的了。”

西伯去世后,其子周武王率军东征,来到孟津,诸侯中背叛殷朝而与周会盟的有800多个。诸侯都说:“可以讨伐纣了!”武王说:“你们不知道天命。”于是又率军返回。

纣王愈加淫乱不止。微子启数次劝谏他,他都不听。微子启便跟太师、少师计议,然后逃走了。比干说:“作为臣子的,不能不以死劝谏国君。”于是强行劝谏纣王。纣王发怒道:“我听说圣人的心有七个窍。”于是就剖开比干的胸膛,挖出他的心脏来观看。箕子大为恐惧,于是假装疯癫去做奴隶,纣便把他囚禁起来。殷朝的太师、少师都携带着祭器乐器逃奔周国。

商纣王众叛亲离,商王朝奄奄一息。周武王见灭商时机已到,便于公元前 1027 年率领大军伐纣,四方诸侯群起响应,伐商大军浩浩荡荡,渡过黄河,在殷都附近的牧野,举行了誓师大会。当时,商朝的军队主力正与东夷作战,纣王只好下令把大批的奴隶武装起来,凑集了 70 多万人,开赴牧野。说起来纣王的军队人数远远超过了周人的军队,但纣王的军队军心涣散,与纣王“离心离德”,早就盼望周人快点打过来解救他们。因此,两军稍一接触,商纣王的军队便纷纷倒戈,杀向纣王。纣王见大势已去,急忙逃回朝歌,躲到鹿台之上。他眼睁睁地看着周人的军队冲入都城,无计可施。当天晚上,纣王把宝库里的名贵玉石围在身边,放了一把火,结束了自己罪恶的一生。历时 600 年之久的商王朝就这样被推翻。

姜子牙的传奇

2000 多年来,人们把姜太公奉为神明,顶礼膜拜。在神话小说《封神演义》中姜子牙被说成是“代天封神”的人物。唐代,他被追封为“武成王”,立庙祭祀,与受封为“文宣王”的孔子并驾齐驱,成为我国古代一文一武两尊偶像。所以,姜太公又被后世人奉为谋略家的开山祖师。

姜太公原名尚,字子牙,生于商朝末年。姜太公先世曾为贵族,到姜尚之时,家道已经衰落。姜尚生逢乱世,一生遭遇曲折。他早年居住在商朝都城朝歌(今河南淇县),以屠牛为生。后来他辗转到黄河之滨的孟津做卖酒生意。他勤苦向学,探究古今政治演变以及军事斗争的成败得失。当时,殷商王朝已经走上下坡路:政治极度腐败,内部矛盾及各方诸侯国、各部落之间的矛盾十分尖锐。以纣王为首的商朝奴隶主贵族骄奢淫逸,曾作酒池肉林之乐,男女相杂其间,长夜欢饮。商纣王暴虐无道,重用刑罚,脯醢大臣,役使诸侯,残害百姓。因此,大臣们与他离心离德,诸侯中不时有背叛者,而奴隶和下层群众也忍无可忍,争相铤而走险,反抗不断,四海风雨飘摇。

在商朝急剧衰败的过程中,西部的周族却在蒸蒸日上。在西伯姬昌(后为周文王)当国时,笃行仁政,敬老慈少,积极网罗人才,注重发展经济,实施勤俭治国的裕民政策,社会秩序井然,国力逐渐增强。远近民众都远离商而归心于周,四边的诸侯也都望风依附。

此时的姜尚尽管已是垂暮之年,依然不懈地追求,希望施展自己的胸中抱负。当他获悉周国立志兴邦、求贤若渴的情况后,便来到渭水之滨的西周领地,栖身于番溪,垂钓于兹泉,待机为周做一番轰轰烈烈的事业。

有这样一个传说:姜尚垂竿于渭渚,三日三夜无鱼上钩,他愤然扔了鱼竿。这时,有一农人走来,告诉他说:"先生改日再钓,钓丝务必要细,鱼饵务必要香,投竿务必要轻。"姜尚按农人所说拾起鱼竿再钓,果然连连获得大鱼。他细细揣摩成功的诀窍,无非是:巧设诱饵,等待时机,放长线,钓大鱼。姜尚由此悟出了一个深奥的道理,即将小比大,以大况小,把日常琐事与从政之道结合起来思索。于是,他愈加平心静气,决心静观世变,待机而行。

姜尚苦心等待的时机终于到了。一日,姜尚又在番溪垂钓,恰值西伯姬昌到此游猎。两人不期而遇,刚一交谈便心心相印。姜尚与其畅论天下大势,字字珠玑,句句是理。对于治国的方法,他提出"三常"之说:"一曰君以举贤为常,二曰官以任贤为常,三曰士以敬贤为常。"含义是,治国从政务必以贤为本,重视发掘、使用人才,以期富国强兵。这句话表明了他的远见卓识,同时显示了他的政治胆略。姬昌听完后大喜,说道:"我先君太公预言:'当有圣人至周,周才得以兴。'您就是那位圣人吧?我太公望子(盼望先生)久矣!"随后,姬昌亲自把姜尚扶上车辇,一起回宫,拜为国师,作为辅弼重臣。因姬昌话中曾有"太公望子久矣"一语,姜尚又被称为"太公望"。

牧野之战

武王十一年，商纣与统治集团的核心产生了激烈冲突和分裂，大贵族王子比干被杀，箕子被囚为奴，微子启惧祸出逃，太师疵、少师强怀抱礼乐重器投奔周。国人见商纣王无药可救，均侧目而视，三缄其口，以免惹祸上身。商朝面临土崩瓦解的绝境。

这一年，恰逢周境遭遇饥荒，民众争相外出作战，借机掠取敌国粮食物资，以渡灾年。眼看灭商时机业已成熟，周武王赶快询问姜尚："殷大臣或死或逃，纣王是否可伐？"姜尚已知兼得天时、地利、人和，毅然答道："知天者不怨天，知己者不怨人。先谋后事（行）者昌，先事（行）后谋者亡。且天与不取，反受其咎；时至不行，反受其殃。"武王闻言，知道兴兵伐纣的时机到了。

武王出师前占卜吉凶，结果得兆不祥，一向迷信的人们开始有些动摇。姜尚偏重人事，而轻枯草朽骨（指占卜用的蓍草和龟甲）之验，力劝武王勿失良机。他说："顺天之道未必吉，逆之未必凶。若失人事，则三军败亡。且天道鬼神，视之不见，听之不闻。智者将不以为法，愚者将拘泥之。若乃好贤而能用，举贤而得时，则不看时日而事利，不假（借）卜筮而事吉，不祷祀而福从。"武王奋然而起，遍告诸侯："商纣犯下滔天大罪，天地共诛之。"遂以姜尚为主帅，统领兵车 300 乘、虎贲（猛士）3000 员、甲士 45000 人，出兵东征。

周军行至中途，屡遇暴雨狂风、雷电交加的天气，甚至拔树摧屋，折旗毁乘。姜尚见上下交互不安，就把这肃杀之征巧释为对殷商的天怒之象，借助虚无缥缈的天地鬼神，来推行人事，理直气壮地打出吊民伐罪的旗号。

在这一方有难、八方响应的鼎沸之际，周军的东进使各地诸侯纷纷前来会师，诸如庸（今湖北竹山）、蜀（在今川西、陕西）、羌（散居甘肃等地）、髳（今山西平陆）、微（今陕西眉县）、彭（今湖北房县）、濮（在今川东、鄂西）等族的部众，也都随机加入其中。周军前歌后舞，士气高涨。十二月，就从孟津渡过黄河，直扑商都朝歌。

正月甲子日清晨，周军与诸侯兵到达商郊牧野（今河南汲县），离朝歌70里。在这里，武王召开了誓师大会，历数纣王众多罪行，发表了声讨商纣王的檄文，被史册称之为《牧誓》。此举意在激起人神共愤，号召从征各国同仇敌忾。

会后，周及各路诸侯陈兵于牧野，引商军出都决战。此时，商纣王的大军却陷于侵略东南方的夷人之地，无法分身。骤闻大敌压境，商纣只得临时驱使17万（一说70万）奴隶和战俘仓促应战。姜尚亲自为前锋，率虎贲和兵车冲击商军。商军虽多，却无斗志，居然阵前倒戈，引导周军杀向朝歌。纣王见大势已去，惶然登上鹿台，蒙衣自焚而死。在中国历史上存在500余年（一说600年）的奴隶制国家，至此灭亡。这一战就是历史上著名的"牧野之战"。

纣王死后的第二天，周武王与姜尚等就召集众人庆祝成功，并将伐纣义举上告天神。然后，散发鹿台所积之钱，发放钜桥所囤之粟，来赈济民众；封比干之墓，释箕子之囚，表商容之间（巷门），用以取悦殷商贵族；斩纣王宠妃妲己，遣散后宫妇女，来表示体恤民情，安抚民心。在取得军事上的决定性胜利之后，又接着展开这般强大的政治攻势，足令殷商臣民心悦诚服地归顺周王。人们欣喜地称颂说："周王对于仁人，死者尚能封树其墓，何况对于生者！周王对于贤人，逃者尚能表彰其间，何况对于存者！周王对于财物，早先积聚起来的还要散发下去，岂能重行征敛！周王对于女色，已入宫的都要归送于父母，岂能再事搜选！"

周军在占领朝歌后继续四处出击，征伐殷商的盟邦，基本上控制了原先商王朝统治的主要地区。同年四月，正式建立了周王朝。

周公吐哺

周公，名旦，周文王的儿子，周武王的弟弟。他最早被封在周地，因此被称为周公。他不但为人忠诚，又很有才能。武王即位以后，始终重用周公，周公跟随周武王，多年征战，终于推翻了殷商，建立了周朝。

周公深受父亲文王的影响，很早就懂得求贤才和建立大业之间的关系，尽管他的地位很显赫，但对贤能之士却非常敬重。有时，他正在洗头，听说有人求见，就毫不犹豫地握着湿发去会见，甚至洗一次头要中断多次；遇到吃饭时，听说有人求见，他也要吐出嘴里的食物去接见，从不怠慢，甚至一次饭也要中断多次。周公礼贤下士的名声传遍了天下，贤能之士都愿意投奔到他的门下。

周公很敬重姜太公和另一位贤能之士召公，遇到事情总是虚心求教。即使他的意见正确，别人的意见不正确，也从不盛气凌人，恃功自傲。

周武王率领大军消灭纣王 70 万大军，推翻商朝，但是并没有完全消灭殷商的旧势力。有许多商朝的属国，如奄、淮夷等，还一心向着商王朝。在殷都一带，殷商旧贵族势力还很大，该怎样处置他们呢？周武王便和几个主要大臣商量。

姜太公善于指挥作战，思想有些偏激。他说："对自己喜欢的人，连他住的屋檐下的小鸟也要爱护；对讨厌的人，就要斩尽杀绝，以杜后患。我们必须要用强硬的手段。"

召公说："不妥！还是少杀一些人好。谁反对过我们，就是犯了罪，杀无赦；顺从我们的人，可以留他性命。"

周公认为，当时刚刚推翻殷商，周的力量还不很强大，如果依照姜太公的主张，那就是逼着旧势力闹乱子。按照召公的意见办，也要引起动乱。他说："殷人中绝大多数都反对过我们，那是很自然的事，现在，我们还是不要算旧账。原来是贵族的还当贵族，土地房屋是谁的就归还谁，不论是殷的贵族还是周的贵族谁拥护新天子，就给他好处；今后谁要是反对新天子，我们就要重重地处罚。这样，殷人觉得有活路，才不会闹事。"

武王觉得周公说得很有道理，就按照他的意见办，并封了纣王的儿子武庚为殷侯，继续管理殷旧都周围的地区。同时，又在这个地区周围设立了"三监"，也就是武力监视，分别由周武王另外三个弟弟担任。周公仍然留在武王的身边。从此，他更加谦虚，经常登门求教太公、召公，使他们很受感动。

武王临死时，委托周公辅佐他十三岁的儿子诵继承王位，是为周成王。周公担起治国的重任，兢兢业业，呕心沥血，与姜太公、召公等一起制定了各种法令、制度，使周王朝的政权得到稳定。

周公留在京城辅佐成王，派他的儿子伯禽代替他受封于鲁国。临行前，周公叮咛伯禽说："我是周文王的儿子，周武王的弟弟，周成王的叔父，地位算是显贵了。尽管如此，我还一沐三握发、一饭三吐哺，对待贤士从不敢怠慢，即使这样，我还恐怕失去天下的贤士。你到鲁国，一定要记住这条治国的基本道理！"

周公把纳贤作为首要的大事，这是他能够建功立业的主要原因，他为后人树立了纳贤的榜样。

国人暴动

有了周初统治者奠定的基业，在成王、康王统治的时期，周朝政局比较安定。

成王去世后，先后又有康王、昭王、穆王、直至夷王。周夷王死后，其子姬胡即位，史称周厉王。这个厉王姬胡特别贪婪，他宠信一个精于搜刮的大臣荣夷公，君臣俩人臭味相投，勾结在一起聚敛财物。荣夷公让周厉王宣布：全国一切山林水泊归周所有，不准人民无偿地到这些地方打柴捕猎。周厉王还派出许多如狼似虎的官吏，去催收赋税，勒索人民。

大夫芮良夫求见周厉王，规劝他说："山林水泊是上天赐给万民的资源，自古以来百姓就利用它们谋生。一个人如果强占了别人的一件东西，

人们会把他当作强盗；大王如今强占了全国的山林水泊，人们又怎样看待您呢？荣夷公目光短浅，不用仁义道德辅助大王，一味教唆大王盘剥百姓。这样的人若加以重用，我周朝的江山就会动摇了。”

内心贪婪的周厉王仍一意孤行。他根本不知道怎么去善待人民，只知道盘剥人民，这势必会造成人民对他的反对。周厉王只知道荣夷公敛财有方，弄来了堆积如山的财宝，哪里听得进芮良夫的话，反而把荣夷公提升为卿士。

那时，农民被称为“野人”，住在都城镐京的平民则被称为“国人”。国人对周厉王的搜刮政策十分不满，都城中到处都能听见怨愤的声音。

怨恨之声已起，而周厉王认为这是老百姓在诽谤朝政。大臣召公虎见此情景，十分担忧，就进宫规劝周厉王：“城中的百姓似乎已无法再忍受大王的政策了，如不立即改弦易辙，恐怕会发生暴乱。”

周厉王不以为意，说：“普天之下的土地都属于本王所有，我想怎样就怎样，谁能奈何我？现在，国人竟敢胡乱议论，我自有办法让他们闭口。”

召公虎只好失望地回去了。

随后，周厉王颁布“止谤”的命令，禁止国人批评朝政。周厉王又从卫国找来一个装神弄鬼的巫师，不是让他为国家、为收成祈福，而是让他监视城中的国人。周厉王对他说：“谁敢在背后诽谤我，只要你把他们抓来，我都严惩不贷。”

卫巫为了讨好周厉王，便派出一大批爪牙到处刺探。这些人狐假虎威，趁机敲诈国人，谁不服，就诬告谁对周厉王不满。

周厉王偏听偏信，只要听到卫巫的报告，就抓人、杀人，许多国人受了冤枉送了性命。卫巫的爪牙到处都是，几乎无孔不入，国人们在公开场合不敢贸然议论朝政；熟人相遇，甚至不愿开口打招呼，只是彼此交换一个眼色就匆匆离去。卫巫反而得意洋洋地向周厉王表功说，批评朝政的人已渐渐减少了。周厉王闻言十分满意。

对此召公虎焦急万分，他清楚地知道，国人们对周厉王的不满日益加剧，沉默的表面下很可能正酝酿着一场大风暴。他再次去见周厉王。

周厉王看到召公虎忧心忡忡的样子，感到很好笑，说：“你还有什么不放心的，你看，城中不是没什么人敢议论我了吗？”

召公虎长叹一声，说："防民之口甚于防川！要治水就必须疏通河道，让河水畅通地流向大海；治国也一样，要让人民自由发表意见，再由大王善加引导，吸取其中正确的部分，这样，人民的不满就会渐渐平息。如果硬堵住河道，河水会更加凶猛，终究会破堤而出，泛滥成灾；强行堵住人民的嘴，人民的不满只会越来越炽烈，最后会像火山一样爆发。"

周厉王根本听不进召公的劝谏，依然我行我素，甚而变本加厉。这样到了第四个年头，人们终于忍受不了周厉王的残暴，揭竿而起，爆发了大规模的暴动，史称"国人暴动"。参加暴动的人有平民，也有贵族，开始仅几十人，后来迅速发展到几万人，整个镐京成了沸腾的海洋。人们拿起武器、农具，像洪水一样冲向王宫。王宫卫士无法抵挡愤怒的人群，吓得纷纷躲避起来。周厉王顾不得体面，慌里慌张换了身衣服，从后门溜走了。他远逃到彘地，总算是保住了一条命。

愤怒的群众烧毁了宫殿，搜遍了各个角落也没有找到周厉王，一听说他的儿子静躲在召公家里，于是把那里团团包围起来。召公无法控制住人们愤怒的情绪，只好忍痛将自己的儿子冒充厉王的儿子交给人们处死，这场规模巨大的暴动总算平息了。

周厉王被赶下台后，国内人民拥护大臣周公和召公主持国政，两人共同执掌朝政，历史上称为"周召共和"。共和元年（公元前 841 年）到共和十四年，周厉王一直呆在彘地没敢回来，最后死在那里。

国人暴动震撼了西周王朝的统治。在起义者的打击下，周室王权大大削弱了，诸侯对王室的离心倾向越来越大。后来周宣王即位，周王室虽然表面上仍维系着从前的制度，实际上大势已去，西周王朝已经走上了分崩离析的末路。

周幽王烽火戏诸侯

公元前 781 年，周宣王死后，他儿子即位，就是周幽王。这位大王即了位，什么国事也不管，光讲究吃、喝、玩、乐，整天除了酒肉，就是女人。他打发人到各处去找美人。谁奉承他，他就喜欢；谁劝告他，他就头痛。

最叫他头痛的是大夫赵叔带,因为赵叔带大胆上了一本,说:“这时正是国家有难的时候,地震、山崩、饥荒都有,大王应当想法子找些能干的人来办事,才是正理,怎么能在这时去找美人呢?”

周幽王不但不听,反而恼羞成怒,革去了赵叔带的官职,把他撵出去了。周幽王本想“杀鸡给猴看”,封住大臣们的口,但却惹怒了一位名叫褒珦(音向)的大臣。他怀着一颗忠心去见大王。说:“大王不怕天灾,不问国事,反而亲近小人,轰走大臣,您这么下去,我们的国家也要保不住了。”周幽王很生气,也不乐意与他争,吆喝了一声,当时就把他关起来了。

褒珦在监狱里关了 3 年,眼看没有放出来的希望了。幸亏他儿子一直在给他想办法,上各处去找美人,最终花钱从乡下买来了一个很漂亮的年轻姑娘,把她献给周幽王,算是来赎褒珦的。这位姑娘就是中国历史上有名的美人褒姒。

周幽王一见褒姒,喜欢得不得了。他当时就放了褒珦,还叫他当原来的官。从那时候起,幽王日日夜夜陪着这位天仙,把她看成心肝宝贝,恨不得时刻含在嘴里,生怕她不舒服。褒姒却不喜欢他。她是一个苦命的女子,被人家买了来听人家摆布,天天想着爹妈。从她一进王宫,就老皱着眉头,连笑都没笑过一回。周幽王想尽法子逗她开个笑脸,她却怎么也笑不出来。大王就出了个赏格:“有谁能叫娘娘笑一下,赏他一千两金子。”

这个赏格一出去,有好些人赶着来想发财。可是他们都只能叫褒姒生气。有的简直给她骂出去了。有一个很能奉承大王的小人,叫虢石父,很有点小聪明,还真给他想出了一个“好”法子来。他对周幽王说:“从前的魁王为了防备西戎侵犯我们的京城,在骊山一带建造了 20 多座烽火台。万一敌人打进来,就一连串地放起烽火来,让邻近的诸侯瞧见,好出兵来救。这时候天下太平,烽火台早没用了。我想请大王和娘娘到骊山去玩几天。到晚上,我们把烽火点着,叫诸侯们上个大当。娘娘见了这些个兵马一会儿跑过来,一会儿跑过去,肯定会笑的。您说我这个办法好不好?”

周幽王眯着眼睛,拍着手,说:“那还不好?就这么办吧。”

他们说走就走,带着褒姒到了骊山。有一位诸侯郑伯友,是周宣王的兄弟,周幽王的叔叔,得了这个信,怕他们出乱子,赶紧跑到骊山,劝大王别这么干；周幽王正在兴头上，根本听不进去，生气地说："我在宫里闷得慌，难得和娘娘出来一趟，放放烟火，解解闷，这也用得着你管吗？"

真的，烽火一点起来，半夜里满天全是火光，一眼瞧过去，不论远近，全是火柱子，像一幅壮观、漂亮的活动画！邻近的诸侯看见了烽火，赶紧带着兵马跑到京城。听说大王在骊山，又急忙赶到骊山。没想到了那里，一个敌人也没看见，也不像打仗的样子，只听见奏乐和唱歌的声音。大家我看你，你看我，都不知道是怎么回事。周幽王叫人对他们说："辛苦了各位，没有敌人，你们回去吧！"诸侯们这才知道上了幽王的当，一个个气得肚子都快破了。

褒姒根本不知道他们搞什么鬼名堂，瞧见这么多兵马忙来忙去，跟掐了脑袋的苍蝇似的在那里瞎撞，一点意思也没有。她问周幽王："这是怎么回事？"周幽王很得意地告诉了她。还歪着脖子，带笑地问她："好看吗？"褒姒觉得又好气又好笑，不由得冷笑了一声，说："呵呵，真好看！亏您想得出这玩意！"

这位糊涂透顶的幽王还当褒姒真笑了呢，乐得浑身发痒，把一千两金子赏给了那个小人虢石父，很高兴地回来了。

隔了没有多久，西戎真的打到京城来了。周幽王和虢石父赶紧叫人把烽火点起来。那些诸侯上回上了当，这回又当幽王在开玩笑，全都不理他。烽火黑天白日地点着，也没有一个救兵来，京城里的兵马本来不多，只有一个郑伯友算是大将，出去抵挡了一阵。可是他的人马太少，最后给敌人围住，被乱箭射死了。周幽王和虢石父都被西戎杀了，连那个老在宫里受人欺负、没有真正笑过一次的美人褒姒，也被他们抢去了。

幽王死后，申侯、鲁侯和许文公在申国立宜臼为王，这就是周平王。平王后来回到镐京，看到镐京已被蛮族犬戎人破坏得面目全非，只好东迁至洛邑。

这一年是公元前770年，从此，东周开始了。

东周时期是中国历史上诸侯国争雄、社会动荡的时期，周朝所分封的诸侯国中，有一部分渐渐强大起来，他们吞并小国，为称霸天下而争抢掠夺，风云变幻的春秋时代也从此开始了。

第三章　春秋战国

春秋战国时期，从周东迁后49年即公元前722年至公元前221年，而史家习惯上将公元前722至公元前481年称作春秋时期，而将公元前481年至公元前221年，称作战国时期。

春秋战国是一个变革的时代，战争连绵不断，全国诸侯之间相互兼并，相传西周时期有1800多个诸侯国，到了春秋时期兼并为100多个，而在政局上起作用的仅仅只有十几个，到战国时期，只有七八个大国十几个小国，最后被秦统一。

春秋战国又是一个社会大飞跃的时代。在生产力上有了明显的变化，生产关系发生了变革，是奴隶社会向封建社会的过渡时期。铁器的使用和推广是春秋战国时期社会生产力新发展的标志。采矿业、冶炼技术、商业、丝织业、手工业、农业和水利都有相当大的发展，社会生产力的变革，必然会引起生产关系的变革，旧的奴隶制度不能适应新的生产力的要求，而只有封建制生产关系才能适应这种新生产力，终于在公元前 403 年韩、赵、魏三家分晋，将奴隶制正式转化为封建地主私有制。

春秋战国更是一个科学文化的繁荣时代。由于社会的长期动荡，西周以来贵族垄断学术文化的局面逐渐被打破，随着私人讲学的发展，文化传播便有了相当的规模，孔子就是其中最具有代表性的一员。到战国时期学派渐渐多了起来，最后形成了诸子百家争鸣的局面，其中最具有代表性的学派有孔子的儒家；墨子的墨家；老子、庄子的道家；韩非的法家；还有名家、阴阳家等等。另外，在文艺方面，有屈原的诗歌《楚辞》的出现。这些学派的创立与出现使得当时的中国文化有了空前的发展，为我们中华文化事业的繁荣奠定了坚实的基础。

齐桓公首霸中原

春秋时期第一个称霸中原的诸侯国君是齐国的齐桓公,齐国能如此快速壮大,并让众诸侯俯首称臣,其功劳要归功于一代名相——管仲。

初时的齐国虽是一个大国,但由于最初几个国君的无能,国势并没什么起色。公元前698年,齐襄公继位。齐襄公昏庸无能,性情喜怒无常。由于他的残暴,齐国庶出的公子纠和小白相继逃到别的诸侯国去避难。公子纠的母亲是鲁国人,大臣管仲和召忽跟随他逃到鲁国;公子小白则在大臣鲍叔牙的辅佐下逃到莒国。公元前686年,齐国连续发生两次内乱,齐襄公及其子公孙无知被杀。

公孙无知被杀,君位没有人继承,公子纠和小白急忙从流亡地返国抢任国君。

鲁庄公听到公孙无知被弑的消息后,立刻亲自率兵护送公子纠回齐国,同时派管仲带兵埋伏于莒国和齐国之间的路上拦截小白。

这乃是管仲的计策,一箭双雕。

管仲于莒国和齐国间的路上依险埋伏,见小白临近,两边弓矢齐发,士兵无不应弦而倒,小白幸而只被射中带钩,佯死藏于温凉车(载运尸体的车子,四面有窗子,可以随意启闭之,以防尸体的腐败)中,急行驰入齐国,高溪在内接应,小白于是轻而易举地当上了国君,他就是春秋五霸首霸的齐桓公。

智者千虑,必有一失;愚者千虑,必有一得。聪明机智的管仲虽然机关算尽,仍被小白钻了空子。既以为使命告成,便先遣人报信道:"小白已经如计划除掉了。"

鲁庄公马上拥立公子纠,下令放慢了脚程,不慌不忙地向齐国走来,6天后,方才进入齐国境内,此时,小白事先已埋伏大军于路上。随后双方一场大战,鲁军惨败,鲁庄公侥幸才逃得性命,但齐兵已经先行切断了鲁兵的退路,残留的鲁兵已是网中之鱼,这时,齐桓公遣人送信说道:

"家无二主,国无二君。寡人已经登上王位,公子纠竟然还想争夺王位,实在没有道理。他是我的亲兄弟,我不忍心亲手杀他,请贵国代我动手吧。管仲、召忽和我势不两立,请将他们送回敝国,不然,我将出兵去包围贵国首都。”鲁庄公就把管仲装在囚车内送回齐国,管仲归国后被齐桓公重用为宰相。

先前齐桓公被管仲射中带钩,靠佯死才逃得性命,对管仲自是恨之入骨,发誓要报一箭之仇。鲍叔牙劝说道:“臣侥幸能跟随主公,主公对我十分礼遇,现在主公已登上王位,若只是打算将齐国治好,则有高溪和我也就够了。但夷吾具有王佐之才,有他主国政,那么,齐国的霸业就指日可待了!”

齐桓公气度恢弘,心胸博大。当下便答应了鲍叔牙的建议,假装让人要求鲁国捕送管仲,实在是想把他召回来重用。

鲁国按要求送管仲回齐国,鲍叔牙亲自到堂阜(今山东省蒙阴县西北三十里的地方,在两国交壤的附近)迎接,管仲随着鲍叔牙晋见齐桓公。齐桓公待之以礼,并任命为大夫。

随后,齐桓公向管仲请教治国之道,管仲将一切改革计划与治国方案呈献给了齐桓公,得到了齐桓公的赞赏和大力支持,并要求立即实施。

管仲认为,治国之本,在于“顺民心”;治国之道,“必先富民”。他主张在改革经济和政治制度使民富裕的基础上,采取若干巧妙的财政措施,使国库充实。富民政策一可以带来民众对政府的向心力,二对社会秩序的安定能起到很重要的作用。同时,还主张建立起从中央到基层的严密的行政军事组织与官僚机构、不拘一格的选贤任能和官吏考绩制度,使全民绝对服从政令、军令的机制,以及建立起一支最强大的常备军。凭借富国和强兵的实力,打出“尊王攘夷”旗号,运用军事、经济和外交手段,就足以称霸于天下。这就是管仲为齐桓公称霸设计的富国强兵方案。

管仲认为,“顺民心”就是顺从民众求逸乐、富贵、安全、繁衍后代四方面需求。其中民众最基本的需求是丰衣足食。管仲有一句千古名言:“仓廪实而知礼节,衣食足而知荣辱。”他认为,民富了,国富、政安、兵强、霸业这四方面都有了前提。因此他的改革切中要害,实事求是地从富民入手。

管仲的富民政策,以及相伴的富国政策,在为民众富裕和官府财政收入方面建立了相应的机制。第一,建立“按土地的瘠肥程度征税”的农业税制度;第二,实行农工商并重的政策;第三,建立使职业世袭化以提高生产技能的"四民分业"制度；第四，运用以价格和货币流通量控制生产、消费、财政收入、外贸的"轻重权衡之术"；第五，建立以大力发展盐铁业和盐铁官府统购统销来增加民间和财政收入的"官山海"政策和制度；第六，鼓励对外贸易和对外商业战争的政策等。

管仲对外贸易的鼓励措施有五项：第一，实施优惠的关税政策，鼓励商品进出口；第二，运用外交手段，保护进出口业；第三，以免费提供膳食的办法，吸引外商；第四，开展转口贸易；第五，灵活控制国内外市场，进行有利于齐国的国际商战，达到称霸目的。这些措施中不乏由当年从商的经验中所得者。

齐国除了自己把食盐远贩于内地各国外，还做转口生意。"有海之口，售盐于吾国，釜五十受，而官出之以百"。一釜盐进价五十钱，加倍转手倒卖，牟取暴利。

管仲的"外贸经"是灵活多变的。某商品国外便宜时，齐国就提高国内市场价，以吸引其流入；需要向外国推销某商品时，就改用"天高，我下"的办法，吸引外商前来购买。

管仲还采用迫使敌国只能发展单一经济的办法，征服它们。例如鲁、梁二国产一种厚实的丝织品绨（音涕），管仲便教齐桓公穿上绨衣，并令群臣仿效。上有所好，下必甚焉。于是绨衣成了齐人的时尚装束，需求量猛增。管仲遂许诺鲁、梁商人以千匹绨换金（青铜）三百斤，使两国举国弃农织绨。然后管仲又教桓公换上帛衣，齐国上下又改而流行帛衣，鲁、梁的绨顿时滞销，陷于饥荒。饥民纷纷流入齐国就食，鲁、梁只好向齐称臣。用同样的手段，管仲还造成莱、莒两国木材积压，粮价飞涨至齐国的27倍，其民也多归齐。

管仲在外贸方面的一般原则是：善为天下者，谨守重流，而天下不吾泄矣。不使齐国的财富外流，而千方百计让外汇流入。

在国内商品生产和流通中，管仲也以国家所操纵的价格作为调控手段。目的跟外贸时不同，不是坑算，而是理顺。用控制货币流通量来影响市场价格，以购销粮食去调节其他商品价格，这就是他的"权衡之术"。他说："谷轻而万物重，谷重则万物轻；币重则谷轻，币轻则谷重"，"如果政府能够操纵粮食、钱币的价值份额，则江山肯定稳固也。"他还说，调节货币

和商品的比例关系，必须把握市场变化的准确时机，即必须“乘时进退”。所以，管仲把铸币权和货币发行权牢牢地掌握在官府手中，并设立“轻重九府”机构，调控国内外商品生产和流通。《史记》说他“贵轻重，慎权衡”即缘于此。

富商大贾的迅猛发展，有可能在经济和政治实力上对君权构成威胁。管仲对他们也采取了限制措施，就是用提高粮价的方法，使他们经营的其他商品实际贬值，利润减少。

管仲除了建立起一套中央集权的政治、军事制度外，还教齐桓公以刑赏为手段使臣民效命，进一步强化了君权。

为了解决武器装备不足问题，管仲革除商周以来一律肉刑的制度，实行用武器装备赎罪的规定。一副犀甲加一支戟，就可以赎死罪。一副革盾加一支戟，就可以赎肉刑之罪。一定量的铜铁，就可以赎五刑外的小罪。并规定凡打官司，必须先交纳 12 支箭作为诉讼费。于是，齐军“甲兵大足”。这一制度的受惠者，当然仅限于少数具有经济或超经济优势的贵族、官吏、奴隶主和富商等。

管仲为了提高统治机构的威信和效率，实行“察能授官”和各级官员荐贤举能责任制，规定不论出身，只要聪明好学、孝友义行、武艺出众者，均可被选用，并以刑罚强令各级官员如实举报人才和不孝不友、横暴乡里、违抗官府者。这样就形成了“匹夫有善，可得而举也；匹夫有不善，可得而诛也”和“故民皆勉为善”的良好局面和风尚。

管仲还建立对官吏进行考绩的“三选”制，有效防止了官员的舞弊堕落，规定每年各级长官必须推荐有政绩的下属官员。齐桓公亲自考察这些被推荐者，再让他们回岗位进一步测评，其中佼佼者，命为上卿佐吏。这种“三选制”，是后代官吏考绩制度的标准。

管仲这一系列经济、政治、军事的改革，使齐桓公凭借齐国强大的经济、军事实力和巧妙的外交策略，成为春秋时期第一位霸主。

公元前 681 年，齐桓公约集诸侯国在齐国西南边境的北杏开会。当时，齐国霸业未盛，故与会国只有宋、陈、蔡、邾四国，加上齐国，一共是五个诸侯国。会议由齐国主盟，订立了一个盟约：一、尊重天子，扶助王室；二、抵御外族，不使其进入中原；三、帮助弱小的和有困难的诸侯国。

北杏会议，标志着齐桓公初步称霸。以后，他又用周天子的命令为号召，先后打败了鲁、宋两国，迫使两国求和；公元前656年又征服了蔡国，并乘胜讨伐郑国。公元前656年齐桓公还邀集诸侯在首止（今河南睢县）与周太子郑相会，表示支持他，反对周惠王废长立幼的决定。不久，周惠王病逝。齐桓公又帮助太子郑继承王位（即为周襄王）。周襄王为酬谢齐桓公，于公元前651年在蔡丘（今河南兰考）召集诸侯集会，把祭祀祖先的祭肉分送给齐桓公，以表示关系的密切。蔡丘会议由齐桓公主盟，参加国有宋、鲁、陈、卫、曹、郑、许、楚等国，历史上称为“九合诸侯”。蔡丘会盟标志着齐桓公真正成为中原霸主。

从公元前685年到公元前643年的43年里，齐桓公依靠管仲、鲍叔牙等贤臣的辅佐，经过不懈努力，逐渐把黄河中游的诸侯国联合起来，援助弱小国家抵御戎狄的侵犯。由于齐桓公称霸，使各国结盟修好，战争减少，对于社会生产力的发展起到了推动作用。

宋楚泓水之战

齐桓公在晚年时期，重用了易牙、竖刁、开方这三个奸臣，在他死后，几个儿子为争夺王位而导致齐国爆发内乱。易牙、竖刁趁机废除了原太子公子昭，将一直比较听从他们的公子无诡拥立为国君，齐国的辉煌也因此在刹那间烟消云散。

齐国内乱时，公子昭走投无路，就想起父亲的嘱咐，大难之时请宋襄公帮助，于是投奔了宋国。

宋襄公见齐国内乱，就想乘其内乱，把齐桓公的霸主位子接过来。现在公子又主动来投靠，他认为这是一个难得的机会，于是就答应了公子昭的请求。宋襄公通知各国诸侯出兵一起送公子昭回国当国王，把竖刁、易牙这些乱臣贼子杀死，将公子无诡赶下台来。

这当然是一举两得的事。宋襄公统率另外三个小国的兵马打进了齐国，公子昭被拥立为齐孝公。公子昭因为是宋襄公帮助上台的，只得唯宋国马首是瞻。由于齐孝公服从宋国，无形当中提高了宋国的地位，宋襄公认为称霸诸侯的时候到了，于是便想合众诸侯，确定自己的盟主地位。他找来大臣们商议此事，大臣公孙固认为此事不妥，以宋国现在的势力根本比不了当年的齐国，更何况南方的楚国断然不会答应宋国称霸，如果坚持逞强，只会给自己带来麻烦，但宋襄公却不以为然，坚持已见。

公元前639年，宋襄公派使臣赴楚见楚成王，请楚国到鹿上来与宋、齐结盟，楚成王居然同意了。到了开会那天，公孙固又劝他多带些兵马，以防万一。可宋襄公刚愎自用，对公孙固的话不屑一顾，随便带了些兵马，轻装来到会场。会议期间，楚成王与宋襄公就谁当盟主问题，大吵特吵。这时参加会议的其他国家也想乘机发展自己的势力，再说，楚国势力大，趋炎附势的诸侯也多，决不会服一个小小的宋国，其中郑国国君更是帮着楚成王说话。宋襄公气得面如猪肝。当他还想争辩时，楚成王的随员一下脱下外衣，露出亮铮铮的铠甲，他们一拥而上，将宋襄公五花大绑起来。宋襄公的手下们气得眼珠子都要迸出来，无奈手无寸铁，只能眼看着自己的主公被楚兵抓走。

后来，鲁僖公和齐孝公从中调解，代宋国说了许多好话。那年冬天，各国诸侯至亳邑开会，让楚成王当了盟主，楚成王才释放了宋襄公。宋襄公回国后，怎么也不服气。他不仅恨楚成王刁蛮无理，更恨邻居郑国居然也“狗仗人势”，侮辱宋国。他想此仇不报非君子，于是决定先教训一下郑国！

公元前638年，宋襄公兴兵攻打郑国。郑国向楚国求救。楚成王没有直接去救郑国，而是派兵攻打宋国，这样可以一举两得。宋襄公得知本国告急后，立即撤军归国。宋军与楚军隔泓水对峙。

几天后，公孙固看到楚军准备渡河向宋军发起进攻，连忙对宋襄公说："兵贵神速，此时乘敌军半渡而击之，必能以少胜多。"宋襄公把头摇得像拨浪鼓，说道："宋以仁义立国，怎么能趁人家渡河时与人开仗呢？如果这样，在道义上是说不过去的。"话音刚落，楚军已经全部渡过泓水，正在列队摆阵。公孙固对宋襄公说："楚军已经渡过泓水，我军趁它阵脚未稳，疾风闪电般杀将过去，楚军定然战败，此时不动手，更待何时？"宋襄公嫌公孙固啰嗦，不高兴地说："这怎么行？人家队伍没排好，怎么能乘人之危呢？"正当宋襄公与公孙固争执之际，楚国兵马已经排好阵势，以排山倒海之势杀向宋军，宋军无法阻挡，纷纷败下阵来。

宋襄公见状，登上一辆战车仗剑指挥。一阵乱箭射来，腿上已中一箭，鲜血迸射出来。幸亏公孙固等几员战将，拼命厮杀冲开一条血路，杀出重围，才没让宋襄公第二次当楚国的俘虏。

宋襄公率残兵逃回到国都睢阳。宋国百姓都说宋国不该和楚国交战，更不该采取那样的"大将风度"。乡野之言辗转传到宋襄公那里，宋襄公心中依然不服，口中喃喃地说："君子要讲仁义。不能在对方有危险的时候攻击他们，不能碰到受伤的人再去伤害他，不能捕捉头发花白的老兵作俘虏。"公孙固听了直摇头，后悔自己跟错了主公，说道："打仗就是为了打败敌人。如果在敌人面前讲仁义，就不要打仗；对敌人仁义，最后就只能兵败而归，或成为别人的俘虏。"

公元前637年夏天，宋襄公箭伤复发死去，宋国从此以后便再也没什么起色了。

晋文公称霸中原

晋文公名字叫重耳，是晋献公的儿子，他是继齐桓公之后，又一个称霸的诸侯国君。

晋献公晚年时，腐朽昏庸。他特别宠爱一个叫骊姬的妃子，并把她立为夫人，还把原来的太子申生杀死了，准备立骊姬生的儿子奚齐为太子。晋献公的另外两个儿子重耳和夷吾见形势不妙，为避祸便逃离晋国。

公元前651年，晋献公病死，晋国发生内乱。秦穆公为插手中原政事就抢先将夷吾送回晋国当国君，这就是晋惠公。晋惠公深知重耳的才能在自己之上，于是就派人去狄国刺杀重耳，以绝后患。重耳早就猜到会有这种结果，在晋惠公的刺客未到之前就与他的大臣狐偃等人逃出了生活了12年的狄国。他们来到卫国时，卫国国君卫文公乃势利小人，见公子重耳一副落魄的模样，就不想接待他。

重耳等又来到齐国，齐桓公想日后借重于他，待他们很是热情周到。他为他们提供了车马、房屋，要他们在齐国安心定居，还把一个姑娘嫁给了重耳。两年之后，齐桓公病逝，国内大乱，齐国霸业渐衰。一天，狐偃和其他同伴等人背地里商量劝说重耳回国的事，被重耳妻子的女仆听到。这个女仆悄悄地将此事告诉了重耳的妻子齐姜。姜氏也觉得丈夫胸无大志，辜负了大臣们对他的期望。但姜氏在一番苦劝后，重耳仍无斗志，依然如故。于是姜氏找来狐偃等人商量定下醉酒之计。

第二天，他们按照预定计划，由齐姜为重耳劝酒。这日，重耳心情很好，果然“一醉方休”。重耳酒醉醒来的时候，车子已经离开齐国到了曹国。曹国的国君很冷淡。无奈之下，公子重耳一行又来到楚国。楚成王知道重耳绝非池中物，故而以国君之礼接待他，并派人服侍。

楚成王和重耳你来我往，关系逐渐密切起来。重耳也因此被激发了一些斗志，决定有朝一日必须回到晋国去。某日，楚成王在宴席间问重耳：“公子日后回到晋国当国君，将如何报答我呢？”

重耳放下酒杯，假装不理解地反问道：“楚国地大物博，我们晋国有何值得大王羡慕的呢？”

楚成王知道重耳话没说完，他也假装不理解地问重耳：“那么阁下是不想报答我们楚国吧？”

重耳略微思索了一会，说道：“金银珠宝你们有的是。如果我真能回到晋国，愿与贵国世代友好相处；即使真的不幸发生战争，在两军交战之际，我一定退避三舍。”

酒席结束后，楚成王手下大臣得臣走过来谏道：“方才席间，我从重耳的话语中可以看出，重耳既是当今枭雄，又是寡恩少义之人。与其让他羽翼长成，不如趁早把他杀掉，免生后患。”楚成王却微笑着说：“怎么能这样呢？何况重耳说的也是实话。他走了那么多的国家，别人都不杀他，为什么要我来杀他呢？你是要陷我于不义呀！”

不久，机会终于来了，秦晋之间传统的同盟关系破裂了。晋惠公的儿子晋怀公因故与秦国化友为敌，并经常派兵骚扰秦国，给秦国的边境带来许多不安定因素。秦穆公派人从楚国把重耳接到秦国，并将自己的女儿怀嬴嫁给了重耳。

公元前 636 年，在外流离颠沛 19 年的重耳在秦穆公帮助下登上晋国国君的宝座。这就是晋文公。这一年，重耳已经 62 岁。晋文公毕竟在外流亡 19 年，辗转 8 国，见多识广，加上他本人富有雄才，所以他登上王位后很重视人才，改革内政，发展生产，整军备战，千方百计地为称霸创造条件。

不久，周王室发生内乱，周襄王被太叔带赶下台。周襄王狼狈地逃到郑国，号召各诸侯国勤王。各路诸侯均畏缩不前，有人建议向秦晋求救。晋文公为展示国力，为日后建立霸业打下基础，于是出动了全部兵力，首先对付帮助太叔带的狄人；将狄人击败后，又调转矛头对付盘踞在洛邑的太叔带及其乱党，最后击败乱党，并捕杀了太叔带；随后派兵护送周襄王回到洛邑重登王位。晋文公取得了安定王室的大功。

周襄王为酬谢晋文公，把阳樊、温、原、攒矛四个邑赐给他，这样，晋国的地盘一直扩展到黄河北岸。

安定了周王室后，晋文公决定开始进行争霸。但他知道，晋国争霸的障碍是被中原诸国视为蛮夷的楚国。面临楚国北进威胁，各国人人自危。

公元前 633 年冬，楚国联合四个仆从国包围宋国都城；宋国向晋国求救。

公元前632年，晋文公采纳中军元帅先轸的计谋，离间了楚国与齐、秦的关系后，又离间了曹、卫与楚的关系。楚国被激怒，楚成王令子玉立即率军北上，征伐晋国。

晋文公见楚军逼近，便下令晋军后撤90里（古时一日行军30里称为一舍，90里即为三舍）。晋军一些将士对面临楚军来犯而自己后撤不大理解，他们认为，晋国之君躲避楚国之臣，这是一种耻辱的举动；何况楚军在外转战多时，攻宋国一直不能克，士气已经衰竭，晋军不应后退。晋臣狐偃向大家解释说，国君这样做，是为了报答当年楚国的恩惠，兑现“两国若交兵，以退避三舍相报”的诺言。如果国君以前说的话不算数，我们就理屈了。

其实，晋文公下令退兵90里，一方面是为了实现诺言，更重要的还是军事上的需要，想以此法来激励晋军将士，同时也使晋军避开楚军的锋芒，进一步挑起楚将子玉的骄横情绪，然后选择有利的时机和地势同楚军会战。

果然，晋军撤到城濮后，宋、齐、秦等国也分别派来了军队，支持晋文公的行动。而在楚军中，一些将士见晋军撤退90里，也主张就此撤军返楚。但是，子玉却坚决不同意，他认为，晋军的后撤是惧怕楚军的表现，于是率领楚军紧追不舍，一直到城濮的一个山头下驻扎下来。结果，城濮一战，楚军被晋文公率领的联军打得大败。

公元前632年的城濮之战，晋军大败楚军，国威大振。此后晋文公在践土（今河南原阳西南）与各诸侯会盟，并请来周天子到会以提高自己的地位。周襄王在接受了晋文公奉献的战利品后，封晋文公为侯伯（霸主），各国诸侯也公认他为盟主，愿意共同扶助王室，互相救助。晋文公从此成为春秋继齐桓公之后的当之无愧的霸主。

秦穆公称霸西戎

秦国本是一个东部氏族，大约在周公东征时被迫迁到西部，定居在渭水流域，与戎、狄杂处，经营畜牧业，文化比较落后，直到平王东迁时才受封为诸侯国。

秦穆公继位后,派兵渡黄河灭掉了茅戎。

秦穆公深知,他要学齐桓公、晋文公建立霸业,非得有管仲、狐偃、子犯一样的贤臣辅佐才行,所以他很重视招揽人才。在与晋国联姻期间,果然也是好事接踵而至,秦穆公意外地获得蹇叔和百里奚的辅助,这对他称霸西戎起了很大作用。

秦穆公首先决定在军事上有所作为,只要拥有强大的军队,就能拥有一切。于是他任用百里奚的儿子孟明视以及蹇叔的儿子西乞术、白乙丙为大将。他们年轻气盛,军队在他们的训练管理下,显示出朝气蓬勃的气象。穆公的志向是走出关中,进入中原,让中原大国刮目相看。然而晋国是秦国东进道路上的拦路虎。正在秦穆公感到忧心忡忡之时,传来晋文公死去而晋襄公继位的消息,秦穆公想趁此主少国未宁的大好机会,去打败晋国,自为霸主。蹇叔、百里奚力劝秦穆公不可贸然兴兵。蹇叔说:“晋离秦一千多里,这样长途出征,容易走漏消息。对方有准备,以逸待劳,秦军必败。”秦穆公求胜心切,没有听进去,并任命孟明视、西乞术和白乙丙为三军统领,征讨晋国。

秦军出发那一天,蹇叔和百里奚赶到城外送行,蹇叔嘱咐道:“函谷关以东的殽山一带地形险恶,路过那里要格外小心!”

果然,秦军在经过滑国境内时,一个郑国的贩牛商人见秦军来势汹汹,唯恐秦军中途攻打郑国,而郑国此时却全然不知,于是他一面派人向郑国传递消息,一面自己假扮郑国使者,前去说服秦军不要攻打郑国,他来到秦军营地,要求见秦军主将。孟明视亲自接见了此人。此人说:“我叫弦高,我们郑国国君听说三位将军要到我们郑国来,特地派我送上 12 头肥牛犒劳将士。”孟明视听后,对西乞术、白乙丙说:“看来郑国已早做准备,劳师袭远,恐难取胜。”于是顺手牵羊,灭亡了滑国。

晋襄公得知秦灭滑,恼怒道:“秦国竟然敢掠夺我的附属国,这明明是欺我新君即位,无力反击。”于是亲率晋军在殽山设伏,准备打他个措手不及。孟明视率军一进殽山,就像进了布口袋。而事先在此埋伏的晋军从四周同时向秦军出击,秦军被此突然袭击弄得手足无措,自己人马相互践踏，结果秦军全军覆灭，孟明视、西乞术、白乙丙也当了俘虏。

晋襄公的母亲怀嬴是秦穆公的女儿，不愿意秦晋交恶，就对晋襄公说："孟明视三人虽可恶，但秦晋一向友好，不如放他们回去，由我父亲亲自惩办他们，也不会伤了两国的和气。"晋襄公听母亲说得有道理，便把孟明视他们释放了。老臣狐偃听说后，大骂晋襄公此举为妇人之仁，放走秦将等于是纵虎归山，日后必将祸患无穷，晋襄公深感后怕，于是派人追赶，但已经来不及了，孟视明三人早已坐船离去了。

三个败军之将垂头丧气地回到秦国，秦穆公率全体文武官员，穿孝服到郊外迎候。孟明视等跪地请罪。秦穆公痛哭流涕道："有罪的是我。我真不该不听你们父亲的劝告呀！"并下令厚赏殽山一战死亡将士家属。

孟明视等人为雪殽山之耻，加紧训练军队。秦穆公非但没有惩罚他们，反而对他们更加信任。孟明视练兵劲头比先前更足，他将自己的俸禄和财产全部与将士共享；和战士们一起吃粗粮，平时就睡在军营里。

公元前 624 年，孟明视挑选精兵良将，再次伐晋。兵渡黄河后，孟明视下令烧毁渡船，欲与晋军决一死战。秦军上下，士气旺盛，结果大败晋军，并攻占了晋国的 9 座城池。

孟明视护驾秦穆公来到殽山旧战场，下令将尸骨全部收拾埋葬，并举行隆重的葬礼。

后来，蹇叔和百里奚相继去世，秦穆公便用计将晋人由余招来当谋臣。由余长期经商，活动于戎人中间，对戎人底细十分了解。秦穆公接受他的意见，将秦国的"东进"战略调整为"西扩"，结果陆续灭掉 20 个小国，开辟疆土千余里。周王特意赐予秦穆公金鼓以示祝贺，于是秦穆公称霸西戎，保证了西部边境的安定。

楚庄王一鸣惊人

在殽山，秦国击败晋国，此后连续十几年北方无战事。这就给楚国北上争霸创造了一个极好机会。

公元前613 年，楚庄王熊旅继位。当年楚庄王还不满 20 岁，在他即位起初的 3 年时间里，日夜饮酒作乐，并下了一道命令：有来劝谏者处死。3 年过去，楚庄王毫无悔改之意，朝廷政事混乱不堪，公子燮和公子仪乘机叛乱。幸好朝廷中有庐戢与叔麇两位忠臣，他们当机立断平了叛乱。

一天，大臣伍举请求楚庄王接见。在富丽堂皇的宫殿里，钟鼓丝竹之声绕梁不绝，楚庄王怀中搂抱着郑姬越女，面前几案上摆放有美酒佳肴。楚庄王一面饮酒，一面欣赏美女们翩翩起舞。庄王一见伍举便大声责问道："你难道不知我禁止劝谏的命令吗？"伍举故作惊惶的样子答道："大王之令我岂会不知？我是来出个谜语，为大王助兴的。"楚庄王怒容顿霁，微笑着说："好吧，你说说看吧！"伍举于是清清喉咙，说道："南山上有一只大鸟，三年里栖在大树上不飞不动也不叫，不知道这是只什么鸟。"楚庄王沉思了一会，说："三年不飞，一飞冲天；三年不鸣，一鸣惊人！这是不同凡俗的鸟！你的意思我明白了，你下去吧！"

伍举以为楚庄王已幡然醒悟，马上就有新措施出台，就兴冲冲地告诉了好友大夫苏从。这一回两人眼巴巴如大旱望甘霖似的等待，楚庄王却照旧豪奢享乐。

不久，苏从实在憋不住了，他认为楚庄王照此长期下去，楚国将面临灭亡。他决定冒死直谏楚庄王。苏从来到楚庄王面前后，疾言厉色地说："大王身为楚国国君，继位三年，只知寻欢作乐，长此以往，恐怕是桀纣的效尤。"

楚庄王听罢勃然大怒，抽出青锋剑直指苏从心窝道："大胆狂徒……"苏从面无惧色，从容不迫地说："楚国政事已不可收拾，我独活何益？请大王赐臣下一死！"说罢引颈怒目而视，正气凛凛。楚庄王也用眼珠子紧瞪着苏从。蓦地，他将宝剑插入剑鞘，上前两步，双手紧紧抱住苏从双肩，激动地说："你才是我要寻找的国家栋梁呀！"苏从此时才知道，原来楚庄王是故意装糊涂呀！因为当时朝政十分复杂、权臣乱政，依附者甚多，忠奸难辨；楚庄王装糊涂，就是要让奸党充分暴露，让忠肝义胆的贤臣挺身而出，然后他好倚为肱股。

翌日，楚庄王上朝，召集文武百官，当众宣布一些重大人事任命，将敢于进谏的伍举、苏从任命为相国，帮助自己处理国事，振乾立纲。庄王一面兴邦治国，一面打造兵器，操练兵马。楚国在庄王与众贤臣的精心治理下，国势从此蒸蒸日上。

公元前 611 年，庄王采纳了大臣们的意见，于这一年秋打败了邻近的庸国，将楚国的势力范围扩大到了今天的湖北西北一带，并与陕西地区的秦国接壤了。

楚国经过整军与发展生产，出现了富国强兵的新局面，楚庄王认为与中原诸侯争霸的时机成熟了。

公元前 606 年，楚国讨伐陆浑戎，这是邻近东周的小国。胜利之后，楚庄王令大军在洛邑近郊举行盛大的阅兵仪式。一时间，洛邑周围旌旗蔽日，枪矛如林，鼓声口号声震天动地。周定王摸不清楚庄王打的是什么主意，就派殿前第一辩士王孙满前往打探消息。王孙满见到楚庄王后，楚庄王兴致勃勃地问道："听说禹铸九鼎，自夏迄商，又从商传到周，现在在你们都城内，乃是稀世之物。我们楚国偏居南方，还没人见过，不知道这鼎有多大多重？"王孙满听话听音，心中对楚庄王此番阅兵用意已了然在胸了，现在楚庄王居然问起九鼎的大小轻重来，这不是斗胆藐视东周的权力吗？王孙满知道自己应当不辱使命，便立即对楚庄王大逆不道的言行加以驳斥，申明利害。他在话语中用中原各路诸侯来压楚庄王，言外之意就是周王朝气数未尽，如果有意生事挑衅，后果的严重性也不必明说。楚庄王知道，此时与周天子交战还不行，他要釜底抽薪，与打着尊王攘夷旗号的晋国斗争，他可再不能被中原诸侯视为蛮夷。

楚庄王又厉兵秣马准备了几年。

公元前598年,陈国发生内乱,楚国出兵征服了陈,然后又逼降郑国。在与郑国交战中,晋国派兵来支援郑国,楚庄王决定利用这次机会来攻打晋国。

楚庄王深思熟虑,决定留下郑国太庙世祚,这将对下一步对付晋国有利。楚退兵30里,允许郑国求和。郑襄公以公子良为人质,作为媾和条件,楚庄王欣然应诺。

晋军主将是荀林父,他听说郑国已经投降楚国,决定班师回朝。一名副将不听命令,偷偷率部分人马渡河攻击楚军。荀林父见军队分裂为两部分,只好下令三军渡河,寻找楚军主力决战。

这时楚军已经到达,楚庄王听说晋军追来,立即召集群臣商量对策。大家分析了军情后认为:晋军战车700乘,猛将如云,晋楚交战胜负难料;万一战败,有可能像上回城濮之战一样影响称霸全局。为打有把握之战,只能暂时与晋军和谈,示之以弱,静观其变。

于是楚庄王派使臣到晋营。本已谈妥了议和条件,但在此期间,晋军以为楚国惧怕晋国,于是侮辱了楚国使臣。楚庄王由此看出敌国内部矛盾可以利用。

楚庄王下令对晋军发起进攻,并亲自擂起战鼓。楚军将士个个耀武扬威,奔腾如排山倒海般压向晋军。由于晋军将领意见不一致,指挥上政出多门,士兵无可适从;而楚军怨愤久蓄,上下一心。晋军战败,渡黄河时,自相践踏落水淹死的不计其数。楚军大获全胜,有人建议楚庄王乘胜追击晋军。楚庄王头脑很清醒,说:“穷寇勿追。晋国是一个大国,绝非轻易可灭。我们用武的目的在于制强抗暴,消除战争,如果我们黩武好战,只会自取灭亡。”于是下令掩埋晋军尸体,班师回国。楚胜晋之后,雪了城濮之耻。

公元前593年,楚庄王又使宋国降服。楚庄王果真不愧是只一鸣惊人的大鹏鸟。他的成功问鼎中原,使楚国成了春秋五霸之一。

孔子开一代儒学

诸侯争霸加速了社会变革与进程,中国历史从春秋时代进入战国时代。这时侯,中国出现了一位伟人——孔子。

孔子名丘,字仲尼。他生于公元前551年,卒于公元前479年,是春秋末年的思想家、政治家和教育家,同时也是儒家学派的创始人。

孔子出生在鲁国的昌平乡陬邑。祖先是宋国人,名叫孔防叔。防叔生了伯夏,伯夏生了叔梁纥。叔梁纥与姓颜的女子未婚交合而生下了孔子,是在尼丘山向神灵祈祷后才得孔子的。鲁襄公22年,孔子出生。生下来的时候头顶中间下凹,所以起名叫丘。

孔丘刚出生不久,叔梁纥就去世了,葬在防山。防山在鲁国东部,孔子无法确知他父亲的墓在哪里,因母亲对他隐瞒了这件事。孔子小时候做游戏,常常摆设俎豆等祭器,模仿祭祀时的礼仪动作。孔子的母亲去世后,就把灵柩暂时停放在五父衢的路旁,大概是出于慎重而没有马上埋葬。陬邑人輓父的母亲告诉了孔子他父亲的墓地,然后他才把母亲的灵柩运往防山和父亲合葬在一起。

孔子孝服未除时,季氏设宴款待名士,孔子前往赴宴,阳虎拒斥他说:“季氏款待的是名士,不能让你参加。”孔子于是退出去。

孔子17岁的时候,鲁国大夫孟釐子病危,告诫他的儿子懿子说:“孔丘是圣人的后代,祖先在宋国败落。他的先祖弗父何当初本来是宋国的继承人,让位给弟弟厉公。等到正考父时,辅佐戴公、武公、宣公,三次受命一次比一次恭敬。所以正考父庙中鼎上的铭文说:‘第一次受命时曲身而受,第二次受命时弯腰而受,第三次受命时俯身而受,走路时靠着墙根走,也没有人敢侮辱我。用这个鼎煮面糊,煮稀饭,以此糊口度日。’他的恭谨节俭到了这种程度。我听说圣人的后代,虽然不一定当国执政,但必定会有显达的人出现。现在孔丘年少而喜好礼仪,大概就是要成为显达的人吧?我马上就要死了,你一定要拜他做老师。”等到孟釐子去世之后,懿子和鲁人南宫敬叔就去向孔子学礼。这一年,季武子去世,平子继位。

孔子家境贫寒而且地位低贱。他成年后,曾经做过季氏的门下小吏,负责管理仓库，出纳钱粮计算得清楚准确；又当过管理牧场的小吏，牲畜繁殖得很好。于是被提升为管理营建的司空。不久离开鲁国，在齐国受到排斥，在宋国、卫国遭到驱逐，在陈国、蔡国之间遭受厄困，于是又返回鲁国。孔子身高九尺六寸，人们都叫他“长人”，觉得他跟常人不同。因为鲁国再次善待他，所以返回鲁国。

鲁人南宫敬叔对鲁君说：“请让我和孔子一起到周去。”鲁君给了他一辆车，两匹马，一个僮仆，随孔子出发到周去学礼，据说见到了老子。

孔子在周学礼成后，告别离去时，老子送他说：“我听说富贵的人送别时赠送财物，仁德的人送别时赠送言辞。我不够富贵，就盗用仁德之人的名号，用言辞为你送行：‘聪明深察的人常常靠近死亡，这是因为他喜欢非议别人。博学善辩、见识广大的人常常危及自身，这是因为他喜欢揭发别人的罪恶。做子女的不应该只想到自己，应该一心想着父母，做臣子的不能够只顾及自己，而应该一心想着君主。’”

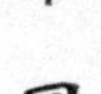

回到鲁国以后，孔子在政治上仍然没有发展，他只好重振私学。这时他收的学生中有 7 岁的颜回，这是颇令孔子得意的一个学生。

公元前 496 年，当孔子 56 岁时，他又由大司寇行摄相事。孔子摄相后，杀掉乱政的大夫少正卯。鲁国政清民安，一派升平盛世。这时，齐国害怕鲁国得以大治，黎钮向齐王献计，决定给贪图享乐的鲁定公和季桓子这两位鲁国的实权人物送去美女和骏马，以乱鲁政。鲁定公以为齐国甘心俯首，便接受了这笔厚赠。从此，鲁定公与季桓子整天沉湎于女色，怠于政事，对孔子的进谏不予理睬，同时对孔子的态度也渐渐冷淡。孔子见无力劝阻，便对鲁定公失去信心，也只好“道不行，乘桴浮于海”，周游列国 14 年，寻求实施他的政治主张的机会。

孔子先后到过卫国、曹国、宋国、郑国、陈国、蔡国、楚国。这期间，孔子曾经在陈、蔡之间受困，绝粮 7 日，弟子饥馁皆病，但孔子依旧不改其初衷，坚持讲诵、弦歌不已，表现了他乐观豁达的人生态度。公元前 484 年，孔子风尘仆仆地回到鲁国。鲁国以鲁哀公、季康子为首的君臣虽多次向孔子问政，但最后还是没有起用孔子。此后的 5 年里，孔子专心从事文献整理和教育事业，删《诗》、《书》，定《礼》、《乐》，修《春秋》，授徒多达 3000 多人，而道德高尚精于六艺的就有 72 贤人。

孔子在71岁那年春天,最得意的弟子颜回去世,享年才41岁。这对孔子又是一次重大的打击,他知道来日无多,修订《春秋》作为绝笔。公元前479年的一天拂晓,孔子起床后,来回地踱步,自言自语道:“泰山要崩塌了啊!顶梁柱要折断了啊!哲人要凋萎了啊!”从此他卧病不起,7日之后去世,享年73岁。

孔子死后,为后代留下了丰富的思想遗产。首先,孔子强调仁,这是充满人道主义的光辉思想。作为仁的表现形式,孔子还强调礼,并提出“礼治为本,法治为辅”的治国方针,提倡奴隶制社会中的精神文明建设。后代封建思想家将孔子的思想发展为礼义廉耻,称之为国之四维。汉朝董仲舒更将孔子思想提升到至高无上的地步,从此孔子思想成为封建社会的正统思想,而其积极的一面,更成为中华民族的优秀传统。此外,孔子作为一个教育家,兴办私学,提出“有教无类”的口号,打破春秋时代“学在官府”的局面。孔子还提出许多十分有益的教育思想,至今仍有现实指导意义。经孔子编著整理保存下来的诸如《春秋》、《尚书》、《诗经》等则泽被后人,发挥着无与伦比的作用。他被公认为我国古代第一位大思想家、大教育家,在今天世界上也有广泛的影响。

老子与《道德经》

老子(约公元前580年-约公元前500年)姓李,名耳,字聃,楚国苦县历乡曲仁里人(今河南省鹿邑县)。他是春秋时期的思想家。据说,孔子曾经向他请教过周礼等方面的学问。老子所著《老子》一书被道家奉为经典,尊称为《道德经》,老子即为道家学派的创始人。中国道教徒们把老子尊称为“老君”、“太上老君”。老子的思想对中国文化产生了极大的影响。

老子年少时曾追随常枞学习礼乐,深受常枞的思想的影响。

老子主张贵柔、处弱。这种思想来源于对自然和社会现象的观察和总结,是一种极富智慧的表现。青年时代的老子曾经做过周朝的藏书管理员一职。由于管理的是国家的图书、档案,所以老子很早就很全面系统

地阅读了大量书籍，成为一个博学的人。

老子的晚年，周王室发生内乱，景王崩，王子朝叛变，从收藏室中带走了大批周朝的典籍逃奔到楚国。他的出走，使老子蒙受失职之责，因此丢掉了职位。老子弃官出走后，开始过隐居生活。隐居期间，由于闲暇无事，便与好友尹喜小斟几杯，尹喜是老子的老朋友，后世也有人把尹喜与老子并称为道家学派的创始人。两人在一起时，老子经常谈到他对时势及道的见解，尹喜深受启发，并向老子提议将他的学说整理成文字。老子闻听后，觉得很有道理，于是将自己的身心全部投入到创作之中，由于厚积薄发，很快写出了共5000余言的著作《老子》。这部著作言简意赅，涉及对宇宙自然及社会人生的探讨。

老子思想的核心是"道"，它概括了老子思想的所有内容。老子通过对宇宙自然界的潜心观察，认识到天只是一种物质，并没有意志；天自有其内在运行规律，并不能主宰人世间吉凶祸福，所以神仙一说是不存在的。

老子的思想观点在春秋时期是极其难能可贵的，具有石破天惊般的意义。因为那时候绝大多数人是敬神灵的，认为天是有意志的，各种现象都是神在显灵。而老子的思想放射着辩证法的光辉。他认为任何事物都是对立统一的关系，即彼此不是孤立的，而是相互联系、相互依存的。《道德经》中说："有无相生，难易相成，长短相形，高下相倾；音声相和，前后相随。"认为世间一切万物都是互相对立而相辅相成，由互相对立而倾倚，由互相对立而产生和谐，并且对立面的双方会互相转化。如"祸兮福之所倚，福兮祸之所伏"。不过老子思想中忽略了转化的条件，也忽略了对立面的斗争在转化中的作用，而这些都是十分重要的，不能不说这是老子思想的美中不足之处。

老子思想也具有一定片面性、局限性。他主张清静无为，复返自然，主张回到原始社会那种民风淳厚的环境中去，在那种小国寡民的社会里，人民"甘其食，美其服，安其居，乐其俗。邻国相望，鸡犬之声相闻，民至老死，不相往来"。这些观点是不切实际的。

老子针对当时的社会还提出了一套治理方案：

"绝圣弃智，民利百倍；绝仁弃义，民复孝慈；绝巧弃利，盗贼无有。此三言也以为文未足，故令之有所属；见素抱朴，少私寡欲，绝学无忧。”

这段话是《道德经》第十九章的内容，其意是：弃绝聪明和智慧，人们就会得到百倍利益；弃绝仁和义，人们就会恢复孝慈；弃绝技巧和货利，盗贼就会根绝。他认为单单把圣智、仁义、巧利这三条作为治理天下、国家的法则还不够，还必须使人们在思想上有所归属，要让他们处于朴素混沌的状态，少动脑筋，减少私欲，弃绝知识，这样才能消除祸患。这当然是行不通的，这种号召人们遁世、清静无为的思想观点，是消极的，是有碍于科学文化的发展的，只能造成人类社会的停滞，甚至于倒退。

专诸刺王僚

春秋时，吴王姬僚利用楚国国丧，对楚国发动进攻。但姬僚的这种做法，却给国内的一位野心家提供了机会。他就是姬僚的兄弟姬光。姬光认为自己该当吴王，如果全力攻楚，必然造成国内空虚，为自己夺取政权创造机遇。于是他竭力支持姬僚出兵楚国。当他得知前线紧张，便极力促使姬僚全力救援，并力荐吴王的儿子庆忌率兵前往。因为庆忌身材高大、武艺高强，如果留在国内会对姬光夺权形成很大障碍。要是庆忌上了吴楚战场，就使吴王姬僚彻底成了孤家寡人，夺权就胜利在望。

吴王求胜心切,完全顾及不到后院的安危,或者根本就没有想到后院存在什么危机。反正结果是派了庆忌率重兵赶赴吴楚战场,参与尘沙飞扬的厮杀。

机不可失,时不再来。姬光立刻召来杀手专诸,进行密谋。

姬僚有一个爱好,那就是特别爱吃鱼。姬光就以此为突破口,专门去请其来家做客、吃鱼。

姬光对姬僚说:“我请了一位太湖名厨,特别擅长烹调鱼类,做出来的鱼据说是太湖一绝。今天专程来请陛下屈驾到舍下品尝。”

姬光走后,姬僚想到国内兵力空虚,特别是姬光在王位继承权上具有的特别身份,不禁多了一个心眼,首先下令亲兵将从王宫到姬光家的道路严密把守起来,禁止一切闲杂人员进入,以防不测;然后,在身上套了三层柔软、舒适但坚韧无比的狻猊之甲,这才神情泰然地乘车前往赴宴。

姬光自然明白,要想杀掉姬僚,绝不是一件轻而易举的事,他与伍子胥合谋制订了严密的计划。姬光先在举行宴会的屋子下面的地下室里安排了精心挑选的兵力,以确保能够控制屋内局势。同时,由伍子胥聚集了平时收罗的几百名亡命效忠之徒在城外接应,用以发生意外时及时补救。

吴王姬僚按时驾到。

宴会的气氛是热烈的。随着叮叮当当的碰杯声和吵吵嚷嚷的祝酒声,兄弟间的情谊似乎更是浓郁无比,令人羡慕。

宴会的实质是残酷的。在王权至上的氛围内,权合则血溶情连,权分则血分情断,其情其景令人心寒。

当酒宴进行到最热烈之际,姬光趁着姬僚酒酣耳热,已有几分酒意之时,推托脚病复发,离席而去。

专诸看见姬光离席,知时机已到,立刻端着一盘热气腾腾的大鱼走入宴会厅。

姬僚闻到飘来的鱼香,不禁连声称赞:“好鱼,好鱼!”一边摇摇晃晃地站起来,想看清那盘里的鱼形如何。中国人吃菜讲究“色香味”俱全,首先要菜形可观,让人产生一种食欲;其次要香味扑鼻,让人垂涎三尺,非尝之而后罢;最后才是味道可口,让人食时不止,食罢常思。现在香味早至,其形不可不观,少了这食客的三步曲,怎能算是一美食家?

姬僚刚刚站起身，还没有看清盘里鱼的形态，却看见一只手突然从鱼腹抽出一把明晃晃的匕首向自己刺来。姬僚本能地向后闪身，但已经晚了。

专诸使足了力气，一下子刺穿了姬僚身穿的三层狻猊之甲，深深地将匕首插入姬僚的胸膛，深到几乎连匕首的手柄都插进去了。

看着姬僚痛苦地扭曲着身子倒在地上，专诸那颗高悬的心才算放回到肚子里，长长地松了一口气。但这口气还未出完，就感觉到背上一阵疼痛，随之也倒在地板上，倒在姬僚的身边，与之相伴而去。

姬僚的卫士们直到此时才明白发生了什么事情，一拥而上，刀剑齐发，专诸顷刻间变成一段段血肉模糊的东西。但这又有什么用呢？

姬光的亲信士兵和伍子胥带来的士兵合在一起，迅速歼灭了姬僚的卫队。其实，姬僚的卫队还用得着歼灭吗？大树都倒了，猢狲还会傻守树根吗？自然是另投森林谋生存了。

姬光擦了擦还滴着兄弟血的剑，宣布继位为王，这就是吴王阖闾。

伍子胥鞭尸

伍子胥是楚国人，名员，字子胥。伍员的父亲叫伍奢，他的兄长叫伍尚。他的先祖伍举，因敢于向楚庄王直言上疏很受信用，所以他的后代在楚国很有名。

楚平王当政的第二年，费无忌为楚国大夫，他心地险恶，为人阴毒狡诈，残害过许多忠良无辜。他对楚平王善于奉迎，投其所好。楚平王对费无忌言听计从，做出许多荒淫无道的事。

楚国的太子建对费无忌的所作所为深感痛恶，无奈费无忌是当朝大夫，又是楚平王的宠臣，对他也没什么办法。但费无忌对此却深感不安，唯恐楚平王死后，太子掌权杀了他，所以处心积虑地挑拨楚平王和太子的关系，诬告太子建授意他的老师伍奢，正在招兵买马，意图谋反。

昏庸的楚平王便将太子的老师伍奢召来，大加责难。伍奢为人耿直，是位敢于直言相谏的忠良，对于楚平王残暴荒淫的行为，早就不满，对于费无忌这种专以谗言害人的无耻之徒，更是恨之入骨。楚平王问伍奢为什么招兵买马，与太子合流谋反时，伍奢大怒道："你做出了许多对不住太子的事情，而且还听信小人谗言，对自己的亲骨肉都不相信了！"对于伍奢的当面顶撞，楚平王恼羞成怒，厉声命令武士将伍奢绑了起来。

此时，费无忌要铲除太子的目的还未达到，仍不肯善罢甘休，进一步挑唆楚平王："太子与老师的情义很深，您抓了太子的老师，太子决不会罢休，一定会借机谋反，到时您的王位可就保不住了。"楚平王不辨真伪，听信了费无忌的话，于是发布诏书，废掉太子建，并声称要杀了他。后来走漏了消息，太子连夜逃走，去了宋国。费无忌见除掉太子这一毒计虽然没有彻底得逞，但也算达到目的了。转念一想，虽然太子逃亡，伍奢被抓，但伍奢还有两个儿子伍尚和伍员在外，而且都是智勇双全的人物，绝不可轻视。如果杀了伍奢，伍尚和伍员定要报仇，不就此除掉，仍是后患无穷，于是又劝楚平王杀掉伍奢父子，斩草除根。

楚平王觉得要抓伍尚和伍子胥恐怕不容易，费无忌又献计："逼伍奢写信给他的儿子，就说如果伍尚和伍子胥都能来见过父亲，就可以放了伍奢，如果不来就杀了伍奢。只要将伍尚和伍子胥骗来，就可以将其父子一齐杀掉，免除后患。"

伍尚和伍子胥看过信后，焦急万分，为父亲的性命担忧。伍尚救父心切，要立即动身去郢都救父。伍子胥阻拦道："我看此信不是出于父亲的意愿，里面定有阴谋，还是不去为好。"伍尚说："如果不去如何能救父亲性命呢？"伍子胥说："如果我们不去，楚平王不敢杀害父亲，因为顾忌我们；如果去了，反倒害了父亲，我们也难逃毒手。"伍尚说："能够见到父亲一面，即使死也心甘了。"伍子胥心急道："如果大家都去受死，谁还能为我们报仇呢？"伍子胥未能说服伍尚，临别时，伍子胥叹道："今天的分手就是生死离别，恐怕从今后再难见到你和父亲了。"

与伍子胥分手后，伍尚独自去了郢都。不出伍子胥所料，伍尚一到郢都，就被楚平王抓了起来，连同伍奢一道杀害了。

伍奢和伍尚被杀后，楚平王又向全国发布通缉令，悬赏捉拿伍子胥，并派出人马，查寻伍子胥的踪迹。

伍子胥听到父兄被害的消息后，悲痛欲绝，对天发誓："不报大仇，誓不为人!"这时,捉拿伍子胥的风声越来越紧,伍子胥连夜逃离了楚国。

伍子胥的父亲和哥哥被楚平王杀死后,他历经风险逃到吴国,不久做了吴国的官。后来他帮助吴王阖闾进攻楚国。经过五次战争,终于打进了楚国的国都郢城。这时候楚平王已经死了,伍子胥为报杀父之仇,就掘开他的坟墓,拉出尸首,用皮鞭抽了300下,以解心头之恨。当时有一位朋友叫申包胥,责备他说:"你这种行为,太违背天理和道德了。"伍子胥回答他说:"吾日暮途远,吾故倒行而逆施之。"意思是说:"我弄得实在没有办法了,所以才故意干出这种不合乎常理的荒唐举动。"

伍子胥才华横溢,谋略过人,他帮助吴王阖闾改进政治军事,向北(今徐汇一带)兼并小诸侯,建立了霸主地位。春秋中后期,后起的越国与吴国成为东南部相毗邻的大国,经常互相攻战。公元前496年,阖闾攻越,兵败受伤身死。夫差即位,伍员又当了夫差的谋臣。夫差于公元前494年在夫椒山(今江苏太湖)打败了越王勾践。勾践派大夫文种前来求和。夫差骄傲轻敌,被一时的胜利冲昏了头脑,竟然答应讲和退兵。伍子胥力加劝谏:"两国历年为敌相攻,仇深似海,再加国土毗连,三江(浦阳江、吴淞江、钱塘江)环绕,都属于水乡之国,生活习性相同,而对北方旱地生活不习惯,因此不能迁出此地而退兵北方。水乡是必争之地,吴、越两国势不两立。今天打败勾践是消灭越国的有利时机,若坐失良机,将后悔莫及。"夫差有些犹豫。勾践用反间计,派人送美人给吴国太宰伯嚭,求他劝吴王答应讲和,并暗示事成将再送美女佳人。伯嚭首先向吴王夫差进谗言,说伍员有图谋,夫差听信谗言,顿起疑心,赐剑令伍员自杀;而后伯嚭又说服了夫差答应讲和退兵。后来,勾践卧薪尝胆十年,终灭吴国,为越国雪大耻。

勾践卧薪尝胆

吴越争锋,起初吴弱越强,吴王阖闾战败伤病未愈,不久死去,其子夫差即位。

吴王夫差怀国仇家恨,刻不能忘。他常置一人立于内宫庭院,每当夫差出入，此人必耳提面命，质问吴王：“你忘掉越王杀父之仇了吗？”夫差随口应道：“深仇大恨，岂敢忘怀！”在如此氛围中，即使稍有疏忽或懈怠，也能骤然警觉，重新振作。就这样经年累月激励志气，又晨起夕归，演练战射，这就为越国的安全带来极大威胁。

越王勾践三年（公元前494年），听说夫差日夜练兵，便要乘敌未发而击吴。范蠡知越王师胜而骄，难以抵敌，便极力劝阻说：“天道盈而不溢，盛而不骄，劳而不恃其功。圣人随时而行，是谓守时。天时不圣，人事不应，则隐忍不发。现今君王不盈而溢，未盛而骄，不劳而矜其功，实为逆于天而不和于人，若强行之，必危国家，害及己身。”勾践不听。

范蠡又劝谏说：“兵者凶器，勇者逆德，战者末事。阴谋背德，好用凶器，身事末端，为上无所忌，对所行者不利，宜慎之又慎，断然不可轻决。”

越王勾践决计出师，与吴王夫差战于夫椒（太湖中山名，一说即洞庭湖西山，又一说在浙江绍兴北）。结果，勾践大败，仅剩5000残兵，退守会稽山（今浙江中部，主峰在嵊县西北），被吴军团团包围。

勾践身陷绝境，眼望败鳞残甲，亡国之忧萦绕于怀。他凄然对范蠡说：“我不听先生之言，故有此患。眼下如何收拾危局？”一个有作为的政治家，对成败之事并不看得那么绝对而不可改观。因此，范蠡冷静进谏说：“持满而不溢，则与天同道，可享天之佑；省事而节用，则与地同道，可受地之赐；扶危而定倾，则与人同道，可得人之助。目前，宜卑辞厚礼，贿赂吴国君臣；倘若不许，可屈身以事吴王，徐图转机。”勾践依议，派大夫文种前往吴军议和。

文种初次赴吴营，受到吴王夫差的忠正大臣伍子胥的极力阻挠，结果是徒劳一场。

勾践闻报，痛不欲生，想要杀妻子，焚宝器，与吴王冒死一战。文种、范蠡以为硬拼非计，便多方劝慰。他们通过冷静分析，认为吴王夫差好美色，权臣太宰伯嚭贪货财，这是可供利用的缝隙。于是，越国先暗用美女、宝器买通伯嚭，使之转献吴王夫差，然后再派文种前去乞和。

文种见到吴王，说道：“大王如能赦免勾践，越国情愿尽献宝器，举国上下降为臣妾；倘若不许，勾践将尽杀妻子，燔烧宝器，悉发五千壮士触死决斗。”这话说明了利害，软中带硬。谗臣伯嚭也在一旁帮腔说：“越已降

服为臣，若能赦之，实为吴国大利。”吴王心软，便要许和。

大臣伍子胥谏阻说：“树德行善莫如使之滋蔓，祛病除害务必断根绝源。现今勾践为贤君，文种、范蠡为良臣，君臣同心，施德惠民，一旦返国，必为吴国大患。吴越两国水连土接，一旦结成世仇，兴亡成败不可不虑之深远。如今既克越国，倘使其复存，实在是违背天意，养寇遗患。”吴王不听，终与越国讲和，罢兵而去。

自从会稽解围之后，越王勾践打算让范蠡主持国政，自己亲自去吴国屈事夫差。范蠡说：“对于兵甲之事，文种不如我；至于镇抚国家、亲附百姓，我又不如文种。臣愿随大王同赴吴国。”勾践依议，委托文种暂理国政，自己携带妻子和大臣范蠡、诸稽郢前往吴国。

约在勾践四年（公元前493年），越王君臣数人见到吴王夫差，当即进献美女宝物，并低声下气地极力奉承；再加上伯嚭在一旁美言数语，勉强取得夫差的谅解。夫差派人在阖闾墓侧筑一石室，把勾践夫妇、君臣驱入室中，脱去原先衣冠，换上罪衣罪裙，使其蓬头垢面地从事养马等贱役。每当夫差乘车出游，勾践手执鞭仗，徒步跟随在车左车右，任凭吴人恶语讥诮，只把羞恨深藏在心中。

勾践在石室一住两月，范蠡朝夕相伴，随时开导，并为之出谋划策。

一天，夫差召见勾践，范蠡随侍身后。夫差对范蠡说：“寡人曾闻：‘贤妇不嫁破落之家，名士不仕灭绝之国。’如今勾践无道，国家将亡，君臣并为奴仆，羁于一室，先生不觉可鄙吗？先生如能改过自新，弃越归吴，寡人必当赦免先生之罪，委以重任。”勾践唯恐范蠡变节，伏在地上暗自坠泪。

却听范蠡委婉推辞说：“臣闻：亡国之臣不敢语政，败军之将不敢言勇。臣在越不能辅佐勾践行善政，以致得罪大王。如今侥幸不死，使备奔走扫除，臣已满足，岂敢贪求富贵？”

吴王夫差并不相强，仍使勾践、范蠡回到石室，并遣人暗地探察他们君臣、夫妇之所作所为。但见他们竭力养马、洒扫，昼无怨恨之语，夜无嗟叹之声。夫差满以为他们诚心降服，无心复国还乡，便大意起来。

又一天，吴王夫差登姑苏台游嬉，远见勾践夫妇端坐在马粪堆边歇息，范蠡恭敬地守候在一旁。夫差说：“勾践不过小国之君，范蠡无非一介之士，身处危厄之地，不失君臣之礼，也觉可敬可怜。”伯嚭在一旁讲情说：

“愿大王以圣人之心，哀怜穷困之士。”从此，夫差便有意释放勾践回国。

一次，夫差染病，范蠡知是寻常疾病，不久即愈，便与勾践商定一策，让他去尝粪卜疾，取悦于夫差。

勾践求见吴王，探视病情。他伸手蘸起夫差的一点大便，放在口里咂了咂，大声祝贺说：“大王之疾，近期即可痊愈。”夫差叩问缘故，勾践依照范蠡所嘱，回答说：“臣曾跟人学过医术，只要亲尝一下病人粪便，可知生死寿夭。大王粪便味酸而苦，与谷味相同，由此知道大王之病不可忧。”夫差听其言，见其行，心里十分高兴。吴国大臣伍子胥进谏说：“勾践尝大王的大便，实是食大王之心。”夫差不悟，反责伍子胥不如勾践那样尽忠。事后，吴王果然克期复元，遂决定释放勾践君臣回国。

越王勾践与范蠡等人在吴国拘役三年，约于勾践七年（公元前 490 年）回国。勾践问复兴越国之道，范蠡作了极其精辟的论述，其要义在于：尽人事、修政教、收地利。在这条方针指引下，越国渐渐富强起来，以后又开始了同吴国的争夺，越来越占据上风。

至勾践二十四年（公元前 473 年），吴王夫差势穷力尽，退守于姑苏孤城，再派公孙雄（一作王孙雄，另作王孙骆）袒身跪行至越国军前，乞求罢兵言和。勾践欲许议和，范蠡在一旁说道：“当年大王兵败会稽，天以越赐吴，吴国不取，致有今日。现在天又以吴赐越，越岂可逆天行事？况且，大

王早朝晚罢，全是为了一个吴国，难道忘记昔日的困辱了吗？谋划20年，一旦捐弃前功，伐柯者就在眼前！天与不取，反受其咎。”

勾践露出不忍之色，范蠡当机立断，对吴使公孙雄说：“越王已任政于我，使者如不尽快离开，我将失礼，有所得罪了！”说着，他击鼓传令，大张声势。公孙雄无可奈何，涕泣而出。

不久，越军灭吴。勾践玩弄假仁假义的小把戏，封夫差于甬东（会稽以东的海中小洲）一隅之地，使其君临百家，为衣食之费。夫差难受此辱，悔恨交加。他深悔当初不听伍子胥之言，致使死后没有脸面在黄泉下再见忠良，于是以布蒙面，伏剑自杀。

随后，勾践诛杀佞臣伯嚭，吴国难免蒙受一番洗劫。

灭吴之后，越王勾践与齐、晋等诸侯会盟于徐州。当此之时，越军横行于江、淮，诸侯毕贺，号称霸王，成为春秋、战国之交争雄于天下的佼佼者。

范蠡弃官经商

越王勾践灭吴之后，在徐州（今山东滕县南）与齐、晋等诸侯会盟。勾践号称霸王，成为春秋、战国之交雄踞天下的佼佼者。范蠡也因谋划有功，官封上将军。

越王勾践在灭吴之后，诸侯皆前来祝贺，在宫廷宴请群臣，群臣皆欢喜，独勾践皱眉不语，辅臣范蠡察言观色，立时明白。他想：越王勾践为图霸业，不惜用群臣生命作为代价；如今他更不愿意让大臣们把功劳分去；我与越王深谋20余年，功成名就不如早早急流勇退以保全性命。

勾践假惺惺地说道：“先生假若留在我身边，我会与您共享越国，先生与我共谋天下，我怎么舍得先生走呢？”范蠡心知而肚明，勾践说共分越国，纯系虚语，不敢对此心存奢望。他一语双关地说：“君行其法，我行其实。”

事后，范蠡不辞而别，带领家人奴仆，驾扁舟，渡东海，来到齐国。

范蠡跳出了是非之地，又想起曾有知遇之恩，同舟共济多年的文种，遂给他写了一封信，劝说道：“狡兔死，走狗烹，飞鸟尽，良弓藏。越王为人，长颈鸟喙，可与共患难，不可与共荣乐，先生何不速出走？”

文种见到范蠡的来信，如梦初醒，便假托有病，不再上朝理政。不料有人早已给他备下笼子，不容他再飞。不久，就有人诬告文种图谋作乱，勾践不问因由，赐予文种一剑，说：“先生曾教我七种策略以伐吴，我只用了三种就打败了吴国。先生请去追随先王，再试用其他四种方法吧！”文种至此，一腔孤愤无以言表，最终引剑自刎。

《越绝书》卷六评曰：“（文）种善图始，（范）蠡能虑终。”又云：“始有灾变，蠡专其明，可谓贤焉，能屈能伸。”看文种、范蠡二人不同结局，就可知此话不假。

从政和务农、经商，事虽不一样，但道理却有相通之处，范蠡的聪明才智在于他把握其中的奥妙，使其同归于一，从而能左右逢源，立于不败之地。

范蠡到齐国后，便隐姓埋名，自称鸱夷子皮，务农为业，举家同心协力，躬耕于海畔。不久，范蠡家产累计数十万。

齐人见范蠡这么有才干，想委以大任。范蠡却叹惜说：“做官做到卿相，治家又能使家财千金，这样一直下去并不是好事。”于是，他散其家财，分予亲友乡邻，然后怀带重宝，悄然出走。范蠡又辗转到陶（今山东定陶西北），再次改姓易名，自称为朱公。他认为陶位居天下中心，四通八达，便于交易，遂以经商为业，每日贱买贵卖，适时而动，19 年间，三致千金，时人凡论天下豪富，无不首推陶朱公。

韩赵魏三分晋土

春秋末期，战争频仍，生产遭到极大的破坏，各国财政贫乏，诸侯公室开始衰落。而这时各大国的大夫为了发展自己势力，想方设法地兼并和掠夺他人的土地财物，所以都扩大了领地，增强了实力；此外，他们还收买民心，逐渐成为诸侯国中的实权派。这样一来，各国的大夫们之间的战争也在所难免，并更趋于白热化。他们野心勃勃，有的甚至弑君作乱。

晋正卿（大夫）智伯瑶就是手中握有实权、野心勃勃的权臣，国君权力仅在其下。晋由权臣栾、解、赵、魏、韩、智六家大夫把持朝政，他们又以自己的地盘和武装，争权夺利，互相攻战。后来只剩韩、赵、魏、智四家。四家中智伯瑶势力最大，野心也最大，曾于公元前463年联赵围郑；又于公元前458年率韩、赵、魏三家联合废除想削弱他们势力的晋出公，另立敬公为国君，并控制了敬公。整个晋国的大权被智伯瑶牢牢掌握在手。

但智伯瑶还不满足，一心想废去敬公，自己做国君，可他又害怕其他三家不服，于是他打算下一步侵占韩赵魏三家的土地，于是把赵襄子、魏桓子、韩康子三大夫请到家中，设宴款待。席间智伯瑶提议每家献出百里土地和相应的户口交国君掌管。当时的晋国君只是个虚名，智伯瑶妄图以国君的名义，迫使韩、赵、魏交出土地，逐步削弱他们的势力。韩康子慑于智伯瑶的势力，首先表示赞同，愿把韩家部分土地和一万家户口交给国家；魏桓子虽不愿意，也不得不表态，遂把百里土地和九千家户口交给国君。智伯瑶见韩、魏慑服，只有赵襄子一言不发，便用威胁口吻诘问。赵襄子性格耿直，看他狐假虎威的样子，非常气愤，便说："土地是祖宗遗产，我实在不敢做主送给别人。"智伯瑶听罢立刻翻脸，智、赵席上争吵不休，赵襄子拂袖离席回家。智伯即以赵家有野心的罪名来进行讨伐，并亲自带兵马为中军，令韩为右军，魏为左军。三军直奔赵城，赵襄子寡不敌众，边战边退，退到晋阳（今山西太原）闭关固守。智伯瑶率领三军团团围住赵城，赵襄子固守不战达两年之久，智军强攻不下。智伯瑶无计可施，十分恼火。

公元前455年春，智伯瑶绕赵城察看地形时，看到晋阳城东北的晋水河，水势湍急，受到启发。智伯瑶设想把晋阳城外的水引到西南。让河水直流晋阳，再在上游筑一大坝，拦住河水，待雨季时蓄满水坝，再大开决口，使大水直冲晋阳，把晋阳全城淹没。于是把计谋告诉韩、魏二大夫，两家都附和说好计。三家当即分头组织兵丁修筑水坝。不久坝筑成，雨季已至，很快水坝涨满了水，智即命将朝晋阳城方向的坝堤大开决口，大水顿时汹涌地直奔晋阳城。城内水深齐腰，百姓无法炊烟，纷纷爬到树上避难，有的把锅挂在树上做饭。赵襄子与全城军民同甘苦、共患难，全城百姓恨透了智伯瑶，同仇敌忾；纷纷表示宁可淹死，决不投降。

一天，智伯瑶邀韩康子、魏桓子一起察看水势，只见晋阳城内外一片汪洋，韩、魏两大夫看后暗自吃惊，个个自危。他们虽然表面上不得不装出信服的样子,连连夸赞智伯瑶,但暗里却想,韩、魏也有河水流过,今后智伯瑶若故伎重演,如法炮制,岂不遭殃。

自大水淹进晋阳城以来,赵襄子焦虑不安,愁眉不展,就与谋士张孟谈探讨对策。张孟谈献计说:"攻城不如攻心。韩、魏割地并非甘心,我们何不派人游说,争取韩、魏,请他们帮我们一起对付霸道的智伯瑶。"赵襄子同意这主意,即派张孟谈去游说,而此时韩、魏二大夫正担忧自己的前途,经张一说,都一致同意合力对付智伯瑶。

第二天深夜,智伯瑶在营帐里睡得正香,突然喊杀声把他从梦里惊醒。他发觉床下到处是水,以为大堤决口的水从晋阳城漫过来,还以为赵城已被淹没。但出帐外一看,自己兵营里一片汪洋,士兵被突来的大水弄得乱作一团。不大工夫,智营里大水涨到三尺多高。智伯瑶不知所措,只见韩、赵、魏三大夫带领各自军兵,划着小舟,撑着木筏,从四面八方冲杀过来,战鼓连天,打得智家兵丁溃不成军。不一会儿,智军全军覆没,智伯瑶也死于乱刀之下。

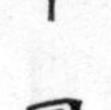
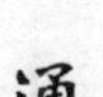

韩、赵、魏全歼了智家军,并乘势瓜分了晋国全部国土。后来在公元前403年三家派使者上洛邑见周天子,要求晋封他们为诸侯。周威烈王正式晋封韩康子、赵襄子、魏桓子三人为诸侯。就这样,显赫一时的泱泱大国——晋国,从此消失了。

随着赵、韩、魏三国的晋封,晋国便走到了尽头。也在此时,其他各国的奴隶制度也被逐渐瓦解,兴起的地主阶级也先后夺取了各国的政权。这就标志着我国的历史已步入封建制度的新起点。

春秋后期约十几个诸侯国大国,由于你争我夺,弱肉强食,有的渐渐强大,有的像晋国一样消失了,最后版图上只剩下秦、齐、楚、赵、韩、魏、燕七国和一些小国,这就是历史上有名的"战国七雄"。由于这个时期战争连绵不断,所以历史上记载它为"战国"。

商鞅变法

商君,是卫国国君家族里庶出的公子,名鞅,亦称卫鞅,姓公孙氏,他的祖先本来姓姬,后因战功封商,号商君,是为商鞅。

公孙鞅从小就喜欢刑名之学，先是在魏国丞相公叔座家当家臣。

公叔座曾想把他推荐给魏惠王，但不久公叔座就病了，一直卧床不起。

一天，魏惠王亲自来看望公叔座，并问："如果您卧床不起，寡人国家大事委托给谁？"

公叔座说："可委于我的家臣公孙鞅。鞅虽年轻，但有奇才，可担此任。"

惠王以为公叔座久病说胡话，不以为然。当惠王要离去时，公叔座屏退左右，又对惠王说："王若不用鞅，请一定杀掉他，不能让他出境，以免他到别国做官，危害魏国。"

惠王更以为公叔座说的是胡话，为不使病人失望，只好口头答应而去。

惠王走后，公叔座便把公孙鞅叫到病榻前对他说："刚才惠王来看我，并问我如果我卧病不起，谁可以接替相位，我推荐了你，看样子，王不同意。我就对他说，如果你不用公孙鞅，就把他杀掉，惠王已经点头了。我是先君后臣，把这件事先告诉了国君，现在我又告诉你，你就赶快逃走罢。"

公孙鞅说："您放心，惠王如若不能听您的话，任命我为国相，又怎么能听您的话将我杀掉呢？不会的。"公孙鞅始终没有逃走。

惠王回到王宫，对他的左右说："公叔座病很重，尽说胡话，他要我将国事交给他的家臣公孙鞅，这不是在说胡话么？"

公叔座死后，公孙鞅听说秦孝公下令在国内征求贤士，准备重振当年秦穆公的业绩，向东收复被侵占的土地，于是就向西进入秦国，通过秦孝公的宠臣景监去求见秦孝公。

卫鞅做事向来只问应当不应当，从不顾人情面子。他希望有一套实实在在的、上下都能管的法规，反对那种想怎么做就怎么做、一个师公一道符的办法。这回他到了秦国，托秦孝公的太监景监把他介绍给秦孝公。

他先给秦孝公说了一大篇"王道"，什么仁义道德呀，什么尧舜禹汤呀，等等。秦孝公听了一半，连着打了三四个哈欠，最后索性打起瞌睡来了。

过了五天，景监又请秦孝公约会卫鞅。秦孝公勉强答应了。这回卫鞅见了秦孝公就说："我上回说的是王道。主公要是不喜欢，我还有霸道呢。"

秦孝公一听说"霸道"，就像小孩听说有糖吃一样，高兴地说："我倒不是反对王道，只是实行王道，就得干几百年，至少也得几十年，才能有点成效。我哪能等得了呢？你有什么富国强兵的高见，赶紧对我说吧！"

卫鞅说："我的霸道能叫秦国强大起来。王道在乎顺着民情，慢慢地教导人民；霸道可不能这样，有时候不能顺着他们的心意，而是要使劲改变他们的习气。没有见识的男女们只知道得过且过地贪图眼前的好处，看不到以后的安乐；相反的，有魄力的国君眼光又远又大，他的计策是要顾到将来的长远利益，一般人就不懂得这一点。他们的日子过得苦，可是已经苦惯了，叫他们改变一下，他们准会反对。实行霸道就得有决心，老百姓喜欢的事情不一定马上做；老百姓不喜欢的事情，要做就得做。等到改革有了成效，人民得到了好处，他们才能欢天喜地地明白过来。"

秦孝公说："只要你有富国强兵的好计策，我就有办法叫他们服从。"

卫鞅说："要打算富，就得讲究农业；要打算强，就得奖励将士。有了重赏，人民就能拼命；有了重罚，人民就不敢犯法。有赏有罚，朝廷才能有威信，一切改革也就容易进行了。"

秦孝公说："对呀，这事我能办到。"

卫鞅又说："不过要富国强兵，就得信用人，叫他能一心一意地去干。要是一听说有人反对，就变了主意，不光是前功尽弃，连朝廷也丧失了威信，可能还给一些小人一个作乱的机会。主公先得下决心，要干就干到底！"秦孝公连连点头："对，要干就干到底！"

卫鞅说到这里，就要告辞。秦孝公急忙说："别忙！我正听得有劲呢，你怎么不往下说呢？"

卫鞅为了慎重起见，就说："请主公再仔细考虑三天，到底干还是不干。三天之后，我才敢详详细细把我的计策说出来。"

秦孝公急着想知道卫鞅的下文，第二天就叫人去请他。卫鞅推辞说："我不是跟主公约定三天吗？我哪能不守信用呢？"秦孝公只好耐着性子又挨了两天。到了约定的日子，卫鞅就把怎么改革秦国的计策说出来了。君臣两人一问一答地谈得很对劲。一连谈了三天，秦孝公不但没打哈欠，而且连吃饭、睡觉都忘了。

秦国的众大臣听说卫鞅要改朝政，就有几个人出来反对。他们反对的理由是：风俗习惯不能改，一改，人民就不方便；古代的制度必须遵守，不遵守，一定要亡国。卫鞅对他们说："贤明的国君要改变风俗习惯，是要让人们'更方便'。没有知识的人只顾眼前的'方便'，哪里知道，他们看到的'方便'，在有见识的人看来，正是'不方便'呢！古代的制度，也许正合古人的用处，以后别的都改了，以前的制度也就没有用了。商汤和周武王改革了古代的制度，国家就强大起来；夏桀和商纣王并没有改革夏朝和殷朝的制度，他们也亡了国。可见不跟古人学，也能当汤、武；死守着古代的制度，也难免当桀、纣。古人有古人的制度，现在人就应当有现在人的制度。要想国家强盛，就得改革制度。死守古法，难免亡国。"

秦孝公说："卫鞅的话不错！"他当即拜卫鞅为左庶长，负责变法的事。

春秋战国时期涌动着奴隶制向封建制变革的暗潮。商鞅变法顺应了潮流，也迎合和反映了百姓的愿望和要求，因此取得成效，使秦国成为强盛的大国，从而也为秦始皇统一中国奠定了厚实的物质基础。

孙膑智斗庞涓

孙膑，孙武的后代，是齐国的军师。曾与魏国将军庞涓俩人一同跟鬼谷子先生学习兵法。庞涓在军事谋略方面比不上孙膑，庞涓总认为孙膑的存在，会威胁他以后的发展，所以想方设法暗害孙膑。

孙膑经墨子的徒弟禽滑釐向魏王举荐，来到魏国。魏王请孙膑演习兵法，孙膑行军布阵，出奇制胜。庞涓看不懂什么阵，更说不出阵名。魏王也叫庞涓布阵，却被孙膑一一识破。魏王决定重用孙膑，这使得庞涓更加仇恨孙膑。

于是庞涓找机会设下圈套，陷害孙膑，横加罪名把他关进监狱，并处刑剜掉孙膑的膝盖骨，又在他的脸上刺字，打上钦犯的烙印，迫使孙膑将《孙子兵法》交出来，这就是"庞涓害孙膑"的历史典故。

而这一切孙膑还全不知。后来，在仆从的告知下，孙膑才幡然醒悟，体会到庞涓的狠毒手段，要是交出《兵法》就会被处死；如果不交，自己还可以活下来。在危急之下，孙膑打开临走时老师所赠的锦囊，遵照锦囊所写开始装疯，整天疯疯癫癫，睡在猪圈里，与猪同睡同吃。但庞涓半信半疑。有一天送餐时，叫手下捧一盘猪粪给孙膑，庞涓暗中窥视，想看个虚实。孙膑用双手抓着猪粪，往嘴上送，大嚼起来，而且嚼得津津有味，双手和满脸都沾满了猪粪。骗过庞涓后，狠毒的庞涓认为一个走也走不动的疯子，等于废人，逃脱不了自己的手掌心，于是就不再把孙膑看在眼里。

不久，禽滑釐得知孙膑在魏国遭庞涓残害，便将此事告知了齐威王和大将田忌，于是齐威王决定以送礼的名义，派禽滑釐出使魏国。禽滑釐来到魏国都城后，马上派人暗中会见了孙膑，孙膑见到使者，感动得热泪盈眶，并把不幸遭遇一一告知使者。使者为救孙膑，用车子把他送回齐国。到齐国后，孙膑得到田忌将军的礼遇。

齐威王和齐国的公子们都喜欢骑射比赛，齐威王的马三赛三败。孙膑看后，感到齐威王三个等级的马跑输的距离都不是太远，就对齐威王说："您射箭是好手，但马跑得慢，屡屡不能取胜！下次再比，我能使您得胜。"齐威王相信孙膑的战略，就在驰马射箭比赛中，跟大夫们和公子们赌千金输赢。比赛一开始，第一轮比赛时，孙膑要齐威王用下等马和王公的上等马比，输了；第二轮，要齐威王用上等马赛公子们的中等马，结果取胜；第三轮，要齐威王再用中等马赛公子们的下等马，又胜。比赛结束，齐威王两胜一负，裁判判定齐威王胜，赢得了各公子的千金。这时，大家正在纳闷，齐威王把孙膑的赛马计策一语道破，众人便从心底佩服孙膑。齐威王从此更加喜欢孙膑，不久便任命他为军师。

公元前353年，魏国进攻赵国，赵国急向齐国告急求援。齐威王拟派孙膑为将，孙膑辞谢说："受刑之人不宜为将。"建议田忌做大将，自己随军献策。

于是齐威王派孙膑为军师，坐篷车跟随田忌左右。两人商量战略，田忌打算领兵到赵国，跟赵军合力，还击进犯的魏军，孙膑认为并非上策。田忌便向孙膑请教良策，孙膑分析道："现在魏、赵两国相攻，魏国的好武器和精锐部队必定都用在对赵作战的战场上，而在国内防守的后方部队只是一些老弱兵士。所以，我们可领兵疾速向魏都大梁奔袭，围困大梁，把守大梁的重要通道，攻击他们空虚的地方，魏军必定放弃进攻赵国，撤军回国自救。这样，我们就既能救赵国，又可以打击魏国的兵力。"田忌采纳了孙膑的建议，魏兵果然退出赵国，撤回与齐军大战；齐军以逸待劳，一举大败魏军。这就是历史上有名的"围魏救赵"的典故。

公元前351年，魏、赵两国军队联合攻打韩国。齐国应韩国的请求，派田忌为将、孙膑为军师率领5万大军救援韩国，直奔魏都大梁。魏将庞涓得悉，赶紧从韩国撤兵回魏自卫。这时齐军走在魏军前头，向西进发。孙膑深知魏兵精壮勇猛，齐兵外号懦夫，魏将必定轻敌，就决定根据这种形势引敌上钩。于是他将自己"增兵减灶"的计划告诉给田忌，田忌听后大为赞同。此时齐军已进入魏国，见后面魏军追来，便假装畏敌逃跑。

庞涓带领魏军紧追三天，察看齐军用过的灶坑，一处比一处少，得意忘形地说："我果料到胆怯的齐兵，进魏三天，士卒必逃过半，果真不出我之所料。"于是他率领部分轻装骑兵，昼夜兼程地猛追齐军。孙膑准确估计庞涓的进军速度，断定此晚庞涓军队必到达马陵道(今河北省大名县东南)。马陵道道路狭窄，两旁林木茂密，山岩嶙峋，有利于埋伏军队。孙膑命士兵把道旁一棵大树剥掉一段树皮，露出白色木质，上面赫然写道："庞涓死于此树下！"又令在道路两旁埋伏一万多名射箭高手，待晚上暮色浓重时，见到火把，就万箭齐发。

庞涓果然夜间行军来到马陵道口，士兵报告，树干上隐约看到有几个什么字。庞涓下马，打着火把一照，刚念完字，就意识到情况不妙，刚要喝令退兵，但已来不及，只见密林和石缝中万箭齐向火光射来。庞涓长叹一声："我不如孙膑，成就了这小子的名声。"话音刚落，便死于乱箭之下。魏军大乱，齐军大获全胜，满载战利品浩浩荡荡地凯旋而归。齐威王设宴慰劳，并拜田忌为相国，要赏封地给孙膑，但孙膑概不接受，将《孙子兵法》授予田忌，随后便辞官隐居起来。

乐毅伐齐获全胜

齐湣王灭掉宋国后，非常骄矜，并且野心勃勃，攻打其他诸侯，甚至想灭掉西周，立自己为天子。老百姓经受不住连年战乱和残酷统治，恨透了齐湣王。此时的齐国已是民心相背，外强中干，危机四伏。

燕王哙愚昧昏庸，用子之为丞相，昏君加庸臣，把国家搞得混乱不堪。齐国趁机讨伐燕王，燕王哙死，子之被剁成肉酱。燕昭王即位，恨透了齐国，总想为燕国报仇。但自知国小地僻，力量对比又悬殊过大，遂屈身礼贤下士，先礼待郭隗为上宾，请他帮自己招贤纳士，郭隗向燕王推荐了在魏国不被重用的乐毅，并将乐毅的一切事情向燕王做了详细的介绍。燕王马上派郭隗以使臣的名义出使魏国，郭隗在暗地里将燕王的意愿转达给乐毅，乐毅欣然接受。不久，乐毅以魏国使者的身份来到燕国，并在昭王面前声声称臣。燕昭王高兴地任他为亚卿，把国家大事交他处理。

燕昭王经过几年的努力，国力日盛，同时看到齐国潜在的危机已逐渐暴露，便与乐毅商讨如何征伐齐国。乐毅建议联合韩、赵、魏，合力攻打齐国。燕昭王赞成乐毅的意见，就派乐毅去赵国联络，派其他使者联合楚、魏两国，并让赵国用伐齐之利引秦国共同出兵。诸侯各国深受齐湣王骄矜暴戾之害，都主动参与讨伐齐国。乐毅等回来禀报昭王，昭王见时机成熟，即任命乐毅为上将军带领全国军队。与此同时赵惠文王也把相国的印交给了乐毅，授给他全权。

燕昭王二十八年(公元前 284 年)乐毅统领赵、魏、秦、韩、燕五国的军队攻伐齐国，在济水西侧首战即把齐军打得大败。首战告捷后，诸侯各国的军队都凯旋班师；而乐毅则率领燕军，乘胜追击齐军，一鼓作气，攻到齐国都城临淄。齐湣王逃出都城临淄，最后逃到莒城。乐毅继续领兵作战，攻城掠地，攻破临淄后，把齐国的珠宝玉器、财物祭品全都运送到燕国。

燕昭王特别高兴，亲自到济水岸边犒赏全军，并把昌国之地赏给乐毅，封他为昌国君。慰劳完毕，燕昭王带着俘虏及掠获的物品返回燕国，派乐毅继续攻取尚未投降的城邑。乐毅一面整顿军队，禁止抢掠，一面礼遇贤人，善待百姓，减轻赋税，废除严苛的法令，深受齐国百姓的欢迎，所到之处，如入无人之境，短短几个月内，就攻下齐国的70多个城邑，纳入燕国的版图。当时只剩下莒城和即墨尚未攻破。

燕昭王死后，儿子燕惠王即位。此时，齐国的田单早已获悉惠王从来就不喜欢乐毅，便暗施“反间计”，造谣说齐国只剩两城未破，是因为乐毅想把军队都留在齐国，自己想当齐王，如果换了别人，早就把齐国灭亡了。燕惠王听说后，对乐毅就更加怀疑，于是派骑劫代替乐毅为将，并召回乐毅。乐毅知道燕王不怀好意，担心自己被杀，就返回赵国老家。赵国把观津之地封给乐毅，号称望诸君。赵惠文王尊重和信任乐毅，而燕、齐两国因惧怕赵国，也就不敢再来骚扰乐毅了。

鲁班发明手工工具

鲁班，姓公输，名班，生于公元前507年，鲁国人，所以又叫鲁班。鲁班自幼好学，心灵手巧，总喜欢自己动手，在制作中肯动脑筋，肯下功夫，年轻时就学得一身木匠好本领。在工作中他勤于琢磨钻研，不断积累实践经验，又经过反复的试验，改进和创造发明了很多手工工具，提高了工作效率，节省了劳动时间。

一天，在上山时，鲁班的手不小心被野草的叶缘割破，鲜血直流，他摘下一片长长的叶片，细心察看，发现叶的边缘有整整一排细齿，用手轻轻一摸有锋利感。正在观察叶子时，又发现眼前有一只蝗虫张嘴噬食草茎，抓住一看，原来蝗虫两枚大板牙上也有一整排齿，锋利无比。这对肯动脑筋的鲁班起了启发作用，他恍然大悟，并心中暗忖：我何不仿照生物的本领，用齿状片来回锉动，也可能把木头割断。于是他试着用竹板的一侧劈成整排斜齿，一试果然比斧砍省力、也快。但竹齿容易断，并且不够锋利，这一下可难倒了鲁班。他苦思冥想，后来从一把缺了好多小口的砍刀上找到灵感。于是他下山找到一位有丰富经验的老铁匠,请他帮助锻制成带排齿的铁板,名叫锯。到树身上一试,铁锯比竹锯果然好使多了,锯树的速度也比砍树明显快得多。伐木工程时间大大缩短,保证了楼阁工程的如期完工。后来木工锯经过不断改进,逐渐成为现在仍在使用的手工木工锯。

鲁班在生产劳动中,按工作的要求,不断创造发明新的木工工具。比如刨子、凿子、墨斗和曲尺等等,这些工具为后人提供了很大的方便和有利的条件。鲁班不仅发明他本行业的生产工具。他看到谷子去壳,麦粒砸碎,只能用石杵在椿臼上舂除壳,和石头砸碎麦粒,很吃力。于是就发明了下面大石台,上面石滚筒,人工推转,滚碾谷壳的碾子,和上面立式石筒的底半面,錾成线纹锯齿、大石台面錾成反向螺纹锯齿,人工推转上层石筒成为磨粉的石磨。既省力又快,又不会把谷、麦飞溅地上浪费掉,麦粉既干净又细匀。后来逐渐形成了现在的石磨。

今天的手工木匠分为大木、细木、木模工。鲁班三者功能兼具,能盖亭台楼阁,也能精通细木家具。传说他还制造过精巧的"木车马",由人驾驭,运载货物,能够在地上行走。这在当时引起很大震动,一直流传到汉代。有一次,鲁班正在雕刻一只凤凰,半成品不成样子,旁观的人冷言讥讽,有的说身不像身,头不像头,翅不像翅,丑陋极了,哪里像什么凤凰?鲁班不被冷言讽语所动摇,仍然信心十足地埋头苦干,细心琢磨,精镂细刻,终成精美的、活灵活现、栩栩如生、展翅欲飞的凤凰,成为古代精美艺术品。

《韩非子》书中记载有一个故事:鲁班用竹木制成一只木鸟,"成而飞之,三日不下"。墨子是当时宋国的一个大学问家,也做了一只木鸟,三年才完成,飞一天就坏了。一位著名的学问家也不如这位木匠,可见鲁班木工技艺的高超。鲁班和墨子还有一段斗智的故事。鲁班为楚国造云梯,将攻打宋国,墨子听说后,急忙找到鲁班,提出要与他在攻城与守城的用具上一较高低。鲁班想出很多种攻城器具和办法,墨子也一一成功地还敬破敌的守城妙计,足见两人聪明才智与技术相互间不分上下。墨子并用"非攻"、"兼爱"的主张说服鲁班放弃了助楚攻宋的计划,俩人也从此成为了好朋友。

鲁班技艺高超,不知世故的人倘若敢在鲁班面前和鲁班门下弟子面前卖弄本领,终归失败。后来人们比喻不自量力的人为“班门弄斧”。鲁班的名声传遍天下,深入人心。人们无限敬仰这位巧夺天工的发明家,历代木工匠把他崇拜为祖师爷。

一代名医扁鹊

扁鹊生于齐国勃海郡(今河北任丘),姓秦,名越人。扁鹊年少的时候做人家客馆的主管,客人长桑君经过客馆,扁鹊认为他与一般人不同,经常恭敬地招待他。

长桑君也知道扁鹊不是一般的人。长桑君来往客馆十多年以后,才叫过扁鹊私下坐在一起,悄悄对扁鹊说:“我有秘传的医方,自己年纪大了,想把它留传给你,你不要泄露出去。”

扁鹊说:“好吧,我一定照您说的做。”

扁鹊得了长桑君的全部药方后,便开始悬壶行医,而且药到病除。

一天,扁鹊经过虢国。虢国的太子死了,扁鹊来到虢国宫廷的门前,问一位喜好医术的中庶子说:“太子得了什么病,城里举行的祭祀活动的程度怎么超过了其他事情?”

中庶子说:“太子的病是血气不能按时运行,阴阳交错而得不到排泄,突然暴发在体表,实际是由于体内的伤害所致。精神不能抑制邪气,邪气积蓄而得不到发泄,所以阳脉弛缓而阴脉急迫,因此才会突然昏倒致死。”

扁鹊问:“他什么时候死的?”中庶子说:“从鸡鸣到现在。”

扁鹊又问:“收殓了吗?”

中庶子说:“还没有。太子死后还不到半天。”

扁鹊说:“请禀报说我是勃海郡的秦越人,家在郑,未曾仰望国君的神采,想到他面前侍奉。听说太子不幸去世,我能使他活过来。”

中庶子说:“先生没有哄骗人吧?你凭什么说能使太子活过来?我听说上古的时候,有个叫俞跗的医生,治疗疾病不用汤剂、药酒、砭石、导引、按摩、毒熨等办法,一掀开衣服诊视就知道疾病所在的部位,顺着五脏的腧穴，而后割开皮肤，剖开肌肉，疏通血脉经络，结扎筋腱，按治脑髓，触动膏肓，疏理横膈膜，清洗肠胃，冲涤五脏，修炼精气，改变神色。先生的医术如果能够像这样子，那么太子可以活过来；不能像这样而想让太子活过来，简直都不能把这种话来告诉刚会发声的小孩。”

过了好久，扁鹊仰望着天空慨叹说：“你的那些治病方法，好像是从管子里观看天空，从缝隙中窥视斑纹一样。我秦越人治病的办法，不用对病人切诊脉搏、观察脸色、辨听声音、审视神情，就能说出他病在什么地方。知道了他的病外表方面的状态，就可以推测出他里面的症候；知道他里面的症候，就可以推测出他外表方面的表现。体内的病会充分反映在体表，根据这些，千里之内病人的情况都是这样。可以决断的方法太多了，不能停止在一个角度上看问题。你如果认为我的话还不够可靠，就试着去诊视太子，一定会听到他耳部有鸣响的声音，而且鼻翼在张动，沿着他两腿直到阴部，肯定还有温乎劲儿。”

中庶子听完扁鹊的话，眼睛瞪着不知道眨动，舌头翘着不知道放下，于是马上把扁鹊的话去报告给虢国的君主。虢国的君主听说后，十分惊讶，出来到宫廷的中门接见扁鹊，说：“我很早就听说了您的高尚品行，可是没有去您跟前拜见过。先生行医经过我们这样的小地方，希望能够救助我，偏远孤陋的我会感到十分的高兴。眼下有您在，我的儿子才能被救

活，如果遇不到先生，我儿子便要被丢弃填埋在沟壑里，永远地死去而不能活过来。”虢国君主的话没说完，就哭泣起来，气色积郁，神志恍惚，涕泪横流，悲伤得不能控制自己，容貌都变了。

扁鹊说：“太子的病，是通常所说的‘假死症’，是由于阳气陷入阴脉，使胃受到绕动，经脉受到损伤，脉络被阻塞，又分别下注到三焦、膀胱，因此阳脉下坠，阴脉上升，阴阳二气交会处闭塞不通，阴气上逆而阳气向内运行，阳气在下在内鼓动着无法升起，在上在外被阻绝着而不能被阴气所遣动，身体上部脉络的阳气已被断绝，下部筋纽的阴气已经遭破坏，阴气破坏，阳气断绝，气色衰败，脉象紊乱，所以身体安静就如同死人一样。太子实际上没有死。如果阳气进入阴脉阻隔了脏气，这样的情形是能够活下来的，如果阴气袭入阳脉阻隔了脏气的话，则会死掉。上面所说的情况，都会在五脏厥逆的时候突然发作而死去。水平高明的医生能够治好这样的病，水平低差的医生就会因为困惑而使病人出现危险。”

扁鹊让弟子子阳备好针石，用以刺击百会这个穴位。过了一会儿，太子醒了过来。于是，扁鹊叫弟子子豹准备药熨，再加上八减方的药物混合煎煮，拿来交替熨贴在两肋的下边，太子便能够起来坐着；又接着调适阴阳气血，只服了汤药二十天，便使身体恢复得像从前一样了。

治好虢国太子后，天下人都认为扁鹊能够使死去的人活过来。扁鹊说：“我不是能够使死去的人活过来，而是他有活过来的生机，我所能做到的，只是利用医术使他恢复过来罢了。”

扁鹊到了齐国，齐桓侯把他当作客人招待。扁鹊到朝廷拜见齐桓侯时，说：“您有病，在皮肤和肌肉之间，如果不治疗的话，会加重的。”

齐桓侯说：“我没什么病。”扁鹊退出来，齐桓侯对身边的人说：“这是医生喜好功利的表现，想在没病的人身上显示本领，好作为自己的功劳。”

过了五天，扁鹊又去拜见齐桓侯时，说：“您的病已经到了血脉中，不治疗的话，恐怕会加重的。”

齐桓侯说：“我没病。”扁鹊退出来，齐桓侯感到不高兴。

又过了五天，扁鹊再去拜见齐桓侯时，说：“您的病已到肠胃间，不治疗的话，将会加重的。”齐桓侯不理睬他。扁鹊退出来，齐桓侯感到十分不高兴。

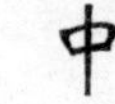

又过了五天，扁鹊再去拜见齐桓侯，远远看见齐桓侯就转身跑了。

齐桓侯派人问扁鹊为什么要跑掉。扁鹊说："出现在皮肤和肌肉之间的病，是汤药和熨药的效力所能达到的；出现在血脉中的病，是针刺和砭法的效力所能达到的；出现在肠胃间的病，是酒药的效力所能达到的；出现在骨髓的病，即使是掌管生命的神仙也无可奈何了。如今，齐桓侯的病已经到了骨髓，所以我已经无法为他治疗了。"

过了五天，齐桓侯身体中的病果然发作了，派人去召请扁鹊，扁鹊已经逃离齐国。齐桓侯真的就死了。

假使是圣贤之人，预先知道还没有暴露出来的疾病，能够让水平高明的医生及早治疗，那样病就可以治好，性命就可以保住。通常人们所担忧的事情是疾病多；而医生所担忧的事情则是治病的办法少。

所以，疾病有六种情形不易施治的：为人傲慢放纵不讲道理，是第一种不易施治的；把身体看得轻淡，把钱财看得重要，是第二种不易施治的；衣着饮食不能适当调节，是第三种不易施治的；阴阳错乱，五脏血气失去正常功能，是第四种不易施治的；形体过于瘦弱，不能服食药物，是第五种不易施治的情况；迷信巫术而不相信医术，是第六种不易施治的情况。有这其中的任何一种情形，就会非常难于医治了。

扁鹊的声名天下人都知道了。他来到邯郸，听说那里尊重妇女，就当了治妇女病的医生。

他经过洛阳，听说当地人很尊敬老人，就当了治耳目疾病的医生。

他到了咸阳，听说秦国人喜欢小孩，就当了小儿科的医生。

他能根据各地不同的习俗而改变自己治疗的重点。秦国的医生李醯自知自己的医术不如扁鹊，便派人杀死了扁鹊。直到现在，天下谈论脉诊的方法，所遵从的都是由扁鹊那里传下来的。

将　相　和

赵国有块"和氏璧"，秦王很想得到它，说愿以 15 座城池来交换。赵国感到很为难，因为秦国历来不讲信义，赵国怕挨了骗还要被人耻笑，有损赵国的形象。如果不给秦国这块玉，又怕秦国抓住把柄，就此发兵来犯,真是进退两难。就在这时,宦官头目缪贤推荐说:“我家有个叫蔺相如的门客,智勇双全,可以让他想想办法。”赵王无奈,也只好叫他来试试。

赵王问道:“秦王说用十五座城来换赵国的和氏璧,给还是不给?”相如说:“秦强赵弱,我们不能回绝。”赵王又问:“若秦收了和氏璧,又不给我们城池,怎么办呢?”蔺相如说:“秦国提出这个要求,要是不答应,是赵国理亏,若是秦国收了赵国的玉璧,又不给城池,那就是秦国理亏了。比较起来,我看还是后一种办法好。如果大王实在没有人可以派遣,我可以勉强凑数。如果秦王把城池划给我们,我就把璧留在秦国,如果他们不愿交出城池,我就‘完璧归赵’。”赵王觉得蔺相如口才超群,虑事周密,就派他带璧去了秦国。

秦王在宫里接见了蔺相如。他坐在殿上显得随便又得意,蔺相如只好双手把璧捧上去。秦王看了又看,喜欢之至,然后传给宫女、妃子观看,大家都赞不绝口,高声向秦王欢呼道贺。

蔺相如站在堂下,许久却无人理睬,秦王也不提交割15座城池的事,蔺相如知道秦王故意欺诈,想了一想说:“璧上有点小毛病,不经指示,很难看出来,请让我指点给大家看。”秦王没有多想,就把璧递给了蔺相如。

蔺相如接过玉璧,立刻跑到大殿中的柱子跟前,怒发冲冠地对秦王说:“大王想得到这块玉璧,就差人去向赵王索要,赵国的大臣们都认为秦国贪得无厌,不讲信义,只是倚仗着自己是大国,编几句空话骗取赵国的玉璧,所以大家都反对把和氏璧送来。但我认为普通百姓交往尚且讲究信义,何况大王是一国之君呢?且仅为一块无多大用处的玉,伤了秦、赵两国的和气,是很不理智的。赵王听信了我的话,才沐浴斋戒了五天,亲自在朝堂上将国书和玉璧交给我,让我奉送到秦国,这是多么恭敬的礼节啊!但我来到秦国,把玉璧奉献给大王,大王却态度随便,傲慢无礼,还把美玉交给宫女传看,这是对赵国的侮辱;您一字不提交割城池的事,这是无意偿付城池。所以,我把玉璧要了回来。现在,玉璧在我的手里,您如果一定要强迫我,那我就让我的头颅和玉璧一起撞碎在这柱子上。”说完,怒气冲冲地举着玉璧,眼睛斜看着柱子,随时准备砸碎。

秦王唯恐他砸毁了玉璧,连忙向他赔礼道歉,并让人拿来地图,指点着说从某某地到某某地的15座城归赵国。蔺相如知道秦王并非认真,也就来个缓兵之计。他对秦王说："秦王既然喜爱和氏璧，赵国不敢不奉献。只是赵王送璧前曾沐浴斋戒五日，表示恭敬，大王也该沐浴斋戒五日，才可接受和氏璧。"秦王被说得没有办法，只好答应。

蔺相如回到馆舍，连忙周密部署，让人穿着麻衣布衫，化装成老百姓，偷偷地揣着和氏璧从小道逃回了赵国。

五天过后，秦王在朝廷上举行了隆重的仪式，准备接收和氏璧。蔺相如从容地走上前对秦王说："秦国自秦穆公以来，已历二十几位国君，可从没听说过哪位国君讲过信义。我担心受您的骗，已派人把宝玉送回赵国了。赵是弱国，秦是强国，如果秦王是真心诚意地用十五座城池来换赵国的和氏璧，赵国绝没有不答应的理由，只要派一个使臣去，赵国马上就会送和氏璧来。过去孟明视欺骗了晋国，商鞅欺骗了魏国，张仪欺骗楚国，如今，我不愿看着大王再背上欺骗赵国的坏名声，所以把玉璧先送回赵国。就算我欺骗了大王，请大王治我的罪吧。"

秦王和大臣们十分恼怒可又无从辩驳。蔺相如又不怕死，杀了他也没用，反落下个恶名。倒不如放了蔺相如，还显得秦国宽怀大度，并非诈取赵国的玉璧。

蔺相如"完璧归赵"，既保全了赵国的玉璧，又没给秦国落下把柄，还为赵国赢得了一个好名声。蔺相如也因之声誉鹊起。

公元前279年，秦昭襄王派使者约赵惠文王在渑池（今河南渑池县）相会，赵王怕像当年的楚怀王一样被挟持去秦国做"人质"而不敢去，廉颇和蔺相如都认为如果不去，既被动，又会被秦王看不起。因此，赵惠文王准备赴会，让蔺相如跟从，廉颇在国内辅佐太子。平原君赵胜说："应当带上五千精兵作为随从，再把大队人马驻扎在三十里外，作为接应。"赵王又命大将李牧带上5千精兵跟随，叫平原君带上几十万大军随后接应。

廉颇还觉得不放心，就向赵王请求说："这次赴会，吉凶难料，去渑池来回不过二十多天，加上两三天的会议，也不过三十天。若是超过三十天未归，我能否像当年楚国一样，立太子为国君，以免秦国挟制大王呢？"赵王也同意了。接着，廉颇又在边界上作了严密的布置。

渑池之会上赵王与秦王一边喝酒，一边谈论天下大事，似乎很投机。酒酣耳热之际，秦王借酒遮脸，似乎玩笑地对赵王说："听说赵王精通音乐，请为我弹一弹瑟。”赵王没法推辞，只得忍气吞声地弹了一下瑟。秦王立刻让史官记道：“某年某月某日，秦王与赵王会饮，令赵王鼓瑟。”

赵王气得要死。赵国还未灭亡，秦国就把赵国当作属国看待，居然还把弹瑟的事载入史册，实在是奇耻大辱。可虽非常气恼，又一时想不出报复的办法。

这时，就见蔺相如端着一个瓦盆，走到秦王面前说：“我听说大王善于击缶，请为我们赵王击一次缶。”秦王震怒，不去理会他。秦王的卫士冲上来想杀了他，却被蔺相如大声喝退。他对秦王说：“大王你的军队虽多，在这里却派不上用场，我可以立刻让大王血溅五步。”秦王看蔺相如一副要扑杀过来的样子没有办法，只好击了一下缶。蔺相如立刻命赵国史官记道：“某年某月某日，秦王为赵王击缶。”

秦王伤了颜面，群臣就挑衅说：“请赵王割十五座城为秦王祝寿。”蔺相如也针锋相对地说：“请秦王割咸阳城为赵王祝寿。”

宴会上，双方展开了激烈的外交斗争，虽然秦国时时发起进攻，但蔺相如以牙还牙，机智灵巧，毫不退让，秦国没有占到丝毫的便宜，同时，秦国得到密报，赵国已在边境上集结了大军，各方面都做好了准备，秦国也就未敢轻举妄动。

渑池归来，因为蔺相如功大，赵王拜他为上卿，位在廉颇之上。廉颇说：“我为赵将，有攻城野战的大功，而蔺相如只凭动动口舌，就位居我上，再说，他本是出身低微的人。我为此感到羞耻，不能忍气吞声在他之下。”并到处扬言说：“我见到蔺相如，一定要侮辱他一番。”

蔺相如听说后，不肯和他见面。每逢朝见，蔺相如总是称病，不与廉颇争上下。蔺相如外出，远远看见廉颇，便要车夫调转车子躲避。

蔺相如的左右接连向蔺相如规劝说：“我们之所以离开亲人来为你办事，只是仰慕你的高风亮节。现在你和廉颇同列，廉颇恶语伤你，而你却害怕躲避，胆小怕事的样子也太过分了。这在一般平民百姓也感到羞耻，何况身为将相！我们不愿跟着你被人瞧不起，请允许我们辞职。”

蔺相如坚意挽留他们，说：“你们看廉将军比秦王还要厉害吗？”

大家说：“不如。”

蔺相如说：“像秦王那样的威风，蔺相如能当众呵斥他，折服他的群臣，蔺相如再无能，难道怕廉将军？我只是这样想，强大的秦国之所以不敢加兵于赵国，只因为我和廉将军共事团结一心，现在如果两虎相斗，其结果必使赵国势力削弱。我所以这样做，只不过是多考虑国家利益而少想私人怨仇罢了。”

廉颇听到蔺相如的这番话后，非常惭愧，便光着背，背着荆条，由宾客带路到蔺相如家请罪，对蔺相如说：“我是个粗俗的人，不知将军宽容我到了这般地步。”

从此，他们终于建立了深厚的友谊，成为生死之交。

这就是历史上有名的将相和的典故，又名“负荆请罪”。

屈原自沉汨罗江

屈原，名平（约公元前340年－公元前278年），字原，又自称正则，字灵均，战国末期楚国秭归（今湖北秭归县）人，是我国古代伟大的爱国主义诗人。屈原出身于楚国贵族，与楚王同姓，他祖先封于屈地，故以封地为姓。约公元前318年，22岁的他就已经学问渊博。当时楚国正处衰败局面，屈原决心把国家振兴起来，于是在京城郢经常找机会向楚怀王陈述富国强兵的政治主张。怀王见他明于治乱，巧于辞令，提升他为左司徒，成为怀王左右重臣，又兼外交职务，应对诸侯，主持盟会。屈原见怀王如此信任，想大展宏图、实现政治抱负，便建议怀王：举贤任能、改革政治、严明法纪；对外联齐抗秦。楚怀王非常支持屈原的主张，派他出使齐国，签定联合抗秦的盟约，一度牵制了秦国的扩张。怀王还命屈原起草一部改革内政的新法令——宪令。

上官大夫和屈原职位相等，内心总是嫉妒屈原的才能，与他争夺宠信。有一次，楚怀王指派屈原制订法令，屈原刚起草，还没有定稿，上官大夫看见了，想把这份草稿拿到手，屈原不给。上官大夫就向楚王诽谤他说：“大王委派屈原制订法令，众人没有谁不知道。每颁布一项法令，屈原就向别人夸耀自己的功劳，说‘除了我，没有人能这么做’。”怀王因此很不高兴而疏远了屈原。

屈原痛惜怀王这么容易听信别人的谗言，让奸邪歪曲伤害了公道，使端方正直的人不为所容，所以忧愁深思而写成了《离骚》。

所谓离骚，就是遭遇忧患的意思。天，是人类的始祖；父母，是人类的根本。人在走投无路的时候，就会反思本原。所以，劳苦疲倦到极点的时候，会呼唤上天；病痛惨剧的时候，就会呼叫父母。屈原正道直行，竭尽忠心和智慧来侍奉他的国君，而谗邪小人却从中挑拨离间，这处境可说是困窘到极点。诚信却受猜疑，忠直却遭诽谤，又怎能没有怨愤呢？

屈原写作《离骚》，就是因为怨愤至极而产生的。《国风》中的诗好色而不淫，《小雅》里的诗抒发了幽怨讥讽的感情，像《离骚》这首诗，可说两者兼而有之。

《离骚》从称述上古帝喾的事迹，至称道近代齐桓公的霸业，中古述说汤、武的功绩，时时来讥刺时政的利弊。道德的广博高深，治乱的一般规律，无不详尽体现。他的文字简练，他的言辞锋利，他的心志高洁，他的品行廉正。他运用文词拟写的虽是细小平凡的事物，而旨意却极其博大高深，列举的虽是眼前事物，而体现的意义却非常深远。他的心志高洁，所以称道的都是流芳百世的事物。他行为廉正，所以死也不肯为世俗所容。他在污泥浊水之中自我洗涤，像蝉脱壳那样摆脱污秽，而游离于尘埃之外，不沾染世俗的污垢，清白高洁如莲花白藕出污泥而不染。推论这种崇高的心志，即使跟日月争辉，也是可以的。

屈原

屈原被罢免以后，秦国打算攻打齐国，齐国跟楚国合纵联合，秦惠王很担心，就派遣张仪假装反目离开秦国，带了丰厚的礼物去服侍楚国，说道："秦国很憎恨齐国，齐国现在跟楚国合纵相亲，楚国如果确实能跟齐国断交，秦国愿意献出商、於一带六百里土地。"

楚怀王贪图近利，听信了张仪的话，就跟齐国断交，并派遣使者到秦国去接受土地。

张仪骗楚国的使者说："我跟怀王约定的是我的封地六里，没有说过六百里。"

楚国使者愤怒地离开秦国，回国报告怀王。怀王愤怒之下派军队攻打秦国。秦国出兵迎击楚军，在丹水、淅水一带将楚军打得大败，斩首8万人，并俘虏了楚军将领屈句，乘势夺取了楚国汉中一带地区。楚怀王就出动全国兵力来攻击秦国，秦楚在蓝田交战。

魏国听到这个消息，便发兵袭击楚国；由于楚军全部在前线，魏军一直深入到邓邑。楚国军队恐惧，就从秦国撤军回国。而齐国也因对楚国恼怒而不肯援救楚国，楚国大为困窘。

第二年，秦国要割让汉中地区而与楚国讲和。楚怀王说："我不希望得到土地，而要得到张仪才甘心。"张仪听后，就说："用我一人却抵得上汉中之地，我请求到楚国去。"张仪到达楚国，用丰厚的礼物贿赂楚国的当权大臣靳尚，还在楚怀王的宠姬郑袖面前进行诡辩。楚怀王竟然听信郑袖的话，又释放了张仪。当时，屈原已被疏远，没有任职，那时，他出使齐国，等到回国后，就向楚怀王进谏说："为什么不杀张仪？"楚怀王后悔了，派人追捕张仪，没能追上。

这以后，各诸侯国共同攻打楚国，楚军大败，楚将唐昧被斩杀。

当时，秦昭王已跟楚国结为姻亲，想要和楚怀王会晤。楚怀王打算前往，屈原说："秦国是虎狼一样凶狠的国家，不可相信，不如不去。"楚怀王的小儿子子兰劝楚怀王前往："为什么要断绝与秦王的友好！"楚怀王终于不听屈原劝告出发了。一进入武关，秦国的伏兵就断绝了楚怀王的退路，扣留下楚怀王，要求割让土地。楚怀王愤怒，不肯听从，仓皇出逃奔到赵国，赵国不肯接纳他。他又回到秦国，终于死在秦国，然后归葬楚国。

楚怀王的长子顷襄王继位，用他的弟弟子兰担任令尹。楚国人都责怪子兰劝楚怀王到秦国去而不得生还的行为。

屈原痛恨子兰,他虽然被流放,但是仍然眷念楚国,内心牵挂楚怀王,总是念念不忘想回到朝廷中,期望国君能够醒悟,认识他的忠心,风俗也能够改变。

他想维护国君,振兴国家,扭转楚国局势,在作品中多次表达这种心志。然而身不在位回天无力,所以不可能重返朝中,并终于看出楚怀王不可能觉悟。国君无论愚蠢的、明智的、贤能的、无能的,谁都想寻求忠臣来维护自己,选拔贤才来辅佐自己,然而国破家亡的事却接连发生,而多少年都不曾出现圣明的君王和太平的国家的原因,就在于国君所认为的忠臣并不忠,所认为的贤才并不贤。楚怀王因为分不清忠臣的职分,因此在内被郑袖所迷惑,在外受到张仪的欺骗,疏远屈原,而信任上官大夫、令尹子兰,结果军队受挫、国土被割,丧失了六个郡的土地,自己也终究不能回国而客死在秦国,被天下人耻笑。这是不能识人而带来的祸害。

《易经·井》说:“水井疏浚后没有人饮用,使我很难过,因为这是可以汲用的。君王如果圣明,上下都享受他的幸福。君王不圣明,哪能得到幸福呢!”

令尹子兰听到屈原怨恨他的消息后,大为恼怒,指使上官大夫极力在顷襄王面前说屈原的坏话,顷襄王发怒,把屈原放逐到更远的地方。

屈原来到江边,披头散发在水边边走边吟。容貌憔悴,形体枯瘦。

一位渔翁看见了就问他说:“你不就是三闾大夫吗?怎么到这里来了?”

屈原说:“整个世道都是混浊的,唯独我清白,众人都昏醉,唯独我清醒。因此我被放逐了。”

渔翁说:“作为圣人,不拘泥于事物,而能随着世道转移。整个世道都混浊了,你为什么不随世俗的浊流而推波助澜?众人都昏醉了,为什么不也跟着吃佳肴喝醇酒呢?为什么要守身如玉而自己弄得被放逐呢?”

屈原说:“我听说,刚洗了头的人必定要弹一弹帽子,刚洗过澡的人在穿衣服前一定会抖一抖衣服,又有谁愿意让自己清洁的身体,去接触污秽的东西呢?我宁愿投身长流的江水,而葬身江鱼的腹中,又怎么能让高洁的品行去蒙受世俗的污垢呢!”

于是写作了一篇《怀沙》赋。赋辞说：

“风和日暖的初夏啊，草木茂盛生长。受伤的心灵长悲哀啊，我疾行来到南方。眼前景色使我眼迷心乱，四周寂静万方。郁闷沉痛结心头啊，犯愁受困日子长。我勉强压抑悲怀啊，蒙冤受屈忍心房。

“刻削方木成圆器啊；正常的法度不能废。改易当初的常道啊，将为君子所鄙弃。明于规矩记绳墨啊，前人法度不改易。心地敦厚而稳重啊，这是君子所赞美的。能工巧匠不挥动斧子啊，哪能知道曲直符合规矩？黑色花纹投置于暗处啊，瞎子说它不显见。离娄微闭起眼睛啊，盲人以为他看不清。把白色当成黑色啊，颠倒上方成下底。凤凰关进竹笼里啊，只有野鸡在那里飞。美玉顽石糅杂一起啊，用一个标准来度置。常人鄙陋且惯妒啊，我的志行谁能知。

“肩负的任务繁重啊，陷于泥沼无法过去。怀揣珍宝手握美玉啊，身处困境向谁诉？城里狂犬一起叫啊，是因为面临怪异的事物。非议才俊疑豪杰啊，本是庸人丑心态。外表平凡内朴实啊，众人不知我才奇。像木料堆在一旁啊，不知此物何所用。重视仁德传礼仪啊，以恭谨忠厚为富足。虞舜不能再逢遇啊，有谁知我符合道义！自古圣贤难同时啊，谁知其中之缘故？商汤、夏禹已久远啊，遥远渺茫难追慕。平息怨恨和愤激啊，压在内心求自激。遭遇忧患不移志啊，给后人留下模范。前进道路通北方啊，日光暗淡天将暮。排遣忧愁与悲哀啊，死亡的期限已临近。

“涛涛的沅水和湘水啊，泛着波浪各流去。漫长道路看不清啊，前途遥远又渺茫。不断悲吟和哀歌啊，永远在那里叹息。世人谁都不知我啊，谁人能与诉衷曲？我怀真情抱实意啊，竟是这样的孤独寂寞。伯乐已经逝世了啊，骏马有谁能相识？人生禀受的命运啊，各有不同的归宿。信心坚定胸怀广啊，我有什么可畏惧？内心积满了无穷的忧伤和悲哀，只好不尽地感慨和叹息。世道混浊没有人了解我，衷肠能对谁去诉说。明知死亡不可避免，生命有什么可留记。明确地告诉君子啊，我将永远效仿你。”

于是屈原怀抱石头，投入汨罗江自尽了。

屈原死去以后，楚国有宋玉、唐勒、景差等人，都爱好文学并以擅长辞赋著称。可是，他们都只是效法屈原委婉含蓄的辞令，毕竟没有屈原的才华和胆识，也没有谁敢直言进谏。此后，楚国一天比一天弱，几十年以后，终于被秦国所灭。

后来每年的农历五月初五这一天，当地的百姓为纪念屈原投江，纷纷划船到江面，把竹筒里的米饭撒到江水里祭祀他。这种纪念屈原的活动渐渐成为全国各地汉族的传统节日，叫端午节。端午节吃粽子和龙舟竞渡成为普遍习俗。屈原的伟大人格和崇高的爱国主义精神，永远活在人民心中，他那光辉灿烂的诗辞和故事永远为世人传诵。

秦赵长平之战

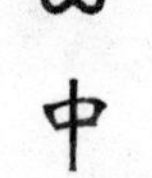

赵括，是赵国名将赵奢的儿子。他自幼聪明过人，并从小喜欢学习兵法，谈论战争策略。谈起用兵之道，滔滔不绝，头头是道。他以为朝野没有一个人能比得上他，甚是洋洋得意，自高自大。赵括对用兵攻守之策对答如流，连他父亲赵奢也难不倒他，说不过他。周围的人都夸赞他，但他的父亲反而为儿子只尚空谈且又骄傲自满而终日闷闷不乐，忧虑重重。

时过不久，赵奢身染重病，他深知自己时日不多，便在临终前将自己的顾虑告诉了妻子，并告诫妻子：如果有朝一日赵王真的启用赵括带兵上阵，务必要想方设法阻拦，否则就会有国破家亡的危险，赵括再满腹兵战策略，一切只是空谈，毫无实战经验，一旦带兵将全军覆没。

秦国大将白起于公元前262年率领大军进犯赵国。赵孝成王命大将廉颇率兵与秦军会战于长平。廉颇针对秦军远道而来，战线过长，给养难继，不利久战的情况，命令兵士修筑工事，加强防御，凭借城高墙固濠深的有利条件，坚守城池，拒不出战，意图拖垮秦军。两军对峙，战争拖了3年。白起见久攻不下，便巧施反间计，派奸细混入赵国，到处散布言论："廉颇年已老迈，几年不敢出战，不足为惧。秦军将士只怕以赵括为将，若遇赵括我们早就撤军了。"

流言蜚语很快传进宫里，赵孝成王信以为真，以为廉颇这次对垒，总是处于守势，是精力不足。赵王急于求胜，决定撤换廉颇，起用赵括。

赵母听说后，想起丈夫生前的话，紧急上疏赵王，历数丈夫赵奢在世警告，括儿只尚空谈，不懂实战，丝毫没有带兵经验，也不爱惜士兵，千万不宜委以重任。但赵母的上疏没有改变赵王的主意,赵王仍然坚持撤回廉颇,任用赵括为大将。

赵括于公元前260年率领40万大军抵达长平前线后,见自己的人马远远超过秦军,又想到自己新帅上任,必须树立威信。据兵书所言:敌方远来,给养不足,兵士恐战,必败。便决定改变廉颇原来的一套战术,诸将听后,纷纷反对他不切实际的部署。赵括充耳不闻,还撤了坚持主见的将领。

秦国大将白起得到消息后,拍手叫绝:这下子赵括中计了。白起立即重新部署作战方案:命令各营抽调精兵,组成一支骑兵敢死队,前去偷袭赵军大营;另派一支部队趁机切断赵军运送粮草的道路。

深夜,秦兵突然偷袭。赵括闻报,慌忙率领大军仓促应战,没有几个回合,秦军竟然不敌败逃而去。赵括不知是佯败之计,以为是兵书所说的(秦兵)恐战心理,也没有先探听虚实,就冒失地指挥全营将士尾随追击。白起哈哈大笑说:"引蛇出洞,要打要切任我所为,这小儿又中计了。赵军此举可破也。"白起立即率领主力大军发起攻击,全面冲锋,一下子将赵军拦腰切断,使赵军首尾不能相顾,失去相互联系,缺乏统一指挥,分别被如潮般的秦军团团包围。

一直围困了40多天,赵军内无粮草,外无援兵,士兵们个个又饥又饿,疲惫不堪,站都站不起来,怎么能对阵作战呢?赵括无计可施,后悔没有听从别人的意见,只好带领一支精锐部队,想突围出去再作计较。遂与包围的秦军拼杀,与士卒们拼死作战,妄图杀开一条血路,冲出重围。可赵括还没有与秦军主力正面交战,就被乱箭穿心,射死马下。赵军无主帅,旗倒兵散,赵军顿时大乱,40万大军被俘,白起担心放走俘军会留后患,便一狠心将所有赵军全部活埋了。赵国也因此一蹶不振,渐渐衰败。

提起赵括,人们就自然想起他父亲赵奢,赵奢眼光锐利识子,早就有"一旦带兵,将全军覆没"的卓越预见。赵括只会纸上谈兵,不懂实践,只据兵书,不知变通,终遭惨败。

毛遂自荐

公元前259年,秦国派上大夫王陵率兵围攻邯郸。这时赵国已经发生长平之祸,40余万人都被秦军坑杀了。赵王派平原君求救,想合纵楚国。平原君就召集门客,打算从中选出有勇有谋、文武兼备的20人同往。平原君说:“这次去楚国合纵,如果文能取胜,那就太好了。如果不行,那么就歃血于华屋之下,必得合纵然后才能还。士无须外求,在门下食客中选择就足够了。”他挑来挑去,仅找到19人,其余的人中再也挑不出来了。

这时,门下有一名叫毛遂的食客上前自荐道:“我听说君将合纵于楚,要在门客中找二十人相从,还缺少一人,我希望君能让我填上空缺,满数前去。”

平原君问:“先生处我门下有几年了?”

毛遂答道:“有三年了。”

平原君说道:“贤士处世,就如同囊中的针锥,其尖露在外面,人们得以看见。今先生处我门下已有三年了,左右没有人称诵过,我也未有所闻,说明先生没有什么可称诵的地方。先生还是留下吧。”

毛遂说道:“假如我早处于囊中,早就脱颖而出了,而不仅仅是锥头露在外面。臣请您现在把我放在囊中吧。”

毛遂的意思是说以前没有机会,希望平原君能给他这次崭露头角的机会。平原君答应了他的请求。同去的19个人都相视而笑。

毛遂一路上和19位门客谈论不休,这些人都被毛遂的谈论折服了。平原君与楚王谈合纵的事,动之以情,晓之以利,从日出开始,至日中仍未能有个眉目。这19人就对毛遂说:“先生上!”

毛遂按剑登阶而上,对平原君说:“合纵的利与害,两句话就说清了。如今日出而言,日中仍未决,怎么回事?”

楚王问平原君说:“这位客人是干什么的?”

平原君说:“这是我的一位门客。”

楚王一听,心中不快,呵斥道:“怎么还不退下!我是在与你家主君谈话,你算干什么的?”

毛遂毫无惧色，按剑又向前进了几步，高声说道：“大王之所以叱我，是依仗楚国人多势众。可现在十步之内，大王却不能恃楚国之众，大王的命悬在我的手里。我家主君在前，你呵斥什么！况且我听说商汤以七十里之地王天下，文王以百里之壤而使诸侯臣服，岂在士卒众多，而是能真正据其势振其威罢了。今楚国土地方圆五千里，持戟之士上百万，可说是霸王的资本。以楚国之强，天下莫能匹敌。秦国大将白起，率几万士兵，兴师和楚国开仗，却一仗攻克鄢、郢，再战火烧夷陵，三战就活捉了大王的先人。这是百世的怨仇，连赵国都替你们感到羞耻，而大王却不以为耻。合纵乃是为了楚国，而不是为了赵国。我家主君在前，你呵斥什么！”

一番话说得楚王面红耳赤，抬不起头来。等毛遂一停，楚王连忙说：“好，好，诚如先生所言，寡人谨奉社稷相从。”

毛遂又问：“合纵说定了？”

楚王说：“定了。”

毛遂便转向楚王身边的人说道：“取鸡、狗、马的血来！”

古人誓盟所用牺牲按高低贵贱而有不同等级，天子用牛或马，诸侯用犬及猪，大夫以下用鸡。

毛遂手捧铜盘，跪献楚王，说道：“大王当歃血为盟以定合纵，次为我家主君，再次为我。”毛遂又召堂下 19 人共歃此血，遂定死合纵之事。

平原君一行还赵之后，平原君对毛遂说："我不敢再鉴别人才了。我鉴别人才，多说上千人，少说有百数，自以为不失天下之士，今于毛先生身上却有失明察。毛先生一到楚国，就使赵国如同九鼎大吕，为天下所重。毛先生以三寸之舌，强过百万之师。我不敢再刚愎自用，鉴别人才了。"从此拜毛遂为上客。

信陵君窃符救赵

魏国公子信陵君，是魏昭王的小儿子，名无忌，魏安釐王的异母兄弟。昭王病逝后，魏安釐王继位，封弟弟魏无忌为信陵君。贤明的信陵君，家中养着许多有各种杰出才能的门客，在各国间名声很响。因此各国诸侯，多年不敢进犯魏国。

魏公子无忌为人仁义，待人也都非常恳切。他听说有一位隐士，名叫侯嬴，是大梁城东门守门人，已经有 70 多岁了，便前去请他，还送他很多钱财。侯嬴不肯接受，于是公子无忌就在家中宴请他。客人们到齐了，公子亲自驾车去接他，还特意留着马车上左边的座位，让给侯嬴坐，表示对贵宾的尊敬。侯嬴接受了邀请，稍微整一下身上破旧的帽子和衣服，毫不客气地坐到左边的尊位上。侯嬴想用这种傲慢无礼的举动来考察公子无忌，没想到公子无忌毫不介意，反而亲自拉着缰绳，挥动马鞭，态度显得更加恭敬。侯嬴想进一步考验公子，便说："鄙人有个朋友在市场里卖肉，请委屈一下您的车马，送我去拜访他一下。"公子无忌答应后，便执鞭驾车来到市场。侯嬴故意磨磨蹭蹭拖延时间，在那里和朋友聊天，暗中观察公子无忌是否有急躁等不正常情绪。不料公子无忌像个忠实的车夫，脸色反而显得更加温和亲切。市场中的人看见公子手握马鞭站在马车旁等候侯嬴，都好奇地围过来观看。公子的随从们急了，都在背后责怪侯嬴无礼。侯嬴再观察无忌的神态，而无忌却仍然是那样的祥和与宽容，便打内心佩服。到了公子无忌家里，公子请侯嬴坐在尊位上，并向客人们一一作了介绍。客人们都感到非常惊讶。一个看门人能有多大本领？大家正喝得高兴的时候，公子站起来走到侯嬴面前，高举酒杯，毕恭毕敬地为他敬酒祝福。侯嬴感动地说:“我今天在市场里的举动,太为难公子了。我不过是个守门人,公子却屈尊亲自驾车。相形之下,沿途的百姓都认为我是缺乏修养的鄙陋之人,认为公子是有德行的显贵人物,能虚心礼贤下士。”

后来侯嬴又向他介绍屠户朱亥,说朱亥是个很有才德的贤士。他有远大志向,只有遇到明君,他才会诚心报效。于是公子无忌经常去朱亥家拜访。

魏国安釐王二十年,秦国大将白起带领的大军,已取下赵国长平城,守城赵军全军覆没。秦军乘胜前进,进逼围困赵都邯郸。赵公子平原君一次又一次派人送信向魏国国王和公子无忌告急,请求救援。

魏国国王接到求援信后,即派大将晋鄙带领10万大军救援赵国。秦昭王闻讯,派遣使者前往魏国。魏王害怕招祸,马上传令晋鄙停止前进,在魏国边境屯兵,只是象征性的救援,援而不救,按兵不动,观察战局,见机行事。魏国公子无忌的姐姐是赵惠文王弟弟平原君的妻子。平原君一看魏军犹豫不前,急得如热锅上的蚂蚁,接二连三地派使者到魏国责怪公子无忌不讲情义,不管姐姐安危。

公子无忌多次催请魏王发兵投入战场助战,但魏王无论如何也不愿宣战。邯郸的围困无法解除,姐姐又再三责备,公子再次带门下宾客中的辩士,据理力争,阐述种种理由,论证必须救赵的种种道理,但魏王始终不采纳。

公子无忌的门客们纷纷表示,拼死也要和赵国战士一起抗御。公子无忌便断然决定自带着门客奔赴前线,与赵国将士并肩拼杀。几千名宾客赶赴前线,浩浩荡荡,路经东门时,公子无忌与侯嬴告别,说了自己要带宾客去拼死救赵的理由,说罢速即告辞,带着队伍赶路。侯嬴什么话都没有说,只拱手作别,公子很不痛快地走了。路上越走越觉得不对,觉得侯嬴今日态度反常,一不提警语,二不报赞言。无忌越想越不通,走了几里路后又折回来,带着车队人马回来请教老者。

侯嬴笑着说:“赵国有难,您一急之下只想去与秦军拼命,根本起不了作用,又断送了这么多贤士的性命。我刚才的态度是刺激您,使您能冷静地回头想一想,果真您回头了。您回来一定要问个明白,到底鄙人有什么想法?”公子拜了又拜,请侯先生快指教。侯嬴请公子屏退左右,单独密谈。他悄悄对公子无忌说："调遣晋鄙的兵符必定存放在魏王的卧室内，在众多的妃子中，如姬是最受魏王宠爱的，唯有她可以随便进出魏王的卧室，只有她才有办法盗出兵符。有了兵符就可以调兵遣将，改变战局。听说公子曾为如姬的父亲报仇雪恨，现在公子如果开口请如姬帮助窃取虎符，如姬一定会慨然答应的。有兵符可以指挥晋鄙，晋鄙如不听命，即可夺取兵权，由公子发兵救赵都。"公子无忌忙命队伍暂不出发，就地待命。

公子无忌立刻进后宫找如姬请求相助，如姬顺利地盗了魏王所存的另半个虎符。公子无忌拿了兵符向侯嬴告别，侯嬴说："将帅在外，君令有所不受。要预防晋鄙不听命令。鄙人的朋友屠户朱亥，是个果敢的大力士，如果晋鄙违抗不交兵权，就让朱亥杀掉他。"于是公子无忌邀请朱亥同行。

公子无忌一行来到邺城，会见晋鄙，假托魏王有令，先让晋鄙对证虎符，相合无误后，便说奉魏王命接晋鄙的领兵职务。晋鄙对目前所发生的事情，先是一愣，甚为疑虑，说："魏王亲自委我为这十万大军的统帅，驻守在国境沿线，是国家信任我，委我以重任。我不能凭你所说就交出兵权。"晋鄙拒不交出兵权。在这瞬息万变的紧急关头，朱亥立即拿出藏在袖中的40斤大铁锤，一锤打死了晋鄙，公子无忌立即掌帅旗发号施令："晋鄙不听军令，已就地处死，今进攻邯郸，谁贪生怕死，违命者立即处斩。"遂领兵进攻围困邯郸的秦军。在魏军和赵国军队前后夹击之下，秦军大败，损失惨重。公子无忌窃符解救了邯郸，保住了赵国免遭灭亡。赵惠文王与平原君亲自到国境线上迎接魏公子无忌，平原君在前头带路，赵王向公子无忌再三拜谢，感激并赞誉说："自古贤人能士，没有一个比得上公子急公好义，不顾自己安危而拯救盟国。"平原君也自愧不如。只是公子无忌杀死了大将晋鄙，得罪了魏王，便索性派遣将官率领军队回到魏国，他自己和他的门客都留在赵国。

李冰修筑都江堰

李冰，四川巴东人，约于公元前300年出生。他的祖辈曾是诸侯国君。李冰少年时聪颖过人，特别爱好天文地理，并具有特殊的悟性。少年时的爱好，对于他以后的事业有很大助益。

战国时，诸侯各国相继称王争霸，战争连绵不断，民无宁日。李冰对时局忧心忡忡，但又无可奈何，便隐居在峨眉山，与当时著名学者鬼谷子结为好友，经常一起研习天文、地理，切磋兵书、战策、治国安邦等学问，在各个学问领域都取得了很高的造诣。

后来，秦惠王兴兵伐蜀，攻占了蜀地，又于秦昭王三十年，起兵夺取黔中郡，命张若为黔中太守，不久又命李冰接替张若当太守。李冰就任伊始，路经湔山，见江水横流，便决定要先治好水患，造福人民。李冰经过考察，见从湔江至县城，有两山对峙，状如一个大缺口，便设想垒石拦江分流工程。他命令第二个儿子李二郎带人遍察巴蜀水势。二郎平时喜欢打猎，善骑善射，武术高强，少年英俊，又精通诗礼，尤其像他父亲一样，对天文地理情有独钟。

他们不辞辛苦，从早到晚，进行实地勘察，并遍访当地渔民、农民，仔细调查水源，大水的高峰期，高峰与低谷的水位、水速、水患范围，历史上大水灾情况，以及百姓的想法与愿望等等。二郎经过周密地分析，向父亲提出治水方案：为彻底消除水患，要开凿离堆。根据地形把岷江一分为二，分成内江和外江。再在桃关修筑拦江大坝，把江水分开，既可通航，又可灌溉，蜀州可以大面积垦荒，种植高产作物水稻，既解决蜀州人民粮食不足的问题，又消除了水患。李冰很赞同儿子二郎的建议，决定按此方案修筑都江堰。

据说当时有个恶霸叫混蛟龙，他纠集一些地痞流氓和不法之徒霸占岷江南岸，自称江南伯，他底下的人称水族，喽啰称为虾兵蟹将，他住的地方叫龙宫，自命为江神，专与官府作对，侵扰百姓，成为当地一大祸害。混蛟龙贪财好色、无恶不作，在他淫威之下，平民百姓苦不堪言。二郎建议父亲两灾同治，修水利必先治人祸，得到李冰赞许。于是父子商量消灭强贼的妙计。

李冰写了一封信，派人送给混蛟龙，表示愿与"江神"攀亲，信中说："我有一女，长得十分美貌，久闻江南伯大名，不胜钦佩，愿把女儿嫁给你。"信中还特地择定吉日，作为送女成亲的日期，叫混蛟龙如期娶亲。

到了迎亲那天，由李二郎男扮女装当新娘，李冰则一身官服打扮，大家服饰一新，欢声笑语，锣鼓喧天，异常热闹。混蛟龙做贼心虚，命令手下箭上弦，刀出鞘，摆出临战姿态。见官方都是文官仕女、文人百姓，一派节日气氛，热闹非常，也就放心地摆船过江来迎娶新人。混蛟龙上岸，李冰亲自相迎，底下官员持壶把盏劝饮喜酒，正喝得高兴，李冰来到混蛟龙面前，厉声变色，历数混蛟龙的罪状。混蛟龙见势不妙，急忙抽身想逃，但被眼疾手快的二郎抓住，并立地斩首。李冰随即又命二郎等乘胜追击，将混蛟龙同伙暴徒一网打尽，为民铲除了一大祸害，百姓拍手称快。

太守李冰趁热打铁，发动百姓兴修水利，上下齐心协力筑成有名的都江堰，从此连年丰收，四川大地也被誉称为"天府之国"。

甘罗十二拜上卿

甘罗是战国时期楚国下蔡（今安徽省寿县西北）人，秦相甘茂的孙子。他从小就胸怀大志，勤奋好学，加上他天资过人，12岁那一年，他到秦国丞相吕不韦家中当家臣。当时，吕不韦被封为文信侯。

秦王派刚成君蔡泽出使燕国，以示秦国同燕国的友好睦邻关系。过了三年，燕国也派太子丹到秦国做人质，用以答谢秦国的善意。这时，吕不韦便想叫张唐到燕国去做相国，然后再与燕国联合起来攻打赵国，以便夺取赵国河间一带的大片领土。可是张唐却推辞说："我曾在昭王时替秦国攻打过赵国，赵王十分恨我，还用悬赏百里土地的办法，四处捉拿我。如果要去燕国，途中势必要经过赵国，我定会被他们抓去处死。"

吕不韦闷闷不乐地回到府中，恰好被甘罗看见了，甘罗问他："您为什么这样闷闷不乐呀？"吕不韦回答他说："以前，秦王派刚成君蔡泽出使燕国，如今事隔三年，燕国太子丹已到我们秦国来做人质了。刚才我亲自请张唐到燕国去做相国，他却不愿意去。如果他不去的话，秦王的计划岂不是要付诸东流吗？”甘罗说：“我能叫他前去燕国任相。”

吕不韦以为他在说大话，用一种轻视的口吻说：“我亲自叫他去，他都不肯去。他还会听从你一个小孩子的话，乖乖地去赵国吗？”甘罗胸有成竹地说：“从前的项橐，7 岁的时候就当了孔子的老师。现在我已经 12 岁了，您就给我个机会，让我去试试吧。”吕不韦别无他计，也就只好答应了甘罗。

甘罗见到张唐，问道：“您的功劳与武安君白起相比，谁的功劳大？”

张唐答道：“武安君的战功数不胜数，攻下的城池，不计其数，我的功劳又怎能与他相比呢？”

甘罗进一步问：“您明知自己的功劳比不上武安君吗？”张唐肯定地说：“是的。”甘罗又问：“当年应侯给秦王办事，现在的文信侯也给秦王办事，他们俩当中谁的权力大呢？”张唐正色回答道：“当然是文信侯的权力大。”

甘罗又逼问道：“当年，应侯想叫白起跟他一同去攻打赵国，白起不肯去，结果被秦王绞死在离咸阳七里的杜邮。现在，文信侯亲自来请您到燕国去任相，你却推三阻四不肯前去。我真不敢想像，将来您会死在什么地方。”

张唐慌忙起身，双手抱拳地说：“请您代我向文信侯赔个不是，我遵照您的意思去做便是了。”于是当场吩咐准备车马和礼物，过几天就出发了。

甘罗见张唐已答应去燕国，又请求吕不韦借他五辆马车，他要赶在张唐前头，说服赵王。吕不韦答应了他的要求。

吕不韦急忙进宫请求秦王，将甘罗的情况如实地禀告给秦王，秦王听后立刻召见甘罗，命他以使臣的名义出使赵国。

甘罗到了赵国，赵王听说秦国的使节到来，便亲自出城迎接，用最隆重的礼节款待甘罗。有一天，甘罗问赵王：“大王您可曾听说燕太子丹到秦国做人质这件事？”

赵王说：“听说过这件事。”甘罗又问：“那张唐要到燕国去做相国，您知道吗？”

赵王点了点头说：“这我也知道。”

甘罗说:“燕国敢让太子丹到秦国做人质,说明燕国不会欺骗秦国;张唐到燕国去做相国,同样也说明秦国不会欺骗燕国。秦、燕两国彼此不相欺骗,相互信任,如果两国联合起来攻打赵国,那赵国可就太危险了。说得更明白一点,燕、秦现在相互交换人质,并非为了别的,目的就是要攻打赵国,夺取太行山以东直到黄河一带的大片土地呀。大王您现在如果舍得割让河间一带的五座城池送给秦王,我就可以请求秦王把燕太子丹逐回国去,让秦国联合强盛的赵国去攻打弱小的燕国。”赵王觉得甘罗言之有理,就顺着甘罗的意思照办了。

后来,秦国将燕太子丹遣返回国。而赵国呢,也真的向燕国发兵,并且获得上谷地方的36座城池,又把其中的11座送给了秦国。甘罗以他的聪明才智,不仅说服了张唐和赵王,并且为秦国赢得多座城池。秦王因此封他为上卿,还将原来归他祖父甘茂享用的田宅赏赐给了他。

荆轲刺秦王

荆轲是卫国人。他的祖先是齐国人,后来迁移到卫国,卫国人称他为庆卿。到燕国后,燕国人称他为荆卿。

荆卿喜欢读书和击剑，曾经以剑术游说卫元君，卫元君没有任用他。

荆轲后来游历经过榆次，与剑术名家盖聂谈论剑术，盖聂对他怒目而视。荆轲出去后，有人劝说盖聂再把荆轲叫回来。盖聂说："前不久我跟他谈论剑术，他的意见有不足称道之处，我瞪了他一眼；试着去看看，在这种情况下，他应当走开，不敢逗留的了。"盖聂派人去荆轲的房东处寻找，荆轲已经驾车离开榆次了。使者回报，盖聂说："我知道他一定走了，我前次瞪眼整治了他！"

荆轲去邯郸游历，鲁勾践跟荆轲博戏，争执博局上的通路，鲁勾践发火叱骂了他，荆轲一声不响地溜走了，鲁勾践以后再也没有看见过他。

荆轲来到燕国后，喜欢和一个杀狗的屠夫和擅长击筑的人高渐离交往。荆轲爱喝酒，每天跟屠夫和高渐离在燕市喝酒，喝到大醉以后，高渐离击筑，荆轲在街市上和着节拍唱歌，一道娱乐，过一阵子又一道哭起来，好像旁边没有人似的。荆轲虽然与酒徒们混在一起，但是他为人却深沉稳重，爱好读书，他游历各国，都是跟当地的知名人士结交。他到燕国后，燕国的隐士田光先生也很友好地接待他，知道他不是一个平庸的人。

过了不多时间，恰逢燕太子姬丹在秦国作人质逃回燕国。燕太子这个人，过去曾在赵国作人质，秦王嬴政出生在赵国，他少年时与姬丹要好。等到嬴政登位作了秦王，而姬丹又在秦国作人质，秦王对待燕太子姬丹不客气，所以姬丹怨恨而逃回来。姬丹回国后想方设法报复秦王，然而燕国弱小，力不从心。

后来，秦国开始出兵攻打齐国、楚国和三晋，逐步蚕食各国，眼看轮到燕国了，燕国君臣都害怕灾祸临头。

太子姬丹对此深感忧虑，便向他的老师鞠武问计。

鞠武回答说："秦国的土地遍天下，威胁到韩国、魏国、赵国，北面有甘泉、谷口那样险要的地形，南面有泾河、渭河流域那样肥沃的土地，拥有巴郡、汉中郡那样富饶的地区，右边有陇山、蜀山那样的高山峻岭，左边有函谷关、崤山那样的天然屏障，人民众多，士兵振奋，武备充裕，如意图向外扩张，那么长城以南、易水以北都无法保全。您怎能因为被欺侮的怨恨，而想要去触龙颈下的逆鳞呢！"姬丹说："那么我们怎么办呢？"

鞠武回答说："让我仔细想想。"

又过了不久,秦将樊於期得罪了秦王,逃亡到燕国,太子接纳了他,并让他住下来。

鞠武劝谏太子道:“不行。秦王本来就很凶暴,对燕国又有积怨,已经够可怕的了,又何况听到樊将军留在这里呢? 这叫做‘把肉抛在饿虎出入的路口’,灾祸是无法解救的了,即使管仲、晏婴,也不能为您出谋解救了。希望太子急速遣送樊将军到匈奴去,以消灭秦国的借口。建议您西面交结三晋,南面联合齐国、楚国,北面与单于交好,以后才可想办法对付秦国。”

太子说:“太傅的计划,延搁时间太久,我心里忧闷烦乱,恐怕连片刻也等不及了。不仅如此,樊将军在穷途末路的时候来投奔我,我到底不能因为屈服强暴的秦国就抛弃所哀怜的朋友,把他放到匈奴去。希望太傅另想办法。”

鞠武说:“您采取危险的行为却想得到安全,制造祸患却祈求幸福,计谋短浅而结怨又深,为了结交一个新来的朋友而不顾国家的大害,这就是所谓‘积蓄仇恨而助长灾祸’了。拿一片鸿毛放在燃烧正旺的炉火上,当然一下子就完蛋了。再说像雕鸷一样凶猛的秦国,一旦要对燕国发泄它仇恨凶暴的怒气,那还用得着说吗! 燕国有一位田光先生,他为人智谋深远,勇敢沉着,可以跟他商量。”

太子说:“希望通过太傅而能够跟田先生结识,行吗?”

鞠武说:“遵命。”鞠武便出去会见田先生,说“太子希望跟先生商议国事”。

田光说:“谨领教。”就去拜访太子。

太子上前迎接,慢慢后退着给田光带路,跪下来掸拂地上的坐垫。田光坐定,左右没有一个人,太子离开坐席请求道:“燕国和秦国不能两立,希望先生多多注意。”

田光说:“我听说骏马强壮的时候,一天驰骋千里;等到它衰老了,劣马也会跑在它的前面。现在太子听到我强壮时的作为,不知道我的精力已经衰竭。虽说这样,我没有胆量图谋国事,所幸我的好朋友荆卿可以差遣。”

太子说:“希望通过先生能够跟荆卿结交,行吗?”

田光说："遵命。"于是立即起身，快步走出。

太子送出门口，郑重嘱咐道："我所陈述的，先生所说的，是国家的大事，希望先生不要泄露啊！"

田光笑着说："是。"田光曲背弯腰，慢慢走着去见荆卿，说道："我和您要好，燕国没有人不知道。现在太子听说我强壮时的作为，不知道我身体已经不行了，他告诉我说：'燕国和秦国不能两立，希望先生注意。'我私下不敢把自己当外人，已经把您介绍给太子了，希望您拜访太子于宫中。"

荆轲说："谨领教。"

田光说："我听说过，年长有道的人行事，不让别人怀疑他。今太子告诫我说：'我们所说的是国家的大事，希望先生不要泄露'，这说明太子怀疑我，一个人的行为如果让别人怀疑他，就不是有节操、有骨气的表现。"

他想要用自杀来激励荆卿，说道："希望您即刻去见太子，就说我已经死了，以表明不会泄露秘密了。"于是割颈自杀而死。

荆轲便去会见太子，说田光已死，转达了田光的话。太子拜了两拜，跪着前进，痛哭流泪，过了一会，然后说道："我之所以告诫田光先生不要泄露，是想保证大事的完成。现在田先生用死来表明不泄露，这哪里是我的本意啊！"

荆轲坐下来，太子离开坐席磕头说："田先生不知道我的不贤，使我能够到您的面前，冒昧地有所陈述，这是老天哀怜燕国，不抛弃他的孤儿啊！如今秦王贪得无厌，欲望难弥。他不吞尽天下的土地，降服各国的君王，他的野心是不会满足的。现在秦军已经俘虏韩王，占领了他的全部土地。又兴兵向南攻打楚国，向北进逼赵国——王翦率领几十万军队到达漳河、邺城，李信又从太原、云中两郡出兵。赵国抵抗不住秦军，一定向秦国投降称臣，赵国一投降，那么灾祸就会降临到燕国。燕国弱小，多次被战争拖累，现在估计，就是动员全国的兵力，也不够用来抵挡秦军。各国畏服秦国，不敢联合起来反抗。依我个人愚笨的想法，如果能够找到天下的勇士，派遣到秦国，用重利诱惑秦王，秦王贪利，出现那种形势，一定可以达到我们的目的。果真能胁迫秦王，使他全部归还各国被侵占的土地，像曹沫胁迫齐桓公那样，那就太好了；如果不行，就乘机刺死他。秦国的大将统兵在外，而内部出了乱子，那么君臣会互相猜疑。趁此机会，各国得以联合起来，就一定能够打败秦国。这是我最高的愿望，但不知把这个使命委托给谁好，希望荆卿留心这件事。”

过了一会儿，荆轲说：“这是国家的大事，我才能低下，恐怕不能胜任。”

太子上前磕头，坚决请求他不要推让，然后荆轲才答应了。

于是太子尊荆卿为上卿，安排他住上等的公馆。太子每天去问候，供给牛羊猪全套，不时进献珍贵的东西，车马美女尽量满足荆轲的欲望，以博得他的欢心。

过了很久，荆轲还没有动身的表示，秦将王翦攻破赵国国都，俘虏了赵王，全部占领了赵国的土地，又向北进兵扩大侵略地盘，到达燕国的南部边境。

太子很恐惧，便请求荆轲道：“秦兵早晚就要渡过易水了，那么我虽然想要长久地奉陪您，还能办到么？”

荆轲说：“这话太子不说，我也要向您请求行动了。现在去秦国，如果没有足以使秦王相信我们的东西，那秦王是不能亲近的。秦王悬赏黄金千斤、封邑万户来购买樊将军的脑袋，如果能得到他的脑袋和燕国最肥美的地方督亢的地图，进献秦王，秦王一定会高兴地接见我，才能够有所收获来回报。”

太子说：“樊将军在穷困中来投奔我，我不忍心为自己的私利而伤害他老人家，希望您另想别的办法吧！”

荆轲知道太子不忍心，于是就私下去会见樊於期说：“秦国对待将军也可以说是非常刻毒了，父母和家族都被杀死或没收为官奴。现在又听说要用黄金千斤和万户封邑来购买将军的脑袋，您打算怎么办呢？”

樊於期抬头向天叹息流泪说：“我每每想到这些，常常痛入骨髓，只是想不出办法罢了！”

荆轲说：“我今天有一句话可以解除燕国的祸患，报雪将军的仇恨，怎么样？”

樊於期走向荆轲说：“该怎么办？”

荆轲说：“希望得到将军的脑袋去献给秦王，秦王一定高兴地接见我。我左手拉住他的衣袖，右手用匕首直刺他的胸膛，那么将军的仇恨可以报雪，而燕国被欺凌的耻辱也可以涤除啦！将军想到了吗？”

樊於期捋一边衣袖，露出肩膀，用一只手紧捏住另一只手腕，走近荆轲说：“这是我日日夜夜切齿碎心的恨事，如今才得听到您的指教。”接着便自刎而亡。

太子听到这消息，飞快驾车前往，伏尸痛哭，十分悲哀。然而人已经死了，也没有办法了。于是就将樊於期的脑袋装入匣子中密封起来。

当时太子预先访求天下最锋利的匕首，找到了赵国人徐夫人的匕首，买取它就花了百镒黄金，让工匠用毒药水淬它，用来试验杀人，只要渗出一丝儿血，受试的人没有不立即死亡的。于是他准备行装安排荆轲出发。燕国有个勇士名叫秦舞阳，13 岁就敢杀人，人家不敢用反抗的目光看他。太子便派秦舞阳作荆轲的助手。

荆轲等待另外约好的一个朋友，想同他一道去；那个人住得很远，还没有来，而荆轲已为那人准备好了行装。过了很久，荆轲还没有出发，太子认为他在拖延时间，怀疑他反悔，便再次促请荆轲说：“时间不多了，荆卿有犹疑吗？请允许我先派遣秦舞阳。”

荆轲火了，斥责太子道：“您怎么这样派遣？只顾一去而不顾是否能完成使命，那是傻小子也能办到的！况且提一把匕首到无法预测的强暴的秦国去，我之所以暂留的原因是等待我的朋友一同去。现在太子嫌我迟缓，那就请告辞诀别啦！”便出发了。

太子和知道这件事的宾客，都穿着白衣戴着白帽去送他。到易水边上，祭了路神，然后上路。高渐离击筑，荆轲和着节拍唱歌，发出“变徵”的音调，人们都流泪哭泣。荆轲又一边前进一边唱道：“风萧萧兮易水寒。壮士一去兮不复还！”复又发出慷慨激昂的歌声。人们都怒目圆睁，头发直立冲冠。于是荆轲上车离去，头也不回一个劲儿走了。

到了秦国，荆轲拿出价值千金的礼物送给秦王宠爱的臣子——中庶子蒙嘉。蒙嘉预先向秦王介绍道：“燕王实在畏惧大王的威严，不敢出兵抗拒大王派遣的将士，愿意全国上下都隶属于秦国作臣子，排在各诸侯国的行列里，像郡县一样交纳贡物和赋税，只要能够保住先王的祠庙。但因恐惧故不敢亲自来陈述，特此砍下了樊於期的脑袋，并献上燕国督亢的地图，用匣子密封，燕王在朝廷上举行了送行仪式，派使者把这些情况报知大王，请大王指示。”

秦王听了此事，大为高兴，便穿了上朝的礼服，安排了九位礼宾司仪最隆重的仪式，在咸阳宫接见燕国使者。荆轲捧着樊於期的脑袋匣子，秦舞阳捧着地图匣子，按次序前进。走到殿前的台阶下，秦舞阳脸色突变，全身战栗，大臣们感到奇怪。

荆轲回过头来讪笑秦舞阳，上前谢罪说：“北方藩属蛮夷地区的粗野之人，没有见过天子，所以心惊战栗。请大王稍微宽容他一下，让他能够在大王面前完成他的使命。”秦王对荆轲说：“把秦舞阳捧的地图拿来！”

荆轲拿地图送上去，秦王把地图展开，地图被展开到尽头时，匕首露了出来。荆轲左手抓住秦王的衣袖，右手拿着匕首直刺。秦王大惊，抽身急忙立即跃起，把袖子挣断了。他抽剑，剑太长，仅仅抓住了剑鞘。他当时惊慌急迫，剑又套得很紧，所以不能立刻抽出来。荆轲追赶秦王，秦王绕着柱子跑。大臣们都惊得发愣，事情来得仓促，出人意外，大家都失去了常态。

根据秦国的法律，在殿上侍从的大臣们不准携带任何武器；侍卫官拿着武器排列在殿下，没有诏令召唤不准上殿。事发仓促，来不及唤下面的侍卫武装，因此荆轲才能追赶秦王。

大臣们在仓促之际，惊慌急迫，没有武器可以用来打击荆轲，只好用

手一齐打他。这时侍人医官夏无且用他所捧的药袋子投击荆轲。

秦王正绕着柱子跑,仓促惊惶之际,侍从人员说:“大王,把剑推到背上!”

秦王就把剑推到背上,于是抽出剑来砍荆轲,砍断了他的左腿。

荆轲残废了,便举起匕首投掷秦王,没有击中,击中了铜柱。

秦王再砍荆轲。荆轲被砍伤8处。

荆轲知道事情不能成功了,便靠着柱子笑,岔开腿坐着骂道:“事情之所以不能成功,因为我想要劫持你,一定要得到你的承诺去回报太子。”这时侍卫人员便上前杀死荆轲。秦王不舒服了多时。不久评论功过,赏赐功臣以及应当办罪的各有差别,赏赐夏无且黄金二百镒,说道:“无且爱护我,拿药袋子投击荆轲。”

事后,秦王大怒,增派兵力前往赵国,并命令王翦部队去攻打燕国。十个月攻破了蓟城,燕王姬喜、太子姬丹等全部率领精兵向东退守到了东郡。

秦将李信紧紧追赶燕王,代王赵嘉便致书燕王姬喜说:“秦军之所以特别紧追燕王,是因为太子丹的缘故,现在大王如果杀掉太子丹把他的脑袋献给秦王,秦王一定谅解,而燕国的寿命可以侥幸延续,可以继续享受祭礼。”以后李信追赶姬丹,姬丹隐藏在衍水河中,燕王便派使者杀了太子姬丹,准备把他的脑袋献给秦王。秦国又派兵进攻他。过了五年,秦国终于灭了燕国,俘虏了燕王姬喜。

第二年,秦王并吞天下,立号为皇帝。当时秦始皇下令通缉姬丹和荆轲的门客,他们都逃亡了。高渐离改名换姓给人家当酒保,隐藏在宋子城。时间久了,感到工作很辛苦,因听见主人家堂上有宾客击筑,徘徊而不忍离去,每每脱口而出说:“那人击筑,有好的地方也有不足的地方。”

侍候的人把高渐离的话告诉他的主人说:“那个庸工倒懂得音乐,他在背地里评论击筑的好坏。”家主人召唤他到堂前击筑,满座的宾客都称赞他击得好,赏酒给他喝。高渐离心想,长此以往,这样畏首畏尾隐藏在贫贱的环境中,没有个尽头,便退出来,拿出他的行李箱子里的筑和好衣服,改装整容去到堂上。满座的宾客都吃惊地看着他,走下座位来跟他平等行礼,尊为上宾,让他击筑唱歌,客人们听了,没有一个不感动得流泪而去的。

宋子城里的人轮流款待他,给秦始皇知道了。秦始皇召令他进见,有人认识他,便说:“这是高渐离。”秦始皇爱惜他善于击筑,赦免了他的死罪,只把他的眼睛弄瞎。高渐离击筑,没有一次不被称赞的。秦始皇逐渐接近他,高渐离便将铅块塞进筑心,等到有一次进见并靠近秦王的时候,便举起筑扑击秦始皇,没有击中。秦始皇终于杀掉了高渐离,一辈子再不接近六国的人了。

第四章　秦汉时代

秦汉时期，是中国封建社会的成长时期，是继春秋、战国之后，中国历史上首次出现多民族统一、中央集权管理的历史时期。

成长注定会有挫折，秦汉时代的分裂、战乱不乏其数，比如楚汉相争，七国之乱，王莽篡位后出现的战乱和东汉末期的政治斗争等。但这一切都为后代王朝的统一，为消除分裂、平息战乱提供了宝贵的经验。

秦汉是中国历史上最具改革创新的转型阶段，秦始皇首先在政治上打破沿袭已久的诸侯分封制，将广阔的国土划分为若干行政区，每个行政区的官员都由中央政府统一任命和管理。他还实施了一系列巩固统一的经济、文化措施，诸如统一货币、统一度量衡、统一文字等等。汉朝确立了儒家思想在中国社会和文化中的主流地位，使封建专制主义中央集权得到巩固和发展。

秦汉是我国封建社会的一个重要发展阶段，曾一度达到中国历史封建社会的高峰时期。煮盐、冶铁、纺织是秦汉时期的三大手工业，还有造纸术的重大发明；建筑工程和建筑艺术的成就是空前的，为此后中国建筑技术的发展奠定了基础；在天文学、数学和医药学以及漆器、手工业和造船业等方面都有显著的成绩。

秦汉时期封建关系的成长，使得在风俗上、语言上基本接近的居民，在生活上更加靠拢、亲密了，民族意识随之增强，在这种情况下，汉族便形成了。

嬴政的身世

公元前247年，庄襄王13岁的儿子嬴政即位。至公元前221年，秦王嬴政灭掉了韩、赵、魏、燕、齐等七国，建立了中国历史上第一个统一的中央集权的封建国家秦国，并确定了皇帝的称号，于是，秦王嬴政便成了中国历史上第一个皇帝，因此称为秦始皇。

秦始皇出生在赵国，作为秦国国君的后代，不在秦国本土出生却在赵国邯郸出世，其中的缘由得从秦始皇的父亲庄襄王说起。

庄襄王本名叫异人，又名子楚，是秦太子安国君20多个儿子中的一个，其母夏姬失宠于安国君。母荣子贵，由于夏姬的失宠，异人被派往赵国，作为人质抵押，客居于邯郸。

在古代社会，交战国双方时常订立各种盟约，为了保证盟约的实施，各国之间互相交换王族子孙作为人质抵押。假如一方违反盟约，另一方就以人质是问。当时秦国屡次侵犯赵国，异人经常遭到赵国官员们的训斥，还随时有可能作为替罪羊而被处死。

这时，有个商人叫吕不韦，乘战乱之机，往来各国做生意，不久就成了家财万贯的大富翁，有一次他行商到邯郸，见到异人，很是高兴，他心里盘算着：耕田和种地可获利十倍，贩卖珠玉可获利百倍，如果帮助异人成为秦国国君，那么其利不可胜数。于是，吕不韦决定冒险做这笔大生意。这便是“奇货可居”一词的来历。

吕不韦的冒险并不是凭空想象的。因为秦昭襄王年老将不久于人世，太子安国君即位之事也近在眉睫。安国君有子十余人，但他的宠姬华阳夫人却偏偏无子，究竟让谁来接替安国君的王位，尚无确切人选。如果异人能得到华阳夫人的欢心，立为嫡嗣，那么安国君死后，异人就可能是秦国的国君了。经商有术的吕不韦，抓住这个时机，开始精心实施他的计划。

吕不韦首先去见异人，陈述了他的计划，而作为人质的异人，早有回国之愿，一直苦无时机，这正是巨大的良机，他一口答应，于是吕不韦给异人五百金，要他广泛结交宾客，宣扬名声。然后吕不韦又以五百金购买珍奇动物，亲自去秦国。他一方面以异人的名义屡次向华阳夫人敬献珍奇，以显异人的贤孝，取得华阳夫人的欢心；另一方面又买通华阳夫人的姐姐，劝华阳夫人在色衰失宠之前，迅速选择诸子中贤孝的立为嫡子，以保持尊贵的地位。在吕不韦的积极活动下，华阳夫人终于立异人为嫡嗣，因为华阳夫人是楚国人，异人遂改名为子楚。

子楚被立为安国君嫡嗣后，声名大振，各国诸侯对他都刮目相看，他的境遇也就大为改善。对吕不韦来说，虽然子楚被立为秦君嫡嗣的目的已达到，但这并不能保证日后自己在秦国就一定会飞黄腾达，于是他就想到，应该在子楚身边安插一些人，作为"内线"。

有一次，吕不韦邀请子楚到他家去饮酒，席间有一女子美貌绝伦，还能歌善舞。子楚一见倾心，非向吕不韦要这女子不可，吕不韦便顺水推舟把这女子送给了子楚。其实这个女子是吕不韦的姬妾，当时已怀有身孕，可是子楚却毫不知情，不久，这女子生下一子，此子就是后来的秦始皇嬴政。

秦始皇统一中国

秦始皇是我国历史上很有影响的人物。公元前 221 年，他统一了中国，结束了从春秋到战国 500 多年的战争局面，建立起专制主义的中央集权封建国家，在历史上起到了不可低估的作用。

秦始皇名叫嬴政，因生于赵国，又称赵政。公元前 247 年，他继承了秦国的王位，时年 13 岁。当时宰相吕不韦和宦官嫪毐把持朝政，专横跋扈。嬴政 22 岁那年，按秦国惯例国王要行冠礼，开始亲自主持政务，但吕不韦却指使嫪毐发动叛乱。秦王嬴政及时平定了这次未遂的政变，嫪毐被处死，吕不韦被罢官。不久，吕不韦畏罪自杀。

秦王嬴政在平定嫪毐叛乱和处理了太后与吕不韦的事件后，开始进行统一六国的宏图伟业。

经过了商鞅变法，当时的秦国，国力已十分强盛。它西并吞巴蜀、汉中；南进入楚国郢都，置南郡；北已占据韩、赵旧地上郡以东，拥有河东、上党、太原三郡；东达荥阳、成皋，建立三川郡。秦国在经济、军事上占有强大的优势，成了东方六国韩、赵、魏、燕、楚、齐的劲敌。为了抵御秦国的侵犯，东方六国多次联合起来，互相救援，共同抗秦。因此，秦军经常被六国联军打败，无法东进。

针对以上情况，年轻的秦王嬴政亲政以后，便采取了相应的对策。

首先是广泛招纳人才。在战事纷争的年代，要取得胜利，人才是十分重要的。但秦王嬴政对这一问题的认识，有一个曲折的过程。

事情是这样的：与秦国邻近的韩国，迫于秦军的威胁，昏庸无能的韩王听说秦国特别喜欢大兴土木工程，于是派一个名叫郑国的人入秦，劝说秦国修筑水渠，企图以此来消耗秦国的经济实力，使其无力东进。工程正在进行之际，韩国的“弱秦之计”被秦王嬴政发觉了，而秦国的宗室大臣也在一边煽动说：“诸侯各国来秦的客卿，都是为了他们自己的国家而来的，应将他们统统赶走。”秦王嬴政听从了这些意见，便下令“逐客”。当时的长史李斯是由楚入秦的，也在被驱逐之列，于是他就向秦王嬴政历数了秦国用外人而使秦富国强兵的事实，例如秦穆公用了由余、百里奚、蹇叔、丕豹、公孙支而称霸西戎；秦孝公用商鞅变法，而使国富兵强；秦惠王用张仪之计，使六国西面事秦；秦昭王用范雎，使秦成就帝业。这些人都非出自秦国，但都给秦国立了大功。因此秦国要想天下无敌，就必须广纳人才；如果把这些有才干的人逐出，就无异于帮了敌人的大忙。秦王嬴政听了李斯的进谏，就决定废除“逐客令”，并重用李斯。诸侯各国的一些谋士和人才，也都纷纷投奔秦国，从而壮大了秦国的力量。

其次，秦王嬴政听从尉缭的建议，用重金拆散六国的联合。尉缭，原名为缭，魏国大梁人，在秦王废“逐客令”后到秦国为客卿。他向秦王进言：当前，以秦国力量之强，是东方诸侯各国所不能比拟的，但若各诸侯国联合起来，合纵抗击秦国，结果就很难预料了。因此，他主张秦王嬴政用重金买通各国掌权的大臣，离间六国之间的关系，以拆散他们的联盟。秦王嬴政采纳了尉缭的意见，并把他升为国尉，掌握全国的军队。

第三，在离间六国联盟的基础上，秦王嬴政还制定了“远交近攻”的战略方针，先后对六国实施各个击破的政策。具体方法是：先拉拢收买与秦国相距较远的楚、燕、齐三国，从而使与秦国相邻的韩、赵、魏三国腹背受敌,且处于孤立无援之地。在攻占韩、赵、魏三国之后,随着战线的东移,再一一吞并楚、燕、齐国。秦王嬴政就是按照这个步骤统一了六国。

秦王嬴政十七年(公元前230年),秦派内史腾率兵去攻打势力较弱的韩国,俘虏了韩王,韩亡。在韩、赵、魏三国之中,赵国国力最强。赵将李牧曾屡败秦军。秦灭韩后,赵国成为秦国的最大劲敌。秦王嬴政运用尉缭的离间之计,用重金贿赂赵王宠臣郭开,让他诬告李牧。李牧被赵王赐死后,秦军则得以长驱直入,攻占赵都邯郸,赵王迁被俘,赵国灭亡。

韩、赵被灭亡以后,秦军兵临易水,直接威胁着燕国。秦王嬴政二十五年(公元前222年),秦将王贲灭燕,俘燕王喜,燕亡。

韩、赵被灭,与秦相邻的魏国危在旦夕。秦将王贲率兵攻魏,挖开黄河,水淹魏都大梁,魏王假请降,魏亡。灭魏以后,秦国乘胜向楚国开进。秦将王翦攻入楚都寿春,楚王负刍被俘,楚亡。秦王嬴政二十六年(公元前221年),秦将王贲攻齐。齐国佞臣后胜接受秦的贿赂,齐王建对他却一味轻信,秦军一到,齐王建被俘,齐亡。

从公元前238年秦王亲政时起,到公元前221年,在这短短的17年间,具有雄才大略的秦王嬴政,终于统一了六国,结束了春秋战国以来长期分裂割据的局面,出现了封建统一的中央集权制的秦王朝。

秦王嬴政为了巩固封建统治地位,显示他的权力至高无上,取古代传说中"三皇"和"五帝"两个尊贵的称号,合称"皇帝",用以代替"王"的称号。他梦想子孙万代能永远继承统治权,所以自称"始皇帝"。皇帝是封建国家的最高统治者,独揽全国政治、经济、军事大权。他通过颁发的文告(称作"诏"或"制")对全国发号施令。从此,皇帝成为封建统治的象征,是地主阶级的总头子。

在皇帝以下,设立了"三公九卿"的中央官僚机构。"三公九卿"又各设属员若干人,组成一套完整的中央官僚机构。所有这些官僚,高官厚禄,养尊处优。

全国各地普遍推行了郡县制。开始有36郡,到秦末增加到40余郡。每个郡设有郡守,掌管行政事务;设尉,主管军事;又设监御史,掌管监察事务。一郡之内分为若干县。大县设县令,小县设县长,掌管全县的政务。县以上官员的任免和调动权由皇帝掌握。县以下有基层单位乡、亭、里。这样一来,从中央到地方形成一张金字塔式的封建统治网,对人民层层控制。秦朝这种专制主义的中央集权制度,对中国整个封建社会发生了重大影响。这套统治机构成为以后每个封建王朝沿用的基础。

统一文字,是秦始皇的一个历史功绩。战国以前各地区文字写法各不相同。秦统一六国后,秦始皇命令李斯等人进行文字改革工作。这样,做到了“书同文”,对文化的传播和发展是个贡献。

统一货币和度量衡,是秦始皇维护封建统治的经济措施。秦始皇下令统一全国的度量衡。他的目的在于统一赋税征收标准,防止官吏舞弊。虽然在实际上办不到,但在客观上对于商业、手工业的发展和全国经济联系发挥了积极作用。

统一车轨,修驰道,促进了交通事业的发展。在水路交通方面,他下令疏通了鸿沟,把济、洛、淮、泗几条水系连在一起,还下令凿灵渠,沟通湘水与漓水,使珠江水系和长江水系相联系。

嬴政还曾让客卿李斯监制了一方传国玉玺,玺方四寸,其上盘曲五龙,镌刻着“受命于天,既寿永昌”8个字,意思是他当皇帝受之天命,永远昌盛。

可是,这位自命不凡的始皇帝却受到了历史的无情嘲弄,他做梦也不曾料到,秦王朝竟是中国历史上的一个短命王朝,它只存在了15年时间,传到二世,便被农民的铁耙、锄头打得粉碎了。

秦始皇修筑万里长城和阿房宫

秦始皇统一天下之后,北部的匈奴势力对秦王朝仍旧是一个严重的威胁。为了保证中原地区的安定,秦始皇派遣大将蒙恬率兵30万,镇守于北疆。经过几次战斗,秦军终于攻取了河南(今内蒙古河套地区)、高阙(今内蒙古乌拉特中后旗西南)、阴山(今内蒙古狼山)、北假(阴山以南)等地方,在这里设置了34个县,分别筑构有县城。公元前211年,又从中原地区迁移3万多户人家,到这里安家落户。接着,秦始皇便开始大范围地修筑长城,在秦、赵、燕三国长城原有的基础上,加以连接、修补,构筑了西起陇西临洮(今甘肃岷县),沿黄河内蒙临河,北依阴山,南到山西雁门关等地,向东经张家口,至燕山一直延至鸭绿江,长度达1万余里的长城。这就是至今仍举世闻名的万里长城。

长城构造复杂,有城墙、城关、城台、烽火台等建筑,组成了完整的防御工程体系。墙高平均10米,下厚6米,上宽5米,城墙上外砌垛口,内砌女墙。城上可容5马并骑、10人并行。根据地形变化,每隔半里到一里,设一“城台”,每隔一到二里,建有“敌台”,全部砖砌,上有垛口,用以瞭望和防御敌军。下层可以储备军粮、军需及守城居住。在险要处建有“烽火台”,5里一墩、10里一台,用以传递敌情。

秦代长城现在还保存着几段遗迹。如在山西大同西北10里地方,有段长城土色皆紫,人们称为“紫塞”,据说就是秦朝修筑的。另外,甘肃岷县城西20里,开城县、环县一带都有秦朝长城遗迹。长城在风雪严寒的侵蚀下,受到了创伤,以后的西晋及南北朝时期的北魏、北齐、北周和隋朝,都修筑过长城。目的和秦朝一样,为防御我国境内北方游牧民族的侵扰。

明朝统治者对长城的修筑工程非常重视。这与当时北方蒙古各部落经常纵兵骚扰中原地区有关系。明朝大规模修长城有3次。到公元1500年前后,明长城全部修完。西起甘肃省的嘉峪关,东到河北省东北部的山海关,经过宁夏、陕西、内蒙古、山西等省区。它随着山脉的曲折盘旋,绵延约6300多公里,形成我国北方崇山峻岭上一道气势雄伟的城墙。这一驰名中外的万里长城,表现了中华民族的高度智慧,也是中国悠久历史的见证。

公元前213年,也就是秦始皇统一中原以后的第九年,秦始皇决定在渭水南岸的上林苑中兴建朝宫。这座朝宫东西宽500步,南北长50丈,里面可以容纳一万人,四周围还竖立五丈高的旗杆。接着,在朝宫后面又建筑了一大批宫殿,称为后宫。这后宫的规模更加庞大,据说是五步一楼,十步一阁,房屋鳞次栉比,远远望去,像蜂窝一样的稠密。渭水和樊水穿过宫墙,在亭台楼阁之间曲折回流。一座座长桥横卧在河流上,像是一条条正在喝水的龙。从宫殿到南山之巅凌空架起了天桥,像彩虹一样挂在空中。这些建筑群覆地300余里,共有700多所宫殿,甚至在一天之中,各个宫殿的气候都不一样。这座宫殿群，就是历史上十分有名的阿房宫。

秦始皇选中骊山北麓的地方，在那里修了一座高50丈，方圆5里的巨大坟墓。秦始皇修骊山墓，一共征用了70多万民工，耗费了无数的钱财物资，使劳动人民遭受着残酷的剥削，担负着繁重的劳役。老百姓的日子越来越苦，真是民不聊生。如果说筑长城还有防御匈奴的积极作用，那么修建阿房宫和修骊山墓，只不过是为了他自己的奢侈享乐。他这种荒唐淫逸的行为，引起了人民的强烈怨愤，遭到百姓的激烈反抗。这也就是秦始皇去世后才4年，秦王朝就遭到覆灭的主要原因。

赵高弄权

赵高自从进入秦朝宫廷做太监后，就清醒地知道，只有利用自己在宫中这个有利条件，取得秦始皇的信任，才会有出头的日子。

赵高虽受宫刑，但他生性狡黠刁钻，善于揣摩皇帝的思想。他看到，秦自从商鞅变法以来，是一个"以法为教"的国家。尤其是秦始皇，推崇法家，信奉阴阳五行学说，统一天下后，按照五行学说，严定刑法，"事无大小皆决于法"，造成秦法特别严苛。赵高看准了秦始皇的思想，于是，他认

真学习当时的显学——“狱律令法”。他博闻强记，有时始皇披阅案牍，遇有疑义，一经赵高在旁参决，无不合律。同时，赵高又写得一手好字，而且仪表不俗，身躯伟岸，强壮有力，因此，很得始皇的青睐。

于是，始皇擢拔任命他为中车府令。这是一个负责皇帝乘舆和印信、墨书的宦官头儿，是一个可以获得皇帝青睐的职位。当时，秦始皇在全国推行文字统一，把原来的大篆（也叫籀文）改作笔画简便的小篆（即秦篆），就让丞相李斯写了《仓颉篇》，赵高写了《爰历篇》，太史令胡毋敬写了《博学篇》，作为规范的字体供全国学习，说明秦始皇对赵高十分赏识。

赵高又紧紧盯住第二个目标，他想多营造几条退路。于是，他开始考虑始皇身后的皇位继承人问题。他对秦始皇二十几个儿子的各方面的情况作了比较分析。照常理，长子扶苏宽仁忠厚、德才兼备，在朝臣中最有威信，当然也是最有可能成为继承人的。可是，因为他屡次反对始皇以严刑酷法来治理国家，所以使始皇十分生气。尤其是“焚书坑儒”这件事，他曾向始皇进谏道：“如今天下初定，黔首（百姓）未安，这些儒生议论朝政，您就用这样的重法来惩治他们，恐怕人人自危，天下不安。”这更加激恼了刚愎自用的秦始皇，一气之下，秦始皇把扶苏贬到北部边境上郡去当大将蒙恬的监军。

赵高发现秦始皇最宠爱的是年仅十几岁的胡亥。于是他就想方设法笼络并讨好这位娇纵的小王子。他事事处处迎合胡亥的心理，满足他的需要，很快就深得胡亥的欢心。始皇见了，十分高兴。后来，干脆让赵高做胡亥的老师，教他书法、文字及狱律令法的知识。胡亥十分讨厌学习，所以，一切判决讼狱之事，一概委托赵高办理。赵高深知始皇性情，“乐以刑杀为威”，所以，遇有刑案，总是夸大其词，办成重罪，以迎合始皇之意。他又迎合胡亥，导其逸乐，因而博得始皇父子的欢心，都认为他是个忠臣。

于是赵高更加胆大妄为起来。有一次，事被发觉，秦始皇把他交付蒙恬的弟弟蒙毅审理。蒙毅猜不透秦始皇的真意，不敢徇私，于是按律定罪，判了死刑，并废除其宦籍。不料秦始皇念赵高明断有识，强练有才，办事勤勉，就格外加怜，特下赦书，不仅免其一死，而且还官复原职。

对于二世，赵高极力怂恿他肆意玩乐，从不加以谏阻。譬如有一次二世对他说："人生在世，就像乘着六匹骏马驾着车子越过堑隙那么快，现在我既然已经君临天下，那就更应该悉耳目之所好，穷心志之所乐，这样终吾年寿，你看可以吗？"赵高迎合他说："这正是贤明的君主所喜欢做的，愚蠢的君主所加以反对的。"这样，既博得了二世对他的好感，又使二世荒于政事，一切由他赵高去处理。在赵高的引导、教唆之下，二世不但继承了秦始皇的一切暴政，反而变本加厉，更加暴虐无道。如大修阿房宫，赋敛愈重、戍徭不已，耗尽天下财力物力。

赵高自知杀人太多，积怨遍于朝野上下，怕群臣揭发参劾他。为了堵塞众议，隔断二世与外朝的接触，以便于架空二世，把他牢牢操纵在自己手里，他又欺骗二世说："天子之所以称贵，就在于深居九重，高高在上，只让群臣听到他的声音，不让他们见到面孔。从前先皇在位的时间长，群臣无不敬畏，所以即使每天与群臣见面，他们也不敢胡作非为，妄进邪说。现在陛下还很年轻，又刚刚即位，对各种事情未必样样精通。这样，如果在朝廷中当场处理政务，万一言语有误，处置失当，就在群臣面前暴露了您的弱点，这岂不有损于陛下的圣明吗？天子称'朕'，'朕'就是有声无形，使人可望不可近的意思。所以，希望陛下从今日起，不必再临朝和臣下见面，只管深居宫禁，有什么事情由我和侍中匀法的人来批答处理一下就行了。这样大臣们就不敢用疑难的事情来试陛下，天下也就会称颂陛下为圣主了。"心无主见、耽于淫乐的秦二世本来厌于机务缠身，这正是他求之不得的。从此，他很少临朝听政，整天和宦官宫妾在一起寻欢作乐，所有内外政事均由赵高处理。二世成为一个彻头彻尾的傀儡皇帝。

大泽乡起义

由于百姓对秦王朝的残暴统治实在无法忍受，最终在公元前 209 年夏，爆发了我国历史上第一次大规模的农民起义，起义领导人是陈胜、吴广。

陈胜又叫陈涉，是阳城（今河南省登封县东南）人。吴广又叫吴叔，是阳夏（今河南省太康县）人。陈胜年轻时就表现出有远大的志向。有一天，陈胜在地头歇晌时慷慨激昂地对大伙儿说："大家将来谁要是得了富贵，可别忘了今天的穷朋友啊！"大伙听他这么一说，都禁不住笑了，有人说："你现在给人家当雇农，穷得不得了，连锄头犁耙都不是自己的，哪来的富贵呀？"陈胜长长地叹一口气说："唉！躲在屋檐下的燕子和麻雀，怎会懂得鸿雁和天鹅的高远的志向呢？"

公元前209年夏，陈胜和吴广以及其他的900个穷苦农民，被秦二世征发去渔阳（今北京密云县）驻防，离陈胜、吴广的家乡有几千里路。这900人被征集到一起以后，陈胜、吴广被指定为屯长，由两名身佩利剑的恶狠狠的军官押送，没日没夜地拼命向渔阳的方向赶路，生怕误了规定的日期。他们走到蕲县大泽乡（今安徽省宿县西南）的时候，正赶上天下大雨。大泽乡靠近淮河的支流浍河，地势低洼，大水淹了道路，没法走了。他们只好停下来，等天晴了再走。按照秦朝的法律规定，误了日期，就要被杀头。陈胜、吴广估算了一下，现在无论如何也不能按期到达渔阳，杀头之罪已经犯下了。

陈胜、吴广商量怎么办。陈胜说："如今要是逃走，给抓回来也是死；起来造反，夺天下，顶多也是死。与其等死，还不如为争夺天下而死呢！现在天下的老百姓苦头已经吃够了。听说二世是秦始皇的次子，按理应当做皇帝的是他的大哥公子扶苏。扶苏因为常常劝始皇不要杀人，始皇一生气，就把他派到蒙恬那里去带兵守城了。如今老百姓只听说扶苏是个贤人，并不知道他被二世杀害的消息。还有，楚将项燕，曾经立下了不少汗马功劳，又很爱护士兵。有人说他在楚国灭亡的时候逃走了，有人说他已经死了，咱们楚国人都很惦念他。如今咱们要是假借公子扶苏和楚将项燕的名义，反对二世，准定会有许多人起来响应的。"

两个人商量了一阵子，吴广认为陈胜说得很有道理。人们当时很迷信，想要号召群众起来造反，陈胜还决定利用装神弄鬼一类的办法，取得群众的信任。

有一天，吴广带人到河里摸鱼，借以改善伙食，当他们剖开一条大鱼的时候，在鱼肚子里发现一块绸子，绸子上用朱砂写着"陈胜王"三个大字。这件事一下子就传开了，都认为是老天爷的旨意，陈胜命中注定是个真命天子！到了晚上，忽然有人看到破庙那边的草木丛中，闪烁着忽明忽

項
項
項

暗的鬼火，并且还隐隐约约地听到狐狸的叫声："大楚兴，陈胜王"，"大楚兴，陈胜王"。这事也一下子传开了，大伙儿又惊又怕，狐狸怎么会说话？莫非是个狐仙，知道陈胜是个真命天子，向人们报信来了？第二天清早起来，大伙儿都指指点点地来看陈胜，越看越觉得他的确长得与众不同，是个真命天子的相貌呢。陈胜、吴广利用迷信，居然在群众中造成了当领袖人物的舆论。

吴广平日的人缘最好，大伙儿都能跟他合得来，愿意为他奔走效劳。他和陈胜带领了一大帮人，乘着押送他们的军官喝醉了酒，借机跑去要求释放他们回家。军官一听，又急又气，拔出剑来要杀吴广。大伙儿一拥而上，吴广倚仗人多势众，夺过军官手中的剑，一剑将军官刺死了。陈胜乘机把另一个军官打翻在地，也一剑结束了他的性命。

陈胜、吴广杀死了军官，大伙儿扬眉吐气，感到十分痛快。陈胜把大伙儿召集起来，大声地说："苦难的弟兄们！咱们遇上了大雨，已经不能如期赶到渔阳了。按照法律，误期是要杀头的。反正是个死，男子汉大丈夫不死则已，死就得有个名堂。与其前去送死，不如咱们挥戈倒伐，为天下的穷苦百姓讨个说法。那些骑在咱们脖子上的王侯将相，难道都是生来就该做王侯将相的？"大伙儿听了陈胜的话，都大声说："对！对！我们听您的！"

陈胜、吴广看到大伙儿都很齐心，就决定立即起义。他们派一部分人用泥土垒个平台，作为起义誓师的地方，还做了一面大旗，旗上绣上了一个大大的"楚"字。

一切准备就绪，陈胜、吴广领导着大伙儿脱下一只衣袖，袒露出右臂宣誓。他们俩以拥护公子扶苏和楚将项燕的名义起义讨伐秦二世。大伙儿公推陈胜、吴广做首领。陈胜叫人把两个军官的脑袋割下来祭旗，他宣布自己的称号是将军，封吴广为都尉。900 个人的起义队伍一下子就攻占了大泽乡。陈胜、吴广在大泽乡揭竿而起的消息很快传开，附近穷苦的老百姓扛着锄头、铁耙、扁担，纷纷赶来加入起义军，起义军一下子壮大了好几倍。起义军又很快地占领了陈县。陈胜在陈县称了王，国号"张楚"。

陈胜称王后，许多遭受秦朝残暴统治的群众，纷纷起来杀死郡县的官吏，响应陈胜的起义。同时，也有一部分在秦朝统治下不得志的贵族和六国的旧贵族，乘机起兵反秦。他们有的投到陈胜名下，有的自立旗号，使得反秦的烈火越烧越烈，战争形势也越来越复杂了。

陈胜派周文去攻打咸阳，由于寡不敌众，周文虽率军英勇奋战，但还是败在秦军手下，最终被迫自杀。吴广率领队伍去进攻荥阳，竟然被自己的部下——田臧假借陈胜之命杀害了。最后，这支队伍也被秦军打败了。而陈胜被自己的车夫庄贾所暗杀，这次起义也就以失败而告终。陈胜、吴广领导的农民革命战争虽然失败了，但是由他们点燃的农民起义的烈火，不但没有被扑灭，反而越烧越旺，最终加快了秦王朝灭亡的进程。

项羽巨鹿破秦兵

项羽又叫项籍，他的先代是楚国的名将，因为有战功而被楚王封在项城县，所以他们就姓项。

项羽少年时期，曾经去读书，读了一段时间，觉得没兴趣，又改去学剑术，结果也没有学成。他的叔父项梁为这件事情很恼火，骂他没有出息。可是项羽却说："读书不过是记个名姓而已，剑术学得再好，也只能是一个人作战，不值得学习。我要学习率领一万人作战的本事！"项梁听了这话，心里挺高兴，就教给他兵法。

有一天，秦始皇出巡到会稽，渡钱塘江，项梁和项羽一块出来观看。项羽看见秦始皇的车驾浩浩荡荡、威仪非凡，便用手指着秦始皇，对项梁说："我们可以代替他！"项梁听了这话，慌忙堵住他的嘴，说："可不要胡说八道，这是要灭掉九族的大罪啊！"

从此，项梁心里特别喜爱项羽，以为他日后能够做成大事。项羽二十几岁以后，身体长得健壮、高大，力气过人，能把做饭用的大鼎举起来，当地青年人都非常畏惧他。

时机没有多久就到了。秦二世元年（公元前 209 年），陈胜、吴广大泽乡举义的消息很快地传遍了中原六国的旧地。项梁叔侄听到这个消息，万分激动，便加紧了起兵的准备工作。他们明白，要想起兵，首先必须把驻守吴县的会稽郡守殷通除掉。

这年九月，会稽郡守突然派人把项梁请到官府里，同他悄声商议道："江西一带的郡县已经全造反了，我看秦朝已到灭亡的时候了。常言道：先发制人，后发受制于人。我们江东也不能单等着别人来吞灭自己呀！我想赶快起兵，扩大势力，打下一块地盘，我当首领，请你当将军，为我带兵，你看怎么样？"

项梁听了，觉得正是时机，便有了自己的主意，他假意说道："蒙您抬爱，我哪能不效力呢？可惜我只有个将门之后的虚名，说起用兵打仗，却是个门外汉。您要起兵，最好把原来楚国的大将桓楚请来。可是听说楚国灭亡之后，桓楚逃亡在外，我侄儿项籍大概知道他的隐身之处，您看是不是把项籍召来问问？"

郡守说："既然你侄儿知道桓楚的行踪，那就请他走一趟，去请桓楚。"项梁答应了，走出官府，找到项羽，说了自己的打算。然后让项羽带着佩剑，随他去见郡守殷通。项氏叔侄来到殷通跟前时，项梁递个眼色，意思说："可以动手了！"项羽会意，飞跨一步，抽出佩剑，只见寒光一闪，殷通便人头落地。项梁提起郡守的人头，摘下他的印绶，佩在自己身上。这时府中大乱，卫兵们各持兵器一拥而上。项羽见拥上来不过百八十人，哪里放在眼里，他大吼一声，如同晴天霹雳，接着挥起宝剑，一口气砍倒几十人。侥幸未死的，见项羽简直和下山猛虎一样，吓得丢魂落魄，跪地求饶。

项梁拿到了郡守的兵权，首先到附近属县选拔了八千多精兵，然后安排手下的宾客和吴中的豪杰充任校尉、侯、司马等各级武官，并任命项羽为裨将(副将)，协助自己率领八千子弟兵，征占各县，稳定住江东的局势。

到了这年冬天，陈胜伐秦的主力军被秦将章邯击攻，大将周文自尽，副王吴广被害。北方割据称王的武臣等人，只顾自己抢夺地盘，拒不发兵援救。陈胜手下的将领召平，听到这个消息，决定说服江东项梁这支义军西进抗秦，援救张楚政权。

项梁早就有此打算，便很高兴地同意了召平的建议，立刻率领江东八千子弟兵，渡过长江，向西方前线挺进。各路义军纷纷前来投靠，使这支部队迅速增加到六七万人。

不久，陈王被害的消息证实了。张楚政权失去了首领，严重地影响着楚地反秦的斗争形势。项梁当机立断，决定召集楚地各路义军首领在薛

县开会，拥立新领袖。参加大会的义军首领中有一位杰出的人物，他就是沛公刘邦。秦始皇统一全国之后，为政残暴，大兴土木，贼残民力。秦二世继位后变本加厉，倒行逆施，弄得海内民怨沸腾。

公元前 209 年，陈胜、吴广大泽乡揭竿一呼后，天下大乱，群雄并起，被秦灭掉的各国贵族乘机复国，中原大地又出现了楚、魏、赵、燕、韩等名号的“国家”。拥立楚怀王的项羽是其中战斗力最强的一支队伍。

后来，由于一时失手，项梁被杀，在楚军中，项羽受到排挤。正在这时，秦将章邯率精锐的秦关中军 30 万北攻赵国，很快攻下邯郸，将赵王赵歇围在巨鹿，挥兵日夜攻打，赵王急向诸侯求救。就这样，燕、齐、魏、楚诸国救兵，齐集巨鹿之野，一场秦王朝与起义军的决战就要打响了。

楚怀王接受了赵国的求救恳求，派号称“知兵”的宋义为上将军，项羽副之，将兵十余万，前去救赵。可是队伍到了安阳，宋义见各路救援队伍都按兵不动，遂下令停止前进，心存观望。原来，章邯见各诸侯派来援兵，遂命王离、苏角、涉间三将继续围攻巨鹿，自己则将主力摆在南边，扬言谁要去救赵，就先打谁。章邯之军，是秦朝最后一支看家的生力军，章邯又是善战之将，在此之前，许多义军吃了他的亏，项羽的叔父项梁就死于他的手。所以一时间，各路诸侯你望我，我看你，谁也不肯先动手。

宋义在安阳一呆就是46天，既不前进也不后退，眼睁睁地看着对援兵望眼欲穿的赵国而无动于衷。项羽因项梁死后大权旁落，心中本来早已不满，而眼见这个宋义又畏缩惧战，更令他怒火中烧，不由得向宋义抗议道："现在巨鹿形势已经很危急了，我们既来救援，就应当迅速北上渡过漳河，与巨鹿城内的赵军夹击秦军。否则，赵国一定坚持不住，赵国一灭，牵动全局，后果不堪设想！"

而宋义却端着酒杯，一边饮酒一边慢悠悠地说：

"现在秦军很强大，马上动手，我们要吃亏，待秦赵打得你死我活，秦兵纵使胜了也会很疲劳，那时我们再动手，就可坐收渔人之利。"

说完，宋义又带着教训的口吻补充道："要论冲锋陷阵，我不如你；可要论出谋划策，你可能就不如我了。"

项羽听完，气得浑身打战，走出了帐篷。不想宋义随后下令：

"将士尽管猛如虎，狠似狼，但有不听命令，擅自行动者，不论是谁，一律斩首。"

下了这道针对项羽的命令后，宋义就整日饮酒作乐，高卧安睡，把救赵之事置之脑后。当时阴雨连绵，天气寒冷，楚军粮草不足，宿在野外，饥寒交加，怨声四起。项羽见状，便对将士们说：

"现在我们粮食快没了，呆在这里不进不退何时是个了局。如果渡过河去，打败了秦兵，粮食自然会有的，何至于如此忍饥挨饿！"

将士们听了之后，深有同感。于是，项羽再次去见宋义，大声质问他：

"秦军如此之强，赵国初立，哪里是对手。秦灭赵之后，楚王只会更坐立不安。楚王把国内的军队全交给了将军，为的是早日灭秦报仇，现在将军却呆在这里按兵不动，到底是何居心？"

宋义一听大怒，拍案叫道："你要反吗？"项羽拔剑而出："反就反了！"一剑砍掉宋义的脑袋，然后提着他的脑袋走出营帐，对将士们说："宋义违背王命，按兵不动。我奉大王密旨，已经把他处死！"

将士们齐声说道，本来楚国就是将军一家开创的，现在将军为国家诛杀叛逆，理所应当。项羽遂派人将此事经过禀报楚怀王。楚怀王无奈，只好任命项羽为上将军，统帅楚军。

项羽接掌帅印之后，立即整顿兵马，抚慰士卒，尽散军中之财，犒赏三军，于是欢声满谷，即去断秦兵粮道。

章邯听说楚军渡河北上，马上派司马欣和董翳将兵数万前去堵截，不想两下一交手，秦军就被打了个落花流水，接连后退。先锋英布兵锋一转，扑向秦兵粮道，几次三番截住秦军运粮队伍，弄得秦军人心惶惶。

这边先锋队一出发，项羽就开始准备全军出动，与敌决战。他令全军只带上三天的口粮，全部渡过漳河。渡河之后，将军队做饭的锅全砸了，把渡河的船也沉了，这就是著名的"破釜沉舟"成语的由来。从此"破釜沉舟"成为有进无退，不生则死，孤注一掷拼命的代名词。

楚军渡河之后，直扑巨鹿城下，首遇围困巨鹿的秦兵王离部，两下一照面，即刻交手。王离哪里是项羽的对手，顷刻间被打得大败，几乎是全军覆灭，王离仅以身免。

第二天，秦将章邯布下九路军马，一一投入战场，准备待楚军筋疲力尽，最终歼灭之。计划已定，章邯布下重兵，自己率领一支人马前去迎战。

谁知楚军由项羽率领，两军一照面，二话没说，项羽就冲入秦阵，后面八千江东子弟紧随其后，项羽座下宝马乌锥风驰电掣，来去如风，一支画戟神出鬼没，碰到的死，沾着的伤，直搦章邯出战。章邯一见，哪里敢出头，缩在军中不敢吱声。楚将士见统帅如此英勇，也个个争先，无不以一当十，拼着命向秦兵冲杀。章邯军原来是想诱敌佯败，现在却变成了真败，因为阵式被冲得乱七八糟，每个人都四散逃命。

秦军第一路人马见状，急忙出来接应，反而被自家奔逃之兵冲乱。随即项羽兵到，又是一阵猛砍猛杀，如快刀切瓜一般，秦兵这路人马就报销了大半。正杀着，第二路人马又到，楚将士连气都不喘，接着又是一顿猛打猛冲。项羽正好碰上了王离，那王离鼓足勇气上前对敌，项羽见他一枪刺来，手中画戟轻轻向上一磕，只听"当"的一声，王离的枪就脱手而去，王离虎口流血，双臂发麻，欲想逃跑，却被项羽两马一错蹬，一把抓过扔在地上。

就这样，九战九胜，秦兵的九路兵马都被项羽杀败，将士们死的死，伤的伤，被擒的被擒，剩下的由章邯率到漳河以北，筑垒挖堑据守不出。

当楚军在与秦兵交战时，各路诸侯十几万兵马都挤在营垒，作壁上观，看到楚将士如猛虎下山一般在几十万秦兵中间如入无人之境，鼓声震天，杀声彻地，人人目瞪口呆。

项羽击破秦兵后，召见诸侯将领，这些人吓得一见辕门皆膝行而前，就是跪着向前蹭，谁也不敢抬头仰视一下这位叱咤风云、力破秦军的大将军。有人壮着胆子拍马道：

“上将军神威，旷古未有，我们愿意听从将军指挥，指到哪儿，打到哪儿。”

其余的人也忙不迭地说：

“愿唯命是从，唯命是从。”

此后，项羽就成了各路联军的总指挥，主持灭秦大计。

约法三章

汉高祖刘邦是沛县人，秦朝末年他当着亭长的小官。他喜欢戴一种用竹皮做的帽子，让人去薛地专为他定做。他日后显贵登上了帝王之位，仍旧喜欢这种帽子，后人称的“刘氏冠”就是这种竹皮帽子。

有一次，他奉命押送民工去骊山服劳役。路上，每天都有几个民工逃走。刘邦想，这样下去，到了骊山是无法交差的。于是他对大家说：“你们到骊山做苦工，不累死也得让人打死。就算不死，也不知哪个年月才能回家。现在你们都自己找活路去吧！”

民工们听了他的话都很感激，有十几个民工情愿和刘邦一起找活路。他们在芒砀山一带躲起来。过了几天，聚集了一百多人。

沛县县吏萧何、曹参知道刘邦是个好汉，都很同情他，暗中与他来往。

当时，由于秦二世的残暴统治，爆发了陈胜、吴广农民大起义。到了陈胜攻下陈县的时候，萧何和沛县城里的百姓就杀了县官，把刘邦接回来，请他当沛县的首领。

刘邦谦让地说：“现在天下大乱，各地纷纷起兵，如果推举的首领不好，指挥不善，一旦失败，就要肝脑涂地，请大家另选高明吧。”可是大家坚决推举他，立他为一县之长，尊称他为“沛公”。

刘邦在大家的帮助下，很快就聚集了几千人马，在沛县正式起义，举起了反秦大旗，很快就攻占了他的家乡丰乡。

在秦末农民战争中，刘邦于公元前206年占领了都城咸阳。刘邦进入城内，看见宫殿雄伟壮丽，就想住进去享受一番。大将樊哙和谋臣张良都劝他不要贪图享乐，失去民心，误了大事。刘邦接受了他们的意见，下令封闭宫室、宝库，退兵灞上。

为了严明法纪，安定民心，刘邦把关中各县父老、豪杰召集起来，宣布废除秦二世时的严刑苛法，实行新法令。刘邦和大家约定三条法律：第一条，任意杀人的要判死刑；第二条，伤害人家的要办罪；第三条，对抢劫偷盗的人也要惩罚。这就是历史上的"约法三章"。

同时，刘邦还派人到各乡、各县宣传约法三章。老百姓非常拥护，非常欢喜。从此刘邦的声望更高了，人们爱屋及"乌"，他喜欢戴的竹皮帽也流行起来。

楚汉相争

楚汉双方转战于关东，汉军粮饷全靠萧何从关中运来。路远运粮难，常常不能随时接济。然而，天无绝人之路，秦朝在荥阳附近设有一个大粮仓——敖仓。为解决军粮不足的难题，汉军拿下了敖仓。

为了运送方便，刘邦便屯驻荥阳指挥战局。

此时，九江王英布刚被刘邦招降，项羽正为此事气得怒发冲冠，准备亲自率军进攻荥阳。谋士范增献计说："汉王固守荥阳，无非是靠着敖仓取粮方便。如今要攻荥阳，只要截断敖仓，荥阳一断粮，顷刻便可攻破。"

果然，粮道一断，荥阳城又被项军围困后，城内将士连日苦战，筋疲力尽，加上粮绝乏食，朝不保夕，为此刘邦焦急万分。张良陈平本来足智多谋，此时也回天乏术。正在发愁时，中军帐中进来一将，慷慨陈词，情愿粉身碎骨，也要报答刘邦的知遇之恩。刘邦一看，来人是汉将纪信。

屏去左右他人之后，纪信小声说："几个月来，大王困守荥阳！兵越战越少，粮越吃越空，眼看很难久守，最好能突围出去，现在四面受敌，没有空隙可突。不如由我出城代大王诈降，趁其不备，大王乘机突围。"

刘邦深知，纪信此去凶多吉少，便含着热泪说："将军如此忠诚，但愿老天能护佑将军。"纪信表示："臣死也值了。"

接着刘邦召入陈平，把纪信愿以死诈降一计告知。陈平听后，又在刘邦耳边添加了一计，刘邦连连称妙。

这边，项羽接到汉使送来的"降书"后，很是兴奋，忙问汉使：

"你家主公何时出降？"汉使答道："今夜就会出降。"项羽赶紧命令手下战将钟离昧等人领兵把守，一等刘邦出来便开刀。

可是直到黄昏，荥阳城中动静全无。夜半时分，城东门突然洞开，出来一群身着甲胄的妇女，楚军正在狐疑，只听一阵娇滴滴的女声叫道："我等妇道人家没衣没食，只好逃出求生，请将军们高抬贵手，赏我一线生机。"楚军对她们的服饰还有疑问，她们却说："我等没衣可穿，只得穿汉兵的弃甲御寒，请勿见怪。"

自古以来，男不和女斗，已成为中国人的传统。项军见此，也不好怎么干涉。奇怪的是，那班妇女络绎不绝，走了一伙又来一伙。楚军那班兵，多时没闻女人味，如今在此看呆了。只见来围观的项军越来越多，其他几个城门的守军也到这里来看热闹。趁着这个机会，刘邦带着陈平、张良、夏侯婴、樊哙等人溜出了城。

天亮时分，妇女们已走得差不多了，城内来了一乘龙车，当中端坐一位王者。楚军一见，都以为是刘邦出降来了，赶紧向项羽禀报。项羽亲自出营，可车上却无人下车。走近细看，车上那人穿的是汉王衣服，容貌却不大像。

项羽厉声问道："你是何人，敢来冒充汉王？"

车中人回答："我乃汉将纪信。"

项羽知已上当，只得气呼呼地下令把纪信连人带车统统烧成灰。

汉高祖三年，历史上著名的楚汉之争已持续了 3 年。这年 9 月，楚霸王项羽在西面战场攻刘邦汉军的时候，背后的彭越却壮大起来，给项羽造成巨大的压力，使他烦躁不安。

彭越原与项羽一起参加过反秦战争，战功卓著。但在推翻秦朝后，项羽却没有封他为王，致使彭越怀恨在心。这时，他与刘邦的汉军联合，接连攻下了睢阳等 17 座城，直接威胁项羽。为了安定后方，项羽决定亲自率军东征彭越。他把留守成皋前线的任务交给大将曹咎,叮嘱说:“一定要守住成皋。如刘邦来挑战,千万谨慎,不要出战,只要阻止他东进就行了。”

成皋是险要地段,那里又设有军需粮库,战略上十分重要。项羽实在放心不下,临行又对曹咎说:“我在半个月内,一定击败彭越,回来与你共同出击刘邦。切勿轻率出战。”

可是,战势并非如项羽想的那样顺利,直到第二年10月,项羽仍未返回成皋。此时,刘邦就乘机率领汉军渡过黄河,向成皋的楚军发动进攻。

起初,曹咎还遵守项羽的军令,尽管汉军一次再次地挑战,他都谨慎地坚守城池,不准任何人出城与汉军交战。刘邦见达不到正面交战的目的,便改变策略。他知道曹咎性情暴躁,有勇无谋,就针对这个弱点,设法把楚军引出城来,然后予以消灭。

于是,刘邦派一部分士卒到城边叫骂,嘲笑曹咎胆小如鼠,躲在城中做缩头乌龟。连续叫骂了数天,曹咎实在忍不住这口气,竟把项羽谨慎行事的嘱托忘得一干二净,一股怒气憋在心中实在难受,就命楚军出城作战。

汉军已经养精蓄锐了数月,此时见楚军中计出城,稍一接触,就佯装战败,退向成皋附近的汜水对岸。曹咎见汉军不堪一击,更加骄横,指挥楚军渡汜水追击,在汜水沿岸以逸待劳的汉军乘楚军渡至河中心时,立即集中兵力向楚军发起了猛烈的攻击。楚军前进不得,后退不及,被杀得大败,几乎全军覆没。曹咎自知违反了军令,就在汜水上自杀身亡,刘邦乘胜得成皋。

沛公引兵西进时,在昌邑遇到彭越,就与他一起攻打秦军,但作战不利。回师到栗县,又遇到刚武侯,当即夺取了他的军队,得到4000多人,两军合并到一起。领兵与魏国将领皇欣、申徒武蒲的军队合力攻打昌邑,但仍没有攻下。向西路过高阳时,郦食其任监门,他对把守城门的官员说:“各路将领经过这里的很多,我看只有沛公算是位心胸宽大仁厚的长者。”于是请求面见并游说沛公。沛公正坐在床边,让两个女子给他洗脚。郦食其没有跪拜,只是深深作了个揖,说:“足下如果决计要诛灭无道的暴秦,就不应该坐着接见长者。”于是沛公连忙起身,整理衣服向他道歉,请他坐到上座。

郦食其劝说沛公袭击陈留，以夺取秦国的存粮。沛公于是封郦食其为广野君，任命他弟弟郦商为将，率领陈留的军队，跟沛公一起攻打开封，但没能攻下。沛公向西与秦将杨熊在白马交战，又在曲遇东面交战，大破秦军。杨熊逃到荥阳，秦二世派使者将他斩首示众。沛公又向南进攻秦颍阳，血洗该城。又借助张良的力量夺取了韩地轩辕。

这时候，赵国的将领司马卬正想渡过黄河进入函谷关，沛公于是向北出兵攻伐平阴，切断了黄河渡口。又南下，在洛阳东面与秦军作战，但战势不利，又撤兵回到阳城，收聚军中的车骑兵士，与南阳郡守吕齮在犨县东面交战，打败了秦军。

攻下南阳郡，郡守吕齮逃跑，退守宛城。沛公率军绕过宛城向西进军。张良劝谏说："沛公虽然急于入关，但秦国的军队兵士仍然很多，而且据守险要的地势。如果现在不攻下宛城，宛城士兵从后面攻击，前面又有强大的秦军拦阻，这可是很危险的啊。"

于是沛公就趁夜率军从另一条路返回，更换了旗帜，天快亮时，把宛城包围了。

南阳郡守准备自杀。他的舍人陈恢说："必要时死也不迟。"于是陈恢翻越城墙去见沛公，说："我听说您跟各位将领有约定，先进入咸阳的人可

以在关中称王。如今您停下来围攻宛城，而宛城是大郡的首府，连接着其他几十座城池，人口众多，积蓄也丰富，官民们认为投降一定会被杀死，所以都会拼命坚守。您若是停在这里攻城，士兵伤亡一定惨重；率军退离宛城，宛城守军必会跟在您后面追击。这样您在前面失去了先入咸阳的机会，后面又有强大的宛城兵马的威胁。我为您着想，不如明约城中守军投降，封赏其郡守为侯，并让他留守，率领他的军队一起西进。那些还没有降服的城池，听到这个消息后一定会争着打开城门等候您的到来，这样您就可以畅通无阻。”沛公说：“好。”

于是沛公封宛城中的南阳郡守为殷侯，封陈恢为千户侯。继续率军向西进攻，所到之处没有不归降的。到达丹水，高武侯戚鳃、襄侯王陵在西陵投降。沛公回师攻打胡阳，遇到番君的别将梅鋗，与他合力作战，降服了析城和郦城。又派遣魏人宁昌出使秦国关中，使者还没有归来，章邯却已经带领全军在赵地向项羽投降了。

当初，项羽和宋义一起带兵向北救援赵国。等到项羽杀了宋义，取代他为上将军，黥布等人都归属项羽指挥，项羽打败秦将王离的军队，招降了章邯，诸侯也都归附项羽。赵高杀了秦二世以后，派人前来，要跟沛公订立誓约瓜分关中地区各自称王。沛公认为其中必有诈，就采用张良的计谋，派郦食其、陆贾前去说服秦国将领，以利相诱，进而袭击并攻打武关，击败了守关的秦军。又与秦军在蓝田南面交战，设置了大量旗帜作为疑兵，所到之处禁止掠抢。秦国的人非常喜悦，秦军纷纷瓦解，因而沛公大败秦军。

鸿　门　宴

项羽在巨鹿大战中打败章邯后，率领四十万大军开到函谷关前。关口却有重兵把守，不准项羽的军队进关，原来是刘邦已破了咸阳，现在关口的守兵正是刘邦手下人。项羽肺都气炸了，命令当阳君黥布等进攻函谷关，关口很快被打开，项羽军队长驱直入，驻扎在戏水西岸的鸿门，离刘邦军队驻扎地灞上只有40里路了。

楚汉双方兵力悬殊,如果项羽真要进攻,刘邦就危在旦夕了。刘邦还没来得及见项羽,他的左司马曹无伤就派人密告项羽说:“刘邦想在关中称王,要让秦朝投降的秦王子婴作丞相,秦朝的奇珍异宝都被他抢走了。”项羽一听火冒三丈,决定第二天攻打刘邦,一举歼灭他的军队。被项羽尊称为“亚父”的军师范增建议说:“刘邦在东边家乡的时候,又贪财,又好色,如今进关了,财物和美女都不要了,我看他野心不小,想跟大王争夺天下。你不如趁早下决心除掉后患。”

无巧不成书,项羽有个叔父叫项伯,他和刘邦的谋士张良是故交,张良还救过项伯。当项伯得知项羽要向刘邦进攻时,不免为老友担心。项伯连夜单骑出营,找到张良,要他快些离开。张良却找到刘邦,把此事紧急报告。在张良说合下,刘邦又以与项伯结为儿女亲家为名来拉拢项伯,项伯终于答应代为说情。

果然,项伯回来后便在项羽面前替刘邦说情。他说:“刘邦若不先入关,你也不可能这么顺利地到这里。人家是功臣,你要加害功臣,这是不义之举。况且,人家对财物妇女一律不取,连降王子婴也没有擅自发落,就等你前往共同处置呢!”然后又代刘邦向项羽打招呼:“刘邦明天当面前来谢罪,你不如就此与他修好。”

还没等项羽下攻击的命令,刘邦就带着张良、樊哙等人来到鸿门。刘邦十分谦恭,见了项羽便下拜:“未知将军入关,有失远迎,今天特上门谢罪。”并开诚布公地坦陈相告:“我不过是与你相约先入关而已。除了与民约法三章外一切照常,请将军不要听小人之言,明察实情。”

项羽是个粗人,本来还想要摆摆刘邦的“罪状”,但见刘邦说的句句在理,便不好说什么,只好起身与刘邦握手言和,并摆下酒宴加以款待。席间,范增多次示意项羽下手,项羽却毫无反应。无奈,范增又指使项羽的从弟项庄以舞剑助兴为名,伺机下手。项伯见此状,便与项庄对舞,暗中却保护刘邦。

在樊哙的护卫下,项羽终未下手。刘邦以上厕所为名,趁机离开了鸿门。

项羽见刘邦许久未回,便问张良。张良估计刘邦已回到灞上,才面告项羽:“沛公不胜酒力,不能面辞,特委托我献给将军白璧一对,献给范将军玉斗一对。”当项羽问起刘邦为何不辞而别时,张良说:“将军与沛公情同兄弟，大概不至于加害沛公。只是将军部下总与沛公过不去，总要设法加害。沛公若死，天下人必耻笑将军。为将军着想，沛公才不言而去。”

项羽无话可说，可是那范增却十分气恼。他拔剑砍破那对玉斗，狠狠地说：“将来夺取天下的定是沛公，你我就等着当俘虏吧。”

刘邦一回到军营，二话没说，立即把向项羽报信的曹无伤抓来砍了头。

鸿门宴实际拉开了楚汉战争的序幕。在以后的四年中，刘邦用智，项羽用勇，刘邦终于以弱胜强，迫使项羽兵败自刎于乌江边。项羽临死前说：“非战之罪，岂非天意也！”他到死还不明白自己究竟是怎么失败的。

萧何慧眼识韩信

韩信还没有显达时，家境贫寒，毫无德行，不能被推举去做官，也懒得做买卖谋生。他常常跟着别人蹭饭吃，大家都很厌恶他。

项羽的叔父项梁渡过淮河北上，韩信去投奔他，然而在他手下一直默默无闻。项梁失败后，韩信又投奔项羽，项羽让他做郎中，韩信曾多次向项羽献计，项羽都没有采纳。汉王刘邦进入蜀地，韩信逃离楚军，归附刘邦，依然没有名声。

终于，韩信因连坐获罪，被判处死刑。与他一起的 13 个人都被斩了，轮到韩信的时候，他抬起头，正好看见滕公夏侯婴，就说：“刘邦不是想得到天下吗？为什么还要斩杀壮士呢？”滕公听了有几分惊奇，又见他相貌威武，就没有杀他。与韩信交谈一番，非常欢喜，就奏报了刘邦。刘邦任命韩信为治粟都尉，但并不认为他有什么过人之处。

韩信经常和萧何谈话，萧何觉得他很不一般。刘邦到达南郑的时候，将领和士兵都回到东边的家乡，有很多人中途逃走。韩信估计萧何等人应该向刘邦举荐了他，但看得出来刘邦仍然没有重用他的意思，于是他也逃走了。

萧何听说韩信逃走了，来不及向刘邦报告，便亲自去追赶韩信。有人报告刘邦说：“丞相逃走了。”刘邦大惊，如同失掉了左右手一般。

过了两天，萧何来拜见刘邦。刘邦又气，又喜，骂他说："你为什么要逃走？"萧何说："我哪里敢逃走，我是去追逃走的人。"刘邦说："你追的是谁呀？"萧何说："韩信。"

刘邦又骂他说："逃跑的将领有几十个，你都没有去追，偏偏追韩信，为什么？"

萧何说："其他将领找一个替代的，并不难，韩信这样的人，天下再也找不到第二个。大王如果只想在汉中称王，自然用不着韩信；如果想要争夺天下，除了韩信，就再没有可以带兵的人了。就看大王到底想怎么样。"

刘邦说："我自然要东进，总不能老在这里郁郁不得志吧？"

萧何说："如果您决定向东发展，能任用韩信，他就会留下来。如果不能任用他，他还是会逃走的。"刘邦说："那我就看在你的面子上任命他为将军吧。"萧何说："就算做将军，他也不会留下来的。"刘邦道："那就任命他为大将军。"萧何说："太好了！"

刘邦想要召见韩信授予官职，萧何说："大王现在要任命大将军，却像招呼小孩一样，这正是韩信要离开的原因。倘若你真要授予他官职，就要挑选吉日，斋戒，设坛场，安排仪式，这样才显得郑重。"刘邦答应了。

就要拜任大将军的时候，将领们都很高兴，许多人以为自己会被任命为大将军。等到真正任命时候，大家才发现竟然是韩信，都异常惊讶。韩信接受任命，拜谢完毕，就在上座就坐。

韩信的任命仪式结束后，汉王坐了下来，问韩信："丞相多次说起将军，将军你用什么计策来指教我？"韩信对刘邦说："现在大王向东去争夺天下，对手难道不是项王吗？"汉王说："是的。"韩信说："大王你自己估计，在勇猛仁爱等方面与项王相比谁强？"汉王沉默了好一会，说："我比不上他。"

韩信一再作揖说："我也认为大王你比不上他。然而我曾经跟从过他，他的疑心很重，不能信用贤将，这不过是匹夫之勇罢了。项王待人恭敬慈爱，有人病了，他流着泪送上饭食；然而打完仗论功行赏时，他把印拿在手里，直到玩弄得磨去棱角，也舍不得给人家；这仁爱也不过是女人的仁慈罢了。"

"如今，项王虽然称霸天下，统治诸侯，而他却在彭城建都；违背义帝

‘先破秦入关者王之’的约定，把自己亲近喜欢的人封为王，有失公平；项王军队所经过的地方，满目疮痍，老百姓不愿归附他，只是被他的威势强横所胁逼而已。”

“他名义上是霸王，其实不得人心，因此他的强大容易削弱。现在大王你如真能够任用天下威武勇猛的人，有什么地方不能平定？将天下城邑分封给功臣，谁人不信服？用义兵跟从想东归的士卒，有谁的军队不能击溃！项羽分封的关中三个秦王都是秦朝原来的将领，他们率领秦军子弟已有多年了，被杀死和逃亡的不计其数；他们又欺骗自己的部下，投降了诸侯，到达新安后，被活埋的秦军投降的士卒二十多万人，唯独章邯、司马欣、董翳三人脱身。秦地的父老兄弟对这三个人恨之入骨。现在西楚霸王以自己的威势强行将这三人封为王，秦地的人民没有谁拥戴他们。”

“大王你进入武关，秋毫无犯；废除秦朝苛刻的法律，和秦民约法三章，深得百姓拥护。按照诸侯事先的约定，你应该在关中为王，这是关中百姓都知道的。大王你失去应得的职位进入汉中，秦国百姓没有不感到遗憾的。现在大王你起兵东进，三秦一带只要发布一道文告就可以平定。”

刘邦听完韩信的言论十分高兴，自恨结识韩信太晚，因而听从韩信的计谋，部署各路将军出兵进击的路线；留萧何在汉中收取巴蜀租税，以供给军队粮食。

后来韩信帮助刘邦平定天下，被封为楚王。

陈平投靠刘邦

陈平，阳武人，家境贫寒，喜好读书。乡里有社庙，陈平当了社宰，每次分祭肉都分得很均匀。乡里纷纷议论说：“陈家的小子做社宰做得很好啊！”陈平说：“唉，倘若让我主持天下，也会像分祭肉一样公平的！”

各路诸侯起兵叛秦之时，陈平在临济侍奉魏王咎，任太仆。他向魏王献策，魏王没有采用。有人在魏王面前中伤他，陈平就逃走了。

陈平投奔项羽，项羽封给他爵位。殷王司马卬叛乱时，项羽派陈平去平定司马卬，陈平降服了他，于是项羽任命他为都尉。不久，刘邦攻下殷地，项羽大怒，要诛杀那些以前去平定殷地的将领。陈平害怕，就带着剑从小路逃走，渡过黄河，在脩武投奔了刘邦。

陈平通过魏无知求见刘邦，刘邦召他进见，赐给他饭食，打发他去客舍中休息。陈平说："我有要事来见您，所说的事拖过今天就晚了。"

刘邦和他交谈后十分喜欢他，问："你在楚军中担任什么官职？"陈平说："都尉。"刘邦马上任命陈平为都尉，让他做参乘，并让他做典护军。

将领们知道后，都不服喧闹说："大王不过得到一个楚军的逃兵，还不知道他的本领高低，就与他同乘一辆车子，还反过来让他监管我们这些老将！"刘邦听了，却更加宠爱陈平。

周勃、灌婴等人劝刘邦说："陈平虽然外表俊美，但未必真有才能。据说陈平在家时曾和他的嫂子私通；为魏王做事时不被重用，就投奔楚；在楚时仍然没有得志，又逃跑来归附汉。听说陈平接受将领们的贿赂，钱给得多的人得到好的待遇，钱给得少的人待遇就不好。陈平是个没有操守的乱臣贼子，希望大王明察！"

刘邦对陈平表示怀疑，就召见引荐他的魏无知。魏无知说："我推荐的是陈平的才能，陛下现在问的却是他的品行。当今如果有人具有尾生、孝己那样的品行，但对事情的成败却毫无帮助，陛下怎么会任用他呢！现在楚汉相争，我推举有不凡谋略的人，只考虑他是否对国家有利，至于与嫂子私通，收取贿赂，去怀疑又有什么价值呢？"

刘邦又召见陈平，问他说："你侍奉魏王而不被接纳，侍奉项王而不被重用，现在又来投靠我，有信义的人难道都像你这样三心二意吗？"

陈平说："我侍奉魏王，魏王不能采纳我意见，因此我才离开他去侍奉项王。项王任人唯亲，他所任用的都是他宠爱的人，不是项家的人，就是他老婆的兄弟，哪怕是有才能的人才他也不任用。我听说汉王能够广纳人才，才来归附您。但我空手而来，不接受金钱就无法应付日常开销。我的计策的确有值得采纳的地方，希望大王您采用它。如果没有什么值得采用的，那么金钱还都在这里，我将它封好送到官府中，并请求辞去官职。"

刘邦于是向陈平道歉，重重地赏赐他，任命他为护军中尉，监督全军将领。将领们从此不敢再说什么了。

计除范增

刘邦占领了关中，项羽气急败坏打算发兵攻打刘邦，恰在此时东边也出了事，齐国的田荣挤走了项羽所封的齐王，自立为王，情况比西边更糟糕。项羽决定先去对付齐国。

汉王刘邦趁项羽和齐国对峙之机，一直向东推进，攻下了霸王的都城彭城。项羽不得不扔下齐国，赶回来在睢水上跟汉军交战。

汉军大败，汉王的父亲太公和妻子吕后也被楚军俘虏了。

刘邦退到荥阳、成皋一带，收集散兵。这时候，萧何从关中调来一支人马，韩信也带着军队来见刘邦，汉军才重新振作起来。

刘邦以攻为守，一面守住荥阳，用少量兵力拖住项羽的军队；一面派韩信从北边收服魏国、燕国和赵国。

项羽的谋士范增着急万分，劝项羽把荥阳迅速攻下来。陈平便想出一条反间计，企图从内部瓦解楚军。

陈平派人混入楚营，散布谣言说钟离昧等人有功劳却没有得到赏赐，想与刘邦合谋，灭楚割地称王。

项羽本来就有所怀疑，听到这个消息，信以为真，于是便不与钟离昧等人商议军事，自己带兵把荥阳围得水泄不通，然而一连攻打了三天，城中防守森严，毫不动摇，项羽十分焦急。

张良等谋士又向刘邦献计，说："项羽攻城不下，派人去和他讲和，他一定会答应派人来讲条件，到时使用陈平之计，彻底离间他们君臣感情，就可解围了。"

"他如果不接受和谈怎么办？"刘邦忍不住问道。

张良说："项羽脾气暴躁，沉不住气，连日攻城不下，内心一定焦急，使者一到，他一定会接受。"

刘邦派隋何往楚营游说。见了项羽，隋何说刘邦被封为汉王，已满足，不敢与项王分庭抗礼，愿意讲和，各守疆域，共享富贵，割荥阳以东为楚界，荥阳以西为汉界！项羽考虑到刘邦势力日益强大，韩信又善于用兵，继续打下去，也不知道鹿死谁手，不如趁早讲和，休养生息，伺机而动，便召范增等谋臣商量。

范增却反对这样做，他说："这是刘邦的缓兵之计，和谈不是目的，把战局拖住，专等韩信的救兵，才是刘邦的本意。现在正可猛攻快打，把刘邦灭了，再去对付韩信。"

项羽犹豫起来，召见隋何，对他说："你暂且回城去，待我考虑一下再通知你。"隋何一怔，心知这必定是范增从中阻挠，破坏和谈，就对项羽说："在这个关键时刻，大王应自己拿主意，左右的话，恐有私弊，因为战胜也好，战败也好，别人一样可以不当楚官而当汉官，而大王您自己将怎么办？况且汉王尚未势穷力尽，韩信的几十万大军很快就会到来，内外夹攻，大王兵疲粮尽，那时进退不得恐怕会后悔莫及吧？我替大王考虑，不如化干戈为玉帛。这样不仅汉王感恩戴德，老百姓也会歌颂陛下仁义呢！望大王三思，不要被左右出卖了。"

项羽听了这番话，非常高兴，说："你说得有理，就这样决定了，你先回去，我随后派人进城去讲和。"项羽派虞子期到城内谈判。

虞子期进城后，听说刘邦大醉未起，便暂时到宾馆歇息，派手下人去汉营，张良和陈平两人亲自出来迎接使者，殷勤地把他们邀进一间公馆里，好酒好肉招待，顺便问起范增的起居近况，大赞范增的才能与品德，并

偷偷地问："亚父有什么吩咐？"楚使说："我是项王派来的使臣，不是亚父派来的。"张良、陈平两人一听，大吃一惊，说："我们还以为你是亚父派来的呢！"便叫一名小校过来，把那人带进另一间小屋里，改以粗茶淡饭招待，张良、陈平二人也不知去向了。

使者回来向虞子期报告，特别提到张陈二人态度的转变，虞子期认为可疑，把这话藏在心里，整理好衣冠去见刘邦。可是刘邦还未梳洗，派人把他带到一间密室等候接见。密室环境清幽，设备齐全，那人奉陪了一会儿，起身说："虞将军先坐一会儿，待我去看看汉王梳洗好没有。"

虞子期突然在不经意间看见有许多秘密文件，他就过去翻看，见到一封范增写给刘邦的信，说是要里应外合，共破楚军。虞子期忙把信藏在衣兜里，准备回去呈给项羽邀功。这时有人来报，说刘邦召见，把他带到刘邦那里。刘邦又重复了一下和谈的论调，愿与项羽分土而治。虞子期说："项王已依尊命，只想与大王见面详谈，别无他意！"刘邦说："既然如此，先生请先回，待我商议好日期就去找项王见面。"

虞子期回营见项羽，传达了刘邦意见，悄悄地把偷回来的那封信呈给项羽，并将张良、陈平的态度讲了一遍。项羽大怒，说："老匹夫居然想出卖我？务必要查出实情，绝不饶恕！"范增知道了，在项羽面前力辩根本没这回事，说这都是陈平的反间计，意在离间君臣。然而不管怎么说，项羽都听不进去。范增大怒，向项羽辞行道："天下事大致已定，大王您就自己看着处置吧，请让我将这副朽骨带回家乡！"项羽任凭这位相随多年的忠诚谋士离去。范增走到半路上，背生恶疮，愤懑而亡。

范增一走，围城的楚军士气低落，松懈下来，最终被刘邦冲出重围。

项羽自刎乌江

公元前 202 年 12 月，项羽兵至垓下(今安徽灵璧县东南)。刘邦、韩信、彭越大军把楚军团团围住。几天之后，项羽的十万军队粮食也要吃完了，楚军的士气逐渐低落。为瓦解楚军军心斗志，刘邦派人在夜间唱起楚歌，歌声传到楚军大营，楚兵听到乡音，无不思归，不愿再战。项羽听了也大为吃惊。他想:“难道汉军已经把楚国占领了吗？为什么汉军里有这么多的楚国人呢?”他越想越焦急,心烦意乱,久久无法入睡,便披衣起身,和美人虞姬在帐中饮酒解闷。一会儿望望跟他形影不离的心爱的虞姬,一会儿抚摸抚摸跟他南征北战的乌骓马,内心更加激动,情绪更加悲凉。于是,项羽情不自禁地唱道:“力拔山兮气盖世,时不利兮骓不逝。骓不逝兮可奈何？虞兮虞兮奈若何!”项羽一连唱了几遍,虞姬也和着唱。项羽泪下数行,左右的人也都低声哭泣,一个个哭得抬不起头来。

有人猜想项王可能东渡乌江。乌江亭长停船等候,对项王说:“江东地方虽小,但也方圆千里,民众有数十万,足以称为君王。希望大王迅速渡江。现在只有我有船,即使汉军追到,也无船渡江。”项王笑道:“上天要灭亡我,我为什么还渡江呢！况且我项籍带着八千江东子弟渡江西进,如今却没有一个人能够返回,即使江东父老兄弟怜爱我而拥立我为王,我又有什么面目再见他们呢？即使他们不说什么,我项籍难道就不内心惭愧吗?”于是对亭长说:“我知道您是一位有德行的长者。我骑这匹马已经五年了,所向无敌,曾经一日行千里,我不忍心杀掉它,就把它送给您吧。”于是命令骑士们都下马步行,手持短兵器与汉军交战,项王独自一人就杀死了汉军士兵数百名。项王身上也受了十几处伤,回头看见汉军骑兵中的司马吕马童,说:“你不是我的老相识吗?”吕马童面对项王,对王翳说:“他就是项王。”项王就说:“我听说汉王为我的人头悬赏千金,封邑万户,我把这点好处送给你吧。”于是挥剑自刎而死。王翳割取了项羽的头颅,其余的汉军骑兵相互厮杀争夺项羽的尸体,自相残杀的有几十人。最后,郎中骑杨喜、骑司马吕马童、郎中吕胜、杨武各分到项羽的一部分尸身,将五个人所得的尸身合在一起,正好是项羽的全尸。汉王于是把悬赏的封地分为五份:封吕马童为中水侯,封王翳为杜衍侯,封杨喜为赤泉侯,封杨武为吴防侯,封吕胜为涅阳侯。

项王死后,楚地全都投降汉王,唯独鲁地不投降。汉王于是率领天下军队,准备血洗鲁地,因为鲁地人坚守礼义,誓为君主拼死守节,汉王于是拿着项王的头给鲁地人看,鲁地的百姓这才投降。当初,楚怀王封项羽为鲁公,等到项羽死后,鲁地又是最后投降,于是汉王按鲁公的礼节把项王安葬在谷城。

张子房运筹帷幄

张良,字子房,颍川城父(今安徽省亳县东南)人,出身于韩国的贵族,本姓姬。张良这个名字,就是为了躲避追捕才改的。

张良的祖父、父亲先后做过宰相。他父亲死后20年,即公元前230年,秦灭韩,张良也因此对秦始皇怀恨在心,发誓不惜一切代价也要杀掉秦始皇。秦灭韩后,张良的家境依然十分富有。他的兄弟死了,他都舍不得用厚礼安葬,却拿着这笔家财四处访求暗杀秦始皇的刺客,为韩王报仇,但最后刺客行刺未成功,张良也因此而被通缉。

张良自博浪沙逃跑后,就逃到下邳(今江苏省邳县南)躲藏起来。后来在汜水桥时偶遇一位隐士,由于张良为人忠厚,获隐士赠兵书《太公兵法》。得到此书后,张良爱不释手,日夜苦读,从中学到了许多文韬武略,为他日后辅佐刘邦夺取天下,积累了丰富的知识。张良住在下邳长达10年之久。在这期间,他行侠仗义,广交好友。楚国的贵族项羽的叔父项伯就是因为杀了人投奔张良,两人才成为好朋友的。后来在刘邦打天下的过程中,张良一直为刘邦出谋献策,立下了不少汗马功劳。

刘邦非常信任张良,倚重张良。咸阳被攻下之时,刘邦见到秦朝的豪华宫室、众多美女、奇珍异宝乐不可支的时候,张良劝他不要贪财,不要贪色,要为天下扫除残贼,力求俭朴。刘邦幡然悔悟,并立即下令封闭咸阳的宫室府库,又申明了军纪,与关中百姓约法三章,宣布废除秦朝的严刑苛法,结果大得人心,关中秩序井然,老百姓纷纷杀牛宰羊犒劳士兵,唯恐刘邦不做关中王。

项羽知道刘邦率先占据关中,已有不服,与他的谋士范增合计在鸿门宴上杀掉刘邦。项伯知道这事之后,为了报答张良昔日的救命之恩,连夜赶去通风报信。后来在鸿门宴上,张良又几经周折才救回刘邦的命。为了表彰张良,刘邦赏给他黄金百镒,珍珠二斗。张良一心为刘邦着想,把它们全部转赠给了项伯。刘邦知道后,又给张良许多财宝让他送去给项伯。

公元前202年,刘邦即皇帝位,建立了汉朝。他在庆功宴上问大臣说:“我之所以取得天下,项羽之所以失去天下,是什么原因呢?”

大臣说：“陛下派人去攻城掠地，胜了就把这些地方赏给部下，与天下同利。项羽却不然，他杀害功臣，猜忌贤者，使部下离心离德，这就是项羽失败的原因。”

刘邦不以为然地说：“你们只知其一，不知其二。要说运筹帷幄之中，决胜千里之外，我不如子房；抚家镇国，安抚百姓，筹办粮饷，供应不绝，我不如萧何；统帅百万之军，战必胜，攻必取，我不如韩信。这三人都是人中之杰，对他们，我都能量才使用，这才是我能取得天下的真正原因。而项羽连一个范增都不能用，才会败在我的手下。”天下安定之后，张良向刘邦建议建都在有“金城千里，天府之国”之称的长安。刘邦又要封他地、封他邑，张良辞谢说：“当初我在下邳起事时，跟陛下在留城相遇，这是天意成全我，把我交给陛下。以后陛下信任我，我的计策有时还很管用，所以把留地封给我，我就心满意足了，哪里还敢要封邑呢？”于是刘邦答应了他的要求，并封他为留侯。

当时，刘邦分封了 20 余名大臣，其他人日夜争功，使刘邦左右为难，无法再封。张良不但不争功，而且要封他他还不要。

一天，刘邦在洛阳南宫里，远远看见将领们三三两两地在一起交头接耳，就问张良他们在说什么。张良说：“难道陛下还不知道吗？他们在商量谋反呢！”刘邦听后大吃一惊，问：“现在天下刚刚安定，他们为什么又要反叛呢？”张良回答说：“陛下是普通百姓出身，他们跟随陛下打天下，目的就是封官晋爵。如今陛下贵为天子，被封赏的人都是您的亲近之臣，被问罪的又都是与您有过节之人，现在天下所有的地方都已被您封赏完了。他们既担心得不到封赏，又害怕因为有什么过失被您杀掉，所以就准备一同谋反。”刘邦十分担忧地问：“那该怎么办呢？”张良反问道：“您生平最恨而又为大家所知道的人是谁呢？”刘邦回答说：“雍齿和我有旧怨，曾经背叛过我，使我很难堪。我本想杀他，但念他功劳不小，所以又不忍心下手。”张良说：“那您就赶快先封雍齿，人们见雍齿这样的人被封了，也就都安心了。”

于是刘邦大摆宴席，召集群臣，当场封雍齿为什方侯。宴毕，群臣皆说：“雍齿都被封侯了，我们就更不用愁了！”

北宋史学家司马光评论这件事说，张良这样做，使刘邦避免了“阿私之失”,使群臣消除了“猜惧之谋”,国家无虞,利及后世。“若(张)良者,可谓善谏矣。”北宋政治家王安石也肯定了张良在打败项羽、巩固汉朝的过程中所起的作用。

公元前189年(汉惠帝六年),张良去世,谥文成侯,埋葬于济北谷城山下的黄石岗。

吕后专权

汉惠帝七年(前188年)八月,23岁的惠帝驾崩。发丧时,吕后哭而无泪。

留侯张良的儿子张辟疆当时只有15岁,担任侍中一职,他对丞相说道:“太后只有惠帝这么一个儿子,如今他驾崩了,太后干哭却不流泪,您知道这其中有什么原因吗?”丞相问道:“为什么?”张辟疆道:“惠帝的儿子都未成年,太后惧怕你们这些大臣趁机谋权。您现在不妨提议拜太后的亲侄子吕台、吕产、吕禄为将,让他们统领南北各军等,诸吕都进入宫中任职,太后才会安下心来,你们这些人也就免于祸患了。”丞相以为此话在理,按计行事后,吕后果然心中高兴起来。此时,她再哭惠帝时流下了悲痛的泪水。吕氏专权从此开始了,很多大臣看不过去,便不屑于在朝,都称病辞官。

吕后听政后,打算立诸吕为王。她向右丞相王陵征询意见时,王陵说道:“当年高祖宰白马为盟时曾说:‘非刘姓不能称王,非有功不能称侯,违此者,天下人可群起而攻之。’如今封吕氏为王,是违反前约的。”吕后见王陵反对,内心大为不快。她又询问左丞相陈平、绛侯周勃,周勃等则答道:“高祖平定天下后,封刘姓子弟为王;如今太后听政,封兄弟及吕姓子弟为王,是完全可以的。”吕后听了很高兴。不久,吕后任命王陵为少帝的太傅,剥夺了王陵的丞相权力,王陵一气之下称病还乡。吕后又让左丞相陈平出任右丞相,让辟阳侯审食其出任左丞相。审食其为讨吕后欢心故意不理政事,专管宫中,其实行使的只是郎中令的权力。因此,他颇受吕后宠幸,常借吕后的权势行事,公卿办事都得求他。吕后调整了领导班子后,就追封自己的已故长兄吕泽为悼武王,这样便开了封诸吕为王的先河。

少帝元年(前 187 年)四月,吕后实施了封诸吕为王的第一步——封诸吕为侯。为表明公平,她先封非吕姓的人,如封汉高祖时的功臣郎令冯无择为博城侯,封齐悼惠王的儿子刘章为朱虚侯,封齐相齐寿为平定侯,封少府阳成延为梧侯。可是,她却封侄吕种为沛侯、甥吕平为扶柳侯,加上以前封的郦侯吕台、交侯吕产、建成侯吕释之,诸吕中已有五人被加封,其势远远超出其他。

封吕姓为侯的难关已过,封吕姓为王不再是难事。吕后沿袭前法,先立刘姓子弟为王,如淮阳王刘强、常山王刘不疑等。与前番不同的是,吕后先把封吕姓王的意思暗示给大臣,再让大臣作为建议奏请自己。大臣们心领神会,马上请封郦侯吕台为吕王,吕后故作体察下情状,特以恩准,吕王吕台便成了吕后本家的第一位王爷。此外,又封吕禄为胡陵侯。少帝四年,吕后又封吕媭为临光侯、封吕他为俞侯、封吕更始为赘其侯。少帝七年二月,吕后让吕产(吕台弟,袭吕王号)另作梁王,留在京师作少帝的太傅,另封其子平昌侯吕太五。这一年的秋天,太傅吕产等进言吕后,说武信侯(即胡陵侯)吕禄在列侯中功高位显,当封赵王。吕后降旨照准。九月,燕王刘建死去,刘建的美人生有一子,吕后怕他继承王位,派人把他杀掉。然后吕后宣称刘建没有后嗣,废除燕国。翌年十月,吕后立东平侯吕通为燕王,封吕通弟吕庄为东平侯。连同后来封的祝兹侯吕荣,吕后听政期间,先后在本家一门中册封了四王十三侯。

吕后经过一番惨淡经营，诸吕几乎一手控制汉朝，使汉高祖刘邦“以布衣提三尺剑”打下的江山面临易姓的严重挑战。丞相陈平自知力量单薄无法与之相争，对此局势深为忧虑，特意向陆贾请教对策。陆贾教他与太尉相交。只有这样，天下形势虽变，然权力不会分散，然后恢复刘姓汉室才有可能。陈平依计而行。吕后见一将一相非常和睦，果然有所畏忌收敛。后来，陈平一举除掉了诸吕，保证了汉朝的安定。

周亚夫平七国之乱

周亚夫是绛侯周勃的儿子。绛侯周勃于汉文帝十一年去世。周亚夫的哥哥继承侯位，3 年之后，周亚夫的哥哥犯了罪，被废除侯位。事隔一年，汉文帝要选拔周勃儿子中最贤能的人，大家都推举周亚夫，于是文帝封周亚夫为条侯，继承绛侯周勃的侯位。

汉文帝即位后，跟匈奴贵族继续采取和亲的政策，双方没有发生大规模的战争，但是后来匈奴的单于听信了身边大臣的挑拨，跟汉朝绝了交。

公元前 158 年，匈奴的单于起兵 6 万，侵犯上郡（治所在今陕西榆林东南）和云中（治所在今内蒙古托克托东北），杀了不少老百姓，也抢掠了很多财物。

汉文帝连忙派三位将军带领三路人马去抵抗。为了保卫长安，另外派三位将军带兵驻扎在长安附近，将军刘礼驻在灞上，徐厉驻扎在棘门（今陕西咸阳市东北），周亚夫驻扎在细柳（今咸阳市西南）。

为犒劳三军，汉文帝亲自带队到军营慰问守城将士，由于出发前没有通知各军营，当汉文帝来到细柳时，周亚夫军营的前哨一见远远有一班人马过来，立刻报告周亚夫。将士们披盔带甲，弓上弦，刀出鞘，完全是准备战斗的样子。

汉文帝的先遣队到达了营门，守营的岗哨立刻拦住，不让他进去，官员正要同守将争执，文帝的车驾已经到了，守营的将士照样挡住。汉文帝只好命令侍从拿出皇帝的符节，周亚夫这才下命令打开营门，让汉文帝的车驾进来。护送文帝的人马一进营门，守营的官员又郑重地告诉他们：

"军中有规定:军营内不许车马奔驰。"侍从的官员都很生气。汉文帝却吩咐大家放松缰绳,缓缓地前进。

到了营中,只见周亚夫披盔戴甲,拿着武器威风凛凛地站在汉文帝面前,拱拱手作个揖,说:"臣盔甲在身,不能下拜,请允许按照军中之礼朝见。"汉文帝听了,大为震动,也扶着车前的横木欠了欠身,向周亚夫表示答礼,接着派人向全军将士传达他的慰问。

汉文帝在回长安的路上,随行侍从人员都愤愤不平,认为周亚夫对皇帝太无礼了。但是,汉文帝却赞不绝口,说:"啊,这才是真正的将军啊!像周亚夫这样治军,敌人才不敢侵犯他。"

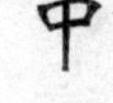

汉文帝在这次视察中,认定周亚夫是个军事人才,就把他提升为中尉。第二年,汉文帝害了重病,临死之前特地嘱咐太子说:"如果将来国家发生动乱,叫周亚夫统率军队,准错不了。"文帝死后,景帝刘辰即位,便任命周亚夫为车骑将军。

孝景帝三年,吴、楚等七国发动叛乱。周亚夫以中尉的身份代行太尉职责,率兵东进去讨伐吴、楚叛军。临行前他亲自向皇上请示说:"楚军骁勇轻捷,不能跟它正面交锋,希望暂时放弃梁地,先去断绝他们的粮道,这样才能将他们制服。"景帝同意了他的意见。

太尉周亚夫已经在荥阳会集了大军,整装待发,吴军正在攻打梁国,梁国危急,请求救援。周亚夫率军向东北到达昌邑后,每日深沟高垒坚守不出。

梁国每天派使者向周亚夫请求救援,周亚夫根据战争的实际情况坚守阵地,不肯前去救援。

梁王上奏景帝,景帝派使臣诏令太尉救援梁国。周亚夫不执行诏令,仍然坚守不出,只派弓高侯等人率领轻骑兵断绝了吴、楚叛军的后方粮道。

吴国缺乏粮食,战士饥饿,想尽快作战,不断进行挑战,周亚夫最终都没有出战。夜里,军中惊乱,汉军内部互相攻击扰乱,一直打到周亚夫的营帐前面,周亚夫始终安卧不起。不一会儿,就复归安定了。后来吴军突袭汉营的东南角,周亚夫却让人防备西北角,不久吴国的一支精兵果然奔袭汉营的西北角,却没能攻进去。吴军饥饿已极不能久战,于是撤兵离去。周亚夫派出精锐部队追击，大败吴军。吴王刘濞放弃军队，只带领千名强壮的士兵逃走，退守江南的丹徒。汉军又乘胜追击，于是全部俘获敌军，并收降了他们，用千金悬赏捉拿吴王。过了一个多月，有越地人斩了吴王的首级前来报告。一共攻守作战三个月，打败和平定了吴、楚军队的叛乱。于是将领们才认识到周亚夫的计谋是正确的。

周亚夫凯旋回京之后，景帝正式任命他为太尉，后来又升任他为丞相，非常器重他。

飞将军李广

"林暗草惊风，将军夜引弓。平明寻白羽，没在石棱中。"这首著名的唐诗描写了一位汉代名将。他就是在汉朝抗击匈奴的战争中有名的"飞将军"李广。

李广，陇西成纪人(今甘肃秦安)。家里世代为将，李广从小勇武过人，两臂长如猿猴之臂，力大无穷，天生善射，因而人称之为"飞将军"。

公元前165年，匈奴人大举进犯，李广从军作战，他勇敢善射，立下战功，被封为中郎将，与其堂弟李蔡均补为武骑常侍。李广为人木讷寡言，但有勇有谋，骁勇善战，冲关斩将，威震一时。汉文帝感叹地说："假使李广生在汉高祖夺取天下之时，封一个万户侯当如拾取草芥。"

汉景帝初年，李广为陇西部尉，接着转为中郎将。这时发生了吴王刘濞领导的"七国之乱"，李广随从太尉周亚夫进攻吴楚联军。当时吴楚军围攻梁国甚猛，得李广之力，梁国方才化险为夷。梁王授予李广将军之印，李广不谙世故，居然接受了。平定叛乱回来后，论功行赏，李广却因私受侯国将印的缘故，触怒朝廷官吏，没有受到丝毫奖赏。

不久，李广被迁为上谷太守。匈奴进攻上谷，李广正想施展其能，却被一个叫公孙昆邪的朝官刁难而不能成功。公孙昆邪告诫皇帝说："李广恃才轻敌，多次与匈奴人打仗，恐怕这次会有闪失。"皇帝认为有理，调李广到上谷郡做太守。随后，李广一直在边郡做太守，相继做过陇西、北地、雁门、代郡、云中等地太守，皆以勇敢善战闻名，但却迟迟得不到封赏。

有一次,匈奴人大举入侵上谷郡,皇帝派宦官做李广的监军,训练军队抗击匈奴。这个宦官带了数十名骑兵追击 3 名匈奴的侦察骑兵,宦官以及手下数十人全被对方射杀了。李广大怒,带领数百骑兵追击,射杀对方两人,生擒一人。不料此时李广已离开军营大队几十里路,突然见有数千匈奴骑兵在前面出现。他们看见李广的数百汉军,有些惊疑,不敢贸然进击,仅是在高处布置观察。这时,李广手下几百人见此大军,十分惊恐,打算奔逃,李广警告他们说:“现在我们离大部队有几十里路,这样一逃,反而被对方看清了我们的虚实,他们肯定会立即追杀我们,我们会全部丧身弓箭之下。”于是,李广反而命令手下继续前进,在离匈奴人只有二里的地方停下,李广命令全部士兵下马解鞍,士兵不解这是为什么,李广就说:“现在匈奴兵不射杀我们,本来就是因为怀疑我们有埋伏,是引诱他们的侦察兵,现在我们这样做,正是使他们确信他们的想法。”于是匈奴兵真的不敢有所行动,到夜里,他们害怕汉军突袭就撤走了,李广等人有惊无险。

到武帝时,因为李广的名望,被征为未央卫尉,与程不识守卫京城。程以严治军,李广以宽仁治军,二人皆威震一时,但士兵们更乐意做李广的部下。

在马邑之战中,李广为骁骑将军。由于主将计谋失策,伏击匈奴不成,李广部被围,李广本人力战不敌被生擒。匈奴人爱惜李广之才没有杀死他,而是想押他回去,李广瞅准机会飞身上马,夺过一副弓,单骑逃回汉军大营。因为这场损兵受俘之罪,李广差点被斩,最后将功折过,废为庶人。

解职后,一次李广游猎到灞陵园,园中守尉,以“不识故将军”侮骂他。一向温和的李广对此耿耿于怀,后来武帝再征他为将军出战时,他就借调了这位守尉,并且等他一到军中报到就予以斩杀。

李广一生征战拼杀 70 余场,胜多败少,却因各种原因总没有得到相应的封赏,手下的将校们被封侯的人已有几十个,而李广自己却依然没有被封侯。一起出来且能力和声名都远远在自己之下的堂弟李蔡已经身为丞相,位列三公之尊时,李广依然是一个普通将军。为此李广也很悲哀。据说,后来李广就此问题问了游士王朔,这到底是什么原因?王朔就问李广有没有做过什么亏心事。李广一生爱护下属、爱惜士兵是有名的,常常是士兵喝完水后他才喝，士兵吃饱饭后他才吃，自认为没什么不对的，接着李广又坦然地承认说："有一次与羌族人作战，我招降了他们死命抵抗的 800 人，答应只要息兵便不予追究。但他们投降后，我把他们全部杀害了。大概是因为这件事折损了自己的福禄吧？"王朔就说："正是。作为将军，最大的罪过是坑杀降兵啊，这是你的命！"

当李广年近 60 岁时，依然没能封侯，李广很不甘心。大将军卫青要率大军出击匈奴，李广自然请缨出战，皇帝虽然拗不过他而答应了，却私下里告诫卫青："李广年老力衰，千万不要轻易让他出战。"卫青听从了皇帝的告诫，一直不让李广做前锋，总使他作为侧翼，命令李广和另外几支队伍走旁道迂回攻击敌人，迫于军令，李广只好从侧道进军，因而迷了路。在李广他们陷于迷途时，大将军卫青的主力部队遇上了匈奴主力而开战。当李广等人与大部队会合时，战斗已经结束。李广无功而返，还因为失期之罪受了罚。

这一次无功而返，李广格外悲凉，想起王朔讲的话更加悲观绝望，眼见自己 60 岁了，还能打几天仗？自己已经大小不下 70 多次战斗都没能得功受封，恐怕以后也不会有什么希望了。而且以老迈之躯接受刀笔吏的审讯查问，更是他无法忍受的。这一切都是命中注定啊！想到这里，李广不禁老泪纵横，万分悲愤地拔出宝剑刎颈自杀了。全军上下，一片悲泣，全国上下都为李广将军威名一生及凄凉的结局而悲痛万分。

司马迁忍辱写《史记》

司马迁，字子长。出生于公元前 145 年，汉左冯翊夏阳（今陕西韩城县）人。夏阳北有座龙门山，故司马迁自称"迁生龙门，耕河山之阳"。他是我国最著名的史学家。司马迁自幼受父亲影响，10 岁时就已阅读了《左传》、《国语》等很多古籍。20 岁时，在父亲的支持下，开始了历时约 10 年，行程不下万余里的全国大游历，他曾经到淮河、长江一带漫游，到现今浙江一带去探访传说中的"禹穴"，到现今湖南一带去考察和历史故事有关的遗迹，到河南、山东一带了解风土人情，观孔子遗风。他一边游览，一边采访,搜集了许多传说和资料,为他以后撰写《史记》做了大量的准备工作。

他的父亲司马谈是一个历史学家,在朝中任"太史令",专管天文、历法和历史文献,司马迁从小就受到严格训练。他父亲的生平志愿是写一部记载"明主贤君忠臣死义之士"事迹的通史,并收集了许多史料,但不幸于公元前110年病故。

司马谈临死前,拉着儿子司马迁的手说:"(周)幽(王)厉(王)之后,王道缺,礼乐衰,孔子修旧起废,论《诗书》,作《春秋》,则学者至今无人能之。自获麟以来,有四百余岁,而诸侯相兼,史记放绝。今汉兴,海内一统,明主贤君忠臣死义之士,余为太史而弗论载,废天下之史文,余甚惧焉,汝其念哉。"他从中国历史的需要出发,谈到了史官的责任,嘱咐儿子继承自己的遗愿。

公元前116年,游历归来的司马迁被选入朝中做郎中令。公元前108年,在父亲去世的第三年,司马迁被任命为太史令,借太史令之职,他开始博览皇家藏书,整理父亲遗稿和他自己搜集的资料,为撰述作准备。直到公元前104年,司马迁44岁时,才开始动手写《史记》。可是,就在他动笔写这部大书不久,出了李陵事件。

公元前99年,李陵被派去征讨匈奴,由于孤军深入,粮尽援绝,被匈奴包围俘虏了。当时有人误传李陵投降了匈奴。汉武帝一生气,把他的全家都杀了。李陵听到这消息,就真的投降了匈奴。

司马迁跟李陵相识相知多年,认为李陵绝对不会背叛朝廷,即使投降匈奴,也绝非本意。于是他在汉武帝面前替李陵辩解了几句,因此惹恼了汉武帝,受到了宫刑的处分。宫刑是使人丧失生殖能力的残酷的刑罚,虽然不至于危及生命,却让人蒙受极大的耻辱。司马迁感到在人格上受到了沉重的打击,内心十分悲痛,曾几次想自杀,可是一想到父亲的遗愿还没有实现,又不甘心就这样死去。他决心要坚强地活下去,把那部历史书写完。

从此,他利用已经搜集到的资料,夜以继日地发愤著书。

经过多年的艰苦努力,在53岁那年,司马迁终于写成了我国第一部不朽的历史巨著《史记》。

这部书共130篇，有52万多字。其中包括本纪12篇，记载帝王的事迹；表10篇，用列表的方式记载大事和重要人物，补充本纪；书8篇，记载重要的典章制度、天文现象、政治措施和社会经济生活；世家30篇，记载诸侯王和孔子、陈胜等特殊重要人物的事迹；列传70篇，记载重要人物、少数民族和邻国的历史。其中最重要的是本纪和列传，因此后人称它为纪传体史书。自从《史记》首创了这种纪传体以后，中国历代的正史，即通常所说的二十四史，基本上都是以《史记》作榜样，采用纪传体这种形式来写的。

司马迁写的《史记》，不仅内容真实可靠，是一部了不起的历史书，并且文字生动优美，人物写得栩栩如生，因此也是一部了不起的文学著作。司马迁表现在《史记》中的思想是进步的，他爱憎分明，对历史上的明君、贤臣、义士和农民起义领袖，大力地褒扬歌颂；对暴君和奸臣酷吏，无情地讽刺鞭挞。对当代的历史，不管好事坏事，都能够如实地记录下来。对好事不夸大，对坏事不隐瞒，就是对当代皇帝汉武帝的缺点和过失，也给予了恰如其分的叙述。司马迁这种严谨的写史态度，直到今天也还是值得我们好好学习的。

《史记》还是一本史学价值很高的信史，如《史记》中写的商朝的帝王世系。学者们曾经怀疑司马迁距商朝1000多年，怎么可能写得真实呢？

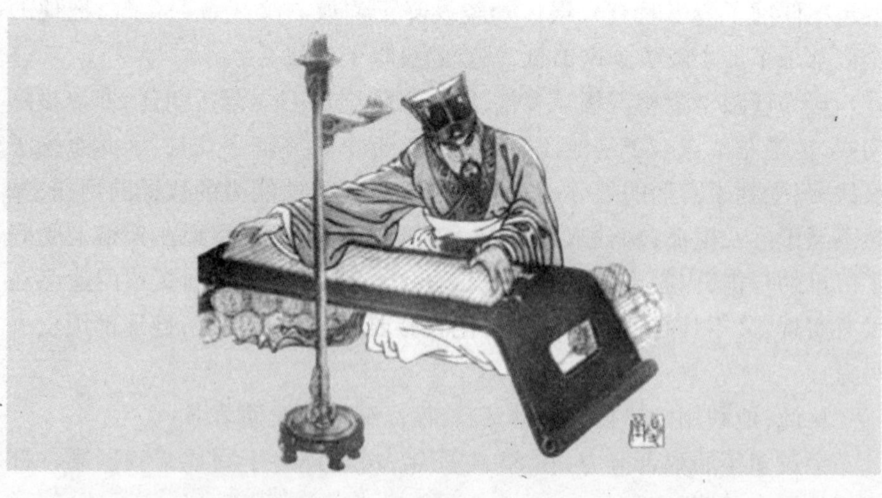

但是人们通过对甲骨文的研究，证明甲骨文的商朝帝王世系与《史记》的记述是一致的，从而认定《史记》是一本信史。

两千多年来，《史记》一直是我国及世界人民都喜爱的伟大史书，它不仅让人们从中了解到我国古老的传说文化，历史知识，更从中获得美妙的艺术感受。《史记》不但是我国古代杰出的史学名著，也是我国古代优秀的文学名著，它开创了传记文学的先河。自《隋书·经籍志》开始，《史记》遂列为正史之首。“史家之绝唱，无韵之离骚”是鲁迅先生对《史记》的最高评价。

张骞出使西域

张骞（？ –公元前114年），汉中人。汉武帝建元年间担任郎官。

西汉初，约公元前200年初，强大了的匈奴贵族势力伸展到汉朝西北边域，设官监视，征收苛税，掠夺和奴役当地人民。

后经过卫青、霍去病在漠北之战给匈奴予以沉重打击，他们嚣张的气焰才有所收敛，再也不敢随意骚扰汉朝边疆百姓了。

汉武帝初年，匈奴中有人投降了汉朝。汉武帝从他们的谈话中知道：有一个大月氏国，被匈奴打败，向西逃去，定居在西域一带。匈奴的单于砍下大月氏王的头颅做饮器，双方结下了世仇。汉武帝想，大月氏国在匈奴西边，汉朝如能跟大月氏联合起来，切断匈奴跟西域各国的联系，这不就等于切断了匈奴的右胳膊吗？

但是通往大月氏的道路必须经过匈奴统辖区，汉廷便招募能出使的人。张骞以郎官的身份应征，得以出使大月氏，和堂邑县的甘父（下称堂邑父）一起由陇西出发。

经过匈奴地区时，匈奴人拘捕了他们，送到单于那里。

单于扣押了他们，说：“大月氏在我的北面，汉朝凭什么派使者去呢？如果我想通使越国，汉朝肯让我那样做吗？”

于是匈奴扣留张骞十多年，让他娶妻，还生了孩子。然而张骞始终持有汉朝的符节，不曾丢失。

长时间居留在匈奴人中,匈奴人对他的看管逐渐放宽,张骞乘机与他的部属一起逃向大月氏,向西走了几十天,到了大宛。

大宛王早就听说汉朝财富丰饶,想与汉沟通却实现不了。看到张骞,大宛王非常高兴,问道:“你想到哪儿去呢?”

张骞说:“我为汉朝出使大月氏,却被匈奴扣留,现在逃出来,只希望大王能派人护送我到大月氏。如果我真能到达那里,返回汉朝后,汉廷馈赠给大王的财物会多得无法说尽。”

大宛王认为他说得对,就同意他走,并为他派遣了向导和翻译。张骞顺利抵达了康居,康居人又将他送到了大月氏。

大月氏王已被匈奴人杀害,他的太子被拥立为新王。这时大月氏已经征服了大夏而居于该地。那里土地肥沃富饶,少有寇贼,大月氏王便沉溺于安逸和享乐,又以为离汉朝很远,所以根本就没有报复匈奴人的意志了。张骞从大月氏到大夏,竟然还没能得到大月氏王的明确答复。

居留了一年多,张骞返回。他沿着南山走,想从羌人居住的地区回来,却又被匈奴人俘虏。扣留了一年多,单于死了,左谷蠡王攻打老单于的太子而自立为单于,匈奴国内大乱。张骞与他的匈奴妻子和堂邑父一起逃跑,回到了汉朝。汉廷加封张骞为太中大夫,堂邑父为奉使君。

张骞出使西域,跋涉万里,到过许多国家和地区,了解了沿途的风土人情、地形物产和政治军事情况。张骞向汉武帝详细报告了西域各国的情况。他说:“我在大夏看到邛山(在今四川省)出产的竹杖和蜀地(今四川成都)出产的细布。当地的人说这些东西是商人从天竺(即现在的印度)贩来的。”他认为既然天竺可以买到蜀地的东西,一定离蜀地不远。

于是,汉武帝就派张骞为使者,带着礼物从蜀地出发,去结交天竺,同时笼络西南各国并与之通商。张骞把人马编成四队,分头去找天竺。四路人马各走了两千里地,都没有找到。有的被当地部族打回来了。往南走的一队人马到了昆明,也给挡住了。汉朝的使者绕过昆明,到了滇越(今云南东部)。滇越国的上代原是楚国人,已经有好几代跟中原隔绝了。他愿意帮助张骞寻找道路去天竺,可是昆明在中间挡住,没能过去。

到了卫青、霍去病消灭匈奴兵主力,匈奴逃往大沙漠以后,西域一带许多国家看到匈奴失了势,都不愿意向匈奴进贡纳税。汉武帝决定趁这个机会再派张骞去西域。

公元前119年,张骞第二次出使西域。张骞和他的几个副手,拿着汉朝的旌节,带着300个勇士,每人两匹马,还带着一万多头牛羊和黄金、钱币、绸缎、布帛等礼物去结交西域。

张骞这次出使西域各国,受到了热情的接待,西域各国都愿意和强大的汉朝发展关系。在这以后,西域一些国家陆续派使者,带着珍贵的礼物来到长安城。西域的葡萄、石榴、西瓜、大蒜、元葱、胡萝卜、蚕豆、黄瓜、芝麻等,先后传入汉朝。大宛的良马汗血宝马也在那个时候大量涌入中原。汉朝的丝绸、漆器、玉器、铜器等精美工艺品以及掘井法、造纸术、冶铁技术等都先后传到西域,促进了中亚、南欧和北非等地经济的发展。

随着汉朝经济的发展,汉朝的物品源源不断地输入中亚和欧洲。其中,最使商人和贵族感兴趣的是中国的丝绸。他们把中国的丝绸当做至宝,把中国称做"丝国"或"绢之古国"。

中国的丝和丝织品,经过西域运到西亚,再转运到欧洲,后来人们都把这条路线称做"丝绸之路"。"丝绸之路"的建立,对于发展我国古代的封建经济、促进我国同中亚欧洲各国的经济文化交流起到了积极作用,同时也是汉朝与中亚各国人民友好往来的历史见证。

公元前115年,张骞从西域回国,被汉武帝任命为大行,位列九卿。第二年即公元前114年,张骞这位以其渊博知识被封为博望侯的探险家,在他的故乡(今陕西成固)去世。然而,他在人类文化史上所作的杰出贡献,将永远载入史册。

苏武牧羊

公元前119年,汉武帝派大将军卫青和骠骑将军霍去病远征匈奴,杀死了很多匈奴人,剩下的被驱赶到漠北。匈奴元气大伤,再也没有力量侵扰汉朝边境。过了几年,匈奴断断续续派使者到汉朝来访问,汉朝为了表示友好,也派使者回访匈奴。但是匈奴只是假意和好,他们经常扣留汉朝派去的使者。公元前100年,汉武帝下了一道诏书历数匈奴罪恶,准备再次派兵讨伐匈奴。匈奴害怕汉朝武力，就放回了扣留的汉朝使者。汉武帝此时并不想对匈奴动武，看见匈奴已放回汉朝使者，就派苏武为正使，张胜为副使，带着助手常惠和 100 多名士兵，护送被汉朝扣留的匈奴使者回国，同时带了很多金银绸缎等礼物，赠送匈奴的单于。

苏武，字子卿，是平陵侯苏建的第二个儿子，他的哥哥弟弟都是汉朝的官员。

早在苏武出使匈奴之前，汉使卫律投降了匈奴，苏武这次出使匈奴结识了另一个降使虞常，此人迫于单于压力，假意投降，一直在找机会刺杀汉朝叛徒卫律。虞常见苏武来使是一个好机会，就暗下找苏武商量计策。不料，事出意外，苏武的计策还未实施就泄露出去。虞常受到严酷的刑罚和拷打。卫律命人传召苏武受审。

苏武听后，吃了一惊，说："我堂堂汉使，如果接受人家审问就等于侮辱了汉朝！"说完，拔出匕首往自己的脖子上抹。在众人的护救下，苏武没能自杀成功。之后，单于将苏武关在一个大地窖里，不给吃、不给喝，迫使苏武投降。匈奴地处北方，冬天气候十分寒冷，西北风整天呼呼地吼叫，鹅毛大雪下个不停。但是意志坚强的苏武丝毫也不动摇。渴了，他就抓一把雪塞进嘴里，饿了，他就拔一把毡毛大嚼。这样一连过了几天，苏武居然没有死。

匈奴单于见苏武没吃没喝竟活得很好，还以为他有"神灵"保佑。于是交给苏武一群公羊，让他到北海（今前苏联贝加尔湖）去牧羊，临行时对苏武说："等公羊生了小羊，你就可以回汉朝了！"这其实就是打算永远将苏武流放在北海。

北海在匈奴北边。苏武赶着一群公羊，到了北海，人烟稀少非常荒凉，到处是冰天雪地，气候十分恶劣。清晨，苏武拿着使节，赶着羊群，到茫茫的草原上去放牧；晚上，苏武回到住处，又把使节抱在怀里，酣然入睡。就这样，年复一年，风吹日晒，雪湿雨淋，节上的穗儿脱落了，可苏武还是时刻不离手。

汉武帝于公元前 87 年（后元二年）去世。大臣霍光、上官桀等人拥立汉武帝的小儿子弗陵继承了皇位，称做汉昭帝（公元前 86 – 前 74 年在位）。当时，汉昭帝还是个 8 岁的孩子，国家政务主要是由霍光主持。

汉昭帝即位后，连年灾荒，农业减产，农民连口粮、种子都难以自给，统治者不得不过问一下民间疾苦，救济灾民，减免田租，以便让劳动人民有个喘息的机会。同时，壶衍鞮单于又是在匈奴贵族争权夺利的斗争中继位的，匈奴内部面临着分裂的严峻危险。所以，双方都有改善关系的意愿。匈奴单于刚一即位，就向汉朝使者暗示，希望同汉朝和亲。到公元前81年，汉昭帝同意跟匈奴议和。这样，由于汉匈关系有了改善的契机，苏武回到汉朝的愿望也有了实现的可能。

汉朝果然要求匈奴送回苏武等人，单于谎说苏武早就死了。这件事被常惠知道了。等以后汉朝使者又来到匈奴时，常惠就跟着看守一块儿，在一天晚上悄悄地去会见汉使，把苏武等人的情况原原本本地告诉了他，并给他出了个主意。

第二天，汉朝使者再次去会见匈奴单于，又一次要求送回苏武等人。当匈奴单于仍说苏武死了的时候，汉朝使者严厉责备单于说："前不久，汉朝皇帝在上林苑里打猎，射下了一只南飞的大雁。大雁的脚上绑着一条用绸子写的信，是苏武的亲笔。信中说，他仍在北海牧羊。"匈奴单于吃了一惊，一边听，一边看着他身边的大臣，最后只好向汉使道歉说："苏武等人确实还活着。"匈奴单于为了表示要改善关系，便答应了汉使的要求，决定让苏武等人回汉朝。

这年春天，暖风和煦，阳光明媚。离别汉朝19年的苏武顶着满头白发，回到了盼望已久的长安，重新看到了故乡的锦绣山河。汉昭帝为了表彰苏武的功劳，封他为典属国，赐给他钱200万、田两顷，住宅一所。与苏武一起回来的常惠、徐圣、赵终根3人也封了官，每人赏给绸缎200匹。其余6人告老还乡，每人赏钱10万，并免去终身的徭役。

苏武从公元前100年出使匈奴，到回来时已经整整过了19年，出使时，苏武才40岁，正值壮年，回来时却已经是一个60岁的老人了。跟随苏武出使的100多人，死的死，降的降，回来时就只剩下9个。

公元前60年，苏武因病去世，享年80余岁，但他的浩然气节长存。他成为中华民族史上最著名的爱国人物之一。

昭君出塞

王昭君，名嫱，汉代南郡秭归（今湖北兴山县）人。

汉宣帝刘询在位的时候，汉朝又强盛了一段时期。那时候，匈奴由于贵族争夺权力，势力越来越衰弱，后来，匈奴发生分裂，五个单于分立，互相攻打不休。其中一个单于名叫呼韩邪，被他的哥哥打败了，死伤了不少人马。呼韩邪和大臣商量，决心跟汉朝和好，亲自带着部下来见汉宣帝。呼韩邪是第一个来中原朝见的单于，因此，汉宣帝像招待贵宾一样招待他，亲自到长安郊外去迎接他，为他举行了盛大的宴会。呼韩邪单于很感激，一心要和汉朝和好。西域各国听说匈奴和汉朝和好，也都争先恐后地和汉朝打交道。

汉宣帝死后，汉元帝即位。公元前33年，呼韩邪第三次到长安，“愿婿汉氏以自亲”，自称愿意做汉家的女婿，结为亲戚，以加强汉匈友好。汉家历经百年烽火，也希望长城内外和平安宁，汉元帝欣然同意了。

以前，汉朝和匈奴和亲，都得挑个公主或者宗室的女儿。这回，汉元帝决定挑个宫女给他，他吩咐人到后宫去传话：“谁愿意到匈奴去的，皇上就把她当公主看待。”

王昭君是个明大义、有远见的姑娘，汉元帝应呼韩邪单于之请选宫女

“和亲”时，昭君自愿“请行”。呼韩邪单于在5位候选的姑娘中，一下就选中了她。汉元帝吩咐办事的大臣择个日子，让呼韩邪单于和王昭君在长安成亲。

王昭君是个农家姑娘，由于年轻貌美被选入皇宫，充当宫女。传说宫女进宫后，一般都是见不到皇帝的，而是由画工画了像，送到皇帝那里去听候挑选。有个画工名叫毛延寿，给宫女画像时，宫女们送点礼物给他，他就画得美一点。王昭君不愿意送礼物，所以毛延寿就没有把王昭君的美貌如实地画出来，所以王昭君自入宫就一直没有得到汉元帝的召见。

呼韩邪单于得到这样一个年轻美貌的妻子，高兴和感激的心情自不用说。呼韩邪单于和王昭君谢恩的时候，汉元帝看到昭君又美丽又大方，多少有点舍不得。他有心想把昭君留下，但又碍于体面，不好失信于人，只得作罢。

汉元帝回到内宫，再叫人从宫女的画像中拿出昭君的像来看。模样虽有点像，但完全没有昭君本人那样可爱，所以，汉元帝一气之下，就把毛延寿杀了。

汉朝对昭君出塞很重视。这一年，汉元帝把年号改为“竟宁”，即边境永远安宁的意思。从这事可以看出昭君出塞的重大政治意义。

王昭君在汉朝和匈奴官员的护送下，离开了长安。她骑着马，冒着刺骨的寒风，千里迢迢地来到了匈奴单于的驻地。

王昭君出塞的时候带去很多礼物。昭君在塞外同匈奴人民和睦相处，爱护百姓，教给当地妇女织布、缝衣和农业生产技术，受到匈奴人民爱戴。匈奴人为昭君建造了汉家宫殿式的建筑。昭君在匈奴生了一儿两女，这些子女也致力于汉与匈奴两族的友好。汉平帝时，王昭君的长女须卜居次应邀访问长安，朝见了汉朝皇帝。

公元14年，汉朝派遣王昭君的表兄弟和亲侯王歙，及王歙的弟弟骑都尉展德侯王飒出使匈奴，向初立的单于祝贺。

公元18年，匈奴单于又派须卜居次及丈夫须卜当，儿子须卜奢出使长安。

昭君究竟是哪年死的，她的墓是何时修建的，已无法考证。最早记载昭君墓的书是唐朝杜佑的《通典》。书里说她的墓在单于府所管辖境内的金河县。今人考证当时的金河县的青冢,就是今天呼和浩特的昭君墓。人们为了纪念昭君对民族团结的贡献,在呼韩邪单于长期驻牧过的地方,也就是昭君生活过的地方,为她修墓,以志不忘。

从古代延续至今天,昭君墓仍然存在,而今已修饰一新,坐落在呼和浩特南郊20多里的大青山脚下。沙漠地区寒冷干燥,大多数地方只在夏季很短的一段时间才长青草,可据说昭君墓上的草的生长期特别长,一年大部分时间都是葱葱绿绿的,所以称为"青冢"。

王昭君出嫁匈奴后,呼韩邪单于封昭君为"宁胡阏氏"(王后),意思是说昭君嫁到匈奴,就会带来和平安宁。呼韩邪单于娶了昭君很满意,就上书汉元帝表示:"愿为汉朝守边疆","让汉天子和大汉的百姓永享和平、幸福。"这是真诚的誓言,昭君出塞是匈奴与汉朝两国喜庆的大事。匈奴和汉朝和睦相处,有60多年没有发生战争。

王莽篡权

王莽是汉元帝孝元皇后的侄子,孝元皇后的父亲和兄弟在元帝、成帝时都先后被封为侯,只有王莽的父亲王曼死得早,未被封侯。

王莽没有父亲的庇护,身处贫困境地,他善于表演和自我克制,待人接物都十分恭敬谦虚,后来汉成帝任命王莽为官禁中办事的黄门郎。不久,王莽为带兵的射声校尉。王莽的叔父王商上书成帝,表示愿把自己的土地分给王莽,并请成帝封他为侯。由于王莽平时善于交际,当时的社会名流也都在成帝面前替王莽说好话,于是成帝认为王莽是个德才兼备的贤臣。

永始元年(公元前16年),汉成帝封王莽为新都侯,王莽觉得自己的计策行之有效,言行越加谦逊,他把自己家中车马衣裘等财物都用来接济帮助宾客以供养大批名士。同时他还广泛结交将、相、卿大夫等文武官员。因此,满朝文武大臣都一而再,再而三地在成帝面前称颂他,成帝因此提拔他为主管全国军事的大司马。王莽为了使自己的名声超过前人,生活更加俭朴节约。一次王莽的母亲生病,诸侯大臣都派自己的夫人前去探望，王莽的妻子出来迎接诸位夫人。诸位夫人珠光宝气，一见她身着布衣，长不及地，刚刚遮住膝盖，都以为她是王府的仆人，寒暄之后，得知她是王莽的夫人，诸位夫人都着实吃了一惊。孝元皇后上朝执政，将朝中大权都交给王莽处理。从此后，凡归附服从王莽的大臣，都得到升迁，凡顶撞触怒王莽的大臣，都遭到贬斥或诛杀。不久，孝元皇后下诏，任命王莽为位在文武百官之上的太傅，称安汉公。

汉平帝逝世后，汉元帝这一支皇族已没有子孙可以继帝位，只有汉宣帝这一支皇族的子孙中还有 5 人为王，48 人为侯。王莽嫌他们已长大成人，一旦继位后会妨碍自己夺权，便以兄弟之间不能相互继位为理由未选他们继承皇位，而选广戚的儿子，年仅两岁的孺子婴继位为帝。王莽是经过占卜察看后，以他为帝最为吉利。就在这个月，谢器上奏说："武功县（今属陕西）长孟通疏浚水井时发现了一块白石。白石上面写有八个红字'告安汉公莽为皇帝'。"王莽派大臣们去告诉孝元皇后，孝元皇后很是担心，反对此种说法。太保王舜对太后说："王莽没有夺取皇位的想法，只是暂居皇帝之位以加重他的权威，借以镇服天下民众罢了。"孝元皇后这才答应下来。随后孝元皇后下诏安汉公暂居皇帝之位，即日登基。

在长安求学的梓潼（今四川梓潼）人哀章品行恶劣，言行夸张。他见王莽暂居皇帝之位，就做了一个铜柜，然后造一幅图、一封信装入其中，其中信上说王莽为真天子。然后穿着黄衣，拉着铜柜来到汉高祖刘邦的祭庙，交给转送奏章的尚书仆射（音夜）。尚书仆射急忙报告给王莽。王莽立即拜受铜柜，他戴上皇冠，朝见过孝元皇后，便进入皇宫，坐在未央宫前殿上颁布诏书说："皇天上帝将天下交给我治理，我对皇帝无比敬畏，怎敢不恭恭敬敬地接受这个重任！从现在起，我就是真皇帝了，天下从此改'汉'为'新'。"不久，王莽册封孺子婴说："封你为定安公。你永远是新朝的宾客。"册封仪式结束后，王莽亲自拉着子婴的手说："从前周公暂居王位，最后还是把王位给了周成王，我原本也想把帝位还给你，但现在天命所迫，我是不能实现我的意愿了。"说罢，又哀叹了好半天。

王莽当上"新"朝的皇帝后，按占书记载对土地、货币做了许多改革，他命令："古代的井田制度是八家共一井，一夫一妇，种一百亩土地，然后将收成的十分之一上交国家，从现在起，全国土地都是皇家的土地，称'王田’,所有人家的奴婢称‘私属’。王田和私属都不准买卖交易。如果男丁不满八人,而土地超过一井即九百亩者,将其余的土地分给九族亲戚和同乡邻居。凡是以前没有土地者,按古代井田制度分给土地,如有人敢非议神圣的井田制,无法无天,造谣惑众,就把他流放到边疆去。”

王莽当政后,进行了钱币的改革,推行大钱,民众们都习惯用汉的王钱,而且传说王莽的大钱快作废了因此都不肯要大钱,王莽认为民众不信用他发行的钱是个隐患,就又下命令说:“凡收藏使用汉钱,谣传大钱要作废的人与非议井田制度的人一样处理,全都流放到边疆去。”此时,全国经济一片混乱,农业、商业都荒废了,粮食越来越少,货币的周转也成问题。老百姓生活困难,哀声遍野。那些因为买卖土地、房屋、奴婢以及私自铸造货币而触犯法律,被判刑的人中既有老百姓,也有诸侯大臣,其数数不胜数。于是全国老百姓纷纷起来造反。如绿林赤眉大起义,他们就杀死了无数郡守以下的官员。各地起义军聚集在长安城(在今陕西西安西北)下,不久,从宣平城门攻入城中。城中年轻人十分恐惧,怕遭士兵的掳掠,纠集一批人大声呼喊:“反贼王莽,为什么还不出来投降!”

三天后,士兵攻入大殿,大叫道:“反贼王莽在哪里?”有一个宫女战战兢兢地走出来说:“在渐台。”于是士兵们追去,将渐台围得水泄不通,下午,士兵们攻上渐台。随士兵一起打上渐台的商人杜吴一刀杀了王莽。校尉东海公宾赶上前一刀砍下了王莽的头。数十个士兵随后乱刀齐下,把王莽剁成一堆肉泥。

刘秀建立东汉王朝

刘秀(公元前 6 年 – 公元 57 年),字文叔,南阳蔡阳(今湖北枣阳县西南)人,是汉高祖的嫡系血脉,当年高祖有个儿子名发,封为长沙定王,经八世传到刘秀一辈。刘秀有两个哥哥,长兄刘縯,字伯升,次兄刘仲,哥仨父母早亡,依靠叔父刘良维持生活。刘秀从小喜欢干庄稼活,后来到长安求学,拜中大夫许子威为师,学习《尚书》,能通大义。

王莽篡位当上了皇帝,由于他对农民征收沉重的徭役,增加赋税,使许多农民失去土地，再加上连年自然灾害，农民已无路可走，便纷纷地组织起义，准备起来推翻王莽的暴政。公元15年，在现在的山东省莒县爆发了樊崇领导的赤眉起义。公元17年，又爆发了王匡、王凤领导的绿林起义，各地地主豪强和汉朝那些落魄贵族也开始组织武装，挑起反王莽大旗。在绿林、赤眉起义后，刘秀三兄弟在上乡农民中间鼓动、串联。当他们也准备起兵反抗王莽的消息一传开，队伍便很快发展到七八千人。大家公推刘縯为起义军的统帅，刘秀负责管理粮草。

公元22年十月底的一天，刘縯和刘秀兄弟联合新市、平林两支农民起义军，共同出兵，进攻春陵西边的小村镇长聚。他们这一仗旗开得胜，马到成功，很快就把长聚攻打下来。

起义军攻占长聚之后，又直捣唐子乡，诱杀湖阳县尉，紧接着又攻下了棘阳等地。

起义军接连胜利，鼓励了千千万万老百姓，他们纷纷响应投奔起义军，义军很快发展到十万多人，起义将领们于是决定趁热打铁，挥师北上，围攻宛城。

当大军浩浩荡荡、势不可挡地来到宛城东南的时候，由于起义军兵多无主，不便于统一指挥，于是大伙儿推举刘玄当了皇帝，历史上称他为更始皇帝。

公元23年三月，王莽听到起义军建立了政权，便命令大司徒王邯、大司空王邑征调42万人马，向号称百万的昆阳起义军大举扑来，妄图一举收复昆阳、定陵、郾城，以解宛城之围，在进军的途中，王邯、王邑又收容了严龙和陈茂逃散的一些兵将，他们一路上战旗飘扬，气势凶猛，队伍千里不绝。庞大的队伍像潮水一般向昆阳涌来，昆阳的形势岌岌可危，一场激烈的战斗就要打响了。

当时，驻守昆阳的起义军只有八九千人，有些将领非常恐慌，想放弃昆阳，分散军队，另做打算，只有刘秀主张坚守，在坚守的同时，派人去调兵解围。这样一来一个内外夹击，就一定能够战胜官军，保住昆阳。当天夜里，刘秀率领十几名兵将偷偷地打开城门，冲出城去，搬救兵去了。

第二天早晨，王邯、王邑指挥官兵开始猛烈攻城。坚守昆阳的起义军战士人数虽然不多，但斗志极旺，在王凤、王常的指挥下，一次又一次地打退了官兵的猛烈进攻。在这紧要关头，刘秀等人带着从郾城、定陵两地调来的八九千援兵来到昆阳城外，力解昆阳之围。刘秀自为先锋，采取先发制人的战术，率领先头部队 3000 人马直捣敌人营垒。援军战士人人奋勇，个个当先，打得官兵节节败退。敌将王寻也被砍落下马。就在这时，昆阳城里的守城将士，也趁势杀出来，和刘秀里应外合，夹击敌人，只杀得官兵四处溃散。官兵看到主帅已死，40 多万溃退的散兵，转眼间土崩瓦解，相互践踏，死伤无数，几乎全军覆灭。此次战役，便是历史上著名的昆阳之战。

昆阳大战之后，更始皇帝刘玄又派兵攻打洛阳和长安，因为王莽的主力在昆阳已被消灭，所以义军很快就顺利地攻下长安城，杀死了王莽，刘秀的两个哥哥刘缜、刘仲都战死沙场。这样，篡夺了西汉天下 15 年的王莽政权，终于宣告灭亡了。

由于更始皇帝刘玄持政后开始腐化堕落，不理政事，这便引起了众起义军的反对，以致原来推崇他的赤眉军也纷纷投到刘秀旗下。建元元年（公元 25 年）六月，刘秀在谋臣将帅的多次劝说下，正式登基，他仍用“汉”为国号，改年号为“建元”。他就是汉光武帝。

建元二年，赤眉军在宣阳陷入了汉军的重重包围，走投无路，更始皇帝刘玄被迫献出玉玺，向刘秀投降。

后来，刘秀又陆续消灭了张步、彭宠、公孙述等割据势力，于公元 36 年统一全国，定都在长安的东边，史称东汉。

刘秀建国后，极力加强专制主义中央集权制度。他采取“退功臣而进文吏”的方针，把绝大多数的功臣都封以侯爵，但却解除他们的实际权力，不让他们参与国家大事。同时，刘秀一方面削弱三公的权利，另一方面则扩大尚书的实际权力。尚书台成为皇帝发号施令的执行机构，所有权力集于皇帝一身。在军事制度上，废除了执掌地方兵权的郡国都尉，取消了地方军队，与此同时，刘秀还逐步扩大中央军队，以加强对地方的控制。

刘秀在恢复生产、安定社会秩序方面采取了一些积极的措施，颁布禁止残杀奴婢的诏令。建元六年（公元 30 年），刘秀下令裁并了 400 多个县，“吏职减损，十置其一”。同年，恢复“田租三十税一”之制。所有这些，对于恢复和发展社会生产都起到了积极的作用。

东汉政权是在豪强地主的支持下建立起来的，但刘秀在建立帝业之后，依然兢兢业业，常恐犯错，所以在处理国事时量时度力，措施得当，从而使国家政事清明。他在位33年，国家统一，社会比较安定，社会经济得到恢复和发展。

强 项 令

东汉王朝之初，地主豪强仗势横行，目无法纪，任意为非作歹，连他们的奴才都可以随随便便杀人，官府也不敢管。光武帝刘秀对此很忧虑，由谁来做这个京城的洛阳令呢？

他不由得想起了一个人，即是前不久刚被赦免的死犯——董宣。

董宣，陈留人，由大司徒侯霸推荐任官，后来逐渐升迁为北海相。

董宣到北海郡后，请当地很有势力的豪强公孙丹当了郡中武官。公孙丹由此更加肆无忌惮，为所欲为。

有一次，公孙丹准备破土动工，建造新的住宅，请来算卦先生占卜动工之凶吉。算卦先生说动工应“当有死者”。公孙丹就叫儿子把一个过路的行人杀了，把死尸埋在房基底下，以为这样就吉祥如意了。

董宣知道此事后，立即派人捉拿公孙丹父子，斩首示众。公孙丹的亲戚朋党30多人，拿着兵器到府门前为公孙丹喊冤，实际上是在向董宣示威。

董宣早就查清了公孙丹曾经伙同这些人依附王莽，还勾结北海的强盗，经常抢劫平民百姓，罪恶多端，于是将这30多人全部逮捕。北海郡的老百姓看到董宣为民除害不手软，奔走相告，并进一步告发了公孙丹一伙的大量罪行，董宣依照法令命令书佐水丘岑将这批犯人全部斩首，以平民愤。

青州太守得知董宣处死了公孙丹等30多人，大为恼火，便参奏他滥杀无辜。董宣等9人因此被收进监狱，并被判处死刑。

董宣在狱中，从早到晚埋头读书，泰然自若，毫无惧色。等到临刑那天，很多官员因敬佩董宣的气节，预备了酒菜佳肴，和他告别。董宣严厉地说:“我一辈子不曾吃请受贿,更何况临死呢?”说罢,登车而去,许多老百姓都哭泣着相送。

正当董宣就刑时,皇上特使飞马而至,宣读圣旨,把董宣等人送回监。回来后董宣向光武帝的特使说:“水丘岑是执行我的命令处斩犯人的,假如做错了,罪过也不在他;请将我杀了,放出水丘岑!”使者将这些禀告光武帝,光武帝下诏书赦免董宣,并令他为宣怀令。

这段往事又在光武帝眼前浮现。现在住在京城洛阳的皇亲国戚,专横跋扈,连他们的奴仆也仗势欺人,胡作非为,地方官哪个敢过问。要改变这种情况,只有让董宣为洛阳令,来约束一下皇亲权贵们的不法行为。

董宣上任不久,遇到光武帝的姐姐湖阳公主的一个亲信奴仆在光天化日之下杀人一案。因为这个奴仆躲在公主府中,董宣无法派人进府搜查,只好派衙役在公主府旁不远的地方等候机会。

过了一些日子,湖阳公主坐车出门,那个杀了人的奴仆正得意洋洋地陪坐在公主的车上。董宣早已带着人守候在夏门亭,当湖阳公主的车马驶近时,董宣便拦住车马,拔出刀在地下一划,大声指责公主不应该放纵奴仆杀人,又厉声命令那个奴仆下车,宣布了他的罪状,当场就把他杀了。

湖阳公主做梦也想不到有这样大胆的官吏，她气得发昏，立即奔向皇宫，告诉光武帝。光武帝大怒，认为董宣是欺侮到自己头上，马上召董宣进宫，要当着湖阳公主的面将董宣打死。

董宣进入皇宫，见光武帝满面怒容，手持竹棒的侍卫站在两旁，便正气凛然地说："我请求说一句话再死！"光武帝说："你还有什么话要讲？"

董宣说："皇上是依靠施行仁德才成为汉代中兴之主的，而如今却允许公主放纵奴仆杀死无辜的百姓，陛下还靠什么治理天下呢？用不着施用重刑，我自杀便是了！"话罢，就用头去撞大柱子，血流满面。

光武帝大吃一惊，立即命令左右把董宣拉住，心里明白董宣是正确的。为了给湖阳公主一点面子，光武帝命令董宣向公主磕头认罪，就算了事。然而，董宣认为自己没有错，说什么也不肯给湖阳公主磕头，弄得光武帝无法收场。宦官们上前使劲往下按住董宣的头，董宣双手撑地，硬挺着脖子，不让他按下去。僵持到最后，董宣也没有向公主低头。

湖阳公主不肯善罢甘休，指责武帝说："你当年当老百姓的时候，经常窝藏犯死罪逃亡的人，官吏都不敢找上门来搜查。你现在当了天子，反而不能令一个小小的洛阳令屈服！"

光武帝笑着对他姐姐说："我现在是天子，怎么能和当老百姓的时候相比呢？"说完又用好言劝走湖阳公主，就算了事。

为了嘉奖董宣执法的严明，光武帝赐他 30 万钱。董宣得到光武帝的支持，大胆地打击京城中不法的豪强，威名大振，人们都称他为"强项令"。皇亲国戚很惧怕董宣，称他为"卧虎"。

董宣为官清正廉洁，活了 74 岁，死于任上，光武帝特派使者前去吊唁，看到董宣的尸体用布被裹着，家中只有一辆破车，几斗大麦。光武帝悲伤地说："董宣廉洁，到他死了的时候我才知道。"于是，便以大夫的礼节安葬了他。

班超投笔从戎

班超(32 年－102 年),字仲升,东汉扶风平陵(今陕西咸阳西北)人。

汉光武帝建立东汉王朝以后,请了一个大学问家班彪整理西汉的历史。班彪有两个儿子叫班固、班超,一个女儿叫班昭,从小都跟父亲学习文学和历史。

班彪死了以后,汉明帝叫班固做兰台令史,继续完成他父亲所写的历史书籍,就是《汉书》(一部记载西汉历史的书)。班超跟着他哥哥做抄写工作。哥俩都很有学问,可是性情不一样,班固喜欢研究百家学说,专心致志写他的《汉书》。班超可不愿意老伏在案头写东西。

东汉永平五年(公元 62 年)以后,匈奴又兴盛起来。班超听说后,就扔下了笔,气愤地说:"大丈夫应当像张骞那样到塞外去立功,怎么能老死在书房呢?"就这样,他决心抛弃他的案头工作去从军("投笔从戎")。

公元 73 年,大将军窦固出兵攻打匈奴,班超在他手下担任司马,率军出击伊吾,大败匈奴,立下赫赫战功。窦固非常赏识班超的勇气才干,决定派班超到西域去联合西域各国,共同对付匈奴。

班超带着随从 36 人先到了鄯善(在今新疆境内)。鄯善原来是附顺匈奴的,因为匈奴逼他们纳税进贡,勒索财物,鄯善王很不满意。但是这几十年来,汉朝顾不到西域那一边,他只好勉强听匈奴的命令。这次看到汉朝派来了使者,鄯善王便答应同汉朝结好,愿归服于汉朝。过了几天,班超发现鄯善王对待他们忽然变得疏远而怠慢了。班超料到其中有缘故,可能是匈奴也派使者来了,以致鄯善王何去何从,狐疑不定。这个判断从鄯善的侍者口中得到证实。

班超立即与同行的 36 个伙伴当机立断,决定先发制人,夜袭匈奴使者,否则,汉使必为其所害。班超对伙伴们说:"大丈夫不入虎穴,焉得虎子。我们只有趁夜晚攻击匈奴使者,火烧他们的营房,消灭匈奴使者,鄯善王就会屈服于我们,与我们结盟。"班超遂率吏士,乘夜半风起,袭击匈奴使者。班超命令 10 人带上 10 面鼓,隐藏在匈奴使者营帐背后,约好一见火起,立即击鼓呐喊。他又布置其余人都手持弓箭兵器,埋伏在匈奴使者营门两侧。班超借风纵火，火舌怒卷，鼓声大作，一片呼噪。匈奴使者在睡梦中受惊吓，不知所措，争夺营门逃命。班超亲手杀死 3 人，伙伴们斩首 30 余级，其他 100 多人全被烧死。

第二天，班超把鄯善王请来，鄯善王看到匈奴使者的人头，也为汉家官吏的英勇所震惊，遂打消疑虑，摆脱匈奴的统治，与汉家复通友好。班超回到汉朝，汉明帝提拔班超做军马司，又派他到于阗去。

于阗王广德见班超带的人少，接见的时候并不怎么热情。班超劝他脱离匈奴，跟汉朝交好。他决定不下，找巫师向神请示。那个巫师本来反对于阗与汉朝和好，便装神弄鬼，疯疯癫癫地对于阗王说："我是西域主神，你为什么要结交汉朝？汉朝使者那匹浅黑马还不错，可以拿来祭祀我。"广德王派相国去向班超要马。班超说："可以，叫巫师自己来拿吧。"巫师洋洋得意地到班超那儿去取马，班超却不跟他多啰嗦，立即拔刀把他斩了。接着班超提着巫师的人头去见广德王，并以此谴责他。最后，广德王同意和汉朝和好，并主动杀死了匈奴派去奴役他们的"监护使者"。

班超继续西行，来到疏勒（今新疆喀什一带），得知疏勒王兜题并不是疏勒人。他是龟兹王依仗匈奴势力杀死前疏勒王后，派人来统治疏勒的。疏勒人恨他，可不敢惹龟兹和匈奴。班超同几个伙伴来见兜题，出其不意，突然动手把他抓了起来，宣布他的罪状。疏勒人举国欢庆，推出了自己人当国王。公元 75 年，班超出使的第三年，西域南道已经打通，北道仍在匈奴控制之下。这时，东汉朝廷命令班超从西域撤回。疏勒人知道后，举国忧恐，戚戚然不让其离去。一位都尉不忍汉使离去，竟拔刀自杀了。

班超路过于阗，从国王到百姓，都哭号不止，紧紧抱住班超的马脚不放。班超见此情景，也不忍功半而去，上书朝廷，愿继续留在西域。朝廷批准了他的请求。

班超在西域联合弱小民族，团结抗暴，先后打败莎车（今新疆沙车一带）、龟兹、焉耆（今新疆焉耆一带）等国，匈奴北单于在西域北道上的势力也被驱逐出去，从此，西域 50 多国又同东汉王朝建立起了友好的关系。匈奴北单于失去了西方府库，又逢上蝗旱灾年，人畜死之甚多，加之内部阶级矛盾激化，奴隶成千上万地逃亡，国势日衰。这时，"南部（匈奴）攻其前，丁零寇其后，鲜卑攻其左，西域侵其右"，四面受敌，被打得分崩离析，六七年间，先后到长城下书投降的部众达30余万人。

公元91年，汉军追击北单于直抵金薇山（今阿尔泰山）。北单于大败后，西走乌孙，后转康居，再行西迁。匈奴奴隶制政权历时300年，至此全部瓦解了。

班超在西域经营整整30年，年老怀念故国，上书求归。书中有“臣不敢望到酒泉郡，但愿生入玉门关”之句，和帝为之感动，乃于永元十四年（公元102年）下诏赐归。班超回到洛阳，时年71岁高龄，一个月后，就因病与世长辞了。

班超在西域活动期间，为增进汉族与西域各族人民的友谊，加强中原与西域地区的政治、经济的联系，维护多民族国家的统一，做出了极大的贡献，班超“投笔从戎”的爱国精神，“不入虎穴，焉得虎子”的机智勇猛、坚韧不拔的顽强意志，一直为后人所传诵，他与我国古代许多英雄人物一样，受到世世代代人们的敬仰。

东汉党锢之祸

东汉后期，由于梁冀权倾内外，上自朝中大臣，下至地方长官，没有人敢不听从他的。梁冀的骄横不法，使形同傀儡的桓帝忧心忡忡。桓帝想铲除梁冀，可是他依靠谁呢？只好同身边的几个侍从阉人商量了。

桓帝把这些人找来密商剿灭梁氏的计划。后来计划成功，梁冀被抄家罢官，他和妻子都自杀了。老百姓听说梁冀被除掉，举杯把盏，相互庆贺。单超等人因诛梁有功，在同一天都被封侯，世称“五侯”。

五侯掌权以后，跟梁冀一样胡作非为。他们把持朝政，卖官鬻爵，从朝廷到各郡县，都有他们的党羽，搞得整个社会昏暗不堪。他们结交党羽，启用亲戚，形成了庞大的宦官集团。这个集团大量启用下层豪强地主充当郡、县官吏，夺人屋舍，抢人妻女，掘人坟墓，穷凶极恶，比梁氏集团有过之而无不及。

东汉后期的100年间，先后换过8个皇帝。因先期造成了外戚专权的政治局面，这些皇帝中，有3个夭折了，其余5个长大成人以后，都曾依靠宦官铲除了当权的外戚势力。这样,也就先后五次形成了宦官专政的局面。后两次宦官杀外戚,使得宦官专政前后长达30余年,政治腐败到了极点。历史上有名的"党锢事件"就发生在这时。

公元165年,陈蕃做了太尉,名士李膺做了司隶校尉。这两个人都是读书做官、操行廉正又不满宦官的人,因而太学生都拥护他们,把他们视为楷模。

李膺当了司隶校尉后,负责纠察京师百官及附近各郡、县官吏。有人向他告发大宦官张让的弟弟张朔,说张朔做县令时横行不法,虐杀孕妇,逃匿到张让家中,张让仗势窝藏。李膺打听到张朔藏在张让家的空心柱子中,亲率部下直入张让家中,"破柱取朔",拉出去正法了。张让气得向汉桓帝哭诉。桓帝知道张朔确实有罪,也没有为难李膺。

李膺执法刚直不阿,立即轰动京师,受到"清议"(即名士和太学生组成的另一个士人集团,他们与外戚和宦官两大集团针锋相对,受到当时民众的大力支持)的推崇。太学生都争着去拜见李膺,谁要是被接见了就引以为莫大的荣幸,时称"登龙门",李膺实际上成了反宦官的领袖。宦官视这批知识分子为眼中钉、肉中刺,必欲去之而后快。

第二年,有一个和宦官来往密切的巫师叫张成,他得知朝廷马上要颁布大赦令,就纵容自己的儿子杀人。李膺马上把杀人凶手逮捕起来,准备法办。就在这时,大赦令下来了。张成得意地对众人说:"大赦令下来了,不怕司隶校尉不把我儿子放出来。"李膺听说后立即火冒三丈,他气愤地说:"张成预先知道大赦,故意叫儿子杀人,大刑就轮不到他儿子身上,这是藐视王法。"李膺下令立即将张成的儿子杀了。张成哪肯罢休,他要宦官侯览、张让替他儿子报仇。他们商量了一个计谋,让张成的弟子牢修向桓帝诬告李膺和太学生,"共为部党,诽谤朝廷"。

汉桓帝接到牢修的控告,就下令逮捕党人。除了李膺之外,还有杜密、陈寔和范滂等200多人,均被写进党人的黑名单。朝廷并发出了悬赏通缉令。

杜密和李膺一样,也是敢于跟掌权的宦官作对的官员。两个人的名望差不多,人们把他们连在一起称为"李杜"。李膺下了监狱,杜密当然也就在劫难逃了。陈寔本来是个太学生,颇有名望,也被列入了黑名单,有人劝他逃走。他毫不畏惧地说："我逃了，别人怎么办？我进了狱，也可以壮壮别人的胆。"他独上京城，自己投案，进了监狱。范滂也跟陈寔一样，挺着腰板进了监狱。

被捕的党人在狱里，宦官对他们进行了残酷折磨。他们的头颈、手脚被上了刑具，叫做"三木"，然后蒙住头，一个挨一个地拷打，就这样关了一年多。

第二年，有个名叫贾彪的颍川人，自告奋勇到洛阳替党人申冤，汉桓帝的丈人窦武也上书要求释放党人。李膺在牢里采取以守为攻的办法，故意招出许多宦官的子弟，说他们也是党人。

宦官这才害怕了，对汉桓帝说："现在天时不正常，应当大赦天下了。"汉桓帝对宦官是唯命是从的，马上宣布大赦，把 200 多名党人全部释放了。这批党人虽被释放，但是宦官不许他们留在京城，打发他们一律回家，并把他们的名字通报各地，罚他们一辈子不得做官。历史上称之为"党锢之祸"（"锢"，禁锢之意）。"党锢之祸"实质上是东汉耿直派反对宦官专政要求澄清吏治的斗争，对后代产生深远影响。

不久，汉桓帝死了。窦皇后和窦武商量，从皇族中找了一个 12 岁的孩子刘宏继承皇位，就是后来腐败出了名的汉灵帝。

"党锢之祸"是东汉统治阶级内部争权夺利的斗争。外戚和宦官们骄奢残暴，作恶多端，太学生和名士发起的反宦官斗争在当时有一定的进步意义。自从他们的斗争被宦官击败后，东汉的政权又一次完全被宦官集团所控制，政治也就越来越腐败了。东汉王朝也逐渐走向衰落、灭亡。

蔡伦发明造纸术

蔡伦（？ –公元 121 年），字敬仲，东汉桂阳（今湖南耒〔lěi〕阳）人，是我国造纸术的改革先驱、著名的发明家。

蔡伦出身卑微。公元 75 年入宫为太监，担任职务较低的小黄门。和帝时升任中常侍，掌管宫内杂事，参与朝廷机要大事，成了皇帝的亲信。蔡伦很有才学，为人正直，敢于向皇帝坦率直谏，办事认真尽职，很得朝臣敬重。公元97年,升任尚方令。负责皇宫内的手工作坊,专门为皇帝制造刀剑和其他器物。他制造的刀剑“莫不精工坚密”,成为后世制造刀剑效仿的榜样。

蔡伦富于技术革新精神,在任尚方令期间,最突出的成就是创制了新的植物纤维纸,对造纸术的改进和推广做出了卓越的贡献。

我国是世界上著名的文明古国之一。大约在3500年前就有比较完备的文字,当时的文字刻在龟甲和兽骨上,叫做甲骨文。

到了春秋战国,甲骨等逐渐被竹片和木片所代替,这种用来写字的竹片叫做“简”,木片叫做“牍”。简牍长短不等,短的可以写八九个字,长的可以写三四十个字,因此一部书得用很多简牍。简与牍同甲骨文相比已经便利得多,但是仍然十分笨重,翻阅、携带、保存都不方便。战国时,著名学者惠施出门旅游,带的书简要用五辆车子装载,所以就有了“学富五车”的典故。秦始皇每天批阅的文书达120斤。西汉时,东方朔给汉武帝上书,竟用3000块木片,用马车运进皇宫,由两人吃力地抬进宫内,武帝也费了两个月才看完。这么多的简册,运输、存放都很麻烦,人们曾形容说“汗马牛”,“充栋宇”,因而有“汗牛充栋”的成语。与此同时,人们又用缣帛写字。缣帛是蚕丝的织造物,质地轻,便于书写,但价格昂贵,来之不易,又有谁能消费得起?然而,缣帛的演化和发展却产生了原始的纸。

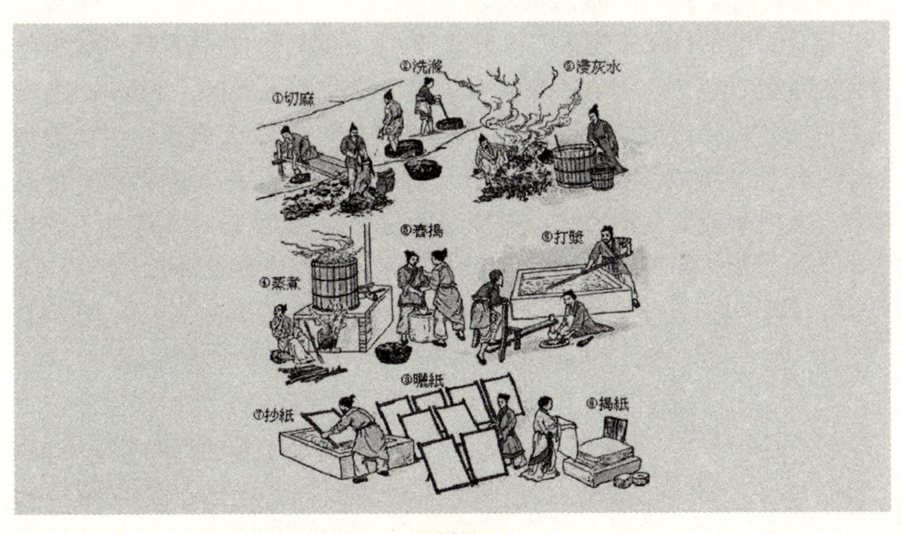

缣帛纸的制作方法是:把蚕茧煮过,放在竹席上,浸泡在水里,再将蚕茧冲洗打烂,晒干即成。缣帛从席上取下,席上还残留一层薄薄的丝绵片,剥下来可用作书写材料。

蔡伦总结了前人造纸方面的经验,经过反复研究,多次试验,终于在絮纸和麻类纤维造纸的基础上,成功地用麻头、破布、树皮、旧渔网等作为原料造纸。利用树皮作原料,更是一个新的发现,它是近代木浆纸的先声,为造纸业的发展开辟了广阔的途径。蔡伦研制发明的多种植物纤维纸很快受到人们的欢迎。

公元105年,蔡伦把这种纸和造纸方法上报朝廷。和帝见后大为振奋,在嘉奖蔡伦的同时,立刻通令全国采用。从此,简牍和缣帛逐渐被淘汰,多种植物纤维纸成为人们书写的主要工具。后来,由于蔡伦曾被封为"龙亭侯",人们便把他组织制造的纸叫做"蔡侯纸"。

造纸术的发明应当说在人类史上具有石破天惊的意义。在此之前,印度人曾用棕榈树叶、巴比伦人和希腊人用过泥版,罗马人用过蜡版,古代埃及人用过纸草。公元8世纪阿拉伯人开始用破布纸,15世纪德意志人才用破布造纸,比蔡伦晚得多。

公元121年(安帝建光元年),邓太后死,安帝立即清查40年前祖母宋贵人被窦皇后诬陷致死的事件,因牵涉到蔡伦,命他投案。蔡伦此时已70岁左右,他耻于受审,遂服毒自杀。

蔡伦发明的造纸术是人类文化史上的一件大事,它是我国古代科学技术"四大发明"之一。它不仅对我国科学文化的发展起了促进作用,也是我们中华民族对世界文明的伟大贡献。多少年来,人们永远牢记着他的丰功伟绩,他的家乡湖南耒阳至今仍有纪念他的庙宇,他墓地所在的陕西省洋县龙亭铺也有供奉他的神庙。不仅在中国,就连日本造纸工人也供奉他为祖师。伴随着纸的存在,蔡伦将永远留在人类的记忆中。

第五章　三国两晋南北朝

三国两晋南北朝是我国封建社会的发展时期，是从分裂割据到短暂统一，然后又割据的时期，是中国历史上一段极为动乱、战争发生频繁的年代。随着东汉政治的腐朽，群雄逐鹿天下，从而出现了三国时的魏、蜀、吴三国分立，其间不乏尖锐的政治较量和军事斗争。最后被司马氏代魏统一，史称西晋。西晋建立政权 30 多年后，由于宫廷内争引起争夺政权的战乱，战争长达 16 年之久，不久就被东晋替代。在两晋时期，先后出现了一些割据政权，史称十六国。东晋灭亡后，我国南方和北方相继建立王朝，南方先后共经历宋、齐、梁、陈四朝，史称南朝，北方共经五朝，史称北朝，最后被隋统一，故史家将南北诸王朝合称南北朝。

三国两晋南北朝虽是中国历史上的混乱时期，但它为全国的又一次统一准备了有利条件，虽然各据一方，但各个统治者为稳固政权，都大力发展社会经济，在农业、商业、手工业和冶炼业等方面都有相当的发展。在文化科学领域中的有几个方面做出了以前历史时期从未有过的贡献。史学在此时期颇为发达，史部著作从经书中独立出来，自成一类，其主要代表作有陈寿所著《三国志》、司马彪所著《续汉书》和彭宏所著《后汉记》。在医学方面也达到了当时世界的顶尖水平，其主要代表人物及著作有：华佗的麻醉术；张仲景的《伤寒杂病论》、《黄素药方》、《疗妇人方》；王叔和的《脉经》；皇甫谧的《针灸甲乙经》等。在诗歌、书法、绘画方面更是举世闻名，其主要代表作有王羲之的《兰亭序》、《姨母帖》、《初月帖》；顾恺之的《洛神赋图卷》、《女史箴图卷》等；陶渊明是中国“田园诗”创始者，其名作有散文《桃花源记》、《五柳先生传》等。在此时期佛教大为流行，一些帝王和贵族花费大量的人力、物力和财力，修建了许多佛寺佛塔，还开凿了著名的云冈、龙门、敦煌古窟。同时出现了杰出的无神论者范缜，著有名作《灭神论》。在数学方面，祖冲之在世界上第一个将圆周率的准确数值算到小数点的后七位数字。另外在天文学、地理学、哲学等许多方面都有卓越的成就，为中国社会文明做出了巨大贡献。

黄巾军起义

东汉末年，政治黑暗，豪强跋扈，宦官和外戚的争权夺利，使得社会很不安定，加深了人民的痛苦。

农民实在没有活路了，只好离开家乡，四处逃亡，形成了一群一群的流民。当农民被逼得走投无路的时候，他们终于被迫打出造反的旗号，开始聚众起义。从汉安帝刘祜在位的时候起，小规模的农民起义已时有发生，到汉灵帝刘宏在位的时候，终于爆发了一次波澜壮阔的黄巾大起义。

黄巾大起义的领导人名叫张角，张角是巨鹿（今河北省平乡县西南）人，太平道的首领。太平道是道教的一派，他们信奉黄太一之神，以《太平清领书》作为他们的经典，宣传“黄天太平”的思想，认为只有到了太平的时代，人们才不愁吃穿，过无忧无虑的日子。

张角本人懂点医道，常常免费给农民治病，病治好了，他就劝人家参加太平道，穷苦百姓把张角看成是自己的救星，为了摆脱眼前困苦的生活，都纷纷信奉太平道。

张角的信徒越来越多，在青、徐、幽、冀、荆、扬、兖、豫八州，太平道的信徒很快就发展到几十万人。张角派弟子去把信徒们组织起来，分为36方，大方一万多人，小方六七千人，每一方都指派一名道领去领导，叫做渠帅。三十六渠帅都听张角的统一指挥。他们预定在汉灵帝中平元年（公元184年）的3月5日，8个州同时发动起义。张角还叫人在首都洛阳地方州郡官府的门上，用白土写上“甲子”二字，标明这些官府衙门是义军首要攻击的地方。

在预定的起义时间前一个月，济南的起义军中出了一个名叫唐周的叛徒，他写信给政府告密，起义的消息泄露了。东汉王朝立即下令逮捕了邺城大方渠帅之一的马元义，在洛阳当众把他杀害。在洛阳受牵连被害的有1000多人，起义者的鲜血染红了洛阳的街头，东汉政府还下令搜捕张角。

张角得知消息以后，当机立断，连夜派人赶去通知各街头的信徒，立

即发动起义。接到张角的命令以后,36 方立即同时发动起义。起义军用黄巾裹头,作为“黄天”的标志,因此被称为黄巾军。

张角自己称为天公将军,他的两个弟弟张宝张梁被称为地公将军和人公将军,他们三个人共同指挥起义军的战斗。起义军每打到一个地方,就焚烧当地官府的衙门,攻打豪强地主的坞堡,捕杀为非作歹的官吏和地主。地主州郡的长官和大地主吓得纷纷逃窜。

汉灵帝见此十分惊慌,派重兵守住洛阳和附近的关口,又派皇甫嵩为左中郎将,朱儁为右中郎将,率领 4 万多精兵来镇压黄巾起义军。

颍川的黄巾军首领波才打败了皇甫嵩,把他围困在长社(今河南省长葛县东),官军看到黄巾军作战勇敢,声势浩大,都十分害怕。不料老奸巨猾的皇甫嵩却看到黄巾军作战缺乏作战经验的弱点,他命令官军趁夜偷袭黄巾军,放火焚烧了波才军营,波才梦中惊醒,赶快整顿队伍,奋勇抵抗,但皇甫嵩、朱儁和骑兵都尉曹操率领官军,早就包围了他们,汝南、陈留两地的黄巾军闻讯赶来援救,也被打败,波才没有办法,只好退往阳翟。

北方黄巾军在张角兄弟的亲自率领下打了胜仗,打败了东汉官府军的北中郎将卢植和东中郎将董卓,汉灵帝赶快命令皇甫嵩从河南北上,夹击黄巾军,但都被黄巾军打得大败,纷纷紧闭各自城门,躲藏不出。

但在战局十分紧张的时候,张角不幸病死,皇甫嵩乘机向黄巾军反扑,他命令官军连夜发动进攻,打破了黄巾军大营,张梁、张宝率领部下奋勇抵抗,3 万多名黄巾军壮烈牺牲,张梁、张宝也先后在战斗中不幸身亡。

黄巾军的主力被东汉政府镇压下去了,但是各地黄巾军仍然坚持战斗了十几年,沉重打击了东汉朝廷的统治。在黄巾军影响下各地农民起义军纷纷崛起,与汉王朝坚持抗战,从根本上动摇了东汉王朝的统治,加速了腐朽汉王朝灭亡的进程,更为下一个清明政治的出现开辟了道路,为我国历史进程的推动做出了贡献。

曹操统一北方

曹操(公元155年－公元220年),字孟德,小名阿瞒,沛国谯县(今安徽亳县)人。曹操是我国汉魏之际的政治家、军事家和文学家。其父夏侯嵩是汉桓帝时大宦官曹腾的养子,故改姓曹。

曹操小时候就机警过人,懂得随机应变,十五六岁时曹操对东汉的腐败情况逐渐有了认识,时常发出“忧世不治”的感慨。他不再沉溺于飞鹰走狗的生活,开始博览群书,勤奋学习。他感到东汉末年正是用武之时,因此特别爱读军事著作。曹操除了潜心读书外,还和很多社会名流交往。南阳郡的何颙和东汉太尉桥玄都很赏识曹操。何颙曾赞叹说:“汉朝将亡,安定天下的一定是这个人!”桥玄也说:“天下将要大乱了,能够安定天下的恐怕只有你了。”当时汝南名士许劭以善于评论人物著称,曹操特地登门拜访,问他说:“我是怎样的一个人?”许劭起初不肯作答,经曹操再三追问,他才说:“你是治世的能臣,乱世的奸雄。”

公元174年,年满20岁的曹操当了洛阳北部尉。当时的洛阳是一座大城,皇亲国戚和达官显贵很多,他们经常为非作歹,但没人敢管。曹操上任后,决心要治理洛阳城北部。他制作了十几根五色棒,并声明无论是什么人,只要触犯法规、禁令,就要挨棒子。当时有一个大宦官叫蹇硕,他叔叔依仗权势,为非作歹。一天,他违反禁令,深更半夜提刀乱闯,正好遇到曹操巡夜,当场被捉住,用五色棒一顿痛打。自此以后,谁也不敢违反禁令,治安有了好转,曹操的威名一下子传了出去。

黄巾起义爆发后,曹操因镇压有功,多次升官。公元192年,曹操打败青州的黄巾军,收编其精锐30万,号为青州兵,这支部队成为曹操日后逐鹿中原的主力。随后,经过一番艰苦的征战,曹操终于在兖州建立了自己的根据地,并被朝廷任命为兖州牧。

公元189年,汉灵帝病死,年仅14岁的汉少帝刘辨即位。并州军阀董卓率军到洛阳,废去少帝另立9岁的刘协为献帝,自封相国,专断朝政。在相当长的时间里,汉献帝成了军阀间互相争夺的一块肥肉。因为谁掌握了他,就等于掌握了统治大权,可以借用皇帝的名义来扩充自己的势力和提高自己的地位。

公元196年,曹操带兵到洛阳,朝见汉献帝。他为了便于控制政权,就借口洛阳破坏太严重,皇帝无法居住,把汉献帝强行迁到许昌,并改年号为建安。从此,他打着皇帝的名义对天下诸侯豪强发号施令,逐渐控制了军政大权。

公元198年,寄居曹操处的刘备突然反对曹操,还杀死了曹操派去的徐州刺史车胄。曹操大为恼火,要亲自率兵东征刘备,但大将们都表示反对说:"目前有实力与我们争夺天下的只有袁绍,现在袁绍正出兵来攻,我们却不去迎战,反而转身东征,如果袁绍乘机进攻我们的后方怎么办?"曹操说:"刘备是个人才,现在不打,必有后患。袁绍虽有大志,但心智不明,办事不果断,暂时不会对我有什么威胁。"

刘备原以为曹操在官渡对付袁绍,不会有什么危险,所以就没什么提防。后来听说曹操亲自东征,吓得只好往北方逃奔,投靠袁绍,刘备的妻子来不及逃跑,被曹操俘获,手下大将关羽也被迫暂时投降。

曹操打跑刘备后,又回师官渡,用火攻的办法将袁绍的军粮全部烧毁,致使袁绍军心大乱,节节败退,主力全部被歼。在官渡战役结束后,曹操缴获了许多袁绍的文书,其中不少是曹军中人士暗中与袁绍往来的信件。他当众烧毁所有的信件,解除了部下的疑惧,表现了他的宽宏和狡诈,为稳定人心起到很大的作用。随后,曹操一鼓作气,统一了北方。

公元208年,曹操回到邺城,担任了丞相一职,独揽朝中大权。同年10月,曹操率军20万,在赤壁与孙权、刘备的联军举行决战,企图一举统一全国。由于曹操的骄傲情绪,低估了孙刘联军的力量,加之指挥上有错误,使得曹军在赤壁之战中受到重大损失。

赤壁之战后,曹操知道短时期内不能战胜孙权和刘备,便采取防御为主的方针,集中力量先破凉州,占据关中。

公元213年,曹操假借汉献帝的名义任命自己为魏公,三年后又进封为魏王,他自己设立了一整套如同皇室一样的统治机构,享受着同皇帝一样的待遇。

公元220年,曹操病死。不久,他的儿子曹丕就废去汉献帝,自己代汉称帝,国号魏,追封曹操为太祖武皇帝。

曹操作为一代枭雄，他的性格固然有狡诈的一面。但他统一北方，挟天子以令诸侯，实际上也为社会的安定做出了重要的贡献。鲁迅先生曾评价曹操说："曹操是一个很有本事的人，至少是一个英雄。"

孙策入主江东

孙策（公元175年－公元201年），字伯符，吴郡富春（今浙江富阳）人，其父孙坚因镇压农民起义有功，被朝廷封为长沙太守。

正当曹操和袁绍争夺北方中原之际，江东一带的孙氏父子逐渐崛起，政治势力和军事力量渐渐强大起来，发展成为江东一霸。

孙坚后来又参加关东联军，讨伐董卓，也因此渐渐壮大了自己的势力，后来在鲁阳（今河南鲁山县）遇上袁术，被袁术封为破虏将军。在袁术和刘表争夺荆州的战争中，孙坚挫败了刘表的大将黄祖，孙坚乘机追击，不料在追击途中被黄祖的一名手下用暗箭射死。

孙坚死后，长子孙策接替他的职务，统帅他的部队，继续在袁术手下尽职。孙策那年仅17岁，袁术看到这个不满20岁的青年，竟能带领军队，很是惊奇。袁术的大将张勋等人也都很敬重这个青年将领。孙策长得英俊，又爱谈笑，而打起仗来勇猛异常，总是一马当先，当时人们都称他为"孙郎"。

袁术虽然在口头上称赞孙策，实际上对他并不重用。孙策想继承父志，干一番大事业，但总感到在袁术手下自己的聪明才干得不到发挥，于是千方百计寻找机会脱离袁术。正巧这时孙策的舅舅（江东太守吴景）被扬州刺史刘繇赶出丹阳，孙策向袁术请求，去平定江东，帮助舅舅解除危难。袁术答应了他的请求。

公元195年，孙策带领1000人马到江东去，以此来开辟自己的地盘，他一路上招募兵士，从寿春到达历阳（今安徽和县）时，已达6000多人。

这时，孙策少年时期的莫逆之交周瑜正在丹阳探亲，听说孙策出兵，就带领一队人马前来接应，这样孙策进一步充实了自己的力量，而且增加了一个得力助手。

孙策带领军队，渡过长江，到达车渚，向刘繇的守军发动进攻。他先后几次打败刘繇的军队，最后把刘繇从丹阳赶走，替舅舅吴景解脱了困境，同时控制了江东大部分地区。

孙策到江东后，严厉整顿部队纪律，不许士兵抢掠百姓财物、侵害百姓利益，因此深得江东百姓的欢迎，不断地把酒肉送到军队中来。为了争取和团结一切可以团结的力量，孙策颁布命令，原刘繇旧部将士中愿意投降参军的，表示欢迎，并且可以免除家庭赋税徭役。命令下达没几天，刘繇的旧部纷纷前来投奔，人数竟达 2 万。从此，孙策的名望及军事力量震撼江东。孙策赶走刘繇以后，又带领军队去攻打江东其他割据势力。时至不久，孙策就陆续平定了这些割据势力。这时孙策的军事力量猛增，已达 3 万人，拥有一大批将领和谋士。江东地区已经没有人能和他对抗了。

公元 197 年，袁术在寿春称帝。孙策这时已经有了自己的地盘，他知道袁术成不了大事，便写信谴责，并和他断绝了关系，独自占据江东地区。当时，曹操早已把汉献帝接到了许昌，利用汉献帝的名义来对付各地的割据势力。他正要征讨袁术，看到孙策反对袁术称帝，便立刻上表，封孙策为讨逆将军、吴侯。

孙策平时爱好打猎，他的部下早就劝告他，不要轻易出去，他认为这个意见很对，但老是改不了自己的爱好。

公元200年，孙策又一次出猎。这天，他追赶一头鹿，一直追到江边，他骑的是骏马，跟从他的人都远远地落在后面。这时原吴郡太守许贡的三个旧部属正好守在江边，孙策见三人神情怪异，心知已遇歹人，于是他顺手一箭，一个刺客立刻被射中跌倒。但孙策也被另外两个刺客射中。

孙策伤势很重，郎中诊断后，说他的病可以治好，但要好好护理，静养百日。孙策本来年轻潇洒，仪态出众，此时他拿起镜子一照，见到自己面貌全非，不禁拍案大怒，面颊上的伤口顿时都迸裂开来。孙策的病情很快恶化，他自知病入膏肓，便把张昭等谋士请来，对他们说："中原混战，我们依靠吴、越地区的人力，长江的险固，足以坐观成败，请你们好好辅佐我的弟弟。"他又把孙权叫到面前，把自己的官印和系印丝带交给他，说："带领江东的人马，在战场上一决胜负，和天下争英雄，你不如我；推举和任用贤能的人，使他们尽心竭力，保住现在的江东，我不如你。"当晚，这位纵横江东的年轻英雄便因伤重逝世，年仅26岁。孙策死后，弟弟孙权接替他的旧部，掌管大权。在张昭和周瑜的帮助下，年仅19岁的孙权继承父兄业绩，担负起巩固和发展江东的重任。

刘备三顾茅庐

官渡大战之后，刘备躲到荆州刘表门下。他忧心忡忡，总想寻找机会实现自己的政治抱负。但由于他并没有多少兵力，也没有政治势力，因此也没有固定的地盘，几年来总是四处奔波劳碌，施展抱负的希望极为渺茫。刘备为了发展自己的势力，实现自己的政治抱负，于是开始四处寻找德才兼备的能人，以求帮助自己创建大业。

有一天，刘备的军师徐庶对刘备说道："在襄阳城外20里的隆中，有一奇士，此人复姓诸葛，名亮，字孔明，是琅琊阳都人，在南阳耕田种地，他住的地方有一座小山岗，名叫卧龙岗，诸葛亮因此自号'卧龙先生'，有经天纬地之才，才学无人能比，是一个绝代奇才，先生若能得到此人相辅，何愁不能平定天下。我建议您亲自去拜访他。"

刘备听到有此贤才，非常高兴，便决定亲自去拜访诸葛亮。

第二天，刘备带着关羽、张飞来到隆中卧龙岗。他们找到了几间茅草房，刘备下马亲自去叩柴门，但出来的是一位小书童，并告诉他们诸葛亮不在，刘备等人只得打道回府，等待下次再来。几天以后，刘备听说诸葛亮已经回来了，忙让人备马，准备再次前往。张飞颇为不满，便发了些牢骚，刘备斥责道："孔明是当世大贤，哪能随随便便派人去召他呢！"张飞见刘备脸上很不高兴，不敢再说什么。刘备又带着关羽、张飞往隆中去了。时值隆冬，寒风刺骨，大雪纷飞，关羽和张飞都很不情愿，张飞忍不住又发起了牢骚："天寒地冻的，这么远去见一个没有用的人。"刘备只得耐心地解释，将自己求贤若渴的态度表明，张飞、关羽无奈，只好陪同前往。于是他们三人顶风冒雪，非常艰难地走到卧龙岗。当他们来到诸葛亮家，才知道诸葛亮又和朋友们出门了。刘备只好给诸葛亮留下一封信，表示了自己敬仰求教之意。

刘备回到新野之后，他一心想着诸葛亮的事，便命人选择吉期，准备再去拜谒孔明。关羽和张飞见刘备还要去卧龙岗，心中不悦，一起来劝刘备，关羽道："哥哥已经亲自去了两次，这礼节已经太过了，我想那诸葛亮可能只是个徒有虚名而无实学的人，因此躲着不敢见您！"刘备道："昔日齐桓公要见东郭野人，去了五次才见到，何况我这是要见大贤呢。"张飞喊道："量他一个村夫，算什么大贤，这次不需哥哥去，他要不来，我拿根绳子把他捆来就是了。"刘备一听，大声斥责道："难道你没听说周文王见姜子牙的事吗？周文王这样的人都如此敬贤，你怎么这么无礼，这回你不用去了，只让云长跟我一起去。"张飞道："既然二位哥哥都要去，我怎能落后。"刘备道："既然你要去，就不能失礼。"张飞只好答应。

三个人又一次来到隆中，为了表示尊敬，离诸葛亮的草房还有半里地时，刘备就下马步行，到了诸葛亮的家时，碰巧诸葛亮在草堂中酣睡未醒，刘备不愿打扰他，就让关张两人在柴门外等着，自己轻轻入内，恭恭敬敬地站在草堂阶下等候。关张在门外等了好长时间，不见动静，张飞气极了，对关羽说："这个先生怎么这么傲慢，等我到草房后面去放上一把火，看他起来不起来。"关羽一再劝止，张飞才没去放火。

刘备又等了很长时间，诸葛亮才幽幽醒来，书童赶紧上前说："刘皇叔在此已等候多时。"孔明道："怎么不早叫醒我，等我去换件衣服再出来。"

魏
曹

胡
蜀
荆州
巴郡
长沙
吴
交州
苍梧

说完进了后堂,又过了好一会,才穿戴整齐地出来。

只见这孔明身长八尺,面如冠玉,头戴纶巾,身披鹤氅,飘飘一副神仙之态。

刘备赶紧下拜说:“久闻大名,曾经两次谒见,都没有遇到。”

孔明道:“我是个疏懒成性的山野之人,将军多次光临寒舍,实在惭愧。”

刘备诚恳地说:“如今奸臣窃取政权,皇帝蒙受侮辱,被迫流亡,汉朝江山一天天衰亡下去,眼看就要崩溃,我不顾自己力量微弱,想要为天下伸张正义,完成统一大业,恢复汉朝的统治。只是我才智疏浅,至今没有一点成就,还希望先生能指点迷津。”

诸葛亮被刘备的诚心所打动,他根据自己多年来研究时事政治的心得体会,向刘备详细讲述了自己的政治见解,提出了实现统一的战略方针:

“自从董卓乱国以来,天下群雄崛起,各霸一方,就以早期的曹操和袁绍相比,曹操名望低微,兵力单薄。但曹操竟能战胜袁绍,这不单是因为曹操的时运好,更主要是曹操善于运用谋略的结果。现在曹操已拥有百万军队,挟天子以令诸侯,目前切不可与他争强斗胜;孙权占据江东,已经三代了,地势险要,百姓归附,贤能的人都愿为他效劳,对他只能联合,不可抗争;荆州是个兵家必争之地,益州民殷国富,素有‘天府之国’的美称,而这两地的主人却没有能力治理它们,那里有本事、有智谋的人都想得到一个贤明的君主,这是上天赐给您的机会。而且将军您是皇家后裔,按辈分来讲又是当朝天子的堂叔,信誉名扬四海,您可以借助这些优势广泛招集贤人名士,让那些有本事的人辅佐你;再者,如果你能占据荆州、益州,在其险要的地方设防,同西边和南边的戎、越人建立好关系,采取安抚和怀柔的政策;对外和孙权结成盟友,对内修政理财,一旦局势有变化,时机对你有利的时候,你就可以命令一位有魄力的将军,率领荆州的部队向宛城进军,将军你亲自率领益州的大军出秦川。如果能这样的话,那么统一全国的大业就可以成功了,衰败的汉朝就可以复兴了。”

诸葛亮一口气说完这番话,又让童子取出一幅画轴,挂在中堂上,指着图对刘备说:“这是西川 54 州地图,如今北边曹操占了天时,东边孙权占了地利,将军想成就霸业,只有占据人和,先取荆州,后取西川建立基业,与曹、孙成为鼎足之势,然后才可向中原发展。"

刘备听完诸葛亮的一席话,顿开茅塞。他赶忙站起来,拱手谢道:"先生之言,使我茅塞顿开,如拨雾而见青天。"

刘备从孔明的分析中看到了自己广阔的政治前景,于是再三拜请孔明出山,帮助他成就大业。孔明摇摇头:"我已习惯农耕生活,实在懒于应付世事,请原谅我不能答应。"

刘备一听,落下泪来:"先生不肯出山,让百姓怎么办呢!"说完,泪流不止。孔明见刘备确有诚意,便说:"将军若不嫌弃,我愿效犬马之劳。"

刘备听了高兴异常,马上把关羽、张飞叫了进来,拜献金帛礼物。孔明百般推辞,不肯接受。

一行人回到新野后,刘备尊诸葛亮为师,同桌吃饭,同屋睡觉,终日讨论天下大事,诸葛亮一到刘备军中就忙着筹划种种建军措施,两人关系一天比一天好,感情逐渐亲密起来,刘备形容他们的关系时说:"我自从有了孔明以来,就好像鱼儿得到水一样。"

文有诸葛、武有关张,刘备如虎添翼,为他此后实现宏图远略,增加了无限的信心和坚实的保证。从那时起,年仅 27 岁的诸葛亮也一心用他的全部智慧和才能帮助刘备实现政治抱负,建立大业,从此刘备才真正拉开了称霸一方的序幕。

火烧赤壁

公元 208 年,即建安十三年八月,割据荆州的刘表病死,他的儿子刘琮继任荆州牧。

曹操统一北方后,于公元 208 年秋天率兵 30 万,南下攻打荆州,刘琮招架不住,举城投降。刘备得知后,率军撤向江陵,但不久就被曹军阻击,大战于当阳长坂,刘备大败,曹军占据江陵。曹操临江屯兵,企图占领江东,而后一举统一南方。他派人给孙权送去了一封挑战书,上面写着:近来奉命征伐有罪的人,旗子向南一指,刘琮束手归顺。现在率领水军 80

万,愿意跟将军在东吴相会,打猎玩玩。

孙权、刘备为各自利益,决定联合起来对抗曹操。孙权派周瑜为大战的总指挥,率3万精兵沿江西上,到夏口与刘备队伍汇合,孙刘联军乘舟一直西上迎敌。孙刘联军到了赤壁(今属湖北蒲圻县),在长江南岸与北岸的曹军相遇。曹操的先头部队眼看南岸的吴军不多,将士们想占个便宜,给它一个迎头痛击,就派了一部分战船去试探一下。不料两军一交锋,曹军就败下阵来,退到乌林,与他的主力部队在一起,和孙刘联军隔江相峙。

曹操的士兵因来自北方,初到南方个个水土不服,很不习惯南方的潮湿气候。再加上不习惯乘船,经受不住战船的晃荡折磨,个个呕吐不止,没多久就病倒了许多人。曹操见士兵们的身体虚弱,心里十分焦急,只好召集谋士们商量对策。

这时,有人献上连环计:如果能将大小战船分别用铁环锁住,大约十几条船一排,每排船上再铺上宽阔的木板,不用说人可以来回走,就是马也可以上船啦。如果这样训练我们的士兵,那么,任凭风刮浪涌,也不会有人生病了。曹操听了,非常高兴,立即下令:连夜打造连环大钉钉住大小战船。效果果然不错,人在船上走如履平地,一点也不觉得摇晃。这时曹操手下大将程昱不无忧虑地说到:"船都连锁在一起,固然平稳,但如果周瑜用火攻,则难以回避,不可不提防。"曹操笑道:"凡是用火攻,必须借助风力,如今正值隆冬,只有西北风,哪来的东南风?如果周瑜用火攻,他在江东,只能是烧他自己,若在春夏,我早就提防了。"众将听后,无不佩服曹操的深思熟虑。

聚集在长江南岸赤壁的孙刘联军见曹操的战船接在一起,阵势浩大,便想用火攻。正在发愁无法将火种靠近敌船时,周瑜手下的大将黄盖主动要求自己假装投降,以便靠近敌船,把火种带过去。

一日,正在操练水兵的曹操,突然接到一封来信。送信人是黄盖派心腹假扮的。曹操拆信细读:"我黄盖受孙氏三代恩宠,一直当着将军,三个主公都待我不薄。只有周瑜、鲁肃两个人,不知道天高地厚,不明事理,硬要拿鸡蛋往石头上碰,非要跟您争个高低。但是天下大事,识时务者为俊杰。拿江东六郡和众多百姓去抵抗百万大军,兵力强弱,这是谁都看得明

白的。我跟他们论理，反被他们打了50军棍。我知道曹丞相深明大义，望您不计前嫌，我愿弃暗投明，誓死报效丞相，洗雪我耻。”

曹操有些不相信地把信翻来覆去地看了又看，怀疑地对送信人说：“你们这是耍苦肉计搞假投降，是不是？”送信人竭力辩白说：“黄将军这次来归顺一是为朝廷效力，二是为报仇雪恨。是非利益摆在眼前，丞相用不着怀疑。”曹操这才相信了他。

周瑜在江东已经将各路人马布置停当，这天周瑜带着众将登上山顶，遥望曹操操练水军，极有次序。忽然一阵大风刮过，刮起周瑜的帅旗，旗角从周瑜脸上掠过，周瑜猛地一怔，大叫一声口吐鲜血，向后倒去不省人事。众将领忙将周瑜送回帐中，求医调治。诸葛亮闻讯后来到周瑜帐中，笑着对周瑜说：“我有一药方，可以治好都督的病。”周瑜一震，忙说：“请先生指教。”诸葛亮提起笔在一张纸上写着：“欲破曹公，当用火攻；万事俱备，只欠东风。”

周瑜一看脱口而出问道：“是啊，可现在正值冬季，何来东风呢？”诸葛亮根据自己对天象的观测，对周瑜分析道：“目前是严冬腊月，西北风是经常的，后天就是冬至，冬的尽头是春的开始，节气变了，到时候，十之八九能起东南风。”周瑜给他这么一说，病完全好了，当即送走了诸葛亮，立刻叫黄盖准备降船。

公元208年冬至那天半夜三更时分，果然刮起了东南风，而且风势越来越猛。

黄盖又给曹操去了一封信，约定当晚带着几十只粮船到北营来投降。黄盖率领20只战船，船上装满干草、芦苇、浇上膏油，上面蒙上油布，严严实实地把船遮盖住，每只船后又挂着3只划动灵活的小船，小船里都埋伏着弓箭手，降船扯满风帆，直向北岸驶去。曹军早已做好了接收粮船的准备，曹操带着几个谋士登上楼船向南瞭望，此时月光映在江水之中，如同万道银蛇，翻波戏浪。这时又忽然瞧见对岸的船队顺风而来，隐隐约约还飘着青龙旗。曹操迎风大笑，异常得意地说："黄盖果然来了。"谋士贾诩皱着眉头说："丞相，大事不好！今天起了东南风，咱们得防备意外。"大将程昱接着说："你看来船轻快得很，绝不是粮船！"曹操一听，大叫一声："哎呀，咱们上了黄盖那老匹夫的当了，赶紧命人拦截他们！"

曹操话刚说完，黄盖的大船就过来了，离北岸约二里左右，只见黄盖大刀一挥，20多条大船一齐着起火来，火焰腾空而起，20多条战船像狂舞的火龙一般，一起撞入曹操的船营之中，顷刻之间，曹军水寨便成为了一片火河。不但水寨里的战船被烧，连岸上的营寨也着了火。一时间，江面上一片通红，漫天彻地。曹军士兵被烧得哭爹喊娘，焦头烂额，全都掉到水里。曹操正在上岸不得，下水不能的紧要关头，幸亏张辽带着一队小船把他救了出来，飞也似的逃走了。刘备、周瑜率水陆两路乘胜追击，杀得曹军死伤了一大半，曹操只好率领残军从小道一直逃回许都。

赤壁之战，以孙刘联军胜利、曹操大败而告结束。这是三国时期以少胜多，以弱制强的著名军事战役，为三国鼎立奠定了基础。

火烧连营

刘备称帝后第一年，头一件要展开的军事大行动，就是由他亲自领军，进攻吴主孙权。

元帅东征，是相当危险的事，但由于关羽、张飞双双死于东吴之手，桃园三结义，如今仅剩孤零零刘备一人，此仇不报非君子。因此尽管部属劝他三思，仍无法动摇他东征孙权的决心。

面对蜀汉的4万大军，以及顺流而下的船艋，东吴则推出年轻的儒将陆逊迎敌。陆逊虽然只是一介书生，不谙武艺，但深通兵法。他的策略是以静制动，任凭刘备如何挑战，坚守不出。

刘备大军沿着长江南岸，翻山越岭，直逼东吴的军事重镇夷陵。吴国将领纷纷请求迎战，陆逊却不动如山。他认为，刘备目前锐气正盛，而且扎营高处，据守险要，此时出击，就算获胜，也无法取得决定性胜利；万一失败，所付出的代价谁也承担不起。所以当今之计，还是一个字"守"。

吴国将领都以为陆逊怯懦，心里十分不快。陆逊不以为意。和刘备从二月一直对峙到六月。

刘备这边渐渐按捺不住了。他命吴班率领数千兵力在平地扎营。吴军将领觉得机不可失，要求迅速攻击，而陆逊又以其中有诈为由不动声色。陆逊和其他将领在阵中观察，几天后果然看到数千兵力从山谷中走出。所有的将领这才明白，原来是刘备的诱敌之计。

刘备一等再等，等不到攻击的机会，便放弃水陆并进的计策，下令水军撤退到岸上，处处结营。始终按兵不动的陆逊，终于决定对蜀军发动反击，一洗长期以来的憋气。

然而，一向主张尽速出兵决战的各位将领，对这项迟来的攻击令并不以为然。他们认为："要攻击，一开始就得行动。搞到现在，敌军已经深入五六百里，和我军相持七八个月，每个要害的兵力都已经部署完善，我们攻击讨不到便宜。"

陆逊回答说："刘备老奸巨猾，作战经验丰富。当他刚抵达时，阵脚不稳，但相对的，他一定全神贯注，考虑周到，应付他反而不容易。如今驻屯已久，没什么战果，兵卒疲累，士兵低落，更谈不上策略规划。此际才是击败他们的时机。"

尽管如此，诸将领心中仍然不服，尤其在派出一支队伍试行攻击受挫后，更令人不禁对陆逊的自信深表怀疑。陆逊不理会这些冷言冷语，他胸有成竹地告诉大家，他已有万全破敌之计。

这个破敌之计，就是火攻。

刘备的军营连连不绝七百里，气势上固然相当唬人，但是在陆逊眼中，这其实是刘备的致命伤。因为当时正值酷暑，刘备为求凉爽，扎营在树林旁，非常适合火攻。而且营寨延伸过长，犯下兵家大忌，失败在所难免。

一切发展果然如陆逊所打的如意算盘。东吴大军带着茅草和火攻器具，攻入蜀汉军营，顺风放火，刘备阵营陷入一片火海，高级将领投降的投降，被杀的被杀，四十几个营寨被攻破。刘备抱头鼠窜、一路撤退，所有的军需物资、武器、船艋，丧失殆尽；将士尸首浮在江面，顺流而下，与几个月前刘备率领着船队浩浩荡荡东下相比，真是此一时，彼一时也，令人悲叹不已。

刘备在后卫部队的保护下，逃到白帝城。原应乘胜追击的陆逊，顾虑到魏王正在集结部队，可能会来个鹬蚌相争，渔人得利，对吴国不利，因此放弃追击。刘备总算拾回一条命。性命虽保，但元帅东征，却落得这般下场，情何以堪。悲愤之余，健康大坏，不久就病逝了。

诸葛亮七擒孟获

陆逊火烧连营，刘备惨败，逃到白帝城一病不起，最终死于白帝城。同年，蜀国后主刘禅继位。

后主刘禅继位之后不久，南蛮王孟获便带兵不断侵掠蜀国边境。公元225年诸葛亮亲自带领蜀兵50万前去征讨，以赵云、魏延为大将，率马岱、马谡、王平、张翼等长驱直入攻向南中。

孟获是南中地区(今四川大渡河以南和云南贵州一带)的酋长，他英勇善战，为人侠义，在南人中很有威望。他听说蜀兵南下就率军迎战，见蜀兵队伍交错，旗帜杂乱，心中暗想诸葛丞相也不过如此。于是带兵冲出阵去，对方王平上前迎战。没有几个回合，王平回头就跑，孟获紧追不舍，一口气追赶了20多里，忽然喊声四起，左有张嶷，右有张翼，截断了退路。南兵大败，孟获死命冲出重围，不料前面又有一队人马拦住去路，原来是大将赵云，孟获听说过赵云的厉害，慌忙带领几十个骑兵逃进山谷。前边路狭山陡，后边追兵渐近，孟获只得丢下马匹爬山，忽然又是一阵鼓声，原来诸葛亮早就调查了这一带地形,派魏延带领500人在这儿埋伏,结果不费劲儿就活捉了孟获。

孟获被押至帐中,诸葛亮问:“现在你被我活捉了,你心服吗?”孟获不服,诸葛亮笑着说:“你既然不服,我放你回去如何?”孟获答得倒也干脆:“你要是放了我,我重整兵马,和你决一雌雄,那时再当了俘虏,我就服了。”诸葛亮立即让人给孟获松绑绳,放出营帐。

诸葛亮放了孟获,众将领都不理解,问诸葛亮为何放了孟获。诸葛亮笑着说:“我要想抓他,如同探囊取物,但只有降了他的心,他才不会再反。”诸将领都不相信诸葛军师能让孟获从心里归顺。

孟获回寨以后,重整军马,孟获派两个手下再去迎战,但他们又打了败仗。孟获一气之下把他们痛打了100军棍。这两人一怒之下,晚上带了100多名南兵,冲进孟获的营帐,把喝醉了的孟获牢牢绑住,献给了诸葛亮。

诸葛亮笑着对孟获说:“你曾经说过,再当俘虏就服了,现在还有什么话说?”孟获振振有词道:“这不是你的能耐,是我手下人自相残杀,怎么能让我心服呢?”诸葛亮胸有成竹地说:“好吧!我再放你一次。”孟获说:“我虽然是蛮人,可也懂得兵法,如果丞相真的放我,我一定和你决一胜负。要是再当了俘虏,就真心归顺于你。”诸葛亮命令手下给孟获松了绑,又带他出营观看蜀军如山的粮草和明亮的刀枪。孟获则一边走,一边注意各个营寨的位置和情况,参观完后,诸葛亮亲自为他送行。

孟获回到本寨,对弟弟孟优说:“我已经知道了蜀营的虚实,现在可以一举打垮蜀军了!”两人当下定了一个计谋。

次日,孟优带着100多名南兵,抬着许多金银珠宝来到诸葛亮的大营。说此次送礼是感谢诸葛亮不杀之恩,孟获在家中收拾整理其他财物,明日再来归降。诸葛亮早知他们是诈降而来,当下杀牛宰羊,设宴款待,并利用药酒将他们全都迷倒在地。当晚,孟获带人前来劫寨,他原以为诸葛亮没有防备,又有孟优做内应,肯定可以活捉诸葛亮。谁知诸葛亮早有防备,孟获再次陷入诸葛亮的圈套,第三次当了俘虏。

诸葛亮笑着对孟获说:“这回服了吗?”孟获仍然不服地说:“这是因为我弟弟贪杯误了我的大事,怎能心服!”诸葛亮说:“那就再放你回去!”说

罢，把孟获兄弟连同所有的兵将全部放回。

诸葛亮统领大军，在泸水河南岸建起大营，等待南兵。果然，孟获带领10万蛮兵气势汹汹地杀来。诸葛亮见南兵狂恶气盛，下令全军回营坚守，不得轻举妄动；同时派赵云、魏延带兵沿河下游绕到孟获后方。几天后，诸葛亮弃营退回泸水北岸。孟优指着空寨里的无数粮草对孟获说："诸葛亮一向诡计多端，这次又怕有计。"孟获却自以为是地说："诸葛亮丢下辎重匆匆离去，一定是蜀中有急事发生。昨晚他的寨中虚设灯火，定是怕我知道他要撤军而来攻打他，我们快去追赶，不能错过机会。"

这天晚上，狂风大作，蜀军突然杀了一个回马枪，蛮兵毫无准备，惊慌失措，自相冲突。孟获想带兵往后撤退，却被赵云拦住，此时，北、西、南三处都是火光，孟获只得向东逃跑，身边就剩下几十个人了。刚刚转过山口，只见面前一片茂密的林子，几十个蜀兵簇拥着一辆四轮小车从林中出来，诸葛亮端坐车上，哈哈大笑，说道："蛮王孟获，你已大败，还是趁早投降吧！我在这里等候多时了！"

孟获听了大怒，一马当先，挥刀向诸葛亮的车子冲去，只听"扑通"一声，孟获连人带马一起掉进陷坑，第四次被捉。

这次诸葛亮一反往常，生气地说："手下败将，拉出去砍头！"刀斧手推出孟获，孟获满脸愤怒，毫不畏惧，还回过头来说："如果你要是再敢放我一回，我一定能雪耻四次失败之仇！"诸葛亮哈哈大笑，命令刀斧手给孟获松绑，还在帐中用酒食招待，然后把他又放了。

就这样捉了又放，放了又捉，当第七次捉住孟获后，诸葛亮命人将他押入军营帅帐之中，等候发落。这回诸葛亮也不和孟获说话，还给他解了绑，将他送到邻帐饮酒压惊，然后派人对孟获说："丞相不好意思见你了，让我放你回去，准备再战。"孟获听了这话，来到诸葛亮面前，跪倒在地，说道："七擒七纵，自古未有。丞相天威，南人发誓永不造反。"诸葛亮问道："你果真服了吗？"孟获哭着说："我们子子孙孙都感谢丞相再生之恩，怎么能不心服呢！"于是，诸葛亮请孟获入上帐，摆下酒宴，庆贺民族的友好。诸葛亮当场封孟获永远为南人洞主，蜀兵占领之地，全部退还。孟获及家人感恩不尽，欢天喜地地回去了，诸葛亮则率领大军凯旋而归，后主刘禅和满朝文武大臣都到城外迎接，老百姓对诸葛亮七擒孟获的智谋赞叹不已，并相互传颂。

诸葛亮挥泪斩马谡

公元228年,诸葛亮为扩大蜀国版图,早日立下霸主之业,便亲自带兵讨伐中原,在祁山安营扎寨,忽然听到军细来报:“魏国重新起用司马懿,并封为平西都督,令其率20万大军,出关与我军相抗。”诸葛亮不由提高了警觉,因为他深知这个司马懿绝非等闲之辈。

魏军出发前,司马懿对其先锋张郃说:“秦岭之西有一条路,叫街亭;旁边有一座城,名叫列柳城。这两地是汉中的咽喉之处。诸葛亮定会在此地驻军。我们径直去取街亭,诸葛亮知道我们断了他的要路,绝了他的粮道,必然连夜奔回汉中。他若回兵,我们便从小路出兵截击,定能全胜,若不回,我们便将各路口把守住,一月无粮,蜀兵就会坚持不住,诸葛亮只能束手就擒。”

诸葛亮在祁山料定司马懿出关,必取街亭,切断蜀军的咽喉之路,连忙召集诸将来布阵。参军马谡自愿请战去守街亭。

诸葛亮沉吟道:“街亭虽小,但它是咽喉要道,如果失去街亭,我军的粮道就会被切断,关系重大,倘若有失,我们将会全军覆没。你虽深通谋略,但一定要切记谨慎用兵啊!”

马谡满不在乎地说:“我自幼熟读兵书,哪能连个街亭也守不住。”

诸葛亮还是不放心,说:“你不可轻敌,司马懿不是等闲之辈,张郃也是魏之名将。”

马谡对诸葛亮的话有些不满,便说道:“不用说司马懿、张郃,就是曹睿亲自来,我也不怕,丞相若不放心,我愿以全家的性命担保!”

诸葛亮对马谡说:“既然这样,我给你 25000 精兵,再派一员大将助你。”说完,吩咐王平,“你平生谨慎,我把辅佐马谡的重任交给你,你一定要小心行事。安好营寨,便画一张地图派人送来,凡事两人商议停当才行,切不可草率,如能守住街亭,就是取长安的第一功,切记!”

二人拜辞走后,诸葛亮还是不放心,又叫来高翔、魏延、赵云等各率兵马屯扎于街亭后面,以备应急之需。

马谡、王平来到街亭,看过地势,马谡笑着说:“丞相真是多虑,这样偏僻的山间,魏兵如何敢来。”王平说道:“不管魏兵来与不来,都要在这路口扎寨,让士兵伐木筑起栅栏,做长久的打算。”马谡不以为然地说:“这路口岂是安营之地,此处侧面有一座孤山,山上树很多,这是天赐之险,可以在山上屯兵。”

王平道:“我跟丞相打了多年的仗,丞相给了我不少指教。我看此山是绝地,如果魏兵断了我们的汲水之路,我们将不战自乱。”马谡不高兴地说:“孙子云:‘置之死地而后生。’如果魏军断了我汲水之道,蜀军还能不死战?我自幼熟读兵书,连丞相有事也爱问我,你就不要多说。”

王平见怎样劝马谡也不肯听,只好说:“若参军一定要在山上设寨,就分一部分兵给我,我在山下安一小寨,倘魏兵前来,彼此也可照应。”

司马懿见蜀兵都屯在山上,便高兴得大声笑道:“真是天助我成功。”司马懿带了百十人亲自去将地形察看了一遍,然后又派人打探诸葛亮派谁守街亭,听说是马谡,司马懿笑道:“徒有虚名,不过是个庸才,孔明用这种人,哪能不误事!”

司马懿派张郃带一支人马去挡住王平,又令申耽等带兵围山,先切断了马谡的汲水道路,让蜀兵自乱,然后乘势攻打。

第二天清晨,张郃带兵先去拦截王平,司马懿带大队人马,把山四面团团围住,马谡和蜀兵从山上往下看,只见魏兵漫山遍野都是,蜀兵几次突围都失败了。马谡无奈，只得命令大军紧守营寨，等待援兵。

王平在山下，听到这边杀声震天，忙带军来援救，半路遇到张郃，两人战了数十回合，王平终因势单力薄，战不过张郃只得退了回去。

司马懿大兵围山，山上两天无水，蜀兵吃不上饭，营寨乱成一团。司马懿见蜀兵营中已经大乱，便让魏兵沿山放火。这下，山上的蜀兵更加慌张，马谡自知守不住，只得带领士兵从西边拼命杀出一条路逃下山去。魏兵趁势攻杀，将蜀兵几路援军全部打败，这样，街亭、列柳城先后失守。

街亭失守后，蜀兵形势危险，诸葛亮只好率兵退回汉中。

却说马谡逃回后，自知罪过之大，就先让人把自己的双手绑住，进帐跪下。诸葛亮脸色铁青地说："我再三叮嘱你，街亭是蜀军得失胜败的关键所在，你以全家人的性命，领受了这个重任。现在，你不听王平的劝说，招致了全军的败退。丢城失地，损兵折将，全都是因为你的罪过。如果不按军法办事，今后怎么能服众呢？"说罢，命令刀斧手：推出去斩首！

马谡哭着说："丞相啊！您一向待我像亲生儿子一样，我也把丞相当作父亲，我犯了死罪，死而无怨，只是希望您能把我的儿子培养成材，我就能安眠于地下了。"说罢，放声大哭。诸葛亮本来很爱马谡之才，这时就一边流着泪，一边对马谡说："我和你有兄弟般的情谊，你的儿子就是我的儿子，放心吧！"说着，命左右将马谡推出辕门之外，刀斧手正要开刀问斩，却被刚从成都赶回的蒋琬喝住，他转身进帐为马谡求情。诸葛亮流着眼泪说："从前孙武之所以能制胜天下，是因为他军法严明，现在四方纷争，兵戈不断，如果我们乱了军法，怎么能克敌制胜呢？"就这样，诸葛亮挥泪斩马谡，严肃了军法纪律。当刀斧手把马谡的头端来查验，诸葛亮却失声痛哭起来。众官劝解，诸葛亮哭着说："我不是为马谡而哭，我是想先帝在白帝城临终之前，曾经嘱咐我说：'马谡言过其实，千万不要委以重任。'我深深地悔恨自己不善于看人、用人，今天想起了先帝的话，怎么能不伤心呢？"

诸葛亮把马谡安葬之后，亲自向后主刘禅上书，承认这次因用人不当而造成北伐失利的过错，并且诚恳地请求把自己的官职降了三级。

孔明巧设空城计

且说诸葛亮斩了马谡后，就赶紧布置全军速撤的计划。当时，关兴、张苞、马岱等武将全部分派出去，诸葛亮身边只剩下了500兵士，他又分出250人搬运粮草，西城只留下250人。正在这时先后有十余骑飞马来报：司马懿带着15万大军向西城径直而来。

此时，诸葛亮身边只有一班文官和少数的老兵，众人听到这个消息大惊失色。诸葛亮登上城墙远远望去，只见烟尘冲天，魏兵分两路向西城杀来。诸葛亮为稳固军心，他神态自若地走下城来，传令将旌旗都从城上收起，诸军各守营寨，有擅自出入和大声说话的，立即砍头！又命人将四面的城门全部打开，每个城门口都派出20名士兵，装扮成老百姓，洒水、扫街。“当魏兵来到时，不要惊慌，不要逃跑，丞相自有办法。”一切安排妥当，诸葛亮又披上鹤氅，带着两个小书童，搬着一架琴，在城楼上点上两炷香，挨着栏杆坐下，神情悠然地弹起琴来。

魏军的先头部队来到西城城下，看到这种情况，飞马回报，开始司马懿听了并不相信，他让三军暂时停止前进，亲自飞马向前，果然见诸葛亮端坐城楼焚香弹琴。两个童子，一个在左，手捧宝剑；一个在右，手挥拂尘。再看城门内外，有大约20名百姓，低着头，认真地洒水扫地，旁若无人，没有一点兵临城下的惊慌气氛。司马懿看后，立刻下令：“后队变前军，前军变后队，火速向北山的山路撤退。”司马昭对父亲说：“莫非是诸葛亮城中无兵，故意迷惑我们？”司马懿摇头道：“诸葛亮办事，历来谨慎严密，从来不肯干冒险的事。今天却四门大开，城内必然有埋伏。我们如果进城，一定中他的诡计。不要耽误时间了，赶快退兵吧！”就这样，两路魏兵一下子就向北边全速退回去了。城头上的诸葛亮从表面看来泰然无事，手心里却捏了一把汗。他看司马懿撤退了，不由得拍手笑了起来。

城里的文官们，无不又惊又喜，诸葛亮笑着对官员们说：“司马懿为人我是很了解的，他知我平生从不冒险行事，而今天却稳坐城头，城门洞开，就怕我城内埋伏奇兵，所以撤退了。今天之所以冒这个险，完全是不得已而为之。敌众我寡，如果弃城而逃，走不了多远就会被人家追赶上，就都成了司马懿的俘虏了！现在司马懿必然向北山小路撤退，我早就派出关兴、张苞在那里等着他呢！”说完，诸葛亮马上下令：向汉中全速撤退！

司马懿后来得知诸葛亮使的是空城计，心中郁闷了好多天，一直后悔没有杀进城去。

司马懿称病谋反

刘备死后几年，诸葛亮也病死了。这样，蜀汉就对魏国采取只守不攻的策略，吴国也是安于现状。魏国虽日益强大，但内部的矛盾却也在加大。

司马懿是魏国的大将，先后在曹操和魏帝曹丕手下担任过重要职位。司马懿本人才智出众，能文能武。他在曹操当权的时候，曾经帮助曹操推行屯田制。曹操的儿子曹丕废掉汉献帝，自立为帝，司马懿也帮助出过主意，造过舆论，立了大功。因此，他得到曹丕的信任，掌握了军政大权。司马懿在执政期间，除了几次指挥对蜀、对吴的战争以外，还办了两件大事：一是广开漕渠，引黄河水进入汴河，扩大淮北地区的水利灌溉，开辟了许多水稻田，发展了农业生产；二是带领 4 万人马去进攻辽东，消灭了盘踞在那里几十年的公孙氏割据势力，解除了曹魏政权的一个隐患。他在这些事业中赢得了很高的声望。

魏明帝曹睿病重时，把司马懿和皇族大臣曹爽叫到床边，嘱咐他们二人要齐心协力辅佐太子曹芳。魏明帝死后，曹芳即位，号称魏少帝，司马懿当了太尉，而曹爽做了大将军。曹爽这人没有什么政治军事才能，却依仗自己是皇帝宗室，力图排挤司马懿，独揽大权。这样，两人的矛盾日益加深，一场争夺权力的政治斗争，终于在曹魏统治集团内部展开。

曹爽因司马懿功高望重，起初还不敢专断独行。但不久，他引用心腹何晏、邓飏等人掌管枢要，并奏请曹芳提升司马懿为太傅。太傅是皇帝的老师，地位很高，但却是一个闲职。司马懿表面上升了官，实际上却被削了权。曹爽又安排自己的弟弟曹羲担任中领军，率领禁兵；曹训任武卫将军，掌握一部分军队。司马懿看到曹爽专擅朝政，很是不满，索性推称风痹病复发，不参与政事，但是暗中却联络心腹，等待时机，准备清除曹爽。

司马懿离开朝廷后，曹爽更加肆无忌惮，密谋夺取皇位。曹爽还怕司马懿不是真的有病，适巧自己的心腹李胜调任荆州刺史，于是就命李胜到司马懿那里，以辞行为名进行探察。李胜到了太傅府，求见司马懿。司马懿装出重病的样子，没有立刻出来迎接。过了一会儿，里面传出话来，请客人进去。李胜进去一瞧，司马懿坐在床头，身上盖着被子，两个使唤丫头伺候着他。李胜本想上前去向他问好，正想开口，不料司马懿突然连连咳嗽了一阵子，上气不接下气，满脸老泪纵横，几次张嘴想说什么，但总是说不出来，好像喉咙被什么东西给卡住了。过了一会儿，他又咳嗽了几声，慢慢地抬起手来，哆里哆嗦地指着嘴，好像口渴要喝什么似的。一个使唤丫头马上把准备好了的一碗粥端给他，他不用手去接，把嘴凑到碗上，就这么喝着，没喝上几口，粥都流下来，胡子上、衣襟上全是，那个丫头替他擦了擦。李胜见他这么可怜，不知道该怎么安慰才好。司马懿喝了几口粥，就不要了，接着慢噎噎地对李胜说："人生总有一死，像我这样年老体衰，多病多痛的，死了倒也少受点罪。我就是放心不下两个不肖子，以后还得依赖你们多多照顾。你见到大将军，千万请他包涵点。"说完了这些话，他好像支持不住，只好躺下来。李胜回去后，把这次相见的情况一一告知，并说："司马公形神已经离散，只剩下一口气，不必担忧了。"曹爽满心高兴，对司马懿不再防备。

司马懿和他的儿子司马师于是加紧策划政变。当时，司马师担任中护军，掌握了一部分军队，还暗中蓄养了3000名敢死之士，待机而动。

公元249年新春，少帝曹芳按规矩到高平陵去祭祀他的祖父，曹爽和他的兄弟曹羲等人也一道前往。曹爽他们出了南门，司马懿的"病"就好了。立刻带着他的两个儿子司马师和司马昭率领自己的兵马，借着皇太后的命令，关上城门，占据武库，接收了曹爽曹羲的军营，同时奏请皇太后废除曹爽兄弟。司马懿屯兵洛水浮桥，阻挡曹爽等人进城，并马上派人把奏章送到高平陵去。

曹爽接到了司马懿的奏章，不敢交给曹芳，又想不出对策。正在这时，曹爽的心腹大司农桓范逃出洛阳，赶到曹爽那里，劝他把皇帝送到许昌，征召四方军队，反对司马懿。曹爽犹豫不决。桓范从半夜讲到天明，曹爽兄弟始终不吭声。

司马懿又派人来了，这回来的是曹爽一向信任的殿中校尉尹大目。他说："太后有令，大将军革职免官，保留封爵。司马公指着洛水发誓，只要大将军交出兵权，绝不为难你们。"曹爽听了尹大目等人的劝告，决计接受司马懿提出的条件。

曹爽交出兵权，回到洛阳侯府家中。司马懿把少帝曹芳接到宫里去，当天晚上派兵包围了曹爽府第，在四角搭上高楼，叫人在楼上察看曹爽兄弟的举动。

几天过去了，没有事发生。但曹府内粮食不多了，饭菜也没了，曹爽就派人送信给司马懿，要求接济，并以此来试探司马懿的用心。司马懿假装吃惊的样子，立即派人送上大米一百斛，还有干肉、豆豉、大豆等。曹爽收到这些吃的东西，还很感激地说："司马公果然没有害我们的心思！"

又过了几天，局势突然紧张起来。司马懿派遣几个心腹化装后到皇帝面前告发曹爽一党谋反，廷尉就把曹爽兄弟、心腹包括桓范都下了监狱，定了个大逆不道、企图谋反的罪名，把他们全部满门抄斩，财产一概没收。曹爽死后，司马懿担任丞相，掌握了魏国的军政大权。由于曹爽等人的懦弱，司马懿政变成功，奠定了西晋建立的基础。所以司马炎篡位后，司马懿就被追尊为晋宣帝。

八王之乱乱华夏

“高平陵”政变之后，司马懿实际上已经控制了曹魏的政权。司马懿死后，他的长子司马师代父执政。司马师为巩固政权，废魏主曹芳为齐王，拥曹丕之孙曹髦为帝。第二年，司马师病死，其弟司马昭代兄辅政。魏主曹髦极为不满，于公元250年密谋讨伐司马昭，不料却被手下倒戈刺死。曹髦死后，司马昭又立曹操之孙燕王曹宇之子曹奂为新君。

司马昭接着灭亡了蜀汉，威信大大提高，可是他还没来得及把曹魏的皇帝赶下台就病死了。其子司马炎继为晋王。司马炎手下得力的大臣共同请求司马炎即位，司马炎还再三推辞。到了公元265年，司马炎终于当上皇帝，国号改称为晋，历史上叫做西晋。司马炎就是历史上的晋武帝。15年以后，司马炎出兵灭亡东吴，统一了天下，中国又出现了一个为时不长的统一局面。

晋武帝统一中国后，为了保住司马氏的天下，吸取了曹魏的教训，为确保皇权稳固，大封自己的子侄兄弟做藩王，控制天下，以此来巩固皇室。然而，晋武帝没有想到，握有兵权的诸王野心越来越大，最后反而酿成大祸。

晋武帝死后，晋惠帝司马衷即位。晋惠帝是个傻子，情理不分，只会玩耍。有一次，臣子向他汇报老百姓没有饭吃、很多人饿死的情况，希望他下令赈济灾民，结果他说了句令人哭笑不得的话：“没有饭吃，为什么不去吃肉呢?”这样的人当然不会管理国家，于是军政大权就落到杨太后的父亲杨骏手中。

杨骏结党营私，排除异己，引起皇后贾南风与晋宗皇室的强烈不满。贾后不甘心让杨太后娘家人掌权，就暗中等待时机。不久，皇宫卫队头目郎孟观、李肇因为杨骏对他们高傲无礼，密谋杀掉杨骏。贾后的心腹太监董猛将二人引荐给贾后，为了慎重，贾后叫他们联系宗室诸王。

诸王早已心怀鬼胎，楚王司马玮随即请旨进京。司马玮刚到京城，贾后就立即以惠帝名义下诏，宣称杨骏谋反，命令皇宫卫队配合司马玮兵围杨骏太师府。杨骏措手不及，被司马玮一剑刺死，三族皆灭，凡依附杨家的官员，无一幸免。贾后决定斩草除根。杨太后曾在杨骏危难之时，以帛为书，用箭射出皇城向外求援，后被宫外卫士拾得，送与贾皇后。贾皇后以此为借口，让惠帝下诏将太后废为庶人，囚禁起来，几天后杨太后绝食而死。贾后除掉杨家势力后，为稳大局，召汝南王司马亮入朝辅政。

司马亮也是野心勃勃之人，他不愿做皇后的傀儡。贾后深感诸王难以控制，竟起除掉诸王之心，先让惠帝下诏，派司马玮杀了司马亮全家。接着，贾后又矫诏，以司马玮擅杀朝廷重臣的罪名，将司马玮诱捕，押送刑场处死。这样，八个王被除掉了两个，贾后夺得了西晋全部大权。

可是贾后没有生儿子，她为了稳固自己的大权就假装怀孕，暗地里把妹夫韩寿的儿子抱来，当作自己生的儿子。不久贾后就商议废掉太子，并且派人把他毒死，立自己的儿子做太子。

这个消息传出去以后，宗室中人人愤怒，料想贾后的目的是篡夺司马氏的天下，所以就都起来反对贾后。赵王司马伦当即领兵入宫，派齐王司马冏废掉贾后，囚禁于金墉城。接着毒死贾后，废掉晋惠帝，自己称帝。镇守许昌的齐王司马冏听说赵王司马伦当了皇帝，心里很不服气，就向各处发出讨伐司马伦的檄文，号召大家起兵。成都王司马颖、河间王司马颙也有夺取政权的野心，他们和齐王司马冏联合起来，攻打司马伦，司马伦的部队在战斗中几乎全军覆没，正在危难之时，部下又突然倒戈，司马伦弃城出逃，后被追兵所杀。

齐王司马冏进入洛阳，他怕司马颖和司马颙来跟他争权，就假意让晋惠帝恢复皇位，并让惠帝封他为大司马，在幕后操纵政局。司马冏辅政后，独揽大权，沉湎酒色。长沙王司马乂借机起兵讨伐，司马颖、司马颙遥相呼应。司马冏众叛亲离，与司马乂交战三日，兵败被杀。司马乂乘机入朝辅政，控制朝政大权。司马颙本想让司马乂与司马冏两人争斗，自己伺机坐收渔翁之利。不料司马冏那么不经打，司马乂胜利得那么快。他恼羞成怒，随即发大兵讨伐司马乂，与司马颖联合，大举进攻洛阳。

公元 303 年，发生了诸侯乱政时期最为激烈的一次厮杀。这场残杀，双方动用人马近 30 万之众，血流成河。正在双方打得难分难解的时候，正在洛阳城里的东海王司马越想乘机捞一把，就利用皇城的禁卫军，在夜里捉住司马乂，把他用火活活烧死。而成都王司马颖也就乘机进入洛阳，做了丞相,控制了政权。东海王司马越认为自己杀司马乂有功,却没有得到什么好处,很不甘心,就假借惠帝的名义,起兵讨伐司马颖。司马颖已领兵回藩地,迎面一场恶战后,司马越的北伐军全军覆没。惠帝连中三箭,被俘到司马颖的封地,司马越逃往封国。

这时候,跟司马颖有仇的幽州刺史王浚,不甘心让司马颖控制政权,就联合鲜卑族、乌桓族,起兵攻打司马颖。司马颖见王浚的力量大,就派人去匈奴,请匈奴左贤王刘渊来助战。结果,王浚还是打败了司马颖。司马颖挟持着惠帝到了长安。

此时的长安已在河间王司马颙的掌握之中,他当初虽然和司马颖联合过,可现在看到司马颖兵败势穷,就乘机排挤司马颖,把惠帝控制在自己手里,独揽朝政大权。被司马颖打败逃走的东海王司马越见王浚的势力大,就联合王浚攻打关中。他打败司马颙以后,进入长安,把惠帝和司马颖、司马颙全都带回到洛阳。不久,司马越先后杀死司马颖、司马颙,惠帝也被毒死。于是,司马越拥立司马炽做皇帝,历史上叫晋怀帝。

晋怀帝把即位的这一年改年号为永嘉元年(公元307年)。至此,8个王围绕惠帝皇权争夺的血战暂告结束。“八王之乱”时间长达16年,死了7个王,削弱了西晋的力量,西晋从此便一蹶不振,又加上少数民族乘乱进攻中原,西晋王朝从此便再也没有什么起色了。

名将祖逖

祖逖是范阳人。父亲祖武,曾任上谷太守。祖逖幼年丧父,生活由兄长照料。祖逖小时候不爱读书,性格刚强,为朋友可以两肋插刀。为人慷慨大度,经常以兄长们的名义,用家中谷米、布匹救济穷人。

祖逖青年时代开始刻苦读书,胸怀大志。24岁时,祖逖担任司州主簿之职。他有一个共事的人,叫刘琨,两人意气相投,成为莫逆之交。他们在一起经常谈论国家大事,发誓要效仿古代圣贤,成为安邦定国的人才。一日,他们谈得很晚,便抵足而眠。闻到荒鸡打鸣,祖逖猛然惊醒,用脚蹬刘琨,叫醒他说:“你听,这不是荒鸡的叫声吗?恐怕这是邪恶之音,兵起之象，天下就要大乱了，我们可不能睡安稳觉了。”于是两人下床，取过双剑，在庭中月光底下对舞起来。

公元311年，汉国刘聪派大将王弥、刘曜攻陷洛阳。公元316年，匈奴兵攻占了长安，俘虏了西晋的皇帝，西晋统治结束。

这个时候，祖逖也夹在汹涌如潮的逃难人群中，在经过淮泗的一路上，他将自己家的马车让给老人和病人坐，自己步行尾随。所有的衣食用品也与人共享。遇有劫匪，他亲率家丁予以击退。南逃路上的祖逖口碑非常好。

公元317年3月，司马睿在士族王导等人的支持下，在建康建立东晋王朝。司马睿素闻祖逖大名，听说祖逖已经到达泗口，便诏令任命他为徐州刺史，后又调任驻防京口要隘。

司马睿不想北伐恢复旧江山，只想偏安东南半壁，祖逖及时向司马睿劝说：“中原大乱，生灵涂炭，人人心怀激愤。此时，若陛下委一上将军北上讨伐，一定能收复失地。望陛下三思！”

司马睿虽然答应祖逖，但是不抱太大希望。他任命祖逖为奋威将军、豫州刺史，发给他1000人的粮食，3000匹布，一切甲胄武器、兵勇自行筹措招募。祖逖心中感到不满，但因报国之志坚决，毅然决定北上。

那天，他率领一起逃难南来的100多个家丁，租了几条大船横渡长江。祖逖伫立船头，望着滔滔江水，思潮澎湃。遥想少年时代，与刘琨闻鸡起舞，如今中原惨遭蹂躏，山河残破。司马睿等人安于现状，大臣们忙于争权夺利，却对收复中原如此重要的行动漠不关心，祖逖怒发冲冠，用船桨敲击船舷，发出悲壮的誓言：“我祖逖如果不能扫清中原贼寇，收复河山，决不返回！”

祖逖渡江以后，队伍停留在淮阴，又命人打造兵器，招兵买马。不久队伍就扩充至数千人。祖逖见士气正旺，便率部攻下谯城，又连续攻破石勒支持的各地割据武装。至此，祖逖名噪大江南北，北方戎狄贵族闻之胆寒，汉人百姓则翘盼王师到来。祖逖乘胜出击，派部下韩潜分兵进驻河南封丘，自己则进驻雍丘，成掎角之势，黄河以南土地已全部归东晋所有。

在祖逖积谷屯粮，厉兵秣马准备渡黄河之际，司马睿任命戴若思为豫

州都督。戴若思是南人，一向力主偏安，朝廷为何派他来？北伐一定不能功亏一篑啊！祖逖此时已年过50，忧心如焚，终于病倒了。

病重中的祖逖仍然矢志不移，要收复旧河山，他派侄儿祖济组织人员加固修缮虎牢城，作为北伐基地。这座城北临黄河水，西接成皋，地形险要，祖逖早就注意到这里，但城未建成祖逖即病逝，享年56岁。

作为一代名将，祖逖善于韬略，谋定而后动，行军途中他也时常揣摩古代名将战略战术，一到宿营地便手不释卷。此外祖逖严于律己，生活节俭。在驻防地，不仅帮助百姓搞好农业生产，还督促自己的子弟参加劳动，甚至自己打柴烧。当时野地白骨狼藉，祖逖派人收葬，自己主持祭奠，完全出于仁慈之心，百姓看到都十分感动。一次祖逖招待当地父老，一个留胡子的老叟泪流满面地说："我年事已高，以为再也见不到王师，再也看不到西晋统一南北的气象了，如今见到祖逖将军，国家恢复，山河重光有望。我就是死也没有遗憾了。"

秦晋淝水之战

东晋时，西北边疆少数民族也进入黄河流域，并逐渐发展壮大起来，其中最强大的要属前秦。

前秦皇帝苻坚在贤相王猛的辅助下，镇压豪强，休息民力，国力逐渐昌盛，最后统一了北方。公元357年王猛病重，临死前，曾对苻坚说："东晋虽然远在江南，然而正统所在，民心归附，我死之后，希望你不要打算攻打东晋。"王猛说完话就死了，苻坚大哭，但他并没有接受王猛的最后忠告。

公元383年，苻坚举行御前会议，讨论出兵攻打东晋。一些惯会逢迎拍马的官员赶快奉承说："陛下如果亲自带兵去打东晋，一定能旗开得胜，马到成功。"可是大臣权翼表示反对，他说："东晋虽说偏安江南，力量薄弱，可他们内外齐心，君臣和睦。还有谢安、桓冲这些有名的将领，智勇双全。依我看，目前去攻打东晋，恐怕时机还不成熟。"话音刚落，苻坚便怒气冲冲地说："这有什么了不起，我有百万大军，只要每个人把马鞭扔进长江里,连江水都会被拦阻。”群臣纷纷进谏劝阻。苻坚之弟苻融说,我们内部由各少数民族组成,很不稳,万一有变,无可阻拦。太子苻宏说,这样做无疑是劳民伤财,自损威名。但苻坚还是怎么也听不进去,坚持要攻打东晋。

公元383年,苻坚不听从谋士策臣的劝阻,亲率大军大举向江南进发。秦军前锋为30万人,由苻融等率领,先头到达颍口(今安徽颍上东面)。

东晋得到消息后也迅速建立了统帅部,文武全才的谢安与桓冲倾心合作,出谋划策。谢安自任征讨大都督,命令其弟谢石负责指挥全军,以其侄谢玄为前锋,以其子谢琰和西中郎将桓伊等率北府兵8万人迎击秦军。派龙骧将军胡彬带领5000名水兵援助寿阳(今安徽寿县)。这时候,秦军大兵压境,人心惶惶。而谢安成天表现出一副若无其事的样子,离开府邸到处游逛,直至深夜才回家。驻守荆州的大将军桓冲生怕京城有失,派了千余精锐部队入卫京师。谢安一再推却说:“朝廷的护卫已经安排得稳稳当当,万无一失,将军应该留下他们防守西方。”由于谢安的镇定,大大缓解了朝野上下的紧张气氛,稳定了民心和军心。

公元383年10月,苻坚求胜心切,不等其他各路人马聚齐,便下令苻融进攻寿阳。寿阳是个军事重镇,它的得失对于整个战局具有举足轻重

的作用。奉命增援寿阳的晋将胡彬，还在半路上就接到寿阳失守的消息，只好退守硖石（今安徽寿县西北）。苻融进攻硖石，秦将梁成率众5万屯扎于洛涧（今安徽淮南市东），切断了胡彬与谢石大军的联系。数日后，胡彬粮尽，便派人化装后前往晋军送信，但却被秦军截获。苻坚听说后，把大军留在项城（今河南项城），只带轻骑8000人，匆匆赶到寿阳，企图一举打垮晋军。

晋军将领谢玄认为秦军数目虽然庞大，但现在四处分散，犹如散沙，此时如果能打败秦军先锋，便可摧毁秦军士气，秦军最终将大败。于是派战斗力较强的北府兵将领刘牢之带领一支兵马，在夜晚神不知鬼不觉地来到洛涧，向秦军阵地发起突然袭击。正在睡梦中的秦将梁成听到喊杀声，慌忙上马迎战，结果被刘牢之一刀砍杀。秦军失去主将，无心再战，溃不成军，晋军乘胜追击。

谢石带领晋军主力渡过洛涧，在离寿阳城只有4里地的八公山下扎下营寨，与秦军主力隔淝水相持。在寿阳城里的苻坚接二连三地接到洛涧方面失利的消息，再也沉不住气了。他和苻融登上寿阳城楼，瞭望晋军的动静。只见晋军阵营严整，旌旗如林，八公山上密密麻麻，不知道有多少晋军在东奔西突，苦练杀敌本领，但他万万没有想到，这只是他由于心烦意乱，误把八公山上的草木都当成晋军了。看到晋军如此庞大，苻坚脸上不禁露出了恐惧的神色。

过了几天，谢石派了一个使者来到寿阳城里，向苻融下战书，要求定期决战，条件是秦军把阵地向后移动一些，腾出一块空地作为战场，让晋军渡过淝水决战。前秦诸将都反对晋军的提议，苻坚和苻融却同意说："只引兵少许，让他们半渡，我以铁骑中途袭击，必获全胜。"于是指挥部队退移。

由于秦军内部不稳，士兵都不愿开仗，一退而不可阻止。晋军渡水猛追，冲向秦军阵地。有人见晋军已渡过河，吓得在阵后大声高喊："秦军败了，晋军追来了！"正在后退的秦军，听到喊声，一时也分辨不清是真是假，都吓得撒开腿脚逃的逃，躲的躲，整个队伍溃不成军。苻融赶快跑到阵后去阻止队伍后退，不料连人带马被挤倒在地，还没来得及从地上爬起来，就被赶上来的晋军一刀砍成了两段。苻坚见势不妙，吓得丢下士兵，只顾自己赶快逃命。晋军乘胜追击,一口气追赶了 300 多里才收兵。谢石、谢玄连夜派人回首都报捷。苻坚逃到洛阳(今河南洛阳)时,才敢停下来收拾残兵,只剩下十几万人,从此一蹶不振。

当晋军报捷的兵士赶回建康的时候,谢安正在与客人下棋,他悄悄把报捷的书信搁在床上,不露声色,照常下棋。待客人问时,才漫不经心地说:“小将们已经打败秦军。”围棋结束以后,谢安送走客人,进入内屋,过门槛时,由于他心里过分高兴,把木屐上的齿也给碰断了。

东晋与前秦的这次战争,就是中国历史上著名的以少胜多的“淝水之战”。

陶渊明不为五斗米折腰

陶渊明(公元 365 年 - 公元 427 年),又名潜,字元亮,私谥靖节,别号五柳先生,浔阳柴桑(今江西省九江市)人,是晋宋时代的著名文学家。

陶渊明出生在一个衰落的官僚家庭。他的祖父和父亲都曾做过太守,但在他年幼时父亲便死去了。陶渊明从小喜爱读书,对诗词歌赋样样精通,很小的时候便名声显赫,在当地几乎是家喻户晓。

陶渊明少年时处在晋宋换代时期,这时的阶级矛盾、民族矛盾、统治阶级内部矛盾都异常地尖锐复杂,整个社会动荡不安。东晋统治集团内部倾轧愈演愈烈,司马氏的中央政权同地方势力的斗争,南北士族间的斗争最后导致刘裕篡晋而建立了刘宋新朝。

后来当地官府听说陶渊明是个名将后代,又有文才,就推荐他在刘裕手下做了个参军。当参军不久后,陶渊明看清楚了官场的黑暗和腐败,明白自己的远大理想和抱负难以实现,心有积怨。有一天,郡里派了一名督邮到彭泽视察。县里的小吏听到这个消息,连忙向陶渊明报告,小吏一看他身上穿的还是便服,吃惊地说:“督邮来了,您该换上官服,束上带子去拜见才好,怎么能穿便服去呢?”陶渊明向来看不惯那些依官仗势、作威作福的督邮,一听小吏说还要穿官服行拜见礼,更受不了这种屈辱,他叹了口气说:“我可不愿为了这五斗米官俸,去向那些小人打躬作揖!”说着,他索性把身上的印绶解下来交给小吏，辞职回老家了。

陶渊明回到柴桑老家，下决心隐居过日子，闲下来就写诗作文，来抒发自己的心情。归隐后的头几年，由于家里还有些田地和僮仆，他本人也经常从事轻微的劳动，生活尚可勉强维持温饱。但以后由于天灾、战乱，加之年老体衰，生活日趋贫困。他一直坚持种地耕田的"常业"，在长期的农村生活中，诗人结识了不少农民朋友，写了大量的田园诗，如《归园田居》、《庚戌岁九月中于西田获甲稻》、《移居》、《怀古田舍》等。由于诗人亲自参加劳动，所以诗中表达了他对田园的由衷热爱和劳动后的喜悦心情，使劳动第一次在我国文人创作中得到歌颂。除此之外，诗中还充满了对士族社会的憎恶。而他的《读山海经·精卫衔微木》、《咏荆轲》、《饮酒》、《拟古》、《述酒》等诗，则以犀利的笔触深刻地揭露了当朝统治的黑暗、残暴，抒发了自己的满腔悲愤。他继承了汉魏以来五言古诗的传统，发展了民歌的白描手法，运用朴素自然而极为凝练的语言，以耐人寻味的形象，抒情言志，写景状物，如《归去来辞》、《五柳先生传》、《感士不遇赋》、《闲情赋》等，这些作品挥洒自如，不事藻绘，真可谓"沛然自肺腑中流出，殊不见斧凿痕"；他一生写了很多诗词，有《陶渊明集》传世。后期很多著名诗人都十分尊敬他，并不同程度地受到他的影响。

陶渊明现存诗 126 首，文 12 篇，他的散文辞赋别具一格，卓然成家。其中《桃花源记》一篇，诗人用清新流畅的语言，通过曲折的故事情节和人物对话，抒发了他的社会理想。他幻想一个没有压迫、没有剥削，人人劳动、家家丰衣足食的阶级平等社会，这种理想反映了农民的自由平等愿望，是对黑暗封建制度的抗议。但最能代表陶渊明文学成就的还是他的诗歌，特别是他的五言诗。陶渊明的诗有极高的艺术性，其平淡自然的风格在中国诗歌史上是独树一帜的。诗句都明白如话，但其中却沉淀着深厚的生活体验，充满着浓郁的生活气息，耐人咀嚼寻味。这种不露斧凿刀琢之痕的艺术境界，是很多人难以企及的。诗人特别喜欢歌咏的秋菊、孤云、归鸟等意象，正也是他性格的写照。

刘宋元嘉年间，62 岁的诗人陶渊明不幸病逝。

祖冲之制订《大明历》

公元495年9月15日,我国就有人成功地预测到了月食,并向当时的人们解释月食所形成的原因,说明月食不是人间凶吉的征兆,是自然的发展规律,人们通过科学精确预算是可以预先知道的。而提出这项科学理论的人正是我国古代杰出的科学家、数学家祖冲之。

祖冲之(公元429年-公元500年),字文远,生于南朝刘宋时期。他的祖上于西晋末年为了逃避战乱,南迁到江南。他家是科学世家,世代掌管国家的历法。良好的家庭教养,对祖冲之走上钻研科学的道路产生了重大影响。

他从小就热爱科学,特别喜爱天文学、数学和机械制造,并且常常显出才华,到二十几岁就已经享有博学的名气,受到宋孝武帝的重视,被政府聘到学术机关从事研究工作。

祖冲之在天文、历史、物理、机械、数学等方面,都有很大的成就,尤其在数学上,祖冲之把圆周率π值准确推进到小数点后七位,这是当时世界上最先进的水平,直到15世纪和16世纪,外国数学家才打破这个记录。他计算π近似值所发现的"密率"(即π=355/113),也是在1000年以后,才由德国人奥托和荷兰人安托尼兹重新获得。日本数学家三上义夫曾建议把圆周率π值=355/113称为"祖率"。

中国自古以农业立国,有着重视和研究天文历法的传统,因为天文历法是直接关系农业生产的科学。祖冲之关心国计民生,极为注重天文历法的研究,对《汉书》中提到的六种古代历法《黄帝历》、《颛顼历》、《夏历》、《殷历》、《周历》和《鲁历》,他都精心推敲计算,发现它们都有错误疏略,不够精密,并推断出这六种历法实际产生于周末汉初的科学结论。当时朝廷采用的是《元嘉历》,它是天文学家何承天编订的。

祖冲之对这本《元嘉历》做了深入研究和推算后,发现《元嘉历》仍然不够精密。他持久地进行实际观测,仔细地验算,并吸取了历代各家历本的成就,于公元462年,在他33岁的那一年,终于完成了《大明历》的制订。

《大明历》是祖冲之在天文历法上取得的卓越成就。它有两项重大贡献,第一是改革闰法。历法有阴历和阳历两种。古代的历法家采用闰法即加"闰月",使阴历年和阳历年的日数取得一致。最早的闰法是19年加7个闰月,但它和阳历19年的日数仍然有出入,《元嘉历》采用的即此闰法。祖冲之冲破传统观念的束缚,改为391年加144个闰月,这就比较精确了。第二个重大贡献,是把岁差引入历法,这在中国是第一次。太阳在第二年冬至点没有回到上一年的冬至点,这个天文现象叫岁差。祖冲之经过长期观察,证实存在岁差,并计算出冬至点每45年要回向移动一度,测算出一个太阳年是365.24281481日,与近代科学家测得的日数,大约只差50秒,误差六十万分之一。这在公元5世纪实在是个了不起的成就。另外,对木星公转周期和月亮运转时间,祖冲之也做出了精确的计算,这在世界天文史上也具有划时代的贡献。

祖冲之把《大明历》送给朝廷,要求颁布实行。宋孝武帝命令懂历法的官员对它进行讨论。随即,爆发了一场革新派和保守派的尖锐斗争。

皇帝的宠信大臣、权势很重的戴法兴首先上书皇上,反对历法改革,攻击新历法"诬天背经",又说擅自更改历法有违祖制,而他的说法得到了当时朝廷中许多官员的附和。祖冲之不畏权贵,没有被其汹汹气势所吓倒,他义正辞严地驳斥了戴法兴的说法,并指出了古人在研究历法上的错漏之处。在这场论战中,祖冲之那精辟透彻、理实交融的分析,折服了许多大臣,然而大臣们因为惧怕戴法兴的权势仍不敢公开赞同新历法。只有一个名叫巢尚之的大臣站出来支持祖冲之。巢尚之列举了四次月食的时间,依据《大明历》推算就很准确,而用旧历法推算便误差很大。戴法兴只好认输,于是宋孝武帝决定在大明九年更元时改用新历。不巧,大明八年,武帝就死了,朝廷大乱,不久改朝换代,事情就搁下了。

直到公元510年10月,这时祖冲之已经去世10年了,在他儿子的请求下,经学者多次测验,《大明历》才被采用,并一直沿用到陈朝灭亡。

伟大的科学家祖冲之,还留下了许多重要的著作,他对人类做出的贡献是多方面的。他所以能够取得这样巨大的成就,跟他勤奋好学,不迷信古人,敢于坚持真理的精神是分不开的。

魏孝文帝改革

公元439年,北魏统一了黄河流域。当时在多民族杂居的北方,出现了民族大融合的趋势。公元465年北魏文成帝去世,冯太后扶持朝政。在这期间,在冯太后的主持下,北魏又实行了均田制,把政府掌握的荒地分配给农民耕种,还在全国实行了金字塔形的三长制,这对国家征收赋税起到了巨大的保障作用,使农民的收入有了比较稳定性的发展,更为中国封建政治制度打下了坚实的基础。

北魏延兴元年(公元471年),北魏孝文帝拓跋宏即位,他顺应历史潮流,实行了一场汉化改革,加速了北方各族的融合进程和向封建统治的历史步伐,取得了令人瞩目的成就。

太和十七年(公元493年),拓跋宏召集满朝文武议政,提出要动员北魏所有军力,南下征讨齐朝。这一提议无疑是一石击破千重浪,马上就招来了群臣的反对。任城王拓跋澄德高望重,又是孝文帝的叔父,他从国家利益出发,坚决反对此次南征。任城王将前车之鉴的事例一一列出,例如前秦苻坚帝南征东晋而兵败淝水;本朝世祖太武帝也因南征而损兵折将过半等等。还未等任城王将话说完,孝文帝便已勃然大怒,怒睁二目,拂袖离去。

等众臣离朝之后，孝文帝派人找来任城王，并在后殿对任城王拓跋澄交了底，说出了自己的真实目的，实际上只是以南征为幌子，借机迁都。如果实说，大臣们将更不会同意。他又将故都平城的地理劣处一一分析给任成王听，并指出迁都对后世的诸多好处。拓跋澄这才恍然大悟，他佩服孝文帝的英明果断，当即赞成孝文帝的决策。

有了任城王的支持，南征的阻力逐渐消失，孝文帝也令部下快速准备伐齐的器甲粮草。几天后，孝文帝亲率队伍离开故都平城（今山西大同）沿黄河向东进发，不久即到达洛阳。此时，正值连雨季节，道路泥泞，将士苦不堪言，反对南征的意见又兴起来了，孝文帝借机说："既然大家都不愿南征，我也不再难为你们，但是，现在大军已至洛阳，好比箭离弦回不到弓上。事已至此，不如将都城迁至洛阳，如果大家反对，我军就继续南征。"群臣眼见大势已成，反对也无用，而且如要反对，就要继续"吃苦"，不如就此迁都算了。

太和十八年（公元494年），北魏正式迁都洛阳，孝文帝在改革的道路上迈进了一大步。孝文帝拓跋宏本人有较深的汉文化素养，他也深知黄河中下游地区古往今来都是以农业经济发展国力，而农业经济比之游牧经济的发展要繁荣富足得多，所以他决定实行汉化改革，首先要让进入中原的鲜卑族人从事农业，改变传统的生产、生活习惯。

改革伊始，一些黄河流域的汉族地主阶级就表示热烈赞同，但一些鲜卑贵族担心鲜人汉化将使习俗变异，导致自取灭亡，便持反对态度。他们为动摇孝文帝的改革之心，于是大力蛊惑太子出来反对。孝文帝怕内部矛盾加大，会动摇皇权，便狠心将太子杀了。孝文帝为汉化改革杀掉太子，意在杀一儆百，但朝中反对改革的保守派穆泰等人还不善罢甘休。就在杀太子的这年底，穆泰等人联合东陵王拓跋思誉、代郡太守拓跋珍、阳平侯贺赖头等人从平城起兵。孝文帝以快制慢，迅速派任城王拓跋澄率师平叛，自己则率御林军精兵大批捕杀反对派势力。一时间，反对改革派被捕杀殆尽。

孝文帝在改变传统的生产方式后，接着又出台了一系列汉化措施：

改鲜卑复姓，他带头将拓跋改为元，北魏鲜卑所有姓氏皆改为汉姓；命鲜卑人学习汉语，以中原汉话为北魏官话；上朝时必须穿汉服，由国家统一制作，又仿南朝女式汉服制作北魏女式汉服，通令全国推广，放弃原鲜卑紧身窄袖的胡服；孝文帝鼓励与汉人通婚，他自己带头娶一个汉家女子为妃，又给6个兄弟各娶一个汉族姑娘；采用汉族封建制度，包括郊祀庙礼，官职名称，律令历法等；甚至连殡葬也做出规定，鲜卑贵族死在洛阳，不得归葬平城，必须就地安葬。

孝文帝大张旗鼓地改革，同时也排除了异己势力，国内已经十分稳定。太和二十一年（公元497年），他趁齐国内乱，率大军南征，但出师未捷。翌年，他再次兴兵，南齐变守为攻。不久，北魏由于内部矛盾冲突被分为东魏、西魏，后又被北齐、北周取代，拓跋鲜卑在历史上消失了。史家甚至有言论批评孝文帝改革是导致北魏速亡的原因。所以后世入主中原的游牧民族，在推行汉化政策方面也谨慎得多，他们都在孝文帝汉化政策的得失上总结经验教训，以利于巩固他们的统治。

当然，从客观上说来，孝文帝改革在生产力发展和民族融合方面是起到促进作用的，也为中国的再统一打下了制度上的基础，为混乱的历史谋求了一条新的出路。这是我们至今还在赞美他的原因。

第六章　隋唐时代

隋唐时期是继秦汉全国统一之后中国历史上的第二次全国大统一。隋，正如秦一样，虽完成了全国的统一，但同样也是一个短命王朝。隋文帝结束了南北朝长期分裂的局面，促进了各民族的大融合和社会的稳定发展，将隋建设成一个空前繁荣富庶的国家，更为唐盛创下了坚实的基础，但因二世隋炀帝穷奢极欲，只用了 13 年便使大隋王朝退下了历史舞台。

唐朝建立得力于唐太宗李世民。他是我国古代历史上最著名的皇帝，他艰苦守业，励精图治，而且还能常常居安思危，以出色的英明策略在战乱废墟上迅速开创了举世瞩目的“贞观之治”。

李氏王朝曾一度被武氏女皇武则天所替代。武则天不仅在朝政上进行了一场翻天覆地的革命，同时又使整个社会在改革中保持平稳的发展。唐玄宗即位后，唐王朝步入了鼎盛时期，无论是军事、经济还是文化、科技在当时世界上已达到了尖端境地。但在经历了“安史之乱”后，唐王朝逐渐没落了，随着藩镇割据、宦官专权、牛李党争等诸多事件发生，造成了唐王朝政治腐朽，政局日趋混乱，爆发了震撼唐王朝统治的农民大起义。黄巢攻入长安，建立大齐政权，唐王朝在起义的冲击下，彻底崩溃了；从朱温灭唐建立梁的那一时刻起，中国便又步入了战乱纷争的年代，一个中国史家所谓的“五代十国”时期。

隋唐时期是当时世界上最富庶、最发达、最文明的封建帝国。唐朝不仅能够屹立于世界民族之林，而且属于先进的行列，因而对其他各国发生了吸引力，亚、非很多国家的使臣、留学生、商人和学僧潮涌而来，使隋唐的外交、外贸达到了空前的鼎盛。隋唐时期无论是在农业、工商业、手工业和科技业等等各个领域都具有突飞猛进的发展，尤其是在文化的发展上，诗歌、词赋、绘画、雕刻等都为后人留下了宝贵的遗产。火药、印刷术、染织技术都是隋唐发明改进的科技成果；水利兴修，漕运的发展都取得了相当的成就；佛教信仰在唐代也有很大的发展。

杨坚建立隋王朝

陈太建十二年(公元580年)北周周宣帝病亡,年仅8岁的周静帝继位。北周外戚杨坚受命辅政,担任左丞相,他在朝廷内外清除异己,培植党羽,权势越来越大,同年十二月,又被任命为相国,进封隋王,总揽朝政大权。陈太建十三年(公元581年)二月,杨坚取代年幼的周静帝,登上帝位,建立隋朝,史称隋文帝。

隋文帝杨坚一心想把全国统一起来。可是当时时机还不成熟,力量还有待积蓄。于是他积极实施各项改革,巩固中央集权,提倡节俭。

当时皇宫中挂帷幕用的钩是白银做的。大臣苏威对隋文帝说:"节俭是历来的美德,帷幕用银钩,太奢侈了。"隋文帝说:"你说得很对。我一向喜欢节俭,可没有注意这件小事。不光是银钩,宫中一切装饰过分的用具,都应该撤掉。"有一天,皇太子杨勇穿了一身华丽的铠甲,隋文帝见了很不高兴,教训太子说:"自古以来,没听说奢侈腐化而能长久治理国家的。你是太子,应当注意节俭。"在隋文帝提倡下,社会风气日益好转。当时一般读书人都穿麻布衣服,不再穿绫罗绸缎了。

南方的陈朝后主陈叔宝与隋文帝作风完全相反,终日荒淫无度,不理政事。佞臣孔范知道陈后主不喜欢别人指出他的错误,所以,每当后主干了一件事后,孔范不问其结果是好是坏,总要说上几句恭维话,称赞一番,因此后主将他视为自己的心腹,对他言听计从。孔范自以为文武才能举朝不及。后主还寻找将军们的一些微小过失,把兵权分给孔范,连威名卓著的镇南将军任忠的部队也被调走一部分成了孔范的部下。这样久而久之,陈朝文武大臣人心背向,矛盾也日益加深。

隋文帝见时机已到,召集大臣商量灭陈大计。仆射(相当于宰相)高颖想了一会说:"要灭陈,必须先破坏陈的粮食储备。江南的粮仓多由竹子稻草盖成,只要放一把火,就能化成灰烬。没有粮食,他们怎样打仗?"高颖又说:"他们割稻子的时候,我们派兵去骚扰。等他们把割稻子的士兵集中起来,我们就收兵。这样多次后,他们一定放松防备。到那时,我们乘机突破长江天险,迅速登陆作战,一鼓作气灭了陈朝。"隋文帝完全采纳了高颖的建议，一面派兵骚扰江南，一面派大臣杨素赶造战船，做渡江的准备。

公元588年深秋，隋文帝决定渡江灭陈。发兵之前，他下诏书一条一条地揭露陈朝皇帝陈后主的罪恶，并且抄写了30万份，派人到江南各地偷偷散发，号召江南百姓帮助隋军灭陈。随后，隋文帝派二儿子晋王杨广为兵马大元帅，率领52万水陆大军，分八路同时渡江。告急文书如雪片般地飞到建康（今江苏南京），陈后主从花天酒地的生活中吓醒过来，急忙找大臣商量对策。都官尚书孔范故作镇静，说："长江自古天险，隋兵难道能长翅膀不成？这一定是谎报军情骗取奖赏罢了。"昏庸的陈后主一听，又振作起来，沉迷入歌舞宴乐之中。

正当陈朝君臣酣睡的时候，两支隋军分别由大将贺若弼、韩擒虎率领，悄悄渡过了长江，然后汇合在一起，包围了建康城。陈后主看到隋军兵临城下，急得日夜哭泣，拿不出一点办法。陈军士兵长久没有训练，将军们过惯了享乐生活，结果是双方一接触，陈军掉头就跑，溃不成军，隋军乘势冲进了建康城。

陈后主还坐在殿上等着前线战况消息，忽然听到一片喊杀声，才知道隋军已经进了城，吓得跑到后宫，找到平时疼爱的两个贵妃，一手拉着一个，想趁着混乱逃出宫去。刚跑到景阳殿的一口枯井边，听到前面喊声冲天，陈后主见无路可逃，就拉着两个妃子，一起跳进井里。

隋文帝就这样统一了全国，建立了隋朝。由于广大农民辛勤劳动，加上隋文帝节俭治国，他在位的24年中，隋朝的经济得到了迅猛的发展，垦田数从1900多万顷增长到5500多万顷，户口比原来增加了两倍之多，粮食储备达到了前所未有的高峰，一直到隋朝灭亡20年以后，隋朝仓库里的粮食还没有用完。

隋炀帝奢侈败国

隋炀帝杨广在隋文帝5个儿子中排行老二。公元600年，隋文帝发现太子杨勇奢侈好色，便废黜了他，立杨广为太子。其实是杨广善于伪装而讨得隋文帝的欢心，最终夺得了太子之位。

杨广本性不仅荒淫无耻，而且阴险残忍，是历史上有名的暴君。他兄弟5人，其余的全被他先后谋害。在他被立太子的第四年，父皇杨坚病倒，杨广就策划谋取皇位，但最后被杨坚发现了，想召回废太子杨勇。杨广听说后，趁探病期间，亲手谋杀了父亲隋文帝，又假传圣旨，将自己的亲哥哥砍了头。三天后，杨广便堂而皇之地登上了皇帝宝座。

公元605年，就在隋炀帝即位的第一年，便令宇文恺营建东都洛阳，每月役使民工200万人，建造显仁宫，又筑西苑、三神山和龙鳞渠。沿龙鳞渠又建立十六苑。隋炀帝为便利漕运和军事运输，征用几百万民众开凿贯通南北的大运河。大运河北起涿郡，中经洛阳、淮河，南至余杭，全长5000多华里，沟通了海河、黄河、淮河、长江、钱塘江五大水系，耗时7年之久。在运河开凿初期，隋炀帝又下令黄门侍郎王弘等人到江南造龙舟和各种船只数万艘，几十万人被征调去造船，许多民工劳累过度，死的人达十分之四五，运载尸体的车子，东至成皋，北至河阳，络绎不绝，前后相望。

同年8月，隋炀帝从洛阳出发游江都，随行的有后院十六宫三千嫔妃、文武百官、公主王侯和僧道尼姑等。炀帝乘坐的龙舟高达45尺，阔50尺，长200尺。楼高四层，上层是正殿、内殿、东西朝堂，是百官朝拜之处；当中两层，有120个房间，全用金玉装饰，供隋炀帝游乐；下一层是内侍居住的地方。皇后、公主及文武百官都各自乘不同的船只。光卫士们所坐的船就达几万艘。各类船都配有挽船的人员，其中，专门给皇帝和皇后挽船的男女达1000多人。这些人称为殿脚，他们身穿彩袍，拉着用五颜六色的丝绸做成的挽绳，别有一番气派。

隋炀帝的整个船队前后相接200余里，船队所过沿岸州县，方圆500里内的都要贡献食物，多的一州要供应百车，都是水陆珍奇，佳肴美馔。食品多得吃不完，在开往下个州县的时候，剩下的便丢在河岸边或埋在土里，他们却没有想到许多穷苦的百姓都饿得在死亡的边缘挣扎着。沿途一些州县的官僚，为了巴结皇帝，不顾百姓死活，狠命盘剥百姓，一些州县甚至强迫农民预交几年的租税，弄得许多百姓倾家荡产。

公元611年，隋炀帝第二次巡游江都。这次游幸，除沿途像蝗虫般蚕食百姓的粮食外，还大摆酒席，宴请江淮以南的名士，炫耀其豪华。

公元617年，隋炀帝第三次出游江都。这时农民起义的烽火已燃遍大河上下、长江南北，隋王朝已是岌岌可危了。可是隋炀帝只顾个人享乐，根本不顾百姓死活、江山安危。在游江都之前，停泊在江都的几千艘龙舟全被起义军烧毁，隋炀帝立即下令重新建造，规格比原来的还要豪华富丽，耗费了大量的钱财。百姓早已穷困到了极点，哪里还经得起隋炀帝一路上的挥霍。一些大臣心里十分焦急，在隋炀帝出发前，右侍卫大将军赵才冒死向隋炀帝进谏说："如今百姓疲劳，府库空竭，盗贼蜂起，朝廷禁令不行，还望陛下回到京师，安抚百姓。"隋炀帝听罢大怒，立即下令将他关押起来。几天后，建节任宗又上书进谏，隋炀帝阅罢大怒，在朝堂上令人将任宗活活打死，从此无人敢谏。

隋炀帝到达江都后，更加荒淫无度，每天都是和嫔妃美女饮酒作乐，杯不离手，酒不离口。他见天下大乱，心中也常常烦躁不安。一天，他照镜子时对萧后说："我这颗头颅将会被谁砍掉呢？"像惊弓之鸟似的他还准备了毒药带在身边，以备危急时吞服。

隋炀帝一人出行，几乎是全天下的人民都在为他准备行装、供奉食物，他的游幸，给人民带来了极其深重的灾难和负担，以致百姓只能剥树皮、挖草根或者煮土而食，有的地方还出现了人吃人的现象。

由于隋炀帝的荒淫、奢侈，天下出现大灾，没多久，江都宫中的粮食也吃光了。隋炀帝宫中的卫士多是北方人，眼看就要饿死，更加想念家乡，纷纷逃归。虎贲郎将宇文化及等人利用卫士们思念家乡的怨恨情绪，发动兵变，将隋炀帝用布带勒死，一代暴君，终于落了个众叛亲离的下场。

隋朝是一个短命的王朝，前后不足 40 年，如此短命则是因为二世隋炀帝的穷奢极欲，他登基后，荒淫无度，穷兵黩武，在短短的 14 年中，便将开国皇帝杨坚辛辛苦苦所创建的大隋王朝开销得无影无踪了。

李渊太原起兵

宇文化及杀死隋炀帝以后，自封为大丞相，想要打回东都抢夺皇位。但他的军队在童山战役中损失惨重，后又全部被窦建德领导的瓦岗起义军消灭。

就在瓦岗军包围东都洛阳时，李渊在太原起兵。他在隋军主力已经被农民起义军击溃的有利形势下，率领大军向长安进发。

李渊出身于大官僚贵族家庭，7 岁的时候就继承了唐国公的爵位。公元 616 年，隋炀帝任命李渊为太原留守。尽管李渊非常地尽心尽力，想博得隋炀帝的赏识，可是隋炀帝对他一直保持怀疑态度。他另派自己的心腹王威、高君雄作太原副留守，监视他的行动。李渊有四个儿子：李建成、李世民、李玄霸、李元吉。李世民看到隋炀帝昏庸腐败，引起全国风起云涌的反抗斗争，认为隋朝的统治不会长久，只有趁现在天下大乱的时机，夺取政权，才能保住家族的地位和利益。于是，他一直鼓励父亲李渊起兵反隋。不久，朝廷命令李渊出兵去阻击进犯的突厥兵，结果出师不利，炀帝派人来要抓李渊到江都问罪。李渊走投无路，这才下定决心，起兵反隋。

李世民先是冒充皇帝的命令下一道公告征兵，引起老百姓的强烈不满。接着他又想出一条公开招兵的妙计。

一天，李渊对两位副留守说："叛匪头子刘武周现在占据了汾阳宫，要立即平叛。可是天子远在天边，这如何是好？"王威、高君雄说："事情紧急，留守就自己决定吧。”于是，李渊就名正言顺地打着“讨贼”的旗号，派李世民、刘文静到各地征兵，又暗地里派人去通知其他几个儿子和女婿到太原相会。

不久，李渊的兵力急速加强，又都由他的亲信统率。王威、高君雄起了疑心，决定暗杀李渊。不想消息走漏，李渊和李世民先下手干掉了两个隋炀帝的耳目，然后诬告他俩阴谋引敌入侵。李渊带兵起义，一路顺利，杀进长安城。后来他立 13 岁的代王杨侑为皇帝，就是隋恭帝，实则自己操纵全部大权。公元 618 年隋炀帝死了，李渊废掉隋恭帝，自己当上皇帝，就是唐高祖。

玄武门之变

618 年 5 月李渊登位称帝，正式改国号为大唐，史称唐高祖。

唐高祖李渊的皇后生了 4 个儿子，太子建成，次子世民，三子玄霸（早亡），四子元吉。太原起兵，主要是由李世民一手策划的，对唐朝的建立，李世民出力最多，功劳最大。李建成觉得自己的太子之位在李世民的功勋和实力面前岌岌可危，便暗中联结三弟元吉及李渊的宠妃、大臣，试图除掉李世民。因此，唐朝建立以后，李世民和皇太子李建成之间，就为争夺皇位展开了激烈的斗争。李世民深知太子的用心，对此他早就有所防范，手下早已网罗了大批人才，秦王府有尉迟敬德、秦叔宝、程咬金等赫赫有名的勇将。秦王府文学馆更有著名的十八学士，房玄龄、杜如晦多谋善断，陆德明、孔颖达是经学名家，虞世南精通书法，其余都是一时俊秀。李世民既有雄厚的实力，又有广泛的政治影响。因而，总的来说，李世民和李建成是势均力敌，旗鼓相当。

李建成、李元吉的活动越来越猖狂。为了削弱李世民的势力，李建成和李元吉绞尽脑汁设法瓦解李世民的队伍，凡是有调兵遣将的机会，他总是竭力设法把秦王的部将调离，而对于暂时无法调离秦王府的武将，就用金银财宝进行收买。另外，他们还鼓动高祖把李世民的心腹谋士调到外地，后来，矛盾由明争暗斗发展到兵戎相见的地步。这时，正好突厥入侵，李建成和李元吉策划，先夺了李世民的兵权，等出征的时候再把他杀掉。李建成在唐高祖面前推荐李元吉代替李世民出征，高祖答应了。李元吉又请求将秦王府的尉迟敬德、程咬金、秦叔宝等猛将归他指挥，并调李世民部下的精锐士兵充实自己的部队，高祖也都一一同意。李建成以为自己安排得十分周密，其实，这消息很快便传到李世民那里。李世民急忙找来长孙无忌、尉迟敬德等商量对策，大家都主张立即动手，先发制人。

公元 626 年 6 月 3 日，李世民上朝去控告李建成和李元吉，揭发他们在后宫胡作非为以及与张婕妤、尹德妃的暧昧关系。高祖大吃一惊，说："竟然有这样的事？"李世民说："不但如此，他们还想谋害于我并扬言说要为王世充、窦建德报仇。如果他们得逞，儿臣就永远见不到父皇了，请父皇救命！"说完便哭了起来。高祖说："你讲的事情，关系重大，明天我要亲自审问！"

当天夜里，李世民调兵遣将。第二天一早，他亲自率领长孙无忌等人，埋伏在玄武门内。不久，李建成和李元吉二人骑着马，带领卫士，缓步走进玄武门。守卫玄武门的将领叫常何，原来是李建成的心腹，但已被李世民收买过来了。他见李建成和李元吉走远了，迅速关闭了玄武门。李建成和李元吉下了马，拾级登临大殿。李建成眼光向周围一扫，发现情况不妙，赶忙转身往回跑，但却被埋伏多时的李世民和尉迟敬德迎面拦住。李世民一箭射死李建成。李元吉急忙向西逃去，被尉迟敬德一箭射死。

玄武门的战斗刚刚结束，东宫的大将冯翊和冯立闻讯率东宫 2000 余人赶来，猛烈攻打大门。大将薛万彻等见到在玄武门外战斗无济于事，便想调转马头进攻秦王府，情况十分危急。这时候，只见尉迟敬德提着李建成、李元吉的脑袋赶来，冯翊和谢叔方等人见了太子和齐王首级，呆若木鸡，纷纷放下武器，其余一哄而散。薛万彻不听劝告，带着数十骑，杀出阵外，奔终南山去了。

三兄弟火并的时候，唐高祖正带着大臣、妃子在海池中乘船游玩。后来有人来报告说太子和齐王已被秦王杀死，高祖听后十分难过，吩咐游船靠岸，回头问裴寂等人说："想不到会有今天这样的事发生，你们看怎么办？"左右大臣听到李建成、李元吉已死，也就乐得顺水推舟做个人情。萧瑀、陈叔达说："建成、元吉本来就没有大功，秦王功德盖世，深得人心，理该立为太子。"高祖采纳。于是降旨,各路军队都接受秦王李世民调遣。

三天后,唐高祖李渊立李世民为皇太子,国家军政大事一律由太子处理。八月初八,高祖李渊颁布诏书,将皇位传给太子,李世民再三推辞,后经全朝文武百官劝说,李世民勉强答应了。李世民在东宫显德殿登上皇位,史称唐太宗。第二年正月,改元贞观。历史上把这次政变叫做"玄武门之变"。

贞观之治

唐朝初始,由于连年的战争,经济萧条,全国人口不满 300 万户,黄河下游地区"萑莽巨泽,茫茫千里,人烟断绝,鸡犬不闻"。面对如此萧条的局面,唐太宗继位以后,采取了一系列措施:裁减冗员,节省开支,轻徭薄赋,任用贤能,虚心纳谏,励精图治。社会经济迅速发展起来。唐太宗统治时期,被后世史学家誉为"贞观之治"。

唐太宗李世民十分重视总结和借鉴历代王朝兴亡的经验教训。他认为,隋朝迅速由鼎盛到衰亡,一个很重要的原因,就是隋炀帝想以一人之智慧,断天下之事务,不能知人善任,而治国安邦,措置裕如,唯有选用大批的贤能之士。

唐太宗经常责备群臣不识贤才,荐贤不力,责令宰辅大臣要"广开耳目,求访贤哲",不要埋头于日常繁杂的事务之中。

一天,唐太宗召尚书仆射(宰相)房玄龄、杜如晦到寝宫议事,二人进入宫门,远远望见太宗面对屏风,凝神思索。太宗叫他俩走近屏风,原来屏风上满满地写上了清秀工整的楷字,唐太宗指着屏风说:"国家能不能强盛,社会能不能安定,百姓能不能富裕,关键在于都督、刺史和县令能不能称职,我把他们的名字写在屏风上,把他们的政绩、才德写在名字下面,无论我是站着,坐着还是躺着,我都可以看得清清楚楚。这样,在升降、任免官吏时,我就心中有数了。"

二位宰相听了,很受启发,说道:"皇上这样留心选人,是我们所不及的。"

唐太宗语重心长地说:“你们身为仆射,应当把广求人才、选用官吏,作为自己的主要职责。可是,我看你们忙于批阅公文、处理事务,怎能帮助我发现和选拔人才呢?今天找你们来,一是听你们诉说意见,看朝廷中哪些人可以当县令;二是想劝你们不要纠缠在事务的乱麻堆中,快一些解脱出来,专心考虑用人的大事,你们以为如何?”

皇上的话,使房玄龄、杜如晦心悦诚服,他们下了一道命令,“凡尚书省的事务,要请下面有关的官员去办,应奏启皇上的大事,才报告给宰相”,把主要精力放在选拔人才上。

唐太宗认为,广开求贤门路,不能求全责备,“人无完人”。他同宰相魏征讨论人才时曾说过:“为官择事,不可粗率。用一个好人,好人就都来了;用一个坏人,别的坏人也全蜂拥而至。”魏征听了点头称是,并说:“用人在天下未定时,主要是用人的才干,对德行不作过多的考虑;当天下已定,选拔官吏就必须注意德才兼备。”唐太宗根据魏征的建议,决定让吏部按照德才兼备的原则去选拔官吏。

过了一段时间,唐太宗问右仆射封德彝为什么很长时间没有荐举一个贤才,封德彝说:“臣下岂敢不尽心举贤?只是当今确无奇才啊!”太宗听了很不高兴,生气地说:“君主用人如用器,各随其长。古代王朝兴盛时期所用的贤才,都是从当时选取的,不是从别的朝代借来用的,按照你的

说法，岂不是只有梦想传说。姜尚这些人死而复生，国家才能得到治理吗？你自己不识人，怎么敢随便说当代没有人才呢？”说得封德彝无言可答，惭愧而退。

唐太宗用人不论门第资历，不拘一格，致使四方贤士，云集影从，为了表示对贤才的尊敬和重用，唐太宗曾令人在凌烟阁画了24名功臣像。有些人出身并不高贵：有铁匠出身的尉迟敬德、农民出身的徐世勣、士卒出身的秦叔宝。

为了使寒门庶族子弟有出头之望，唐太宗沿用了隋朝的科举制度。普通人和官吏都可以参加考试，考取以后，原来是官吏的可以长迁，原来不是官吏的由吏部给予官职。一次他登临端门，见100多名新进士鱼贯而入，不禁兴高采烈地说：“天下的英才都落在我的手中了！”

唐太宗君臣同心同德，各显其能，所以贞观年间（公元627年－649年）出现了政清人和，百事俱兴的全盛局面。

谏臣魏征

贞观十七年，魏征病逝。唐太宗痛哭不已，无限感叹地说：“以铜为镜，可正衣冠；以史为镜，可知兴替；以人为镜，可知得失。玄成（魏征的字）之死，朕失一镜。”并派人把他的画像挂在凌烟阁上，把他作为唐朝的功臣纪念。他独自登阁，默默地凝视着魏征的遗像，回忆着这位忠心耿耿的诤臣的音容笑貌，含着热泪吟了一首挽诗：

劲条逢霜摧美质，召星失位天良臣。唯当掩泣方召上，空时余形无复人。

诗中流露出对魏征的无比的赞赏和无限的怀念。

魏征少年时当过道士，青年时代参加了李密领导的瓦岗军。唐朝灭隋以后，魏征随李密一道投降李渊，在太子李建成部下为洗马，主管经籍图书。

这时，太子李建成和秦王李世民兄弟争夺皇位的斗争，十分激烈。魏征认为，秦王李世民战功卓著，文有十八学士，武有尉迟敬德、秦叔宝、程咬金等骁勇骠将，是太子继承帝位的最大障碍，多次要李建成除掉秦王，但太子一直优柔寡断，没有动手。后来，李世民发动玄武门兵变，杀死李建成、李元吉（李世民三弟），并捕捉了他们的全部党羽，胁迫李渊让位，做上了皇帝，是为太宗。

唐太宗知道魏征是李建成的重臣，多次为他出谋划策，自己险些遭其暗算，就命令武士把魏征押上殿来，厉声斥责："你离间我们兄弟不睦，企图加害寡人，该当何罪？"

魏征冷笑一声，从容不迫地说："太子如果听我的话，岂会遭今日薄西山杀身之祸？"

唐太宗本来就钦佩他的才学，现在见他临危不惧、胆量过人，的确是个杰出人才，改变脸色，上前亲自给魏征松绑，劝慰了一番，并拜他为谏议大夫。

公元627年（贞观元年）在河北各州县一向与太子有往来的人，心里很害怕，他们暗中勾结，企图作乱。魏征主动向唐太宗献计说："对这些人要招抚，否则，祸害无穷！"唐太宗认为很正确，就派魏征为钦差大臣去河北招抚。

魏征到了河北，对与太子有往来的人一律赦免，太子旧部，如释重负，混乱的局面也就平息下来。魏征不辱使命，回到京城长安，太宗非常高兴，对他更加器重，经常单独召见他议论朝政。魏征为报太宗的知遇之恩，便知无不言，言无不尽。不久，唐太宗封魏征为尚书右丞（宰相）兼谏议大夫。

有一次，有人诽谤魏征包庇袒护自己的亲戚，唐太宗没有轻信，派御史大夫温彦博去调查，根本没有那回事。温彦博向太宗报告说："魏征身为宰相，不检点礼节，不注意避嫌，以致受到没有根据的诽谤，这是应该受到责备的。"

唐太宗就派温彦博去责备魏征。第二天入朝后，魏征当面对唐太宗说："我听说君臣同心，才能成为一体。难道陛下叫我抛弃国家大事不顾只在表面礼节上作文章吗？要是上上下下都这么办，那国家的兴衰就可想而知了。"

唐太宗听后，连声说："你说得很对！"魏征接着说："我有幸侍奉陛下，但愿陛下让我作个良臣,不要让我作忠臣!"

太宗一时不明白魏征的意思,奇怪地问:"良臣和忠臣有何不同?"

魏征回答说:"像稷、契、皋陶等等都是良臣,良臣本身享有很好的名声,君主也具有崇高的威望,世世代代继承帝业,江山能够长久地传下去;像龙逢、比干等等都是忠臣,忠臣逢身获罪被杀,君主也因此落下昏聩的恶名,国家也因此而衰败。这就是良臣和忠臣的不同。"唐太宗听了大喜,当即赏给魏征绢帛五百匹。

有一次,太宗在单独与魏征讨论国家大事时问道:"做君王的要通过什么途径才可以做到耳聪目明呢?犯有什么过失可以招致昏聩不明呢?"魏征回答说:"兼听则明,偏听则暗。尧舜开放四门,眼观六路,耳听八方,尽管有共工和鲧这样的歹徒,也无法欺骗他们,虽然有人弄虚作假,言行脱节,也无法使他们受到迷惑。相反,秦二世足不出宫,专信赵高,直到天下大乱,江山崩溃了,他还蒙在鼓里;梁武帝只听朱异的,侯景发兵把京城包围了,他还一无所知;隋炀帝宠信虞世基,造反者风起云涌,他还毫无所闻。君主能倾听各方面的意见,对下面的真实情况也就可以了如指掌!"唐太宗听了,点头称赞,君臣越谈越投机。

唐太宗想把郑仁基的一个才貌双全的女儿选到宫里来,已将名字入了册。魏征听说此女已许配于人,就竭力劝阻:"陛下住着豪华的宫殿,就该希望老百姓有房安身;陛下吃着美味佳肴,就该希望老百姓吃得又饱又适口;陛下看着左右嫔妃,就该希望老百姓及时婚配,了结姻缘。现在郑家的女儿已经与人有了婚约,皇上却要拆散他们,老百姓会讲陛下些什么呢?"唐太宗听了,感到有道理,就下诏取消此议。

唐太宗要去巡游南山,行装已准备就绪,却又不去了。魏征问他何以改变主意,太宗坦率地回答道:"朕怕你嗔怪,所以中止了。"唐太宗曾经得到一只好鹞鹰,有一次把它架在手臂上逗着玩,老远看见魏征来了,赶紧把鹞鹰藏在怀里,魏征禀公事故意没完没了,唐太宗始终不敢把鹞鹰放出来,以致这只鹞鹰活活闷死在太宗怀里。

有一次,魏征直言进谏,伤害了唐太宗的自尊心,唐太宗拍案怒骂,魏征仍然面不改色,慷慨陈辞,以致太宗下不了台。回到后宫后,太宗咬牙切齿地说:"总有一日,我要杀死这个乡下佬!"

皇后惊疑地问他要杀谁，唐太宗说："魏征！他常常在众人面前羞辱我！"

文德皇后知道魏征因直谏得罪了皇上，便回到内室换上上朝的礼服，恭恭敬敬地对唐太宗施礼祝贺。

太宗莫明其妙地问："你这是干什么？"

皇后感慨地说："魏征敢于犯颜直谏，正因为陛下是英明的君主啊！只有君主贤明，臣下才敢直言。臣妾为陛下的贤明而庆贺！"唐太宗更深切地感到魏征是一个无私的鲠臣。

后来，魏征因病请求辞职，唐太宗下诏挽留，并高度地赞扬了魏征高尚的品格。

唐太宗虚怀若谷，从谏如流，魏征直言进谏，在朝廷上形成了贤臣聚集、直谏成风的开明政治局面。

文成公主进藏

大约在公元620年，唐朝国势正值繁荣初期，在中国西南部的青藏高原上，吐蕃赞普（吐蕃人的首领）松赞干布的父亲论赞弄囊也统一了西藏各个部落。公元628年，论赞弄囊被人投毒毒死，吐蕃又陷入了混乱。松赞干布当时年龄还小，但依靠中小贵族平定了叛乱，做了赞普，把都城迁到逻些（今拉萨），制定了官制和法律，建立了强大的奴隶制政权。

这时，正是唐朝贞观年间，松赞干布非常羡慕中原的文化，派了使臣前往长安访问。唐太宗很快就派使臣回访，汉藏关系开始密切起来。

到公元640年，松赞干布派得力的大相（宰相）禄东赞带着黄金5000两，珍宝数百件，去长安向唐太宗李世民求亲。

传说当时到长安求亲的有5个国家的使臣，究竟公主嫁给谁呢？唐太宗决定出几道难题，考一考这些使臣，谁回答得正确，就把公主嫁给谁。

唐太宗叫侍从拿出一颗珍珠和一束丝线，对使臣们说："谁能把丝线穿过珍珠的小孔，就把公主嫁给谁。"这颗珍珠的中间有一个弯弯曲曲的小孔，叫九曲珍珠。一根软软的丝线怎能从弯弯曲曲的小孔中穿过呢？

几位使臣拿着丝线直发愁。禄东赞灵机一动，找来一只蚂蚁，把丝线拴在蚂蚁的腰上，再把蚂蚁放进小孔的一端，然后向小孔内吹气。一会儿，蚂蚁爬出了小孔的另一端，丝线也就随着穿了过来。

接着，唐太宗又出了第二道难题，命令马夫赶来100匹母马和100匹马驹，让使臣们辨认出100对马的母子关系。其他使臣束手无策，只有禄东赞想出了办法，他把马驹另外围了起来，只喂草料，不喂水。过了一天，再把马驹放出来，小马驹渴得厉害，纷纷找自己的妈妈吃奶，它们的母子关系就这样被禄东赞辨认出来了。禄东赞说："两道难题我都答出来了，请皇上把公主嫁给我们赞普吧！"唐太宗说："还要再考一次，然后决定。"

第三道题是夜里入宫，出宫后第一个到达住宿旅馆；第四道题是一天内吃完100坛酒，100只羊，第五道题是从30名年轻貌美的女子中认出谁是文成公主，其他各国使者每次都被问题难倒了，一个个急得像热锅上的蚂蚁，唯独松赞干布派来的禄东赞能从容快捷地给出答案，并通过考试。随后，唐太宗向禄东赞仔细询问了吐蕃的情况，答应把美丽多才的文成公主许配给松赞干布。

公元641年1月，唐太宗派礼部尚书、江夏王李道宗护送文成公主入藏。松赞干布亲自带领大队人马到柏海（今青海省扎陵湖）迎接。松赞干布原来住在帐篷里，为了和文成公主结婚，在逻些专门建筑了一座华丽的

王宫，就是现在的布达拉宫。在这座王宫里，他和文成公主举行了隆重的婚礼。

文成公主到达吐蕃，不仅带去各种谷物、蔬菜种子，而且带去了工艺品、药材、茶叶及各种书籍。后来，文成公主亲自指导吐蕃农民种植蔬菜和稻谷。在许多小河上，公主让汉族工匠安装了水磨，教吐蕃人民磨青稞麦粉。汉族工匠还教给吐蕃人民冶炼金属、制造农具、纺纱织布、制作陶器，以及碾米、酿酒、造纸、制墨等等。文成公主信仰佛教，松赞干布在她的影响下，提倡佛教，在逻些修建了大昭寺。吐蕃过去没有文字，无论什么事都用绳打结，或在木头上刻符号表示。文成公主劝松赞干布设法造字，于是松赞干布指令桑扎布去研究，后来造出了 30 个字母和拼音造句的文法，从此吐蕃有了自己的文字。所有这些，都极大地促进了西藏的经济文化的发展。

在吐蕃蒸蒸日上的时候，松赞干布不幸英年早逝，只活了 33 岁。松赞干布死后，文成公主又活了 30 年。她受到后世的热爱，留下了许多美丽的传说。千百年来，藏族人民一直把藏历四月十五日，也就是公主到达拉萨的这一天，以及藏历十月十五日，即公主的生日，定为纪念她的两个节日。直到现在，拉萨市的布达拉宫和大昭寺里，还供奉着松赞干布和文成公主的塑像。

玄奘西行印度取经

玄奘（公元 602 年 – 公元 664 年），姓陈名玮，法号玄奘，俗称唐僧。他生于一个全家都信仰佛教的官吏家庭。他从小聪明好学，性情温厚，待人诚恳，注意礼节。他 13 岁那年，皇帝下敕在洛阳寺院招收佛教徒，他因年纪不符合条件未被录取。当时负责招收的大理卿郑善果见他不同凡俗，问他为何出家，玄奘回答：为了继承和光大佛法。郑善果暗自称奇，破格录取了他，取法名玄奘。

出家后，他勤奋好学刻苦钻研，一般法师讲授刚结束，他就能复述讲授内容，把经义分析得细致透彻，大家都为之惊讶。后来他从洛阳出发，到京师长安和四川成都拜师求教，探求佛教精义。23 岁时，为了继续深造，他独自一人乘船下岷江，经峨眉山，穿三峡，到达荆州（今湖北江陵）天皇寺开坛讲经。半年后，他从荆州北上，先后来到河北、河南、陕西等地，跟随高僧钻研佛教经典，拜访了许多大师。玄奘还与众僧切磋交流，学业不断长进。渐渐地，年轻的玄奘终于成为国内知名的佛学家。

玄奘在研究佛经和请教高僧的过程中发现：名师们对佛经经义的解释千差万别；另外，在佛经翻译中存在着比较明显的错误，和原意不符。为了解决自己和众僧对佛经的疑问，学习真正的佛教经典，追本溯源，玄奘准备亲自到佛教的发源地——印度去求取真经。他向朝廷申请出国，但没被批准，原因是边境未宁，国门不便打开。玄奘并没有灰心，一面等待时机，一面主动积极地学习西域和印度的语言文字，为出国做好一切准备。

公元 627 年，有个名叫石槃陀的人和一位骑着赤色马的老翁来见玄奘。老翁对玄奘说："西行一路险情不断，又有鬼魅热风，会使人丧命。众人同行还经常迷路，你孤身一人怎能成行？"他劝玄奘多加考虑，善自珍重。玄奘表示矢志不移，永不后悔。老翁说："既然你意志坚定，我不便阻拦。你可乘我这匹老马西行，它往返伊吾已十多次，知途健行。"玄奘感谢老翁的真诚相助，与他换马以后，就与石槃陀一起出发了。

他们渡过疏勒河，跨过玉门关，这时，石槃陀不愿再给玄奘引路。但玄奘并没后退，他孑然一身在大漠中独行，不知走了多长时间，终于看见了一座烽火台。晚上，玄奘悄悄地来到烽火台旁边取水，突然，烽火台上有两支箭向他飞来，他只好向守台将士说明来历。校尉王祥是个佛教徒，被玄奘的精神所感动，表示要助他一臂之力。在王祥和边防官兵的帮助下，玄奘顺利地通过了最后一座烽火台，进入了一望无际的莫贺延碛。

莫贺延碛古称沙河，长达 800 余里，没有活着的生命和水草，只有飞沙走石。夜晚，戈壁滩上磷火游移，忽明忽暗；白天，烈日当空，酷热难耐。但玄奘还是意志坚强地走进了沙漠深处，不幸的是他在喝水时不小心打翻了盛水的皮袋子，把带在路上饮用的水全部洒光了。然而，在这极端困难的情况下，玄奘承受着干渴的煎熬，一连走了五天四夜，后来实在支持不住，晕倒在地。幸好此地离绿洲不远，半夜一阵凉风把玄奘从昏迷中吹醒。老马识途，奔向水源，终于看到了一池清泉……两天后，玄奘终于走出了莫贺延碛，到达伊吾（今新疆哈密）。

玄奘在伊吾逗留了十多天以后，邻国的高昌（今新疆吐鲁番县）国王派人来迎接他，请他到高昌讲经传道，玄奘欣然前往。两个月后，玄奘辞行。临走前高昌国王送给玄奘大批衣物和盘缠，以及给沿途24国国王的亲笔信，另派几十个人护送玄奘西行。

玄奘带领着队伍，经阿耆尼国（今新疆焉耆自治县）、屈支国（今新疆库车），到达冰天雪地的凌山（今天山山脉的穆素尔岭）。这里路径崎岖，山峰高耸，玄奘一行整整用了7天才翻过凌山，这时，玄奘的队伍中有将近半数的人因饥寒而死。

玄奘一行历时4年，经历了千辛万苦，终于到达了目的地——印度，当时的印度叫"天竺"，或称"婆罗门国"，由东、南、西、北、中五部组成，内有几十个小国。玄奘先考察了北印度的健驮逻国，这里是印度佛教艺术的发源地之一，都城布路沙布罗有许多庄严华丽的寺院、高耸入云的佛塔和雄伟的佛像，玄奘参观研究古代印度的佛教建筑，参拜了佛教胜迹。玄奘又到迦湿弥罗国，跟当地的高僧学习佛经及因明（逻辑学）、声明（训诂和文字学）等知识。一有空闲他就钻研，他居住的寺院中收藏有大量佛经，都被他抄写下来。两年以后，玄奘又到印度各部求学、游览，他的足迹留遍印度各地。

后来，玄奘定居于印度中部揭陀国的那烂陀寺。揭陀国是佛教大乘教的中心地，拥有众多的寺院，那烂陀寺是这里最大的寺院，也是印度最壮丽的寺院之一。寺中高僧云集，还藏有印度所有大、小乘教经典、著述和天文、地理、医药、哲学、语言文字、科技等方面的著作。玄奘跟着著名的印度佛学权威戒贤法师学习大乘教的经典，专心致志，虚心求教。5年后，他的知识日益丰富，对佛学理论研究得更透彻了。

公元624年12月，玄奘参加了由戒日王倡议举行的佛学经典教义辩论大会，到会的有印度18个国家的国王和学问渊博、能言善辩的僧侣6000多人。玄奘阐述了自己的见解后，一连18天没有一位僧侣敢于与他争辩，反驳他的理论。戒日王按照传统习俗，请玄奘坐在身披锦幢的大象上，由大臣陪伴在侧，巡游天下，引起轰动。

玄奘到印度整整15年后,准备启程回国。玄奘离开印度之前,戒日王送给他许多珍贵的礼物,玄奘一一谢绝,只留下了马匹和大象。玄奘用马和大象驮着他15年来搜集的657部佛经、印度逻辑学和语言文字学的著作,还有佛像、花种等,与大家挥泪告别。

公元645年正月,玄奘回到长安。唐太宗听说后,下令在朱雀桥边举行隆重的欢迎仪式,朝廷将玄奘从印度带回的大批佛经、佛像等公开陈列出来,让市民们参观。展会热闹非凡,人们都以能亲眼看到玄奘法师为荣耀,由衷地感谢他。

玄奘回国后,负责翻译佛经,著书立说。他通宵达旦,笔耕不辍。玄奘和其他高僧花费了19年时间,翻译了大批佛经、论著,仅他自己就翻译了1300万字,共75部,1335卷。唐太宗曾经亲自写了《大唐三藏圣教序》,高宗又写了《大唐三藏圣教序记》,以示褒奖。在唐太宗的要求下,玄奘完成了《大唐西域记》一书。它是由玄奘口述,弟子笔录,最后经玄奘全面校订,历时一年多完成的。《大唐西域记》一书10多万字,共12卷。书中记述了玄奘西行并周游天竺所经历的110个国家和他从传闻中了解的28个国家的地理位置、佛教古迹、历史传闻、人物传记、佛教情况,以及山川地形、风土习俗、物产气候等情况。

为收藏从印度带回的佛经和佛像,玄奘和工匠们一起营造了慈恩寺大雁塔,塔高七层64米,为砖结构,模仿印度四方塔形建造,十分牢固,至今保存完好。

公元664年,玄奘病逝于长安玉华寺。

武则天登基

武则天是中国历史上唯一的女皇帝。她统治的50年是中国历史上一个兴旺发达的时期,社会比较安定,人口显著增长,经济较为发展,文化得到发扬,上承"贞观之治",下启"开元盛世",国力未坠,人心稳定。武则天死后不仅造了一座规模宏大的墓穴,还立了一块巨大的无字碑,传说武则天临终有遗言:只立碑,不刻字,自己的功过留于后人评说。后人议论纷纷，长期听到的多是对她隐私的渲染扩张，对她性格的肆意抨击，只有极少数人对武则天进行褒扬。然而，事实是不可否认的，武则天应该算是一位比较有作为的女君主。

武则天（公元624年－公元705年）名曌，并州文水（今山西文水）人。她的父亲武士彟原来是一个很有钱的木材商人，隋末时弃商从戎，成了一名府兵制下的鹰扬府队正，李渊起兵反隋，武士彟转而参加了李渊的军队，后仕唐，官至工部尚书，封应国公。武则天9岁时，父亲死去。14岁时，已经近40岁的唐太宗听说她长得美，便选她入宫，赐号武媚，人称媚娘，又封为才人。唐太宗死了以后，她和一些宫女依旧制被送到感业寺去做尼姑。两年后，继位的唐高宗李治驾临感业寺进香，武则天隔帘相望，不禁暗自垂泪，其凄婉可怜之态恰好被唐高宗李治看见，于是让她重蓄乌发，入宫侍寝，封为昭仪。武则天虽然生性刚烈，但再次入宫以来，却谦恭有礼，由此得到了王皇后的宠爱，常常在唐高宗的面前说她的好话。没过多久，唐高宗就和武则天好得如胶似漆，形影不离，渐渐地把王皇后疏远了。但武则天心里还不满足，想进一步夺取皇后的位子。可唐高宗并没有废掉王皇后的打算，于是武则天千方百计想陷害王皇后。

武则天生了一个女儿，有一天，王皇后来探望，爱抚地摸了摸，逗了逗。待王皇后走后，武则天竟一下把女儿掐死，用被子盖好。当高宗来看

时，她便诬陷是王皇后所为，使王皇后有口难辩。唐高宗因此大怒，从此便有废王立武之意。

在围绕要不要立武则天为皇后的问题上，朝廷中两派展开了激烈的斗争。一派是以长孙无忌、褚遂良为首的元老重臣，他们竭力反对这样做。一派是以许敬宗、李义府为首的新贵族，他们表示支持。高宗见大臣有异议，一时也拿不定主意。武则天得知这些情况后，就派心腹多次到长孙无忌府上求情，但都遭到拒绝。武则天愤愤不平，于是四处收买人心，拉拢臣僚，与李义府和许敬宗勾结起来，共同对付元老重臣。到了公元655年9月，唐高宗正式提出废王皇后，立武则天为后。

武则天当皇后以后，很快形成了自己的势力集团，参与朝政，利用高宗与元老重臣之间的矛盾，在短短几年内逼杀了长孙无忌，罢斥了20多个反对她的重臣，对拥立她的人，予以重用，李义府、许敬宗青云直上，当了宰相。她甚至同高宗一起垂帘听政，当时朝臣并称为“二圣”，称高宗为天皇，武后为天后。武则天作威作福，高宗的一举一动都受她制约。

唐高宗深感武氏一派的威胁越来越大，担心李家的天下保不住，就想趁自己还在世，传位给太子李弘（武则天的长子）。但是，武则天竟用毒酒杀死了李弘，立次子李贤做太子。不久，又把李贤废为平民，改立三儿子李显为太子，弄得唐高宗束手无策。

到公元683年12月，唐高宗病死，太子李显即位，就是唐中宗。武则天以皇太后的身份临朝执政。她不能容忍唐中宗重用韦氏家族的人，又把唐中宗废了，立她的四儿子李旦为帝，就是唐睿宗。她不许睿宗干预朝政，一切由她自己做主。

唐宗室功臣看到诸武用事，人人自危，于是激烈的斗争便公开化了。最先起来反抗的是李唐旧臣徐敬业、唐之奇等人。他们以拥戴中宗为号召，在扬州起兵反对武则天。在朝廷内部，获得了宰相裴炎的支持，内外呼应，一时间聚众十余万人。武则天派出30万大军讨平了徐敬业，杀了倾向徐敬业的宰相裴炎等人。

武则天为了清除异己，开始奖励告密。武则天规定，凡是告密的事，任何人都不得阻拦，外地人来京告密的，官府供给驿马，沿途享受五品官的伙食待遇。所揭发的事情属实，给予破格提拔，授予官职，如果揭发不实，也不予追究。同时，武则天大量提拔告密者，形成一股酷吏势力，他们专掌告密之事，用非常残忍的手段帮助武则天镇压异己。

酷吏们罗织罪名，严刑逼供。刑法名目繁多，残忍无比，犯人们每每见到面前的刑具，已是魂飞魄散，于是随口诬供，辗转牵连，杀害了成千上万人。武则天很满意酷吏们的做法，多次给以赏赐，清洗了大批反对自己登位的宗室大臣。朝中大臣和各地官员人人自危，个个胆寒，谁也不知自己死在何时。每入朝，则与家人诀别，不知还能否生还。为平息人们的不满，武则天后来诛杀了周兴、来俊臣等人，并下诏责己罪过。

武则天胜利了，李唐的宗室子弟及亲党已被斩杀殆尽，幸存下来的幼弱者也被流放岭南，无力对抗。公元690年9月，67岁的武则天自称圣神皇帝，改国号为周，以洛阳为神都，降唐睿宗为皇嗣。

武则天终于登上了皇帝宝座，这个时期直到公元705年，宰相张柬之等人乘武则天病重期间，发动政变，拥立东宫太子李显为唐中宗，恢复李唐王朝为止。后来，武则天被尊为则天大圣皇帝，送往上阳宫居住，在寂寞孤独中死去。她留下的遗愿是：去帝号，称则天大圣皇后。最后，武则天的灵柩和高宗李治合葬在一起。

鉴真东渡传佛法

在日本奈良市有一座唐招提寺，寺中的御影堂内，安置着一座“脱胎干漆”的坐像。1200多年来，它作为唐招提寺精神上的象征，受到特别保护，被定为日本的一级国宝。这就是唐代东渡日本传法的高僧鉴真大师的坐像。

鉴真（公元688年－公元763年），扬州人，俗姓淳于，父亲是个商人，也是一位虔诚的佛教徒。鉴真从小受父亲的熏陶，对佛教产生浓厚的兴趣，14岁出家，20岁到长安、洛阳等地游学，潜心研究佛经。22岁在长安一座佛寺里受足戒（别称“大戒”，是僧侣的最高戒律，受足戒表明受戒人的学问已达到高深的程度，有讲授的资格）。开元元年，26岁的鉴真满载着丰硕的学问成果回到扬州。此后30年间，他以扬州为中心，在淮南地区进行广泛的佛教宣传。他建塔造寺,传教讲学,通河架桥,见病施药,深得僧侣各界的敬重,先后从他受戒的弟子达4万多人,鉴真已成为扬名海内外的律宗大师。

隋唐时期,中日两国人民的友好往来十分密切。公元630年至公元894年,日本派了13批使团前往唐朝留学访问。当时,日本受唐朝影响,大力提倡佛教。他们仿照唐朝建筑寺院,还派年轻的僧徒到中国学习佛经,并打算聘请鉴真大师到日本传授戒律。

唐玄宗天宝元年(公元742年),鉴真55岁。已经来华10余年的日本留学僧荣睿和普照代表日本天皇邀请鉴真去日本宣传佛法,鉴真的弟子们深知去日本的海路十分艰险,便极力劝阻鉴真,但鉴真不畏艰险,毅然表示:"为传佛法可舍身命。"弟子们见大师主意已定,有21人请求与法师共赴东土。

天宝二年(公元743年)四月,鉴真和荣睿、普照一切准备就绪,即将扬帆出海。不巧,浙江一带发生海盗事件,沿海关防检查十分严格。更糟的是,鉴真的弟子道航和高丽僧如海发生了纠纷。由于如海告密,船只和物资全被官府没收,第一次东渡失败。鉴真没有失去信心。同年底,他们第二次东渡,同行的有弟子、工匠、画师、水手100多人。结果船尚未出海,即被风浪击坏,时值寒冬,人陷水中,凉彻心骨。待修好船再走,又在海上触礁,船只解体,幸得遇救,才未葬身鱼腹。天宝三年(公元744年),鉴真又连续两次东渡,都没有成功。

天宝七年(公元748年),61岁的鉴真做好了第五次东渡的准备。这次随行的僧侣、水手有35人,备置了干粮、淡水、药物、经典、佛像、法器、艺术品等。谁知船只误入海流,又遇狂风。船像断了线的风筝,一直往南漂。船上的淡水用光了,大伙饥渴难忍,每天以生米充饥。后逢天降大雨,情况才有所好转。就这样,他们在海上熬过了14天,终于抵达海南。他们在海南休整了一年,然后再度起锚北上。但是在重返扬州的途中,荣睿病重,在端州(今广东肇庆)病逝,鉴真也因积劳成疾,感受暑热而双目失明,跟随多年的得意弟子祥彦亦离开人世。这一系列打击和挫折,并没有吓倒鉴真,相反,他东渡的决心更加坚定了。

公元753年,日本派遣藤原清河为第10任遣唐使。他们在返回之前,向唐玄宗正式提出聘请鉴真到日本传戒，并且亲自到扬州看望鉴真，向他发出邀请。鉴真此时虽双目失明，但东渡弘法的夙愿丝毫不减当年。十月的一个晚上，鉴真一行乘上日本遣唐使的大船，开始了第六次东渡。这次共有 4 艘船，一号船在航行中遇难。鉴真乘坐二号船，经历了漂海的艰辛，于天宝十三年（公元 754 年）初到达日本南部。此时鉴真已 66 岁了。六次东渡耗费了他 12 年光阴，五次航行失败，几经绝望，先后共有 36 人献出生命，到达日本后只剩下弟子思托和日本留学僧普照二人。

鉴真到达日本后，受到日本举国上下各界人士的热烈欢迎，他先在九州总督府（今日本福冈）停留，随后，又到都城最著名的东大寺。第二年，鉴真在东大寺大佛殿前筑起戒坛，依次给天皇、皇后及 440 名僧侣受戒，开创了日本佛教徒登坛受戒的仪式。

鉴真历经艰难险阻东渡日本传教，他在日本辛勤工作了 10 年，对日本的佛教、建筑、医学、文学、印刷、工艺美术等方面，都做出了巨大贡献。

天宝十七年（公元 758 年），天皇赐给鉴真 100 公顷田地。鉴真在这块地上修建了一座大寺院，叫做“唐招提寺”。该寺院采用唐朝通用的鸱尾（佛殿尾脊两端向上翘的燕尾装饰）、三层三拱等形制。整个建筑显得气势雄伟，布局和谐，是日本最著名的古建筑之一。此后，鉴真就在唐招提寺中讲授戒律。唐招提寺成为日本最有影响的寺院之一。

鉴真还是一位造诣很深的汉医，他把许多药方和药物知识带到了日本。他虽双目失明，但能凭嗅觉鉴别药物，还亲自给人看病，传授中草药知识，留下了一卷《鉴真上人秘方》。据说，直到 17、18 世纪，日本药店的药袋上，还印着鉴真大师的图像。此外，鉴真还把中国制作豆腐的方法传到日本。至今，日本的豆腐业仍尊奉他为祖师。

唐代宗广德元年（公元 763 年），鉴真大师圆寂，终年 76 岁，他的遗体安葬在唐招提寺后面的松林中。为了纪念这位高僧，他的弟子忍基等人为他制作了一尊高达 81.8 公分的坐像，鉴真结袈趺坐，双目紧闭，神态安详，栩栩如生。这尊塑像至今仍供奉在唐招提寺中，成为日本的“国宝”。

安史之乱

唐玄宗在位时,为了加强边境的防御,在重要的边境地区设立了十个军镇,军镇的长官叫节度使。节度使带领军队,还兼管行政和财政,权力很大,地位也很重要。按照当时的惯例,节度使立了功,就可能被调到朝廷当宰相。

李林甫掌权以后,不但排挤朝廷的文官,还猜忌边境的节度使。担任朔方等四个镇节度使的王忠嗣,立了很多战功。他手下的将领哥舒翰、李光弼,都是骁勇善战的名将,李林甫看王忠嗣的功劳大,威望高,怕他被唐玄宗调回京城当宰相,派人向唐玄宗诬告王忠嗣想拥戴太子谋反,害得王忠嗣险些丢掉了性命。后来还是哥舒翰在唐玄宗面前苦苦为王忠嗣申冤,玄宗才免了王忠嗣的死罪,改为降职处分。王忠嗣受不了这种冤枉,一气之下就病死了。

当时,边境将领中有一些胡族人。李林甫认为胡人文化低,立了功也不会被调到朝廷当宰相,就在唐玄宗面前竭力主张重用胡人,理由是胡人善战,而且跟胡官没联系,靠得住。唐玄宗最怕的就是边境的将领谋反,就听信李林甫的话,提拔了一些胡人当节度使。在这些胡族的节度使中,

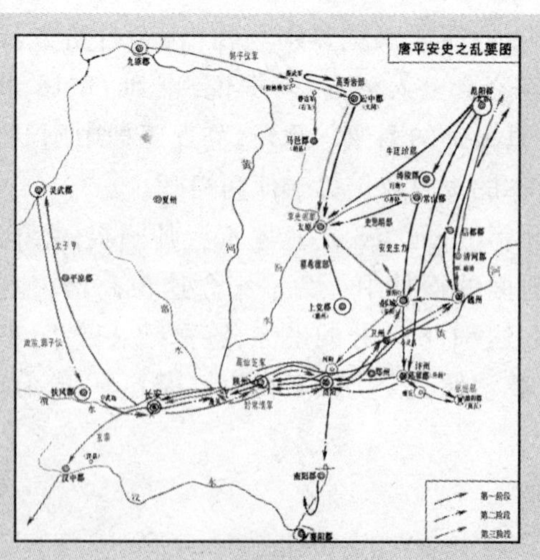

唐玄宗、李林甫特别看中平卢(治所在今辽宁朝阳)节度使安禄山。安禄山年轻时在平卢军里当过将官,因为不遵守命令,打了败仗,边境守将把他解送到长安,请朝廷处分。当时的宰相张九龄为了严肃军纪,把安禄山判了死刑。唐玄宗听说安禄山挺能干,下令把安禄山释放。张九龄跟唐玄宗说:"安禄山违反军令,损兵折将,按军法不能不杀,而且据我观察,安禄山不是个善良人,不杀恐怕后患无穷。"唐玄宗不听张九龄劝诫,还是赦免了安禄山。后来,张九龄便被撤了职。安禄山却靠他奉承拍马的手段,一步一步地升官,当上了平卢节度使。不出三年,又兼任范阳(治所在今北京市)节度使。

安禄山使出他狡猾的手段骗取了唐玄宗和李林甫的信任,除了范阳、平卢两镇外,又兼了河东(治所在今山西太原)节度使,控制了北方边境的大部分地区。他秘密扩充兵力,提拔了史思明、蔡希德等一批猛将,任用汉族士人高尚、严庄帮他出谋划策,又从边境各族的降兵中挑选了8000名将士,组成一支精兵,囤积粮草,磨砺武器,只等唐玄宗一死,他就准备叛乱。

没多久,李林甫病死,杨贵妃的同族哥哥杨国忠凭着他的外戚地位,接任了宰相。杨国忠本来是个流氓,安禄山瞧不起他,他也看不惯安禄山,两个人就闹起矛盾来。杨国忠几次三番在唐玄宗面前说安禄山要谋反,但是唐玄宗正在宠信安禄山,哪里会相信。

天宝十四年(公元755年),安禄山经过周密准备,在范阳发动叛乱。以"奉密旨讨杨国忠"为名,挥军南下。15万步兵、骑兵在河北平原上进发,一路上烟尘滚滚,鼓声震地。中原一带已有100年左右没有发生战争了,安禄山叛军一直向南进攻,几乎没有遭到什么抵抗。

范阳叛乱的消息传到长安,唐玄宗开始认为是有人造谣,还不相信。到后来警报一个个传来,他也慌了起来,立刻召集大臣商议。满朝官员都没有经过这样的大变,个个吓得目瞪口呆,只有杨国忠得意洋洋,自以为有先见之明还夸口预言叛军内部必定内讧,不出十天,安禄山必被部下所杀。

唐玄宗听了他这番乐观的估计,也就稍稍安下心来。但是谁会料到,没过多久,叛军长驱直入,渡过黄河,攻陷洛阳。

天宝十五年(公元756年)正月,安禄山在洛阳自称大燕皇帝,年号圣武。安禄山的军队所到之处,大肆烧杀掳掠,无数村镇成了一片瓦砾场,社会生产力遭到严重破坏,各地人民纷纷自动组织队伍起来反抗安禄山。

不久,潼关失陷,唐玄宗仓皇从长安出逃。途经马嵬驿(今陕西兴平西)时,愤怒的军士们杀了杨国忠,迫使唐玄宗下令缢死杨贵妃。此后,唐玄宗逃到四川。太子李亨逃到灵武,即皇帝位,就是唐肃宗。

安禄山长子叫安庆宗,次子叫安庆绪。为了皇位继承问题,安庆绪心乱如麻。唐肃宗至德二年(公元757年),在安庆绪与严庄的策划下,安禄山被近侍李猪儿刺死。安庆绪继而称帝。安禄山死后,郭子仪等率领唐军和回纥、西域兵乘机攻克长安、洛阳。安庆绪被迫退到邺城。安禄山的大将史思明也暂时投降唐朝,被任为范阳长史、河北节度使,但不久又起兵反唐,洛阳一度落在叛军手里。然而,安史集团内部仍旧不断争权夺利。

唐肃宗乾元二年(公元759年),史思明在沙河(今河北沙河北)杀死安庆绪,收编安庆绪的队伍,引兵回范阳,自称"大燕皇帝",改元"顺天",立子史朝义为怀王,改范阳为燕京,继续与唐朝对抗。唐肃宗上元二年(公元761年),史思明被史朝义杀死。叛军内部分裂,势力大为削弱,唐朝再借回纥兵收复洛阳。后来,叛军头目纷纷投降唐朝,史朝义走投无路,在温家栅(今河北滦县境内)上吊自杀。

在郭子仪和李光弼等人的指挥下,长达8年的艰苦抗战终于结束。这场叛乱,史称"安史之乱"。这期间,叛军所到之处,杀人放火,掠夺民财,田园荒芜,百姓流离失所,社会生产力遭到极大破坏,而且从此还出现了藩镇割据的局面。强盛的唐朝,从"安史之乱"以后,日益走向衰落。

黄巢起义

唐朝末年,宦官专政,藩镇割据,长年混战不休,生产遭到严重破坏,加上贵族对土地巧取豪夺,利用各种赋税和徭役压榨百姓,人民被逼得走投无路,只有走上反抗这条路。由于唐懿宗李漼生活极端的腐朽,他在位的 8 年间,先后爆发了两次农民起义,都被朝廷镇压下去了,但百姓的反抗情绪却日益高涨。公元 847 年,唐僖宗李儇即位,就在这时候,黄巢发动起义并很快成了义军领袖。

黄巢(? –公元 884 年),曹州冤句县(今山东曹县西北)人,自幼以贩卖私盐为生。黄巢青年时不仅善于骑射击剑,而且也喜欢读书,在家乡伙伴中很有威望。据说,他曾几次赴长安参加科举考试,有一次本来可以拿头名,就因为他无后台,加上相貌丑陋,结果名落孙山。他回到旅店写了一首《菊花》诗题在墙上,以示他要推翻唐朝,创建宏伟事业的决心和气概。诗中说:"待到秋来九月八,我花开后百花杀;冲天香阵透长安,满城尽戴黄金甲。"

公元 874 年,王仙芝集合 3000 人在河南长垣起义。黄巢听此消息,积极发动群众,第二年夏天在冤句起义响应。两支义军会合,声势浩大,发展迅速,数月之间起义军便达到几万人。唐朝当权者震惊了,从河南、淮南调军来围剿,王仙芝、黄巢避实就虚,迅速转移到中原地区活动,而后把矛头直指洛阳。官军一直处于被动地位。

唐朝统治者看到军事镇压无效,就采取诱降手段分化起义军。他们偷偷与王仙芝见了面,约定"罢兵",劝王仙芝投降,并连夜把"左神策军押牙兼监察御史"官职委任状送给王仙芝,而王仙芝竟准备接受。黄巢对这种投降行为非常愤怒,当众指责王仙芝说:"君降,独得官,五千众目奈何?"黄巢越说越气,狠狠地给了王仙芝一拳,广大义军也怒不可遏。王仙芝迫于此不敢降唐,还派人把唐朝派来劝降的宦官赶跑了。

但起义军自此分裂:一路由王仙芝率领,进入河南淮南等地,一路由黄巢率领,北上山东济宁、曲阜一带活动。公元 878 年 2 月,王仙芝在黄梅为唐军包围,兵败后被官军所杀。王仙芝的余部尚让率起义军与黄巢会合,这时起义军共 10 多万人,共推黄巢为领袖,号称"冲天大将军",并设立官职,建立了起义军的统一领导机构。

黄巢采取"声东击西"战略,利用"藩镇割据"的有利条件,先是做出攻打洛阳的姿态,暗地里积极向江南进发。唐王朝不知是计,急忙向洛阳聚集大军。就在唐军忙得不可开交之际,黄巢挥师南下,渡过淮河、长江,进军江西、浙江,一路上势如破竹,并劈山开路沿仙霞岭披荆斩棘开出了一条700里长的山路,出其不意挺进福建,攻克福州。随后,起义军转战广东,活捉了岭南节度使李迢。起义军控制岭南地区后,队伍达到50余万人。

黄巢在广州休整两个月后,即率大军北伐。为了减少阻力,分化敌人,黄巢以"大将军"名义向各地藩镇发出文告:"勿犯吾锋,吾将入东都,即至京师,自欲问罪无予众。"檄文所到之处,各节度使无不胆战心惊,唐僖宗竟然吓得面对大臣哭了起来。

公元880年12月,起义军攻占洛阳,次年初攻破天险潼关,唐僖宗只得逃往四川。公元881年1月8日,起义军浩浩荡荡开进长安城。唐大将军张直方带着数十名文武官员跪在路旁,向起义军投降。城里百姓争相慰问大军。黄巢命大将军尚让告慰百姓:"黄王起兵,本为百姓,非好李氏,不爱汝曹,汝曹但安居勿恐。"起义军还把没收的钱帛散发给百姓。

起义军入城第八天,建立了"大齐"政权,黄巢被推戴为皇帝,年号为"金统",并任命了各级官吏。但是,随着农民政权建立,黄巢等人满足于既得胜利,他进入长安之后,没有组织力量追击唐僖宗,给了敌人以喘息机会,使他们得以重新集结势力包围长安。对仍然拥兵割据的各地藩镇,也没有及时消灭他们的武装力量。再加上黄巢起义以来,每打一处就把原来的地方丢掉,没有"建立巩固的根据地",大齐政权实际控制的地方只有长安附近一小片地方,这就为失败埋下了种子。

公元881年4月至5月,唐军向长安反扑,黄巢诱敌深入,主动率军撤走,但未走远,而是埋伏在城东数十里的坝上。官兵进城后,大肆烧杀掠抢。黄巢乘其不备,突然袭击,杀得官兵人仰马翻,起义军又重新占领长安。但此后两年,长安外围重镇一直为官兵占领。长安城长期被困,起义军与城市居民断粮挨饿,军心开始动摇。不久,起义军重要将领朱温叛变投敌,唐朝统治者又利用沙陀贵族李克用的骑兵向起义军猛烈冲击,起义军三面受困,难以坚持下去。

公元883年5月,黄巢率领军队撤走到河南坚持斗争。一年后,又退回山东,经莱芜瑕丘一战,起义军大部分战死,黄巢不甘被俘受辱,在山东泰山狼虎谷自杀身亡。

唐末五代十国

唐朝末年，自唐昭宗被宦官劫往凤翔后，天下便已大乱。从朱温建立后梁开始，大唐王朝便宣告灭亡，中国社会从此进入了一个四分五裂的战乱年代。在中国的北方，先后出现了后梁、后唐、后晋、后汉、后周五个朝代；而南方与其他地方也先后出现了十个小国家，因此，史学家把这一段历史称为五代十国，简称“五代”。

五代是唐朝末年藩镇割据混战的继续和发展，中原五个王朝前后相继，最短的后汉只存在了四年。王朝之间战争相互取代，中原人民苦难深重，中原以外，又有十国，经五代之世，与中原王朝并存的，常有六七个或七八个政权。其分裂形式似乎是另一个春秋战国。

十国有九个分布在秦岭淮河以南，大致说来，沿长江由西而东，分成巴蜀、两湖、江淮、两浙四个地区，再加上福建、两广，一共是六个地区。南方九国先后分别在这些地区活动。巴蜀先有前蜀，后有后蜀。两湖则荆南占有以湖北江陵为中心的一片小地方。楚占有幅员广大的湖南，这个地区始终存在着一片小地方，楚占着一大一小的两个国家。江淮先有吴，后有南唐。他们的版图自鄂西到鄂东、江西，是南方最强大的割据势力。其余两浙的吴越、福建的闽、广东和广西一部分的南汉，各自占有一个地区。

因此可见，南方有七八个国家与中原王朝同时并存。北方情况从表面上看似乎单纯，其实比南方更为复杂。十国只有一个北汉在北方，北汉是后汉的残余势力，占有整个山西省的大部分和陕西的东北角，在后周以前，北汉并不存在，北方原有唐朝留下来的许多藩镇，河东的李克用就是其中之一。唐末和后梁时，朱温（后梁太祖）一直同李克用父子对峙。朱、李两家与河北的旧藩镇时和时战，几个旧藩镇时而亲朱，时而亲李，关系极为复杂。

朱温称帝的时候，旧藩镇多数已被两家共吞，然而幽沧（幽州和沧州）的燕（刘仁恭父子）和陕西凤翔一带的岐（李茂贞）仍旧保持着独立的地位，他们的实力比南方某些国家强得多，但却没有算到十国里去。

另外，北方还有动乱因素。五代初年，正是契丹崛起的时候。后梁朱温称帝之年，正是契丹领袖耶律阿保机即位之时。朱梁的北面有李、刘两家统治的地区，把它和契丹隔开，但唐、晋、汉、周都和契丹对峙。这样错综复杂的情形，在我国几千年的历史上，是极为罕见的。因此，五代十国时期的兴废战争之事，波澜起伏，与历史上许多时期相比，都更为频繁。

因此，这时的人民遭到的苦难异常严重。暴君横行无忌，贪官酷吏的剥削和压迫，无所不用其极。唐代的名城，如长安、洛阳、扬州，都曾化为废墟，昔人常把五代叫做“五季”即“季世”，也就是“末代”的意思。

但是五代十国史毕竟也有另外的一面。

五代十国实际是唐宋两朝之间继往开来的时期，史家或习惯于把五代附于隋唐的五代；或主张把它与辽、宋、金、元划为一个阶段。五代也正是一个从分裂混乱走向统一、安定的过渡时期。五代时期的混乱现象给统治者提供了许多教训，这些教训在均田制、集权统一等诸多方面，为宋朝人提出解决的方案。

五代也不完全是“季世”，它还有光明的地方。我们在这里可以看到中华民族在战乱之后惊人的重新建设能力。户数的恢复；农业水利的兴修；经济文化的发展；一种新体裁的诗歌——词已兴起；其他如火药在战场上的出现，印刷事业的发展，这些项目的发展似乎都已超过唐朝天宝时期，这些现象使我们不能不承认：五代是一个对中国文化颇有贡献的时代。

无耻时代的不倒翁

冯道，字可道，瀛州景城（今河北省交河县东北）人，唐僖宗中和二年（公元882年）生。据史载，“（冯道）早先一边读书学习，一边耕种土地，并不忙于操持生活家业。冯道自幼性格纯厚，爱好学习，善于作文，不以穿破衣服、吃粗饭为耻”。唐末，军阀割据，战乱频频，李克用割据晋阳，独霸一方，冯道投靠了其子李存勖，以图将来能得以仕进。以前，冯道曾在家乡附近的幽州做小吏，当时，幽州军阀刘守光凶残成性，对于属下，动辄加以诛戮，甚至杀了之后，还叫人“割其肉而生啖之”。冯道与这样的人相处，自然十分危险。一次，刘守光要攻打易、定二州，冯道竟然敢劝阻，自然惹怒了刘守光，经人说情，被关到狱中。

冯道经人帮助，逃出牢狱，投奔了太原晋大将张承业的旗下。经张承业的推荐，冯道成为李存勖的助手。从此，冯道走上了仕途。

冯道起初担任晋王府中的书记，负责起草收发各种公文。不久，李存勖看到朱温建立的后梁政权十分腐朽，就准备灭掉后梁。晋王和后梁的军队对峙于黄河两岸，战斗打得难分难解。冯道身为李存勖的亲信，却能以身作则，率先过简朴的生活。据史书记载，他“在军中，盖了一个小小的茅草屋，连床席都没有，只睡在一束干草之上”。

李存勖灭掉后梁建立后唐以后，重视那些名门贵族出身的人，对冯道这样没有“背景”的人，十分轻视。冯道这时官低位卑，他听到父亲的死讯后只能徒步奔丧，其困窘的程度可想而知。直到明宗即位，他才被召回。明宗鉴于前训，重用有才干的人，想以文治国，冯道这才被任命为宰相，真正飞黄腾达。

在冯道为相的七年，应该说做了一些好事。一天，明宗问臣下年景如何，臣下们大多说了些歌功颂德的话，但冯道却给明宗讲了一个故事。冯道说：“我当年在晋王府的时候，奉命到河北中山一带办事，途中要路过井陉。我早就听说过井陉是个难行的地方，人马到那里，多有意外，我就十分小心，最终平安地走过了井陉。没想到过了井陉，到了平地，却从马上摔了下来，差点摔死，我这才明白要处处小心，时时提防。其事虽小，却可以用来说明大的道理，望陛下不要以为五谷丰登，河清海晏就可以高枕无忧了。要兢兢业业，不要放纵享乐，这是我们臣下所希望的呀！”

后唐明宗去世以后，他的儿子李从厚即位。李从厚即位不到四个月，同宗李从珂即兴兵反叛，要夺取帝位，李从厚得到消息后，连臣下都来不及告诉，就慌忙跑到自己的姨夫石敬瑭的军中。第二天早上，冯道及诸大臣上朝，不见皇帝，这才知道李从珂发动兵变，已率兵往京城赶来。

冯道却一反常态，出人意料。他本经明宗提拔，从寒微之族到宰相，按理说，此时正是他报答明宗大恩的时候，况且李从珂起兵实属大逆不道。但冯道不管这些，他认为李从珂拥有大军，且刚愎自用，而李从厚不过是个小孩子，况且即位以来尚未掌握实权，为人又过于宽厚柔和，在权衡了利弊之后，他决定率领百官迎接李从珂。

冯道身为宰相，权极人臣，很多官吏都为他亲手所提拔，他的主张，多数人也不好再说什么。但个别正直官吏还是出言诘问。中书舍人卢导首先反对说：“哪有天子在外，大臣反去劝别人当皇帝呢？我们是不是该去投奔天子？”丞相李愚等人也随声附和。但冯道却要大家认清当前的形势，不要迂腐可笑。大多数人无奈，只得跟冯道一起到洛阳郊外去列队迎接李从珂，并献上了请李从珂当皇帝的劝进文书。就这样，冯道由前朝的元老重臣变为新朝的开国功臣。只是李从珂对他实在不放心，不敢委以重任，把他放到外地任官。后来又觉得过意不去，把他调回京城，给他安排了一个没有多大实权的司空之职。

不久，石敬瑭同李从珂闹翻了，想借恢复明宗的旗号打倒李从珂，但石敬瑭兵力不足，不能同李从珂抗衡。为了夺取帝位，石敬瑭竟向契丹主耶律德光请求支持，并许下三个条件，事成之后，一是向契丹称臣，二是石敬瑭称耶律德光为父，三是割让雁门关以北诸州给契丹。耶律德光正想插手中原，石敬瑭主动去求，正中下怀，便约定等中秋以后倾国赴援。在契丹人的支持下，石敬瑭战胜了李从珂，成了中国历史上为人所耻的“儿皇帝”。

石敬瑭以恢复明宗为号召，称帝后，就把原明宗朝的官吏大多复了职，冯道也被任命为宰相。不知石敬瑭怎么考虑，也许是因为冯道未受李从珂重用的缘故吧，石敬瑭没有追究。

黄

石敬瑭当皇帝后的首件大事,就是实现对耶律德光许下的诺言,否则,王朝就有倾覆可能。但自称“儿皇帝”,称契丹皇帝与皇后为父母,实在是可耻的事。至于派人去契丹当册礼使,更是一个既要忍辱负重,又要冒生命危险的事。石敬瑭想派宰相冯道去,一是显得郑重,二是冯道较为老练,但石敬瑭左右为难,恐怕冯道拒绝。谁知他一开口,冯道居然毫不推辞地答应了,这真使石敬瑭十分高兴。

冯道成功地完成了这次出使任务。他被契丹阻留了两个多月,经多次考验,耶律德光觉得这个老头实在忠诚可靠,就决定放他回去。冯道却反复表示对耶律德光的忠诚,想留在契丹。越是这样,耶律德光就越觉得应当让他回去,好让他在石敬瑭那里为自己效力。经过多次反复,耶律德光一定要让他回去。

一个月以后,他才上路,在路上又拖拖捱捱,走了两个多月,才出契丹的国境。他的随从好奇地问他:“能活着回来,您应是归心似箭,可您为什么要走得这么慢呢?”冯道说:“一旦走快,就显出逃跑的意思,即使走得再快,契丹的快马也能追上,那有什么用呢?反不如逶迤而行!”

这趟出使回来,冯道越发风光,甚至连石敬瑭都得讨好他。石敬瑭让冯道手掌兵权,不久又任命冯道为“鲁国公”。

石敬瑭的后晋政权只存在了 10 年多一点。后晋出帝开运三年,耶律德光率领 30 万军队占领了汴京。冯道大概以为契丹人可以成为中原主人了,就主动来投靠耶律德光。耶律德光慢慢地相信并喜欢上了冯道,让他当了辽王朝的“太傅”。后来有人检举揭发他曾参与过抵抗契丹的活动,耶律德光反为冯道说话:“这人我信任有加,他不爱惹是生非,不会有逆谋,请不要妄加指责。”

五代时期的政权更迭,十分频繁。刘知远的后汉政权刚刚建立四年,郭威反叛了,带兵攻入汴京。这时候的冯道,又故伎重施,准备率百官迎接郭威。他做了后唐明宗的 7 年宰相,尚且不念旧恩,何况只做了不到 4 年的后汉太师,更是微不足道。于是,他率百官迎郭威进汴京,当上了郭威所建的后周政权的宰相,并主动要求带兵打仗,收服了刘知远的宗族刘崇、刘斌等手握重兵的将领。这样,冯道又为后汉的稳固立下了汗马功劳。

几年后,郭威病死,郭威的义子柴荣继位为周世宗。割据一方的后汉宗族刘崇勾结契丹,企图一举推翻后周政权。

柴荣此时只有 34 岁,富于胆识气魄。当刘崇、契丹联军袭来时,一般大臣都认为皇帝恰逢新丧,人心不固,不可轻动,但柴荣却一定要亲征。别人见柴荣意志坚定,便愿随出征,不再多说,只有冯道在一边颇有微词,认为这次出征必定失败。

谁知柴荣真地亲率军队,在高平之战中大败刘崇、契丹联军,以事实驳倒了冯道。柴荣凯旋之时,冯道也如风中残烛,对在下一个王朝继续做官失去了信心。在柴荣高平之战的胜利时终于结束了他的老命。

冯道卒于 954 年,终年 72 岁。

第七章　两宋时代

宋朝是中国封建社会继续发展的时期，是经历了唐末五代十国的封建割据到全国统一的时期。两宋时期，在北方先后有辽、金、西夏和蒙古军政权，在西方和西南方有高昌、西辽、吐蕃和大理等政权。两宋时期，阶级矛盾和民族矛盾相互交织，在这一时期先有王小波、李顺起义，后又有钟相、杨幺起义及宋江、方腊起义，这些阶级矛盾虽一一被平息，但依然是动摇了宋王朝的统治。而两宋的民族矛盾更加趋于白热化，宋朝与西夏、辽多次地发生战争，并多次与西方和西南方的少数民族发生冲突。由于宋末政治的腐朽，农民起义多次爆发后，使得金兵乘虚而入，民族战争从此一发不可收拾。在民族英雄韩世忠、岳飞等一些将领的指挥下，战争取得了相当的胜利，但由于奸臣秦桧等人祸国殃民，残害忠良，使得宋王朝日益走向腐朽，最终被蒙古元兵灭亡。

两宋期间，文学和史学、哲学都有相当的发展，其中最著名要数两宋的词，宋词在中国文坛史上占有重要的地位。这一时期在科技领域中也有很大成就，诸如发明了活字印刷术，火药和火器、指南针等方面也都得到了改善和应用，为中国科技史做出了杰出贡献。

陈桥兵变

赵匡胤(公元927－公元976年)祖籍涿州,世代为将。自幼胆识过人,有一身好武艺。他20多岁的时候,开始投靠郭威。郭威通过军事政变篡夺后汉政权,建立了后周。赵匡胤由于英勇善战,智勇双全,得到迅速提拔。到周世宗(柴荣)显德六年(公元959年),在南征北战中立下了赫赫战功的赵匡胤,做到了殿前都点检,成为禁军的最高统帅。同时赵匡胤还极力拉拢一些地方军队的高级将领,与他们结拜为兄弟,大量网络人才。赵匡胤深知,拥有军队和人才就等于拥有天下。

公元959年,周世宗率军北伐契丹,刚占领瓦桥、益津、淤口三关,就得了重病,班师回朝,不久病逝,由7岁的儿子柴宗训即位。"主少国疑",人心思变。因此,赵匡胤与其弟赵匡义、谋臣赵普等人秘密策划,伺机篡夺皇位。

后周显德七年(公元960年)除夕,文武百官,朝贺如仪。朝廷忽然接到契丹、北汉联合入侵的边报,有人怀疑这份边报是赵匡胤布置镇定二州谎报的。宰相范质、王溥慌里慌张,未加核实军情,便信以为真,急忙派遣殿前都点检、检校太尉、归德军节度使赵匡胤率兵抵御,殿前副都点检慕容延钊率前军先发。

出师前夕,京城里传播着"将以出军之日,策点检为天子"的流言,意思是说皇帝将禅位给"点检"赵匡胤。五代政权的更迭几乎都是由掌握军权的将领造成的,10年前,郭威兵变攻入开封后纵兵"夯市"(劫掠都市)的情景,又重现在市民的眼前。开封城内的居民,一时惊惶不安,纷纷搬家逃匿。唯独宫中,因全是赵匡胤手下禁军把门,密不透风,懵然不知。正月初三,大军出爱景门北上,都点检赵匡胤对部队严加约束,没有发生纵兵劫掠的场面,市民们稍安。刚出城门,军中已有计划地开始制造拥立赵匡胤的舆论。

当晚,大军到达离开封40里地的陈桥驿,安营扎寨。陈桥驿紧靠黄河,大军渡过黄河,离京师就越来越远。

将士们相聚在一起谋划着:"小皇帝幼年无知,应趁早废除,拥点检为天子，然后再北征也不晚呀！”都押衙李处耘集中诸将意见，首先转告赵匡胤的胞弟、供奉官都知赵匡义及归德军节度掌书记赵普。

赵匡义、赵普见势不可挡，于是与众将约法三章，如有背叛者人人得而诛之！诸将许诺，并饮酒为盟。

赵匡义与赵普接着布置将士环列都点检赵匡胤卧室外，并连夜遣人回京，密告殿前都指挥使石守信、殿前都虞侯王审琦，要他们把好皇宫禁门，准备随时接应。石守信、王审琦都是赵匡胤同党，唯命是从。赵匡胤也深知如果鲁莽行动，即使掌握了政权，也难以稳固，便假装醉酒熟睡。

第二天天刚蒙蒙亮，军营中突然发出呼叫，赵匡义叫醒哥哥，赵匡胤来不及穿戴，披衣走出，神色惊异。将校们手握刀剑高声叫道：“诸将无主，愿奉太尉（即赵匡胤）为天子！”不容赵匡胤答话，将领们拿了一件象征皇帝登基用的黄袍，披在他身上，众将跪拜在地，高呼“万岁”，声闻数里。

赵匡胤开始还加以推却，无奈众志难夺，身不由己地被拥上马背，勒转马头，回师东京。赵匡胤心里明白，军中拥立之事非同小可，索性一不做二不休，要使此举成功，关键还在后头，即是还要看能否管束住拥立的将士，不然今天被奉上帝位，难保明天不被人砍下脑袋。于是他揽辔对诸将大声喝道：“你们自己贪图富贵，立我为天子，如果真能听从我的号令，我就同意，不然，我不能做你们的皇帝。”大家齐声回答：“唯命是听！”赵匡胤看大家都能听命，但鉴于五代武将拥立，许以抢劫发财、颇失民心的教训，就严肃地宣布“约法三章”：“对幼主、太后、朝中大臣，都不能凌辱；对老百姓和朝廷府库，不得劫掠；听从命令的，有重赏，不听命令的，立斩！”众将拜诺。

“千秋疑案陈桥驿，一著黄袍便罢兵”，契丹和北汉进犯的消息，居然听不到了。赵匡胤整军自开封仁和门入城，秋毫无犯，市肆不惊。早已等候着的石守信、王审琦，大开左掖门，迎接兵变之师入宫。

赵匡胤登上崇元殿，召集文武百官举行代禅礼。匆忙之中，未及准备周帝禅位制书。不想，翰林学士承旨陶谷从容地从袖管中取出主动准备好的制书，正好用上，宣徽使引导赵匡胤北向拜受周帝禅让制书，宰相扶赵匡胤升殿。赵匡胤冠冕堂皇地换上龙袍，就座皇帝位，接受群臣拜贺。至此，拥立赵匡胤为帝的闹剧宣告结束。

赵匡胤将周帝降为郑王，符太后改为周太后，迁居西京。他定国号为“宋”，改元“建隆”。这一年为公元960年，赵匡胤年仅34岁。

宋太祖杯酒释兵权

宋太祖赵匡胤通过发动“陈桥兵变”当上了皇帝以后，大封功臣，对石守信、韩琦等将领加官晋爵，并下令调动各部队的将领职位。

赵匡胤平定了所有叛乱的第二年（公元961年），天下太平，国势也蒸蒸日上，但赵匡胤并没有满足眼前安定的局面，他害怕他手下的大将也会学他的样子，夺皇位，当皇帝。他反复思考着一个问题：如何才能确保他的统治？

有一天，他问手下的大臣赵普说：“自从唐末以来，几十年中间，帝王换了好几个姓，篡位夺权的现象频繁出现，变乱不停，这原因到底在哪？我想让天下停止战乱，使国家长治久安，究竟应该怎么做？”

赵普闻言马上提出了17个字的方针：削夺其权，制其钱粮，收其兵士，则天下自安。这段话的意思是：夺取他们的权力，控制他们的钱粮，收回他们的精兵，天下自会安宁。宋太祖点点头，脸上的愁眉也渐渐舒展开了。

于是，宋太祖赵匡胤下令罢免了慕容延钊、韩令坤统领禁军的兵权，派他们两人到外地当节度使。从此，朝廷不再设立统领禁军的殿前都点检。

禁军将领石守信，因为拥立有功，没有被宋太祖立即罢免。就在同年秋天的一个晚上，宋太祖大摆宴席，约请包括石守信在内的许多客人来饮酒。这些人都是名将功臣，帮助他夺了后周天下。

喝过三杯酒，宋太祖乘着酒兴对众将说："没有你们出力帮助，我也没有今天。现在国事太多了，你们倒挺痛快，哪儿会想到我当皇帝的难处，当皇帝还不如当节度使快乐，我连个安稳觉都睡不好啊！"

众将领听了，都觉得挺奇怪的，齐声问道："这是为何？"

宋太祖叹着气说："这还不明白，皇帝的位子只有一个，谁不想当啊！"

石守信等听出了这话中有话，便说："如今天命已定，谁还敢生二心？"

宋太祖打断了他们的话，说："我当然信得过你们。你们虽然没有其他想法，但是，你们手下的人如果有朝一日贪图富贵，也把黄袍披到你们的身上，让你们当皇上，你们即使不想当，恐怕也做不了主了。"

宋太祖这么一说，把众位将领的酒意都吓没了，一个个脸上冒出了汗。石守信带头跪下，众将也跪倒在地，都带着哭声说："我们脑子实在太笨，想不到这一点，请皇上指给我们一条生路。"

宋太祖意味深长地说："人生是短暂的，贪图富贵的人，不过是想多积攒一些钱财，享福安乐，使子孙不会穷困罢了。诸位不如交出兵权，到地方上去当大官，购买些好的田地房屋，为子孙留些产业，再多买一些歌妓舞女，天天饮酒作乐，享受一辈子。朝廷里有了事，用得着谁，就调谁来，用不着谁，谁就在家享福，我再和你们联系。这样，君臣上下之间没有猜疑，我安心，你们省心，难道不好吗？"

这一番话既是劝告，又是警告。石守信等人听了，你瞧瞧我，我瞧瞧你，无可奈何，只好向宋太祖叩头谢恩。

第二天，石守信等人都推说自己得了病，不去上朝，请求辞去军职。宋太祖十分高兴，对他们假意安慰了一番，赏赐给他们大量金银财物，并解除了他们统领禁军的兵权，把他们派到地方上做节度使，但是他们手中已经没有实权。

宋太祖利用举杯喝酒的机会,轻易地解除了大将手中的兵权,成功地控制了军权。军队完全成为他得心应手的工具,这对于结束当时社会动荡不安的局面,维护国家的"统一",起到了重要作用。

这就是历史上著名的"杯酒释兵权"。

半部《论语》治天下

自称以半部《论语》治天下的赵普自幼学习吏治,读书不多。青年赵普曾被永兴军节度使刘词聘为幕僚,深得赏识。刘词死前向朝廷推荐,任赵普为军事判官。此时,赵匡胤也在周世宗属下当军官,与赵普一见如故,称羡不已。有一次,赵匡胤率部队攻占滁州以后,俘获了 100 多人准备当作强盗斩首,赵普经过仔细地审讯,了解到仅有少数人是盗贼,因而没有让赵匡胤这么干。于是,赵匡胤用赵普为司法推官(管理司法),后又改任掌书记(管理文书)。

公元 959 年,后周世宗柴荣去世,其子宗训即位。这时候,赵匡胤掌握禁军做了后周禁军的殿前都点检、检校太尉。

公元 960 年元旦,赵匡胤率军抵达开封东北 40 里的陈桥驿,赵普、赵匡义(赵匡胤之弟)等人积极密谋拥立赵匡胤为帝。第三天晚上,将士们把赵匡胤用酒灌醉,然后将龙袍披在他的身上。开始赵匡胤还假惺惺地不愿接受,但是赵普以及众将表示誓死拥护,他才放心,登基称帝,改国号为宋,建立了宋朝。赵普被任命为右谏议大夫、充枢密直学士。从此,赵普作为北宋初年的著名政治家,在宋太祖赵匡胤、宋太宗赵光义(即匡义,后改此名)两朝的政治舞台上,活跃异常,功勋卓著,彪炳史册。

赵匡胤闹政变引起了后周藩镇势力的不满,其中比较突出的是昭义节度使李筠、淮南节度使李重进两人。因此,赵普力主宋太祖亲自率军征讨李筠、李重进,并认为此举影响必将深远。宋太祖于是亲率大军征讨,经过几次激战,终于击败李筠、李重进。

宋太祖赵匡胤因赵普在平定上党、淮南的叛军中献策有功,任命他担任兵部侍郎、枢密副使(军队的副统帅)。964 年,赵普被提拔为宰相。之后，宋太祖非常信任赵普，视赵普为左右手，事无巨细，都想参考赵普的意见。

"杯酒释兵权"，就是宋太祖采纳赵普的意见进行的。赵匡胤称帝以后，鉴于五代以来"兵强则逐帅，帅强则叛上"的教训，积极收复将帅兵权。根据赵普的建议，赵匡胤对将帅们晓之以理、诱之以利（参看《宋太祖杯酒释兵权》一节），以和平的方式解除将帅们的兵权，归入自己掌中。

宋太祖罢了将帅的兵权之后，又想用王彦超掌管禁兵，赵普又劝谏说："王彦超的权势地位已经很高了，不能再授予兵权。"宋太祖却十分信任王彦超。赵普反问道："陛下为什么会背叛周世宗呢？"赵匡胤无言以对。于是，赵匡胤待王彦超来朝之时，在帝苑设宴招待，赵匡胤趁酒醉之机对王彦超说："你们是国家的功臣，长期在外镇守，没有受到优待。"王彦超立即明白了宋太祖的意思，主动交出兵权到地方怡养天年了。

宋初，全国四分五裂，北方有臣服于辽朝的北汉；南方有南唐、后蜀、吴越、南汉、荆南、闽等军阀割据政权，严重威胁北宋王朝的安全和宋初中央集权的巩固。对此宋太祖一筹莫展。起初，太祖打算先攻北汉，宰相魏仁浦反对。又问计于武胜节度使张永德，张回答："北汉的军队少而精悍，加上辽朝的援助，不可急攻。"大家都不赞成先攻北汉。确实，在宋朝初年，宋朝马步禁军只有 19 万，而辽朝有亲军 50 万骑，先攻北汉，确实失策。

赵普献策道："北汉盘踞在太原地区，如果我们攻下太原，接下来则是强敌辽国，不如先往南发兵，削平诸国，有了稳固的根据地，再来解决北汉这块弹丸之地。"赵普的一席话，正中宋太祖下怀。这就是北宋初年著名的"先南后北"的战略，即先消灭南方的几个割据政权，后消灭北汉政权，避免在统一南方以前与辽朝发生正面的军事冲突。后来的历史发展证明，"先南后北"的战略是可行的。以后，宋朝先后消灭和收复了荆湖、后蜀、南汉、南唐、吴越。最后，宋太宗于公元 979 年五月平定了北汉。至此，全国统一。

北宋初年，宋太祖在赵普的辅佐之下，还采取了许多重大的改革措施。

在削夺诸将兵权之后，北宋建立了新的军事体制，在中央设立枢密院，枢密使和枢密副使为正、副长官，称“使相”，负责掌管全国的兵籍、武官的任用及其他事务。另外，还建立了殿前都指挥使，侍卫步军都指挥使、侍卫马军都指挥使的“三帅”制，共同统领禁军，总指挥是皇帝本人。宋朝军队经过整顿，共分禁军、厢军、乡兵和蕃兵四类。其中禁军是正规军，驻扎京师和各军事要地，厢军是地方部队，乡兵是按户籍抽差的壮丁，蕃兵是边区少数民族组成的地方军。

公元964年，宋太祖又采纳赵普的意见，下令收缴各地钱粮，既削夺了地方政府的财政权，又增加了中央的财政收入，规定各州每年的赋税收入，凡属钱帛之类，全数送交京师，在京师专门设立三司机构，掌管地方输送的钱帛赋税，使天下支用。上述几项改革起到了巩固中央皇权的目的。

尽管如此，宋初政局基本巩固以后，赵匡胤与赵普的所谓皇权与相权的矛盾，开始凸现出来。公元967年春，赵普加封右仆射、昭文殿大学士，这时他开始追名逐利了。968年，宋太祖去赵普家，恰逢吴越王钱镠派人给赵普送来一封信，以及海物十瓶，放在房廊之下。被赵匡胤看见，问是何物，赵普如实回答。太祖听后，指着十瓶海物说：“这些定是上等佳品了。”命侍从打开，竟是如瓜子一般大小的黄金，赵普吓得连连叩头，宋太祖用不满的口吻说：“钱镠以为朝廷大事皆由你决断，所以才贿赂你！”此后，赵匡胤不再像以前那样信任赵普。后来，又发现赵普利用宰相职权营私舞弊。例如，娶枢密使李崇矩的女儿为媳，违犯宰辅大臣之间不得通婚的规定；派亲信私贩大批木材扩建宅第，违犯政府官员不得私运木料的禁令；其子承宗还利用父亲的影响，经商营利等等。宋太祖闻知，龙颜盛怒，于是采取了限制相权的措施，设参知政事为副相，与宰相轮流知印、押班、奏事，削弱宰相权力。不久赵匡胤将赵普贬为河阳三城节度使。

公元976年十月，宋太祖去世，其弟赵光义继位，史称为宋太宗。宋太宗继位之后，赵普被招入朝任太子少保，后升为太子太保。公元982年，柴禹锡、赵镕等人告发宋太祖之子、秦王赵廷美企图谋反。这时，赵普又向太宗上书密陈，宋太祖和昭宪皇后的遗书是自己写的，遗书中规定太祖死后，由太宗继位他可以作证。这样一来，赵普与太宗关系就密切起来。宋太宗再次拜赵普为相，任命为司徒兼侍中。公元983年十月，赵普又被罢相。公元987年赵普第三次入朝拜相，任太保兼侍中。

公元992年春，赵普三次上表辞职，宋太宗追加赵普太师、封魏国公，享受宰相待遇。同年七月病逝，终年71岁。死后追封真定王，谥号“忠献”。

宋辽澶渊之盟

宋太宗死后，即位的皇帝是宋真宗。这时候，宋朝的边境上出了事。1004年，东北方的辽国出动了20万军队来打宋朝，告急的文书不断传到已经当了宰相的寇准那里。这天晚上，告急文书竟连续来了5次。寇准一点也不慌张，只说声“知道了”，照样喝酒下棋。宋真宗慌忙把寇准叫来，问：“大兵压境，怎么办？”寇准不急不忙地说：“这好办，只要五天时间就够了。”宋真宗急了，说：“你有办法就快说吧！”寇准果断地大声说：“现在只有陛下亲自出征，才能长我士气，灭敌威风，战胜强敌！”站在旁边的大臣一听就慌了，怕寇准也让自己上前线，都想赶快走开，寇准拦住他们说：“大敌当前，难道能退缩吗？大家不要怕，侍候皇上亲征吧！”宋真宗也是胆小鬼，听了寇准的话，脸都吓白了，就想回皇宫躲起来。寇准郑重地

说:“您这一进去,我们见不到您了,国家的事没人决断,不是坏了大事了吗? 请您不要再犹豫了!”在寇准的坚持下,宋真宗才平静下来,商量起亲征的事。过了几天,辽军已经往澶州(今河南省)打过来,离东京只有几百里地了,情况真是太紧急了。有个叫王钦若的大臣就劝皇帝逃跑,把都城迁到南方去。宋真宗拿不定主意,就把寇准叫来,当着王钦若的面,把有人主张迁都的事告诉了他。寇准知道是谁出的主意,可他装做不知道,严厉地说:“谁出这么个主意? 出这种主意的人,应当杀头。如果现在陛下亲自出征,将士们定然勇气倍增,打败敌人。要是迁都南方,人心就会动摇,天下就保不住了。”寇准的话,句句在理,宋真宗没话可说,只得硬着头皮答应亲自出马。寇准见皇上同意亲征,心中十分高兴,忙着调集兵马,准备和辽军决一死战,彻底打败敌人。

宋真宗和寇准带领人马离开东京往北,来到韦城(今河南省境内)驻扎下来。听说辽国兵马十分凶猛,宋真宗又害怕了。有的大臣趁机再向他提出到南方去的事。宋真宗派人把寇准找来,问他:“又有人劝我到南方去避风险,你看怎么样?”寇准心中生气,可还是耐心地说:“您千万别听那些胆小鬼的话,前方的将士日夜盼您呢! 他们知道您亲征,就会勇气百倍,您要是先走了,军心就会动摇,就要打败仗。到那时候,就是逃到南方也保不住哇!”宋真宗听了,还是下不了决心,皱着眉头一声不吭,停了一会儿,让寇准先出去。寇准刚出来,就遇到将军高琼,便对高琼说:“将军这次打算如何报国出力呢?”高琼说:“我是一个武人,愿意为国战死!”“好,你跟我来!”寇准带着高琼又来到宋真宗面前,说:“我刚才对您说的,您要是不信,就再问高琼好了!”接着,他又把反对迁都和主张亲征的事说了一遍。高琼听了,连声对宋真宗说:“宰相说得太对了,您应该听他的。只要您到澶州去,将士们就会拼死杀敌,不愁打不败辽军!”“对呀!”寇准激动地接过话,“陛下,机不可失,眼下正是打败辽军的好机会,您应该立即出征!”宋真宗让寇准说得也露出笑容,抬头看了看站在旁边的卫官王应昌。王应昌紧紧握住挂在腰上的宝剑,说:“陛下亲征,一定成功,假如停止前进,敌人会更加猖狂的!”寇准和两员武将抗敌的坚定态度感染了宋真宗,他点着头说:“好,就到澶州去吧!”

宋真宗亲征的消息传到前线,宋军将士果然士气大振。当辽军攻打

澶州城的时候，宋军顽强抵抗，威虎军头领张瓌眼疾手快、弩撼机发，把辽军统帅萧达览射死了。辽军打了败仗，开始后退，形势对宋军十分有利。宋真宗来到澶州，把指挥打仗的事交给寇准，自己躲在城里不出来。寇准从早忙到晚，连城也很少下，敌人来了，就指挥将士作战，敌人退了，就在城上喝酒，跟平时一样从容不迫。辽军连吃败仗，只好答应和宋朝讲和。宋真宗也不愿再打仗，就派使者跟辽军谈判。他对使者曹利用说："只要辽国退兵，不要宋朝土地，我每年都可以给他们银子和绢。"曹利用问："每年要送他们多少银子和绢呢？"宋真宗想了想，说："如果要得多，哪怕是百万数目，也可以答应。"寇准知道以后气坏了，他本来反对议和，主张把辽军彻底打败，可皇帝下了决心，他也没办法，于是，他对曹利用说："虽然皇上这么说了，你去谈的时候，最多也只能答应给 30 万。超过这个数，回来我砍你的脑袋！"宋辽两国最后商量好：宋朝每年送给辽国银 10 万两，绢 20 万匹，辽军不再侵扰宋朝。就这样，宋朝虽胜犹败，依约每年还要给辽国送东西。因为澶州也叫澶渊，这个和约就叫"澶渊之盟"。

狸猫换太子

宋真宗的正宫娘娘章献皇后聪明伶俐，好胜心强，政治手腕高明，在后宫中可谓一手遮天，连真宗也佩服她，有了为难的事便与她商量。怎奈天公不作美，十几年了，她也没给皇上生出个儿子来。宋真宗为了承大统，便广纳嫔妃，以求生子。其中有位李宸妃，善解人意，很得真宗宠爱。这李宸妃也很争气，侍御不久，便呕酸减饭，肯定是有喜在身。

章献皇后本是个醋坛子，原本不让宋真宗与嫔妃同居，无奈自己老不生育，也渐渐管不住宋真宗了。但她最怕的还是哪位嫔妃怀了孕，夺去自己的娘娘宝座。这回儿一听李宸妃怀孕，不啻五雷轰顶，顿时愣在那里。李宸妃最得宋真宗宠爱，万一生下儿子，那么此儿必会封为太子无疑。将来太子登基，母凭子贵，那么太后的宝座就不属于自己了，怎么办呢？派亲信太监把李宸妃除掉？那倒一了百了。但一转念，她觉得此事不妥，万一露了马脚，自己立即会被打入冷宫，失去荣华富贵。就此罢手，她又不甘心,怎么办?思来想去,她突然想出一条“偷梁换柱”的妙计。

第二天,她在腰上缠了些布条,看上去鼓鼓囊囊也似怀了孕之状,又常装作干呕。宋真宗一听此消息非常高兴。李宸妃怀了孕,已让他高兴,如今正宫娘娘也怀了孕,这生男孩的保险系数更大了。于是,他高兴地对章献皇后和李宸妃许下愿:哪个生下来是男的,便立哪个为太子。若都是男的,先生下的立为太子。两人都点头答应。

自此,李宸妃的肚子鼓,章献皇后的布条天天加。为了实现计划,章献皇后又做了两项工作:其一,找人算卦说皇后的身孕怕命硬的人冲,所以不让皇上近身,实际上是怕皇上戳穿她的诡计;其二,加紧收买李宸妃的贴身太监阎文应,以便到时候见机行事。

怀胎十月,快要临产了,阎文应也被买通了,不时向章献皇后报告李宸妃的情况。一天,李宸妃腹痛生产,皇后听到阎文应的报告,也在床上滚起来,一边暗中派人拿一只狸猫等在李宸妃的门外。只听小孩落地“哇”地一声哭,狸猫已送阎文应手上,他迅速换出李宸妃生出的儿子,抱到皇后宫中。

宋真宗闻听二人一起生产,快步来到后宫,先去皇后宫中一看,是一个白胖的儿子,心中大为高兴。又到李宸妃宫中,一看却生下一个狸猫,是一妖物,心中突生厌情,命人迅速埋掉。李宸妃生产时疼昏过去,不知底细,醒来时见自己生了个狸猫,只有嘤嘤地哭,半句话也说不出来。

宋真宗死后,太子少年即位,号仁宗,尊章献皇后为皇太后。太后临朝暗握大权,挟制即位的仁宗皇帝。宋仁宗心中不悦,但碍于皇太后是自己的生母,也不好说什么。章献太后掌权十几年,过足了“权力瘾”,才安然死去。

范　公　堤

范仲淹(公元 989 年 – 公元 1052 年),字希文,吴县(今江苏苏州)人。宋真宗祥符八年(公元 1015 年)进士,后被任命为溪盐官。因对当时收缴盐税贡献较大,又被朝廷升调为陕西经略副使、参知政事等职。他后来任宰相时，主张革新弊政，但遭到保守势力的阻挠而未显成绩。他是北宋诗文运动的先行者之一，著有《范文正公集》。

范仲淹早期时被调到泰州（今江苏省）当了个盐税的官。那是个靠海的地方，每年秋季海水涨潮，海水都要涌上岸来，旧的大堤被冲坏了，海水冲倒房屋，淹死人和牲口，良田变成了盐碱地。百姓们只好离开家乡，逃到外地去。

范仲淹看到这情景，又着急，又难过，就给京城上奏折请求修复海堤。

不久，他的请求获得了批准，范仲淹就主持了修堤工程。百姓们听说要修堤，十分高兴，很快就有 4 万多民工自愿来修建。可还没动工，就有人出来反对说，大堤坏得太厉害，不能修了，修也没有用处。但范仲淹相信大堤可以修好，工程按时开工了。

谁知道，没过两天，就碰上了坏天气。连续几天，大雨下个不停，海水猛然上涨，浪涛冲垮堤岸，100 多个民夫被海浪卷走了。那些反对修堤的人抓住这件事做话柄，并四处散布谣言说："不得了啦！修海堤的人被淹死了几千个，再也不能修了。"谣言传到京城，惊动了皇帝宋仁宗。他派人来查问，也想停止修堤。

范仲淹没有动摇，对皇帝派来的人说了修堤的许多好处，最后，朝廷总算答应继续修下去。从此，范仲淹修堤的决心更加坚定。4 年以后，长 150 里的捍海长堤修成，海潮再也不能冲上堤岸了。逃出去的老百姓全都回到家乡，重新过上了安定的日子。为了纪念范仲淹主持修堤的功绩，当地人民把捍海堤叫做"范公堤"。

范仲淹一生忧国忧民，为官期间，处处为民。一句"先天下之忧而忧，后天下之乐而乐"就是范公一生的真实写照。

范吕党争

仁宗皇帝继位时年纪还小，刘太后辅政掌权。天圣七年，仁宗已经能够处理政事了，但刘太后仍独揽大权，仁宗皇帝实际上成了傀儡，满朝文武不敢反对。范仲淹却挺身而出，上书要求皇帝亲政。

范仲淹是由晏殊向朝廷举荐的。晏殊闻知此事后大惊，斥责范仲淹道："你真好出风头，自己倒霉不算，连我这个荐举人也要受你连累了。"

看到晏殊怒火冲天，范仲淹严肃地说："我是您推荐的，心中常常担心自己不称职而使您为我蒙羞，没想到会因忠直使您不满意。"

后来，范仲淹又给晏殊写了一封信，坦率地谈了自己冒死直谏的原因。信中说："我官卑职低，但每年也有300贯铜钱，相当于2000亩地一年的收成。我受国家俸禄，如果不去为国为民立功，那和专门糟蹋粮食的螟虫又有什么区别？人都说犯颜直谏会给自己惹祸，不是明哲保身之计。他们却不懂得：只有朝廷内外的官员都敢于直言，君主才会不犯错误，百姓才能生活安定。政治上清明，才能祸患不生，天下无忧，这才是根本之计啊！"晏殊深为愧疚，回信表示歉意。不久，范仲淹因奏请太后还政，触怒了太后，被贬为河中府府尹（今山西永济县蒲州镇）。

刘太后死后，范仲淹才重新被召回朝廷，担任右司谏（谏官）。有了言官的身份，他更加勤于上书言事了。明道二年（公元1033年），京东和江淮一带闹大旱，接着又发生蝗灾，为了安定民心，范仲淹请仁宗即刻派人前去救灾，仁宗却置之不理。范仲淹对此十分气愤，他冒着生命危险质问仁宗："您如果一顿不吃饭会怎么样？现在许多地方百姓根本没有饭吃，怎能不闻不问呢？"

仁宗无言以对,只好派他去江淮一带赈灾。范仲淹每到一处灾区就开仓赈济,并且免除了灾区的部分赋税。为了劝诫皇室,他还把饥民吃的野草带回来献给仁宗,并请他转给妃嫔贵戚们看看,提醒他们不要过分奢侈。

范仲淹大胆的行为,震动了整个朝廷。当时北宋政权由宰相吕夷简主政。他玩弄权术,党同伐异,只想维护自己的既得利益而反对任何改革,更害怕别人批评自己,因此对范仲淹的耿直十分恼火。郭皇后对吕夷简一直不满,就在这年冬天,吕夷简利用后妃争宠的矛盾,怂恿仁宗废掉了郭皇后。范仲淹上书坚决反对,反被贬出了朝廷。

两年后,由于范仲淹在苏州治水有功,仁宗重新任命他为天意阁待制,召回朝廷。范仲淹一回来,吕夷简就派人威胁他:"你现在的职务是侍从官,不是言官,最好不要议论国政。"范仲淹闻言理直气壮地答道:"议论国事正是为臣的职责,我怎敢不尽力而为!"吕夷简知道范仲淹不好对付,又想办法将他调往别处。

当时京城开封府是情况复杂的地方,吕夷简故意派范仲淹去做开封知府,想通过纷繁的事务缠住他,使他没有时间过问朝廷的事情,并打算他若有小错就立即罢免他的职务。没想到范仲淹一到开封,就大力整顿官僚机构,兴利除弊,仅仅几个月,号称繁难的开封府就秩序井然了。城中传唱:

"朝廷无忧有范君,京师(指开封)无事有希文。"

吕夷简此计未逞,反而大大提高了范仲淹的声望。

此后范仲淹发现吕夷简等大官僚互相勾结,朋比为奸。他们将自己的亲信、党羽安插在关键位置上,使官僚机构浑浊不堪。景祐三年(公元1036年)范仲淹把京官晋升情况绘制成一幅百官图交给仁宗看,指明哪些人是按照制度升迁的,哪些人是宰相吕夷简以私人关系提拔的。他对吕夷简任人唯亲,培植私党的行为进行了无情的披露。吕夷简知道后,勃然大怒,仇恨地对仁宗说:"范仲淹不是谏官,他越俎代庖,无中生有地中伤我,正是要挑拨我与陛下的关系,以便自己结党营私,蒙蔽陛下。"仁宗一向信任吕夷简,自己又没有主见。这次听信了吕夷简的谗言,将范仲淹降职贬至饶州。

范仲淹遭贬，在朝廷上影响很大。许多正直的官吏一听说范仲淹又被罢黜，都非常愤慨，他们早就不满吕夷简的行径。集贤院校理余靖立即上书说："范仲淹指责宰相的过错，没有什么错，朝廷三次罢免敢于直言的人，今后还有谁敢再说话？望陛下收回成命。"馆阁校勘尹洙和欧阳修也相继为范仲淹谏言、说情，并激烈地抨击吕夷简陷害忠良。当时，朝廷上因此事形成了阵线分明的两派。吕夷简看到大家都反对自己，就先下手为强。他怂恿仁宗把余靖、尹洙、欧阳修都指为朋党，一起贬出了朝廷。另外，他又在朝堂下贴出榜文，禁止百官越职言事。他的公开压制舆论的行为遭到许多正直官员的反对和抵制。这就是北宋史上的"范吕党争"。

大英雄狄青

公元1038年，自称大夏皇帝的党项族首领元昊，率领西夏军进攻北宋。其时，西北的北宋驻军达三四十万，御敌军边本来不难。但这些人马分散在24个州，几百个堡寨，各路人马由朝廷直接指挥，又加上宋军多年未战，士兵少有训练，作战能力极差。与此相反，元昊的西夏骑兵，指挥集中，机动灵活。因此，宋军节节败退。

范仲淹一到任，就有人向他推荐，当地军官中有个叫狄青的，英勇善战，有大将之才，可堪重任。范仲淹正需要将才，就让部下详细地介绍一下狄青。

原来，狄青本是京城禁军里的一个普通兵士，善骑善射，胆大心细，被提为小军官，元昊称帝后，狄青随一支禁军来到陕西保安，宋军保安守将得知狄青英勇善战，就令其为先锋，抗击西夏军。

由于狄青的正确指挥，又加上他身先士卒，士兵个个精神抖擞，英勇无畏，打得西夏兵溃不成军，狼狈逃窜。捷报传到朝廷，因狄青功劳最大，被仁宗连提四级。宋仁宗正欲召回狄青，亲自接见，值西夏兵进犯渭州，狄青被调去抵抗。宋仁宗不得不取消了召见的打算，叫人给狄青画肖像，以备御览。

以后几年里，西夏兵不断在边境各地进犯，杀人放火，鸡犬不宁。狄青前后共参加了25次大小战斗，受了8处箭伤，却从未打过一次败仗，致使西夏兵一听到狄青的名字，就吓得不敢与之交锋。

范仲淹听完部下的介绍，迫不及待地召见狄青，与之促膝长谈，当得知狄青识字不多便勉励他说："你现在身居将位，若不能博古通今，只靠个人的勇敢是不够的。"

在范仲淹的热情鼓励下，狄青以后每逢战斗的空隙便刻苦学习，尤其是熟读秦汉以来的名将兵法。经范仲淹的极力推荐，仁宗调其回京，担任三军副都指挥。

宋朝军规，凡兵士脸面部都须刺字，狄青小时作兵士时也被刺字。十多年过去，狄青已是将军，但脸上仍留有黑色的字迹。仁宗召见狄青后，说："爱卿身为大将，尚且留有黑字，颇不体面，可敷药除去黑字吧！"

狄青说："陛下不嫌我出身低微，把我提到这个位置，我感激之至！至于这些黑字，我宁愿留着，让兵士见了，知道该怎样上进！"

宋仁宗听了，很赞赏狄青的见识，更加器重他。后来，又把他提拔为管理全国军事、边防的枢密使。

沈括撰写《梦溪笔谈》

宋代科学技术的发展，在中国科技发展史上占有重要的地位。

沈括是北宋时期著名的科学家，一生从事科学研究活动，对天文、地理、数学、生物以及水利、军事、文学等方面，都有很深造诣和独到见解。晚年写成了科学巨著《梦溪笔谈》，这本书是我国科学发展史上的珍贵遗产。

公元1031年，沈括出生于钱塘（今浙江杭州）一位地方官吏的家庭。在母亲许氏的教诲下，沈括自幼养成了苦读的良好习惯，他从小就对天文学颇感兴趣，凡碰到问题，非查个水落石出不可。

后来，沈括随做官的父亲到过福建泉州、江苏润州（今镇江）、河南开封等地，逐渐接触社会，开始对各阶层人民的生活状况有所了解。1054

年，沈括受父亲之荫任沭阳县(今江苏)县令助手。沈括长于水利，1061年任宣州宁国县令期间，又修筑了长达84里的万春圩，使1.2万多亩的田地变成了良田，到处是丰收在望的喜人景象。

1063年，沈括到汴京(今河南开封)应试，考中了进士。因为他熟悉天文，皇帝命他任司天监。司天监的任务是观天象、制历法，当时从事天文历法工作的大都是没有真才实学的官僚，他们不但不对历法认真改革，还借用一些自然现象在皇帝面前讨好。沈括任司天监后，进行了整顿，清除了部分冗员，引进了有真才实学的平民出身的卫朴等人。沈括在他们的帮助下，制定了新的历法——奉元历，得到皇帝的批准，在1074年正式推行。

有一年，京城开封地区大旱，灾情十分严重。一些保守的人士说，这是老天爷对王安石变法的惩罚，煽动百姓"求雨"。老天连着数日乌云密布，却没下一滴雨。这时有人叫嚷：撤掉王安石，天就会下雨！沈括经过观察天象得出结论："雨候已见，期在明日。"果然，第二天一场大雨铺天盖地而来，久久不停，缓解了灾情。这期间，沈括还大胆革新，改造和试制了新的观象仪器，都获得成功，如浑天仪、浮漏、铜表等。

后来，沈括遭到诬陷，丢了官，并失去人身自由。1090年，已59岁的沈括重新获得自由，迁至一个叫梦溪园的地方。

沈括所居住的地方环境优美，离他家不远处有着一座小山，山上覆盖着各种花草，沈括将此小山取名为"百花堆"。山下，淙淙的泉水从山峡中流出，从沈括居住的屋舍边斜绕过去，被一些乔木荫蔽着，若隐若现，美丽极了，这就是梦溪。可是，沈括并没有沉浸在迷人的自然景色中，在他看来，科学实践活动更迷人。生命的热力驱策着他，天文、历法、数学、地理等等，万花筒一样的内容萦绕在他的心头。他重重地点了点头，像是在给自己下命令，用十分有力的声音对自己说："是应该写的，为了我们的子孙后代！"他铺开纸，磨好墨，开始写了起来。他明白，属于他的生命已经不多了，得赶紧把五彩缤纷的世界用笔写出来。

在司天监工作的日日夜夜展现在他眼前。为了改进天文仪器，他花了心血，为了制定新的历法，他下过无数苦功。根据自己长年累月的研究，他提出了《十二气历》，主张以节气来制定新的历法。这个主张虽然由于保守势力的反对而没有实现，但是他坚信这是真理，而真理的光芒是磨灭不了的。于是，他自信地写了下去……

就这样，他用了整整8年的时间，默默总结一生经验，先后撰写出《长兴集》、《良方》、《忘怀录》、《自志》等著作，尤其是他晚年疾病缠身时，仍以惊人的毅力，完成了一部闻名世界的巨著——《梦溪笔谈》。

《梦溪笔谈》共30卷，内容涉及到天文、历法、物理、数学、地理、医药等方面，是对我国古代，尤其是北宋时期自然科学成就的总结。在数学方面，他发明的“隙积术”、“会圆术”，受到中外重视，一直被人称赞；在地质学方面关于水流侵蚀、冲积作用的理论，世界上数沈括最早涉及；在化学方面，他最先使用“石油”这一名字，并预称“此物必大行于世”；在物理学方面，他是世界上最早发现地磁偏角的人；他还说指南针不指正南而微偏东，这个真理的发现比欧洲早了5个世纪；在天文历法方面，他是第一个提出太阳历和农历相结合的人；在光学方面，他有关于凹面镜、透光镜及虹、海市蜃楼的研究成果；在哲学方面对阴阳五行学与周易很有研究；在音乐方面，他著有“乐律”三卷，是研究古代音乐的珍贵资料。

此外，《梦溪笔谈》还涉及到一些社会历史现象，如对北宋统治集团的腐朽有所揭露，对李顺领导的农民起义也有所反映。

由此可见，《梦溪笔谈》是一部百科全书式的巨著，它不仅受到中国人

民的称赞，也受到了外国学者的高度评价。英国科学家李约瑟称赞沈括是“中国科学史上的坐标”。

毕昇发明活字印刷术

印刷术是我国古代的四大发明之一。

大约在隋朝时候，我国就发明了雕版印刷术。雕版印书一次可以印出几百部、几千部，比起一字一句地靠手来抄写，的确方便多了。但是，用雕版印书也存在严重的缺点，印一页文字，就得刻一块板，雕印一部大书，得花好几年工夫，而且每印一种新书，本板又得从头雕起。怎么设法改进印刷术呢？后来有好多人进行改革创新，但始终没有一个较完善的方案得到大众的认可。

宋庆历年间（公元 1041 年 - 公元 1048 年），有个叫毕昇的平民，经过刻苦钻研、反复实践，终于发明了活字印刷术。毕昇的办法是先在胶泥上刻字，字的笔画凸出，胶泥面的薄厚程度和铜钱边差不多，每个字是一个独立的泥印，再用火把泥印烧硬。

排印时，先放一块铁板，板上敷上一层松脂、蜡和纸灰之类的东西，然后放上一个铁框，把要印字的泥印一个个排进铁框，满一框就是一板。后用火烤，等松脂、蜡、纸灰之类的东西烤熔了，就用平板将字压平。这样，活字就平整地凝固在板上，同雕版一样，只要刷上墨，就可以印书了。

印书时常可以同时准备两块板，一板印刷，另一板排字，交替使用，印起来很快。每一个字都有许多泥印，像“之”、“也”等常用字，每个字有 20 多个泥印，以准备在一幅板内需重复使用时用。为了方便拣字，他还把胶泥活字按韵分类放在木格子里，贴上纸条标明，遇到生僻的字眼，就随时刻制，用火烧成。

印完后，把铁板放到火上烘热，让松脂和蜡熔化，用手一拨，泥印就会脱落下来，下次印刷时还可以再用。有了毕昇发明的这套活字，人们不仅可以快速地印出成百上千本书，还可以印其他各种各样的书，节省了写字、雕版的费用，真是既方便又经济。

毕昇发明的活字印刷术也是世界上最早的活字印刷术，比欧洲最先使用活字印《圣经》的德国人谷登堡要早400年。可惜的是，关于这位杰出发明家——毕昇的事迹，除了沈括在《梦溪笔谈》中有一段记载外，再没有留下更多的资料。但不管怎样，我们应当永远记住毕昇对文化发展所做出的贡献。

王安石变法

王安石(公元1021年-1085年)，字介甫，晚年号半山，江西临川人，北宋时著名的政治家、思想家和文学家。他出生于一个官宦家庭，父亲王益一直任地方官吏，王安石从小就能接触社会现实，这对他一生的影响是很大的。

宋仁宗庆历二年(公元1040年)，22岁的王安石中了进士，出任"签书淮南节度使判官厅公事"，从此开始了他的仕途生涯。王安石在鄞县(今浙江鄞县)当知县时，鄞县的人民十分爱戴王安石，400多年后，鄞县农民还在陀山下立祠纪念王安石。王安石在地方为官时，生活上无拘无束，常常不修边幅，同时，性格又非常的倔强。因此被人称为"拗相公"。王安石为官时由于政绩突出，名声也越来越大，连宋仁宗都耳有所闻。因此，不久之后宋仁宗就调王安石进京任职，管理财政。

北宋中期，随着宋朝政治、经济危机的加深，封建士大夫改革的呼声也高涨起来。在这种形势下，王安石于1058年(嘉祐三年)向仁宗皇帝上奏一封长达万言的《上仁宗皇帝言事书》，他分析了当时北宋危机四伏的严重局势，指出晋武帝、梁武帝、唐玄宗这三位皇帝，任位甚久，只图"逸豫"，不知变革，终于覆灭。王安石提出了进行改革、变法的主张，但没有受到仁宗赵祯和当政大臣的重视。他心灰意冷，趁母亲去世的时机，辞职回老家江宁去了。

1068年(熙宁元年)，宋英宗病逝，由太子赵顼继承帝位，这就是宋神宗。宋神宗继位时年仅20岁，正血气方刚，再加上他是个具有雄心壮志的人，为了富国强兵，要做第二个"唐太宗"，他决心进行改革。他听说王

安石是一位很有才华的人才。于是,就把王安石召到京师,任命他为参知政事,第二年又升任王安石为宰相,进行变法。

王安石在宋神宗的支持下,设置了三司(度节、户部、盐钱)条例司,作为主持变法的总枢纽。王安石变法主要是围绕着理财和整军这两个方面来进行。其变法的具体内容是:

一、青苗法。在农民青黄不接的时候,官府将粟米低息贷给农民,约定秋收归还。

二、农田水利法。政府鼓励地方兴修水利,开垦荒地。

三、免役法。官府的各种差役,民户不再自己服役,改为由官府雇人服役,民户按贫富等级,交纳免役钱,原来不服役的官僚、地主也要交钱,这样既增加了官府收入,也减轻了农民的劳役负担。

四、方田均税法。为防止大地主兼并土地,隐瞒田产人口,由政府丈量土地核实土地数量,按土地多少、肥瘠收税。

五、保甲法。政府把农民按住户组织起来,每十家是一保,五十家为一大保,十大保为一都保,家里有两个以上成年男子的,抽一个当保丁,农闲练兵,战时编入军队。

由于王安石变法损害了大地主、大官僚的利益,因而变法一开始就受到了顽固保守势力、大地主、大贵族的强烈反对。司马光声称:“今介甫为政,尽变祖宗旧法……使上自朝廷,下及田野,内起京师,外周四海,士、吏、兵、工、农、商、僧、道无一人得袭故而守常者,纷纷扰扰,莫安其居。”企图利用新法中推行的不足和失误,来逼迫王安石下台或放弃变法。之后,范镇等人又以“天鸣”、“地震”等“天地之变”来吓唬宋神宗,说这些灾异是“劳民之象”,以此来攻击王安石变法。反对派的攻击曾使变法派一度陷入混乱。但王安石却在这场政治斗争中对反对派展开了批驳,他响亮地提出“天变不足畏,祖宗不足法”的口号,同顽固保守势力展开了坚决的斗争,并取得了初步的胜利。

但由于反对派的疯狂摒弃和宋神宗的“懦弱”,王安石于公元 1074 年(熙宁七年)被迫“辞职家居”,次年再相,1076 年又再次被罢相。1076 年以后,变法在宋神宗的主持下,由吕惠卿继续推行,1085 年宋神宗去世,变法运动因此结束。宋哲宗即位后,新法尽废,王安石忧愤成疾,于次年病逝于江宁。

王安石“不畏天命、不恤人言、不法祖宗”的“三不”思想，以及在变法中的勇气和才能，表明他是一个值得称颂的政治改革家。王安石变法持续了16年之久，对于其变法的评价，历史上有两种说法。有写他是小丑的，并极力对他百般丑化和谩骂；有捧他为英雄的，如北宋韦骧的《钱塘集》，不仅颂扬变法功绩，且希望王安石再次出来担任宰相。其实王安石变法对扭转北宋的财政危机，扩大财赋征收面，抑制大地主豪强的兼并，减轻农民的负担，增强北宋的国力起到了积极的作用。

东坡居士

唐宋八大家中有“三苏”，即苏洵、苏轼、苏辙。苏轼号“东坡居士”，在群英荟萃的古今文坛上，是文名盖世、独领风骚的旷世奇才。

苏轼，字子瞻，卒后追谥文忠，1037年1月8日（宋仁宗景祐三年十二月十九日）出生于眉州县（今属四川）的一个寒门地主家庭。苏轼8岁开始从师求学，在家乡度过20个春秋之后，于1056年（宋仁宗嘉祐元年）首次出川赴京应举。翌年，与弟弟苏辙同中进士。主考欧阳修很赏识他们的才华。四年后通过制科考试，授大理评事、凤翔府签判。神宗时，苏轼对王安石变法持有异议，被调为杭州通判，继而改任密州、徐州、湖州知州。赴任湖州不久，被捕入狱，被诬告为写诗诋毁新法，“谤讪朝廷”。在狱中惨遭折磨诟辱，有时想到难免一死，曾写诗两首与胞弟诀别。最后得到营救，才得结案出狱。出狱后他被贬为黄州团练副使。1086年（宋哲宗元祐元年），以司马光为首的新法反对派执政，他奉召回京，由起居舍人迁中书舍人，又迁翰林学士，知制造，官至礼部尚书。其间，因敢于揭露问题，直言上谏，引起当权者嫉恨，无法在朝中立足，又先后出知杭州、颍州、定州等地。宋哲宗绍圣元年（公元1094年），变法派再度掌权，他被贬往瘴疠之地惠州（今海南省儋州），前后达7年之久，备尝艰辛。至宋徽宗赵佶即位苏轼遇赦北归。第二年，苏轼病逝于常州，结束了他蜿蜒曲折的人生旅程，时年66岁。

在从政的几十年间，苏轼颠沛流离、屡处逆境却没有陷入颓唐，苏轼宏博开放、灵活通达的个性让他总能潇洒地面对人生。他出入儒道，濡染佛禅，于诸家思想兼容并采，既有辅君治国、经世济民的政治理想，又能以超旷达观的襟怀对待人生世事。虽有时也萌生消极出世的意念，但最终还是不能忘情于现实，在一种超然物外的思想态度背后，仍然坚持着对人生和美好事物的执著追求。在政治上，苏轼反对因循守旧，主张针对现实弊端大力兴革。早在少年时代，他就怀有为国效力的远大抱负，“奋厉有当世志”。随着年龄的增长，他越来越清醒地认识到，北宋社会的萎靡积习，大有革除的必要。他在 26 岁考制科时所写的《进策》中，便明确提出了自己的改革思想，希望朝廷“涤荡振刷而卓然有所立”。嗣后，他由于改革的思路与王安石不同，反对王安石的改革变法，屡次被贬为地方官。在地方官任上，他曾对邑政进行过一些实际的改革，收到“因法便民”之效。为官勤政爱民，关心人民疾苦，是苏轼终生一以贯之的作风。每到一地，他都悉心估察民情，并尽其所能兴利除弊。苏轼特别注重节操，他仰慕松柏“不以时迁”的品格。唯其如此，他一生才历尽沉浮。但是，诗穷而后工，坎坷多磨的生活际遇，反而使他丰富了阅历，开阔了视野，铸就了他的文学事业。在他 40 多年的创作生涯中，贬居时期的十余年，所取得的成绩大于任职期间的30多年。在行将走向生命旅程终点的时候，苏轼曾说

过:“问汝平生功业,黄州、惠州、儋州。”这是他对自己文学业绩的一个总结。检视苏轼的作品,诗词数逾3000,散文更是卷帙浩繁。其数量之多,居北宋著名作家之首;其质量之优,则能代表北宋文学最高成就。

苏轼一生诗文硕果累累,在诗歌发展史上占有重要的地位。我国古、近体诗,经过唐代的繁荣之后,到五代宋初落入低谷。梅尧臣、欧阳修等人为宋诗打开了道路,但他们在创作上均未臻其盛,至苏轼始以其才涵盖古今,卓然成为一代诗宗。他的诗才思洋溢,奔放灵动,逸态横生,以颇富个性化的形式,表达了自己对于时代脉搏、现实生活、山川风物的独特感受,且富于哲理情思。取材广泛,内容丰富多彩,是苏诗的一个显著特色。苏轼的一部分诗篇,真切地反映了当时人民的苦难生活,一针见血地揭露了重赋伤民的社会痼疾,寄寓着作者对劳动人民的深挚同情。如《渔蛮子》、《正月十八日蔡州道上遇雪次子由韵》等篇,都是这方面的力作。与此相关联,他的一些政治讽刺诗,如《许州西湖》、《荔枝叹》等,则严厉谴责了封建贵族和官僚贪婪残暴、不顾人民死活而巧取豪夺的罪行。在外族势力的不断侵扰和威逼之下,北宋中期民族矛盾和边防问题日益严重,因而苏轼的诗顺应时代,表现抗敌御辱、报效国家的热情和责任感,如《祭常山回小猎》、《和子由苦寒见寄》均系此中名篇。

苏轼一生身行万里,走遍半个天下,饱览了祖国江山的奇景伟观,写景状物的篇什在其诗作中占的比重很大,有许多脍炙人口的精彩篇章。他善于从日常生活现象和普通的自然小景中悟出妙理新意,写下了一批引人入胜的理趣诗。如《题西林壁》、《东坡琴诗》等。这类诗篇,在以往诗家的笔下极为少见,可说是苏轼对于诗艺的独特贡献。此外,苏轼的诗中还有为数不少的作品是抒写个人情怀的。在艺术表现上,苏轼的诗虽然不无铺排典故、逞才使性的缺点,但总的说来却独具一格、别开生面。他的大量优秀诗篇,立意新颖别致,想象丰富奇妙,比喻新鲜贴切。更值得一提的是,苏诗发展了韩愈以来以文为诗的传统,笔力雄健、纵横挥洒,有时直抒胸臆。同某些唐诗的含蓄蕴藉有所不同,苏轼的诗较为纵放透辟、清新豪健。苏轼诗在不同时期表现出不同的特色。到晚期,其诗风明显地趋向于质朴简淡、精深华妙。

在散文创作方面,苏轼毕生倾注了极大的热心和精力。他以自己深厚的修养和奔放的才情，继承并发展了欧阳修所开创的平易自然的文风，把宋代的散文创作推向另一个高峰。苏轼论文，受其父苏洵的影响较大，不屑于为文而文，反对华而不实，强调作者要有充实的生活感受，以期“充满勃郁而见于外”。在文风上，苏轼崇尚如行云流水般的自然奔放。他自己的散文创作，时刻以这种主张为准绳。记叙文是苏轼散文艺术价值最高的部分，其中以亭台记、游记、碑传文为多。广为传诵的优秀篇章有《喜雨亭记》、《石钟山记》、《前赤壁赋》、《后赤壁赋》、《潮州韩文公庙碑》等。这类散文的写法，可谓随物赋形、千变万化，其立意构思不拘格套，篇篇出新，而又大都善于将诗情画意和妙理哲思融为一体，情韵悠长，极富艺术魅力。苏轼的小品文和杂文（包括书札、随笔、序跋等）是苏轼散文中独具风格的妙品。它们仿佛从性灵中自然流出，信笔所至，不假雕饰，而往往寥寥几笔就能勾勒出鲜明的形象，使人洞见作者的肺腑。如《承天寺夜游》等，是其典型代表。谈史议政的论文，也是苏文中的一个重要品种，《留侯论》、《贾谊论》、《进策》、《思治论》诸篇可为代表。这类作品博采史事，雄辩滔滔，收纵自由，舒卷如意，见解独到，不落窠臼，大有《孟子》、《战国策》的流风遗韵。

苏轼的词，更具有卓越的独创性。在北宋的词坛上，苏轼以诗文革新的精神，突破词必香软的樊篱，独辟蹊径，创作出一大批耳目一新的词章，为词的长足发展开辟了宽广的道路。不管用“豪放”一词指称苏轼词风是否恰当，但苏词中确有不少篇章表现了一种前所未有的恢弘气势。如《念奴娇·赤壁怀古》、《江城子·密州出猎》、《浣溪沙·彭门送梁左藏》、《满江红·江汉西来》等篇，有的篇章借怀古以寄托振兴国势的豪情盛慨，有的篇章表达请缨报国的雄心猛志，有的篇章激励友人建功立业，有的篇章抒发峥嵘不平的政治情怀，都写得气势豪壮，感情激越，出语放旷不羁，读来觉得气势逼人。苏轼的词风并不囿于豪放一格，清旷飘逸、空灵洒脱，是它的另一种格调。例如《水调歌头·明月几时有》、《满庭芳·放归阳羡》、《临江仙·夜饮东坡醒复醉》等，都是这方面颇具代表性的篇章。它们内容不同，构思各异，都自有一股道骨仙风在，给人以悠然旷远、超尘绝俗之感。苏词中还有相当数量的作品以婉约见长，与许多婉约词家不同的是其情深语切、格调高雅。总之，苏轼以自己的创造性实践，对词体作了一次重大而全面的革新。就内容而言，他的词作丰富了词的题材，提高了词的境界，把词体由樽前、花间引向了广阔的社会人生；为表现新的内容的需要，苏词的笔力、结构和声律各方面都有明显的创变。苏轼所开创的豪放词风，则直接启示了南宋辛弃疾词派的创作。

在整个北宋时期，苏轼在诗、词、散文各个方面的创作成就，都有巨大的成就。他在世的时候，文名便已誉满海内。他的作品为人们争相传诵和效法，影响深远，广被后世传颂，深受历代人民和作家的喜爱。苏轼除自身创作外，还注重对文学新人的培养。继欧阳修之后，他成了北宋文坛的领袖，作为一代文坛巨擘，他和欧阳修一样慧眼识人，荐拔人才。黄庭坚、张耒、晁补之、秦观等著名作家，都曾得到过他的举荐和指导。

除文学而外，苏轼还擅长书法和绘画。他兴趣广泛、博学多才，读书作文之余，还经常以琴棋书画自娱。他尤其酷爱书画，以致"薄富贵而厚书，轻生死而重画"。他于书法，遍览晋、唐诸家，转益多师，自创一格，长于行书和楷书。其笔法骨劲肉丰，跌宕自然，"端庄杂流丽，刚健含婀娜"，在北宋书家中名声赫赫，与蔡襄、黄庭坚、米芾并称"宋四家"。传世书迹有《答谢民师论文帖》、《赤壁赋》、《黄州寒食诗帖》等。他论画卓有见识，主张把画与诗有机结合起来。他的画，学文同（人名）而又独具风格，善画竹，也喜作枯森怪石，画迹有《古木怪石图》、《竹石图》等，开创后世写意派的先声。

苏轼一生中，在文学艺术的众多领域里纵横驰骋，著作等身，为中华民族的文化宝库奉献了一大宗珍贵的财富。它不仅属于过去和现在，也将伴随着历史的进程，走向未来。

司马光编撰《资治通鉴》

司马光，字君实，陕州夏县（今属山西）涑水乡人。公元 1019 年（宋真宗天禧三年）出生在光山县（今属河南）。

20 岁以前的司马光立志成名、刻苦求学。此后直到 52 岁，成为一名尽心国事，正直敢言的官员。宋仁宗时由武威军判官入为大理评事，加集贤校理,出为郓州学官、并州通判,再入为太常博士、直秘阁,迁起居舍人、同知谏院,改天章阁待制兼侍读、知谏院。宋英宗继位,司马光升迁为龙图阁直学士。宋神宗即位,提拔司马光为翰林学士兼侍读学士、兼任御史中丞。

当然,司马光也充当了罢废新法的首脑角色。他一生的主要建树,不在政治而在学术,尤以史学成就最高。

司马光第一次创立了编年体通史《资治通鉴》。所谓编年体,是按照年、月、日、时的顺序记述史事的一种体裁形式。采用这种体裁编撰而成的著名史书,有《春秋》、《左传》、《汉纪》、《后汉纪》,皆为断代史。司马光重视秦王朝建立后的中国历史,纳十六代于一编,修撰出编年通史巨著。在司马光看来,公元前 403 年,周威烈王命韩、赵、魏三家为诸侯,是周室衰微的一大关键,而北宋又自有国史,所以全书起自公元前 403 年,止于后周世宗显德六年(公元 959 年)。司马光匠心独运,在 1362 年的时间跨度内,对历史王朝的兴衰治乱和平民百姓的喜忧哀乐做出了全面总结。反映到《资治通鉴》上,既有汉唐治世的典型描述,又有战国、五代等乱世的突出叙写,而乱世的篇幅往往超过治世的笔墨,一姓王朝的末世状况又比盛世景象更为详尽;对于统治者,既记所谓"仁、明、武"的帝王,政治清明的宰相和敢于谏诤的大臣,阐述他们为政理民的嘉言懿行,又记暴君昏主、奸贼佞臣和贪官污吏的倒行逆施,揭露他们的种种罪恶和丑闻。

为了完成《资治通鉴》的撰写,司马光第一次创设了科学化方法。第一步,拟定提纲,包括标列事目和附注资料两项工作。提纲要求时间明确,务必详备。第二步,修成长编,即写出草稿。写稿时须依提纲顺序,将同一事目下所列资料全部检出,相互参照比较,择优用优,修正文辞,用大字写入正文。遇有模糊记载,则用小字附注于正文之下,并说明取舍的理由。长编要求"宁失于繁,毋失于略"。第三步,删改定稿。包括内容的权衡取舍,史料的再审查,文字的加工润色等。前两步任务,由三名助手分别按照自己的特长和分工依次完成,后一步工作,由司马光一人完成。三个步骤紧密衔接,一环套着一环。它为集体修史特别是编年史的编纂留下了宝贵经验。

在修史中,司马光还第一次树立了自撰《考异》的范例。所谓《考异》,

是考辨史料异同真伪的专书，共计30卷，属于《资治通鉴》的有机组成部分。《资治通鉴》中的史料非常广泛、丰富，参考之书多达10类、339种，势必有相异之处。对于这类记载，前代史学家往往只根据自己的判断来取舍。司马光则详加考证，选择比较可靠的记载列入正文，其他记载仍予保存，并说明选定的理由，另成一书。这是一个了不起的创新，它不仅为读者验证《资治通鉴》的记载是否正确提供了依据，而且为史料学开辟了新途径。

司马光广泛涉猎各种史料，陶冶出优美流畅、精练巧妙的文笔，使人绝无"宁习本书，怠窥新录"之感。对战争的描述尤其引人入胜：赤壁之战，重点记战前决策；东、西魏玉壁之战，专写城外城内的战守之术；李愬平定蔡州之役，怡静雪夜中的奇袭描述精当。这些各具特色的文字，已经成为脍炙人口的名篇，充分显示了司马光这位语言巨匠的高超技艺。

司马光编撰《资治通鉴》，影响极为深远。其后，补前、续后的风气大盛，自成系列；改编《资治通鉴》而成的纪事本末体史书、纲目体史书如日中天，蔚然成风；注释、订补、评论《资治通鉴》的著作踵兴继起，自成体系，由此形成了《资治通鉴》学。中国理学大师朱熹，中国古典哲学大家王夫之，也自觉地加入了《资治通鉴》学的行列。

包拯一心为民

包拯(公元999年－公元1062年),字希仁,出生于北宋庐州(今安徽合肥)的一个封建官僚家庭,是我国历史上为数不多的著名清官之一。《宋史》为他立了传。包拯历任监察御史、天章阁侍制、开封知府、龙图阁直学士、权三司使、枢密副使等官职,死后,朝廷又赐给他“孝肃”的谥号。因此,包拯又称为“包孝肃”、“包龙图”、“包公”、“包侍制”。

在包拯的宦游生涯中,他的品德在当时的官吏中是独一无二、无人能及的,其中最令人称道的就是他执法如山、铁面无私、刚直不阿的品德。包拯的为官清廉、刚直不阿,不仅仅是出于对宋朝统治安危的忧虑、还出于对人民疾苦的深切同情。他曾多次为民请命,要求朝廷免去各种无名科敛,赈济受灾百姓,不要派苛虐刻薄的人当转运使等职务,以免骚扰百姓。他对残害人民的贪官污吏更是深恶痛绝,所以他对惩办贪官污吏也从不心慈手软,一旦经手,便六亲不认,不讲丝毫情面。

仁宗庆历元年,包拯调到端州任知州。端州地处岭南,是有名的端砚产地。原来的知州每年都要百姓用极好的端砚上贡皇帝,此外,还要将大量的端砚送给当朝权贵。包拯到任以后了解到,端砚制作精美,制砚工匠从勘察、采石到加工成砚台要花费许多心血,知州向百姓大量征收端砚,便增加了他们的劳动,造成人们没完没了的负担,好多老百姓都被剥削得揭不开锅,吃不上饭。包拯亲自清点了仓库里的端砚,又命令书吏把历年使用端砚和支付砚工的工钱,以及官绅贪污的事实,都一一列表,然后从收缴的赃款中调出一部分补发所拖欠的砚工工钱。贴出告示明确规定,凡是州中官吏士绅贪污的端砚,一律交归府衙;砚工的工资由州府付给,不得向百姓摊派制砚赋税,库存端砚任何人不得擅自动用。几年后,包拯离开端州时,没有带走一只端州名砚。

包拯不仅自己为官清廉,还要求自己的亲属和子孙后代不许做贪官污吏。

包拯在做庐州知府时,接到许多合肥县人状告包拯的舅舅抢占农田,横行不法的状纸。数天之后,包拯派捕快将舅舅缉拿归案,亲自审理,他把平民百姓送来的状纸一份份都摆在面前，又令人找来原告和证人，然后让衙役将舅舅带上大堂。舅舅一看竟是自己的外甥，气得扑上前去要打包拯，嘴里还骂包拯不仁不义。包拯怒喝道："大胆罪犯，你为非作歹，扰乱乡里，不但不老实认罪，反辱骂本官，是何道理！拉下去，打！"衙役们立刻将包拯舅舅拉下，重打四十大板，那些同包拯舅舅一起横行霸道的乡绅都在府衙门外等候，当他们听到啪啪的板子声，一个个面面相觑，吓得颤抖起来，从此他那些亲戚们再也不敢仗势胡为了。

包拯不仅自己不徇情枉法，在朝中做官，也以立朝刚严，不畏权贵而著称。

他一再弹劾张贵妃的伯父张尧佐，说他扰乱法纪，是"清朝之污秽，白昼之鬼魅"，并指出仁宗重用张尧佐有"私昵后宫之过"。宋仁宗一直害怕为张尧佐的事引起朝廷混乱，只得缓和一下说："关于张尧佐的事，待朕召见文宰相再做商议。"包拯早知文宰相与张尧佐素有旧交，但他仍然不顾压力直言进谏，仁宗最后只得再下诏书，免去张尧佐的职务。与包拯同时代的著名学者司马光，在他的著作中就曾经记录了当时京师人民关于包拯的歌谣："关节（贿赂之意）不到，有阎罗包老。"

包拯立身处世的种种作为，虽然不能改变当时劳动人民备受压榨的悲惨命运，但他不畏强暴，除暴安良，敢于为民请命，却是符合当时人民愿望的。包拯的力量毕竟是有限的，在与黑暗势力的长期斗争中，因积劳成疾，病重辞官回到了合肥老家，于公元 1062 年冬病逝。

包拯死后，人们为他建庙立传，颂其品德。在今天合肥包公祠里有这么两副对联，一副是："一水绕荒祠，此地真无关节到；停车肃遗像，几人得并姓名尊。"讲的是包拯刚直不阿的品行。另一副对联是这样写的："照耀千秋，念当年铁面冰后，建谠言不希后福；闻风百世，至今日妇人孺子，颂清官只有先生。"刻画出了包拯一心为民的形象。人们为了怀念他，表达对他的恭敬之情，根据他的事迹加以发挥，创作出许多作品，如大家十分熟悉的京剧《秦香莲》等，表现了包拯为官清廉的"青天老爷"形象。

北宋宋江、方腊起义

公元1100年，宋徽宗即位。宋徽宗是历史上有名的才子和昏君，他对诗词歌赋、琴棋书画颇有修为，遗憾的是他身为一国之君，对国事却不管不问，任他的手下蔡京、童贯、梁师成等人作威作福，把天下百姓的生活搞得颠沛流离，惨不忍睹，使得北宋的统治进入了最黑暗、最腐朽的时期。在他们残酷的压榨下，可怜无数的农民倾家荡产，农村里鸡犬不见，到处一片死寂。面对这重重的剥削和政治压迫，人民被逼上梁山，奋力抗争。北宋末年，全国连续不断地爆发大、小规模的农民起义，北方的宋江和东南的方腊就是当时颇有影响的两支起义队伍。

宋江的出身和籍贯，历史文献上没有明确记载。《宋史》上说："河北巨盗宋江，起河朔，转略十郡，官军莫敢撄其锋。"宋江起义的时间大约和方腊起义差不多或稍早一些，他首先在河北发动。宋江队伍虽然只是小股的起义军，但是他们作战勇敢，采用的战术灵活机动，抵挡住了几万官军的进攻。宋江起义军从河北打到山东，转战青州（山东益都）、齐州（山东济南）、濮州（山东濮县）、单州（山东单县）一带，并到达江苏北部。

公元1121年初，宋江率领义军南下，要路过沂州。当时沂州知府是蒋圆，曾和宋江有些交情，但这人极为奸诈。当宋江向他提出借道要求时，他一面慷慨地答应，一面却派军队埋伏在宋江义军途经路上。这次袭击使宋江义军损失不小，但是宋江并没有气馁，他又一次集结力量移军南下，进入淮南路的楚州一带，被称为"淮南盗"。宋江起义军攻打沭阳县，被县尉王师心击败，由沭阳乘船到海州（江苏连云港西南）。海州知州张叔夜侦察到宋江的动向，派上千名士兵在城郊设埋伏，用轻兵引诱农民军登陆。宋江中了埋伏，十多只大船都被烧坏了，损失极为惨重，宋江起义至此失败。

方腊是睦州青溪县的一个中产地主，"家有漆园之饶"。当时，不仅广大农民坠入了苦难的深渊，许多中小地主也因为"花石纲"之役纷纷破产，家有漆林的方腊当然逃不脱被榨取的命运。备受官府酷取的遭遇，使方腊深切同情广大人民的苦难，并对宋王朝的黑暗统治十分愤慨。他决心发动农民起义，以推翻宋朝的黑暗统治。方腊利用当地贫苦农民信仰的“食菜事魔”教，把农民广泛地发动起来；他利用当时人们厌恶痛恨统治者残酷榨取的心理，用道理激发人们的反抗情绪。在方腊的宣传鼓动下，农民从四面八方聚拢来，不到10天，起义的队伍就发展到了近10万人。方腊自称“圣主”，并用“永乐”为年号，建立了农民政权。农民军所到之处，劫取大地主的财产，分给广大贫苦的农民，在百姓中树立了很高的威望，参加起义的农民“项背相望”，震动了整个东南。方腊起义对北宋王朝的威胁是巨大的。宋徽宗为了保住东南的财赋，决定倾其全力镇压这次起义。宋徽宗派童贯带领15万官兵前去镇压。同时，统治者对京东的宋江起义也更加重视了。就在北方的宋江起义失败的时候，东南的方腊起义军，正在同童贯的镇压大军展开浴血奋战。毕竟起义军势孤力单，装备又太差，多用棍棒做武器。在和官军的日夜鏖战中，原来6万人的队伍，最后只剩下了2万人。在官军的分路围剿下，起义军不得不转入退却阶段。最后，起义军退到了青溪。方腊决心凭借起义军对这里地形的熟悉，与官军周旋到底。起义军据守在山谷深处的帮源洞坚持战斗。官军不知道山路，不敢贸然进军，双方相持不下。

就在这时，方腊又犯了一个轻敌的错误。他自以为地形隐蔽，守备力量就布置得比较薄弱。宋军趁机收买了几个农民军的叛徒，利用叛徒将宋军自南山口引入，用火炮轰击。方腊没有防备，由于人员集中，兵卒没来得及分散躲避，起义军被火炮炸得所剩无几，宋军闯入山谷，展开了肉搏战，数十名起义军战士，以破釜沉舟的决心拼搏至死。方腊被俘。

这一年八月，方腊一家被押解到京城，宋徽宗还想诱骗他归顺于朝廷，方腊当面痛骂宋徽宗荒淫无道，在大风大雨中慷慨就义。

震撼北宋的宋江与方腊起义就这样失败了，但它沉重打击了北宋王朝的黑暗统治，对后世产生了深远的影响，直到南宋时期，宋江和方腊的名字还使统治者胆战心惊。

岳飞精忠报国

公元1125年10月，金国发兵南下，大敌当前，宋徽宗贪生怕死，让位于其子赵桓，即宋钦宗，宋钦宗更是贪生怕死，接受了割地赔款的屈辱条件，罢免了主战派李纲、宗泽等人的官职。

公元1126年8月，金兵再次南侵。翌年，东京陷落，徽宗和钦宗被俘虏，北宋灭亡，史称"靖康之变"。钦宗的弟弟赵构，于1127年在南京（今河南商丘）称帝，即宋高宗，后迁都到临安（今杭州），历史上称为南宋。

当时中原人民深受金人迫害，凡金兵所到之处，房屋被毁，人民流离失所，田园荒芜，满路皆尸骨，人民纷纷组织武装力量，抵抗金兵。而宋高宗却一心只想与金人议和，还起用秦桧为宰相，专门从事议和之事。面对宋高宗的昏庸，朝廷内部许多人反对屈己与金人讲和，无奈之下，同时也为了巩固皇位，宋高宗才不得不起用岳飞和韩世忠等抗战派将领。

岳飞（公元1103年－公元1141年）字鹏举，河南汤阴人。出身贫寒，他降生时，正巧屋顶有一只大鸟飞过，所以起名岳飞，字鹏举。岳飞满月那天，黄河突然决口了，河水像一面墙似的扑过来，霎时间，四处便变成一片汪洋。岳飞的父亲岳和让妻儿坐在荷花缸里，自己却葬身滔滔洪水

之中，岳飞和母亲姚氏幸免于难。小时候岳母用细沙当纸，柳枝做笔，教岳飞认字。岳飞天资聪明，勤奋好学，不仅跟随北宋陕西老隐士周侗学了一身好武艺，而且还熟读掌握了《孙子兵法》中的种种战术与阵法。他耳闻目睹了金兵在中原的野蛮行径，立志献身抗金事业。长大后，岳母在岳飞背上刺上“精忠报国”四个字，意思是让岳飞不要忘记精忠报国。

岳飞年轻时就参加了抗金游击战争，在宗泽军中担任一名军官。金统治者一心想灭亡南宋。公元1129年6月，金兵再次南侵，宋高宗一心苟和，甘当儿皇帝。金对宋高宗的求和要求置之不理，继续进兵，高宗逃入海上避难。就在高宗狼狈南逃时，岳飞率军在广德（今安徽）、建康（今南京市）等地屡败金兵，于1130年收复了江南重镇建康，迫使金兵北撤。

岳飞的军队纪律严明，处处爱护人民，被人民称为“岳家军”。岳家军“冻死不拆屋，饿死不掳掠”，深受人民爱戴。岳飞关心士兵，能和士兵同甘共苦，他善于用人，作战前常和手下人共同讨论策略，深受士兵及部下的拥护。

岳飞智勇双全，在襄阳战役中，伪齐大将李成勾结金兵参战，岳飞察看了伪齐的阵势，找出了敌阵的破绽，巧妙地将敌军10万人马全部剿灭。宋军在岳飞的率领下击败了伪齐的主力军，收复了襄阳、郢、隋、唐、邓、信阳等六州。这时，32岁的岳飞已身为统帅，升任节度使，统领上万人的独立的精锐部队，和刘光世、韩世忠等前辈将领齐名。

在大好形势下，宋高宗一心求和，接受了金的“和谈”条件，让宰相秦桧兼枢密使，于1139年（绍兴九年）订立了和约。岳飞对此怒火万丈，上表斥骂秦桧的投降主张，表达自己“唾手燕云，总欲复仇而报国”的壮志，并派人联络李宝、梁兴等农民义军加强部队训练。

公元1140年5月，金统治者又大举南侵，在民族生死存亡的紧要关头，岳飞不顾投降派秦桧的百般阻挠，挺身而出，亲自率兵北上收复颍昌、郑州、洛阳，一直攻到黄河边。在朱仙镇大捷中，岳飞训练的藤牌手和钩镰枪拐子队，大破金兀术的金龙搅尾阵，金兀术的几十万雄兵，被岳飞杀得盔歪甲斜，带散袍松，慌慌张张地撤出朱仙镇，好不容易爬到金牛岭上，凭借天险才站住脚。此时金兵只剩五六千人，金兀术痛呼：“撼山易，撼岳家军难！”金国许多将领都秘密派人和岳飞联系，准备投降；黄河南岸的金兵，大多丢弃武器赶忙渡河而逃。

宋军将士斗志昂扬，在朱仙镇，禁酒7年的岳飞首次破戒，他抑制不住内心的兴奋，对部下说："直捣黄龙府，和大家痛饮胜利酒！"这时，金兀术已准备弃汴京逃跑，开封的收复指日可待。

然而金兵对淮南的威胁稍一解除，宋高宗马上就改变了主意，他认为自己已有力量守住淮河，如果继续打下去，将促使大将久握重兵，造成尾大不掉的局势。投降派对岳飞的抗金斗争百般破坏，怂恿宋高宗急诏岳飞撤兵，连发12道金牌，调岳飞回京。岳飞愤然泪下，大呼："十年之功，废于一旦。"岳飞班师回朝后，宋高宗为了向金人表明议和的决心，竟然撤消了岳飞、韩世忠等大将的兵权，金人见状也表示愿意与宋朝议和。

金人趁机用重金收买了秦桧，以清除他们的绊脚石。不久，秦桧指使张俊威胁、勾引岳飞的部将王贵、王俊等人诬告岳飞谋反，逮捕了岳飞及其子岳云、部将张宪，投入监狱。公元1142年12月，宋高宗、秦桧以"莫须有"的罪名，将岳飞父子、张宪三人勒死在风波亭上。岳飞时年39岁。

岳飞被害后，狱卒隗顺冒着生命危险，将他的遗体埋葬在钱塘门外的九曲丛祠旁。20年后，宋孝宗才下诏为岳飞昭雪平反，并将其遗骸迁葬栖霞岭下，兴筑祠庙，以示纪念。

现在岳飞的墓前还用生铁铸了奸臣秦桧夫妇的跪相，让他们永远受到世人的唾骂，向世世代代的人民服罪。人们还在墓门上刻着一副对联："青山有幸埋忠骨，白铁无辜铸佞臣。"

岳飞是我国古代当之无愧的民族大英雄，千百年来，他的抗金事迹影响着世代的爱国之士。他生前所著的名词《满江红》激励着一代又一代保家卫国的中华儿女。他的爱国精神将永远被人们铭记。

一代才女李清照

李清照（公元1084年－公元1151年），山东济南人，是宋代杰出的女词人。李清照的父亲李格非是一位学者，他知识渊博，在朝廷里当官。平时一有空，就教女儿读书写字，小清照聪明好学，天资很高，父亲非常喜欢她。慈父的教育,使李清照从小就受到了良好的文化熏陶。李清照家里有非常丰富的藏书,父亲又鼓励她博览群书。所以,她不但读了大量优秀的诗词、散文和历史著作,还广泛地翻阅了许多笔记、小说。在父亲的精心教导下,李清照学习努力,勤奋刻苦,很快学会了写文章和作诗填词。李清照多才多艺,除了能写一手好文章,擅长写诗作词以外,绘画书法也很出色,而且还精通音乐。

李清照18岁时,长成一个苗条秀美的姑娘,这年她和太学生赵明诚结了婚。李清照非常幸运,她有了一个志同道合的好丈夫。赵明诚比她大3岁,是当时著名的金石学家(专门研究古代的铜器和石刻)。两人都爱好诗词,爱好书画、金石,兴趣相投,志同道合,夫妻俩互敬互爱,生活过得美满幸福。他们二人密切合作,把全部精力都放在了书画、金石的搜集整理上,常常整日抄写描摹,彻夜不眠。日积月累,他们家里到处是书画文物,成为当时首屈一指的文物收藏家。在多年研究的基础上,他俩合作写出了一部重要著作《金石录》,这部书考证精确,纠正了前人的一些错误,价值很高,直到今天,还是一部重要的参考书。

李清照和丈夫感情非常好,有时赵明诚到外地办事,时间一长,李清照就很想念他。有一次,她写了一首《醉花阴》词,寄给在外地的丈夫。赵明诚接到以后,一看写得好极了,十分感人,觉得自己比不上妻子,可又想超过她。于是,赵明诚关起门来,不再见客,一连写了三天三夜,一气写了50首词。然后,他把好朋友陆德夫请了来,把李清照的词混在自己写的词里边,对陆德夫说:“陆兄,这些词都是我作的。你给评评,看哪首最好。”陆德夫认真地看了几遍,最后说:“里面有三句最出色。”赵明诚急忙问:“哪三句?”陆德夫指着《醉花阴》念着:“莫道不消魂,帘卷西风,人比黄花瘦。”这正是妻子写的词。这一下,赵明诚算是真服了。

靖康二年(公元1127年),金兵攻陷了北宋都城开封,宋徽宗、宋钦宗双双成了俘虏。山东老家被敌人占领,李清照夫妇加入了逃难的人群,颠沛流离,辗转南下,几十年苦心收集来的大批珍贵文物也在这场灾难中被毁弃。赵明诚在战乱中,悲痛抑郁,不幸生病死去。在兵荒马乱中,李清照孤身一人,四处漂泊……

一想到山河破碎,百姓涂炭,丈夫永远离开了自己,李清照就悲痛万分。她将无限的哀愁凝聚在笔端,写下了不朽之作《声声慢》。在这首词里,她抒发了自己无限的愁思,这种忧愁是和国家的破亡,个人的不幸紧密相连的。这时,李清照的词的风格由过去的欢乐转变为今天的悲愁。

大敌当前,李清照不光是忧愁和悲伤,她也有激愤昂扬的一面。李清照看到南宋统治集团腐败无能,面对敌人,只会逃跑、求和,不顾人民死活,激愤地写下了一首诗:"生当作人杰,死亦为鬼雄。至今思项羽,不肯过江东!"这首诗赞美了项羽虽然战败,但是不肯退回江东的那种宁死不屈的英雄气概;同时有力地谴责了南宋统治者的卖国投降政策。这是一首充满了爱国主义感情的诗篇。

后来,南宋主战派韩肖胄和胡松年出使金国,这两位都是有骨气的正直大臣,他们反对投降,主张抗金、收复失地。李清照听说这个消息以后,马上写了两首诗,为他们二人壮行。她在诗里热情地赞扬了他们不顾个人安危,与金人谈判的果敢行为,表达了人民迫切希望收复失地、重返家园的强烈愿望。

李清照一生艺术成就很高,词风以婉约为主调。著有《李易安集》17卷,《漱玉词》1 卷,今人有《李清照集注》、《重辑李清照》等。《全宋词》存词 47 首,断句数则。

宋金黄天荡之战

韩世忠(公元 1089 年 – 公元 1151 年),陕西人,宋朝抗金名将。韩世忠幼年时,家乡经常被西夏军骚扰,为了抵抗西夏军,他 17 岁就应募参军。参军以后,他苦练本领,能挽 300 斤的强弓,经常手舞铁槊,奔驰在天郎山的峭壁间,看得人都心惊胆战。

公元 1127 年 4 月,金军攻到北宋的都城东京,掳走了宋徽宗和宋钦宗,从此,北宋灭亡,南宋开始。这时候,韩世忠在抗金斗争中显示出了杰出的军事指挥才能,宋朝统治者出于抗金的需要,逐步提拔了他。1129 年,他 40 岁的时候,被任命为节度使,成为独挡一面的大将。

公元 1130 年,金大将兀术统率 10 万大军打过长江,宋军抵挡不住,连连败退，宋高宗被金军追得乘船入海。金军下海穷追，但他们大多是北方人，不习水战，又遇到狂风暴雨和南来水师的阻击，才停止追击。

金兀术率军在杭州、明州一带抢劫，然后北归。韩世忠早在金兀术过江之后，就留驻在长江口一带，准备截断金军归路。

1131 年 3 月 15 日，金兀术北上至镇江时，韩世忠已经在镇江的焦山、金山下占据了有利的地势，并用船只堵塞了运河入长江的地方，截断金军退路。金兀术到来以后，就派人清理河道，同时亲自带领骑兵四人前去侦查宋军情况。韩世忠早就料到金军会前来察看形势，他派 200 名精兵埋伏在龙王庙里，200 人埋伏在山脚下，约定听到号令后，山下的人先进攻，然后庙里的伏兵冲出来，前后夹击，活捉金兀术。果然，金兀术等五骑来到了龙王庙前。庙里的宋军见了非常高兴，竟一时忘记相约的规定，先击鼓向外冲出，金的五骑听到鼓声慌忙逃跑，结果，只有两名金将落网。

金兀术逃回营帐，派使者至宋军，约定交战日期，宋军和金军的水师接连几天在金山脚下大战。韩世忠亲自带兵冲锋陷阵，他的夫人梁红玉也在山上击鼓助威，宋军士气旺盛，战船往来如梭，多次大败金军。金军不能渡江，金兀术无可奈何，只得向韩世忠要求借道，以归还掠夺的财物并献上 500 匹名马为交换条件。韩世忠痛斥来使，拒绝了金的交换条件。金军无计可施，只好沿长江南岸且战且走，准备另找过江的地方。宋军也跟着金军沿长江北岸前进，最后把金军赶进了黄天荡死水港里。

金军被困在黄天荡，屡战屡败，狼狈不堪。金兀术无奈，又向韩世忠哀求放行。韩世忠严辞回答说："放行可以，但有两个条件：第一，还我二帝，第二，还我大宋全部疆土，如果不答应，休想放行。"过了几天，金兀术要求双方登岸对话，韩世忠带两个人去同金兀术对话，金兀术竟然劝韩世忠投降，韩世忠大怒，举起弓箭向金兀术射去。

金兀术见求和不成，打又打不赢，10 万人马被困一个多月，粮草缺乏，这样下去将全军覆没。后来，他的参将建议他贴出榜文，悬赏招募能献计破宋水师的人。有个居住建康的福建人王某，应征前来，对金兀术说："江水涨潮的时候，在芦苇荡里凿大渠，长 20 多里，与长江口相接，船就可以从这里出去。"金兀术觉得王某的主意可行，就连夜派人凿渠 30 里，金军于 4 月 13 日，沿大渠逃出了黄天荡。

黄天荡之战，韩世忠以 8000 将士，与金的 10 万大军鏖战 40 天，把金军阻挡在黄天荡，这是宋金战争史上的一大奇迹。金兀术回到江北，遇到亲友就诉说过江的艰险，常常掉下泪来。从此，金军不敢再轻易过江了。

金军北归以后，韩世忠等抗金将领积极训练军队，准备收复中原。但是，以宋高宗为首的南宋王朝，苟安于富饶秀美的江南，对金的进攻采取妥协退让的政策，并不鼓励将士北伐收复中原。

公元 1143 年，金国又出兵向淮南进犯。宋高宗急忙派使者魏良臣等去金国求和；同时命令驻军楚州、扬州的韩世忠退到镇江。魏良臣等走到扬州时，韩世忠故意下令让军队开出东门，作出回军镇江的样子，等魏良臣走远了，韩世忠立即跳上战马，指挥军队北上。韩家军来到扬州西北的大仪镇，他派人伐木，做成栅栏，挡住自己的归路，然后，又以精兵摆下 5 个阵势，还设了 20 多处埋伏。金将吏儿孛堇听说宋朝让各将退兵，同时派来使者，喜出望外，立即派军官挞也领兵直奔扬州，打算袭击宋军。当金军走到大仪镇时，韩世忠率领人马出来挑战，引诱金军进入宋军的阵地，金军果然中计，挞也被俘，金军战死被俘的不计其数，宋军还夺得许多战马、衣甲、器械。韩世忠自己追击金军一直到达淮河边，金军大败，互相践踏，掉到河里溺死的很多。

韩世忠在大仪镇的伏击战，阻止了金军的南进。南宋朝廷得到捷报，主张抵抗的大臣、将领又抬起了头。韩世忠的队伍虽然没有彻底地消灭金兵，但给予了金人沉重的打击，扭转了南宋军队老是吃败仗的局面，使得南宋在短期内不会被金国灭亡。

李元昊称霸

西夏国是宋朝北面的一个小国，是党项族后裔。公元 1000 年左右，国王李德明向宋朝称臣，每年向宋朝进贡礼品。他的儿子李元昊血气方刚，雄心勃勃，想一统天下，干一番大事业。李元昊看到父王对宋朝称臣，心中很不服气，多次对父亲说："西夏和宋朝是两个平等地位的国家，为什么要向它称臣呢？我们应发展力量，扩充地盘，靠军刀和战马打服宋朝，让它也尝尝俯首称臣的滋味。"

李德明死后，李元昊做了西夏的首领。当时按宋朝的规定，他继承了父王的称号——西平王，但他的目标却是做皇帝。他一直准备伺机行动。

李元昊想，要向外扩张得先统一内部，必须让所有人都听从自己的意志，让他们按自己的意志行事。李元昊的叔叔山遇对他这种行为大为不满，说他的野心高过天了，反大宋是忘恩负义的行为。李元昊表面上什么也不说，心里却暗想拿叔叔开刀。

李元昊手下诬告山遇，罪名是他要谋反。李元昊故意把有人揭发山遇的消息透漏出去，山遇听说后十分害怕，趁着黑夜逃往宋朝。

这时候，李元昊在表面上仍与宋朝维持着友好关系，宋朝的守将不想得罪西夏，就把叛将山遇送了回去。李元昊立即通令全部族，以叛变的罪名把叔叔正法。全国上下看了这一出杀鸡儆猴的好戏，谁也不敢再反对李元昊，他可以放手大干了。

公元 1038 年，李元昊正式称帝，国号大夏。他依照宋朝的样子设立官府衙门，在汉字的基础上创造出西夏的文字。李元昊熟读汉书，景仰战国时期的帝王将相，励精图治，奖励耕战，很快国力得到加强。

李元昊做了初步的战争准备后，便撕毁了维持了 50 年的宋夏和约。他首先停止沿边榷场的互市，然后发动军事进攻。1040 年，李元昊领兵进攻延州。西夏部队士气高涨，兵马剽悍，宋军虽有 30 万之众，但在西夏攻势下节节败下阵来，主将刘平、石元孙被夏人俘虏，士卒伤亡万人，沿边村舍严重被毁。

1041 年 2 月，李元昊又领兵攻打渭州。当夏兵抵达怀远城时，韩琦派大将任福领兵迎击。李元昊采取了诱敌深入的战术，让先头部队每次遇到宋军时只做轻微的抵抗，然后回逃，一路故意丢盔弃甲以示弱。任福部不知是计，一连三天尾随敌后。追到六盘山下时，宋军已找不到西夏部队的踪影，只见地上有些泥盒子。宋兵好奇，打开了泥盒子。只听扑啦啦一阵声响，一群鸽子飞上天空。原来这是西夏人留下报信的"武器"，西夏人看见鸽子飞天，迅速从四面山上冲下来，任福的一万多士卒被 10 万西夏军围了个水泄不通，激战之后宋军失败，任福牺牲。

李元昊对宋用兵 7 年，占领了河西走廊的大片地区。但李元昊的穷兵黩武也使西夏疲惫不堪，打了胜仗却得不到实实在在的胜利果实。公元 1044 年，李元昊与北宋重订和议，他接受宋朝册封，但宋朝每年却要给他白银 7 万两，绢 15 万匹，茶叶 3 万斤。在战争之后，李元昊终于得到了战场上未曾得到的东西。宋朝虽胜实败。

女真英雄完颜阿骨打

宋朝时，女真族是北方辽国的附庸。当时的辽主对女真的压迫很深重，女真人对辽的统治十分痛恨。

哥哥死后，完颜阿骨打继承了女真酋长的位置。当时女真族的军事制度是身体强壮的男人都是士兵，他们勇猛善战，而且军队赏罚分明，还有严格的军事组织纪律：伍长击柝，什长搪旗，百长扶鼓，千人则旗帜金鼓全有。伍长战死，其他四个人也被斩首；什长战死，伍长全被斩首；百长以上也是这样，一个军败退了，军长必须被正法。

完颜阿骨打上任后，首先用武力统一了女真的其他部落。然后，他招集各部落兵马，手握木棍誓师反抗辽的统治，他说："你们要齐心协力打败辽兵。只要有功的，奴婢可以解放为平民；平民可以做官；原有官位的，按功劳大小升官。如果谁敢违背誓约，不但自己被杖死，家属也要受牵连。"

公元1114年6月，阿骨打率2500人攻打辽并大获全胜。这一战使女真的武装力量得到提升。辽王说："如果女真兵力超过一万，就打不过他们了。"当他们准备渡过鸭子河(今吉林扶余县北松花江)时，完颜阿骨打率3700人迎战。交战时，时值狂风大作，尘埃蔽日。女真人越战越猛，打得辽兵丢盔弃甲，溃不成军。女真人将俘虏收编到自己的军队中，军队人数首次超过万人。那以后完颜阿骨打又乘胜追击，占了辽国的许多地方。他并在1115年建立了国家，国号为金，自己称金太祖。

其实，完颜阿骨打早在少年时期就开始反抗辽的统治了。有一年，辽天祚帝宴请女真酋长时，命女真酋长和他的子弟为自己跳舞助兴。其他部落的酋长迫于无奈只好从命。轮到完颜阿骨打跳舞时，他坐着一动未动，宴后，有人劝天祚帝杀了完颜阿骨打，天祚帝和一些重臣却认为他是一个粗人，不会有什么出息，不值得为他伤了辽国与女真部落的和气。岂料，若干年后，阿骨打将女真与辽的地位换了一下位置。

辽见金气势逼人，就想与他们订立和约，完颜阿骨打拒绝了这一请求。辽主动员全国的兵力讨伐金，号称百万大师。完颜阿骨打听说辽主亲自出征，就召集各部首领，哭着对他们说："原来和你们一起反抗辽是因为辽对我们太残忍，想自己立国，免除压迫。现在辽主倾全国的兵力，亲自出征，我担心打不过他们。不如你们杀了我，然后带领全族的人投降，这样你们才有可能活下去。可是辽国人已经对我们恨之入骨，而且辽主骄横气盛，你们即使投降了也未必有活路。怎么办？怎么办？"各位首领说："事已至此，我们只有听你命令了！"完颜阿骨打愤恨地说："那么只有人人死战了！"他分析说："他们人多势众，我们不能分散兵力。他们中军最强大，辽主一定在中军。我们如果打败了中军，就可以鼓舞士气，乘胜追击。"于是他们用左右包抄的方式攻打中军，终于一举获胜，辽主败后逃跑了。辽军迅速土崩瓦解，逃跑的队伍互相践踏，尸横遍野。女真人缴获了大批的牛马、器械、财宝。

从此以后，完颜阿骨打不断攻占辽的土地，建立刑法，加强皇权。他命人学习汉字，创造女真文字，奠定了金的政权基础。金朝统治了北方120年。

第八章　元朝时代

元朝的建立，结束了中原自五代以来长期割据分裂的局面，实现了自秦汉后中国历史上真正的民族统一，而且还在中国历史上开了一个以少数民族为主的统治集团夺取中央政权的先河，统一了以汉族为主的多民族的中国，建立了一个疆域空前辽阔的封建君主制国家，并在经济和文化上都有所成就。但是，蒙古族毕竟是一个新兴的民族。当时的蒙古族，在建国后对提高民族素质方面始终未得到充分的重视，从而导致了它的政治始终处在紧张的阶级矛盾、民族矛盾状态中。元朝初期有过短暂的盛世，中期的帝位争夺、统治者的内部矛盾又使得政治局势走向衰落。当元的统治进入末期时，其政治、经济、军事都极端腐败，很多地方爆发了农民起义，元王朝终于在起义军如山洪暴发般的打击下被摧毁得干干净净，寿终正寝。

在元朝的统治期间，政府对农业生产很重视。在科学技术、史学和文学艺术等方面，都是有所发展的。文学艺术中以元曲、杂剧最具有代表性；在科学技术中，对天文观测、地纬度的测量、历法的修定等都是相当的精密准确。元代在对国内民族联系的加强、中外文化的交流、外贸关系的增进等方面比较重视，在这些方面的政策相对而言是较为宽松的，使少数民族的成员、外来侨民及其后裔也都有机会相互学习和交流，从而丰富了中国的文化，为宣扬中华文明做出了巨大贡献。

铁木真统一蒙古

成吉思汗(公元1162年－公元1227年),名铁木真,是中国乃至世界史上杰出的政治家、军事家,更是蒙古族历史上最伟大的民族英雄。他出生于蒙古孛儿只斤氏族,曾祖合不勒统一蒙古尼伦各部,称汗,后叔祖忽图剌和父亲也速该也相继为尼伦部的首领。铁木真用超人的智慧和勇气团结部众,统一了蒙古各部,建立了蒙古汗国,并被推举为大汗,号称成吉思汗。

成吉思汗的父亲也速该英勇善战,是当时孛儿只斤氏族的首领;他的母亲诃额仑,是也速该在一次外出时,从篾儿惕部首长的弟弟赤列都手中抢回来的。铁木真是她母亲生下的第一个孩子,也速该为纪念当日征讨塔塔儿部凯旋,并俘获该部落酋长铁木真,所以就给这刚出生的儿子取名铁木真。"铁木真"蒙语的意思是"精钢",以铁木真作为孩子的名字也是希望他将来坚强勇武。

也速该十分宠爱铁木真,在铁木真刚满9岁时,他就亲自到翁吉剌部为铁木真求亲。在返回途中,被世仇塔塔儿人毒死了。铁木真父亲的部众从此纷纷叛离,也速该家族的权力也被泰赤乌部族所取代。从此,铁木真与母亲和两个弟弟过着衣不暖体、食不充饥、备受凌辱的困苦生活。

熬过苦难的童年,青年时期的铁木真,身材高大,智勇双全,声望日高。这时泰赤乌部落首领塔儿忽台担心铁木真将来会威胁自己的地位,决心在他毛羽未丰之时除掉他。

铁木真闻讯逃入山林。十几天后,由于饥饿难忍,他牵马下山,结果被泰赤乌人所捉,并被戴上枷锁,送到各营示众。有一天深夜铁木真乘看守疏忽的时候逃了出来。青年时期的多次风险,再次锻炼了铁木真,并使他逐渐意识到收罗人才,争取人心的重要性。此后,他逐渐收拢了离散的人心,壮大了自己的力量,再加上当时的族人心思统一,而声望日隆的铁木真成为统一蒙古的众望所归者。

公元1189年,铁木真在28岁时被拥戴为"汗",重又成为尼伦部落的首领。从此,铁木真大展宏图的时代开始了。

铁木真为汗后，对部落的组织形式进行了改造，采取一些措施来巩固自己的权力和地位，然后展开统一蒙古各部的战争。

铁木真最初的战争对手是实力雄厚的扎答剌惕部族首领札木合，他联合泰赤乌等11个部落，动员3万余人，分成13部，想一举消灭铁木真。铁木真也聚集各部落，共计3万人，把军队分成13部，称为“十三翼”，迎击札木合。两军激战于今天的呼伦贝尔草原，但由于铁木真缺乏大战指挥经验，在此战中失利，被赶到斡难河边。

札木合为人非常残暴，在班师回归途中，将战俘残酷处死，引起一些部众的不满，他们纷纷转投铁木真。通过这场战争，铁木真的军事实力不但没减，反而有所加强。铁木真抓住战机，帮助金国平定了害死他父亲的塔塔儿部的叛乱，既报了私仇，又被金国封为招讨官。后又与克列部首领脱里王汗配合，先后打败了以乃蛮人和乞剌人、札木合为首的11个部落的联合进攻。这样，铁木真的势力就更加强大了。

铁木真与克列部脱里王汗联合取得几次胜利后，就希望通过联姻来密切联系，但王汗在狂妄自大的儿子桑昆的策动挑唆下，不仅对联姻借故推托，反而密谋设酒宴要来加害铁木真。后来阴谋被铁木真识破，双方于1203年7月发动战争，铁木真乘克列部毫无戒备之机，抢占有利地形，经三天激战，彻底打败势力强大的克列部。脱里王汗父子败逃，后相继被杀。接着，铁木真于公元1204年征服了蒙古西部的乃蛮部，并于公元1205年擒获劲敌札木合，将其处死。至此，经过20年的攻伐战争，铁木真最终统一了蒙古各部。

公元1206年，铁木真在斡难河畔大会诸臣。会上，诸王群臣共推铁木真为全蒙古的大汗，即皇位，上尊号成吉思汗（即皇帝）。自此，成吉思汗成了全蒙古民族公认的帝王。随着国力的强大，成吉思汗逐渐产生了称雄世界的野心，不断发动对外战争。公元1211年到公元1215年间，成吉思汗多次发动对金的战争。金国战败后迁都汴梁（今开封），成吉思汗乘机占领金国河东之地。公元1219年，又亲率大军征讨中亚大国花剌子模国，到公元1224年，将花剌子模国全部占领，蒙军前锋东逾印度河，西南至底格里斯河下游，并进入了东欧，侵占俄罗斯的东南部，后由于气候不适应班师回朝。

公元1226年，成吉思汗出兵征讨西夏，占领西夏大片土地。由于长年劳累，公元1227年秋成吉思汗卧病，退至六盘山休息，后因出猎坠马，病死于渭河边清水县行宫，终年66岁。元朝建立后，他被追尊为元太祖。

成吉思汗完成了统一蒙古乃至北方的大业，他是一位影响中国历史的伟大英雄人物，以至被后人尊称为“一代天骄”。

创造蒙文

蒙古国建立之初没有自己的文字，他们靠结草为记或刻木记事。成吉思汗在消灭乃蛮部落之后启用了乃蛮可汗掌管印章的畏吾儿人塔塔统阿，命令他创造蒙古文字。塔塔统阿用畏吾儿文的字母来拼写蒙古语，创造了蒙古文字。成吉思汗命令全蒙古贵族的子弟都要学习新创造的文字。蒙古文字创造出来以后，成吉思汗就用这种文字来发布命令，登记户口记录所有事情。在他的亲卫军中，专门设有“必阇赤”也就是书记一职，掌管文书，这就进一步加强了国家统治机构的职能。

千户制、亲卫军、总断军官和别乞、蒙古文的使用，构成了蒙古国国家机器的基本结构。在蒙古国这些政权机构的建设过程中，成吉思汗表现出非凡的组织才能和政治谋略。这套国家管理机制的创立，标志着蒙古高原的各个部落从野蛮的、分散的社会，进入了文明的、统一的游牧封建社会，在辽阔的蒙古高原上，不同语言、种族、文化、风俗习惯的诸部落，开始结合为一个整体。一个强大的民族，在成吉思汗所建立的政权的统治下，开始出现在中国和世界历史的舞台上。

文天祥从容就义

文天祥（公元1236年－公元1283年）字文山，江西吉安人，是南宋著名的爱国将领和爱国诗人。文天祥从小就有救国的抱负，对历代爱国志士深为敬佩。

20岁那年，文天祥在科举考试中中了状元，当了官。文天祥为官忠于职守，一身正气，嫉恶如仇。不久，北方的元军发动了对南宋的战争，元军每到一个地方，杀人、抢掠，给老百姓带来了很大灾难。而南宋朝廷文武大臣大都贪生怕死，不敢抵抗，使元军很快打到了南方，离都城临安不远了。朝廷只好下令，让各地的官兵到京城勤王。

此时，文天祥正在赣州（今江西省）做知府，听到京城危急，他果断地卖掉家产，把换来的钱作为军费，去招兵买马，组织队伍。当地的百姓都被文天祥的举动感动了，纷纷为国参战，不几天的工夫，就来了一万多人。接着马上开始练兵。当时有朋友劝他说：“眼下元军来势凶猛，你带着这些临时招募来的乡勇去打仗，实在是杯水车薪，这不是赶着羊群喂老虎，白白送死吗？”文天祥叹口气道：“我深知力量悬殊，可国家有危难，却没人来解救，我真感到痛心。现在我拼着一死，为国尽力，就是希望天下人都能这样。要是大家都起来抵抗，国家就有希望了。”于是，等到粮食准备好了，文天祥就带着军队，连夜出发，赶往京城去了。可是万万没有想到，文天祥的人马到了临安不久，朝廷就决定投降元军。左丞相、右丞相都吓跑了，朝廷没办法，只好派文天祥做丞相，去和元军统帅伯颜谈判。

这一天，文天祥带了几个随从来到元营。面对元军统领伯颜的威逼利诱，文天祥大义凛然，但是绝口不提议和与投降之事，反而义正词严地

说:“投降的事,是前任丞相的事,我不知道。我现在作为宋朝皇帝的使臣,是前来谈判,不是来投降的。哼!你们从不守信用,现在你们必须先撤军,再谈判。如果你想灭掉宋朝,那么,除了京城,我们还有大片国土,打起来谁胜谁负,还不一定呢!”伯颜声称如果文天祥不投降就杀死他,文天祥说:“你们休想以死来逼我投降!”伯颜听后,脸上露出诡诈的阴笑,并说道:“可你现在是在我的手心里,还不怕死吗?”文天祥把胸脯挺了挺,说:“我想的就是以死报国。你就是把刀放在我的脖子上,把油锅摆在我的面前,也吓不倒我。”伯颜听了,气得半天说不出话来。站在旁边的元军将领见文天祥这么强硬,都十分佩服他的胆量。有几个人小声说:“宋朝的将领见得多了,文天祥才是真正的男子汉大丈夫!”伯颜说不过文天祥,又见他不肯议和,便把他扣留在元营。

公元1276年,元军占领临安,南宋朝廷向元军投降,皇帝和许多官员都当了俘虏,被押送去了北方。文天祥也被押在一条大船上,中途得到一个船工的帮助逃脱出来。文天祥逃出虎口后,又回到南方,这时候,原先宋朝的一些大臣又立了个新皇帝。文天祥找到他们,领导各地义军,开始了抗元斗争。他转战福建、江西、广东各地,打了一些胜仗,可是元军太强大了,宋军又太软弱了,不久,文天祥抗元失败,被元军俘虏。

公元1279年初,元军押着文天祥,来到了崖山,准备攻打宋军在大海中的最后一块阵地。元军要他劝张世杰投降,文天祥生气地说:“住口!我今不幸落入你们贼人之手,但尔等休想让我做出卖国求荣之事,就更莫谈劝降了,我还要看着我们大宋的将士们将你们这帮豺狼驱出中原呢!”这一天,船队经过珠江口的零丁洋,文天祥站在船头,望着波涛汹涌的大海,想起自己的抗元经历,心中悲愤极了,提笔写了一首诗,这首诗就叫《过零丁洋》,是几百年来人们传颂不绝的好诗。其中有两句是:“人生自古谁无死?留取丹心照汗青!”这两句话的意思是,从古到今,有哪一个人不会死呢?要死得有价值,把自己为国的一片忠心留在史册上。

公元1279年冬,南宋灭亡后,文天祥被押送到大都,关进了监牢。元朝统治者千方百计地对他进行威逼利诱,要他投降,他坚决拒绝,毫不动摇。公元1283年1月,元朝皇帝忽必烈亲自召见文天祥,劝他投降,并以高官厚禄诱惑他。文天祥誓死不从,并痛骂忽必烈。元世祖见文天祥视死如归，也不免被他从容的气概所感动，但又想不出什么办法令其归顺，无奈之下，只好下令杀死文天祥。

公元 1283 年 1 月 9 日，文天祥被押上刑场，从容就义，这时他年仅 47 岁。文天祥虽然没有改变南宋被灭亡的命运，但他对祖国的真诚热爱，对敌人的强烈反抗，教育和鼓舞了历代人民。

忽必烈统一中国

元世祖忽必烈（公元 1216 年－公元 1295 年）是一代天骄成吉思汗的孙子，蒙古人。他先后平定了蒙古贵族发动的叛乱和灭亡了南宋王朝，从而统一了中国，使元朝成为我国历史上疆域最大的朝代。

忽必烈自幼文武双全，早在 11 岁那年，已经成为一个马背上的小少年了，并在一次围猎中，小小年纪的忽必烈竟也射到了一只野兔，这使成吉思汗大喜。成吉思汗死后不久，只当了不到一年监国的父亲拖雷也死去，那时忽必烈年仅 15 岁。从此汗位转到窝阔台系手中。到了 1251 年，忽必烈的哥哥蒙哥继承了汗位。蒙哥当蒙古可汗的时候，忽必烈势力很大，哥哥很信任他，让他负责管理汉族人民居住的中原一带地方。

公元 1257 年，蒙哥亲自率领蒙古军队攻打南宋，令忽必烈也率领一路人马，向南进攻。

公元 1259 年 7 月，忽必烈的军队已经打到了长江北岸，忽然从后方来人，向他报告蒙哥大汗死在军中的噩耗，让他赶紧回去。忽必烈非常难过，可他还是强忍着，说："眼下和宋军打仗，还没分出胜负，我怎能回去呢？"于是，他镇静地指挥军队渡过长江，打败了宋军。这时候，他的妻子察必派来一个密使，对忽必烈说："你的弟弟阿里不哥留守在和林，已经准备自己当可汗啦！他还派兵包围了开平。您快拿个主意吧！"这一回，忽必烈真着急了，因为开平是他的大本营。他马上把手下的将领和谋士召来一起商量，后来采纳了汉人谋士郝经的建议"断然班师，亟定大计"。他急忙与南宋议和，赶回蒙古。公元 1260 年初春，忽必烈回到开平，废除了蒙古贵族选举大汗旧制，自立为帝。

一个月后,他的弟弟阿里不哥在和林宣布自己才是正统的可汗,这一来,他们兄弟俩就打起来了。经过长达4年的较量,阿里不哥于1264年7月带领残兵败将到开平向忽必烈投降,忽必烈成为蒙古人公认的领袖。汗位争夺战结束以后,漠北与中原地区连成一片,从而为忽必烈集中力量,南下灭南宋奠定了坚实的基础。

忽必烈即汗位后,蒙古族内部的斗争仍很激烈。在"守旧"的藩王中势力最大,叛乱的时间最长的是窝阔台的孙子海都。

海都因为自己的父亲没有继承汗位,早就心怀不满了,自己也时时刻刻想寻找时机承袭汗位。他想把蒙古汗国大权从拖雷系再夺回到窝阔台系手中,但苦于兵力不足,只好等待机会。阿里不哥与忽必烈争汗位时,他极力支持阿里不哥。公元1264年,阿里不哥败亡,他逃回自己的封地,招兵买马,准备东山再起。经过几年的谋划,海都兵强马壮了,勾结藩属诸王,自立为蒙古大汗,公开与忽必烈对抗。忽必烈为了防止海都叛乱势力的东进,于1275年急忙调兵遣将,命令伯颜领兵讨伐。伯颜采用断粮绝援的办法,打了两次大胜仗,平定了海都叛乱。

在平定了海都和其他部落之后,忽必烈虽然已雄踞半壁江山,但并不满足已有的成就。他要扩张领土,当时在政治上已经腐败的南宋王朝成为他开拓疆域领土的主要对象。

对于南宋,忽必烈利用政治攻势以配合军事行动。在伯颜率军出发前夕,忽必烈多次告诉他在征战中不要滥杀无辜百姓,以图收复民心。公元1275年2月,他对一些归附的南宋官吏说:"种田的要继续荷锄下地,经商的要开门做买卖。其余三教九流、五行八作的人都要各安己业,如果官吏有任何骚扰百姓的不法行为,任何人可以向中书省控告。"这些重要姿态都表明一旦在南宋王朝灭亡之后,忽必烈将要保存原来的经济面貌,并保证归降官民的既得利益。这对于加速南宋王朝的覆灭无疑起到了积极的作用。

公元1276年正月,元军分三路进逼临安,南宋官员四处逃散,忽必烈灭亡南宋王朝的计划终于实现了。就这样,南宋王朝彻底灭亡了。

忽必烈完成了他的统一大业。他勇于突破民族界限,敢于提拔汉人,对保守的蒙古贵族弃而不用,从而统一了中国,建立起比汉王朝、唐王朝的疆域还要广阔的国家。忽必烈的胜利，也是蒙古族中主张采取汉人治理汉地的一派人的胜利，极大地巩固了蒙人在中原地区的统治，推进了社会生产力的发展和社会进步。

关汉卿与《窦娥冤》

我国的戏曲艺术，经历了漫长的孕育过程，到了元代，终于形成了我国戏曲史上的第一个黄金时代。在元代，仅有名可考的杂剧作家就有数十人，他们的作品谱写了中国戏曲史上辉煌的一页。关汉卿就是这个时期戏曲艺术的卓越代表人物。

关汉卿，号已斋，大都人，出生在宋金南北对峙的时期。他出生不久，成吉思汗就率领蒙古军队南下，占领了大都。当时的大都人被分为四个等级，蒙古人是最高等级的人，而汉人和南人则被排在最后。在元蒙贵族的暴力统治下，关汉卿无缘仕进，也不乐仕进，但他却有着出众的才华。在与社会底层人民长期的接触过程中，关汉卿对人民的疾苦有了更深刻的了解和同情，逐渐形成了他蕴藉风流、滑稽多智、富于反抗的性格特征。

关于关汉卿的性格，在他最有名的一篇类似于自传的散曲中，有充分的体现。“我是个蒸不烂、煮不熟、捶不扁、炒不爆、响当当一粒铜豌豆。恁子弟，谁叫你钻入他锄不断、斫不下、解不开、顿不脱、慢腾腾千层锦套头。我玩的是梁园月，饮的是东京酒；赏的是洛阳花，攀的是章台柳。我也会围棋，会蹴踘，会打围，会插科；会歌舞，会吹弹，会咽作，会吟诗，会双陆。你便是落了我牙，歪了我嘴，瘸了我腿，折了我手，天赐与我这几般儿歹症候，尚兀自不肯休！则除是阎王亲自唤，神鬼自来勾，三魂归地府，七魄丧冥幽，天哪！那其间才不向烟花路儿上走！”

关汉卿擅长歌舞，精通音律，能吟诗，会琴箫。他一生创作了 66 个剧本，几乎比英国大戏剧家莎士比亚多一倍。在保留下来的 18 部剧本中，除了家喻户晓的《感天动地窦娥冤》外，还有《包待制智斩鲁斋郎》，《赵盼儿风月救风尘》、《闺怨佳人拜月亭》、《关大王单刀会》、《山神庙裴度还带》、《刘夫人庆赏五侯宴》等剧目，这些剧目曲词质朴、精练，情节生动而富于戏剧性，人物形象鲜明，受到广大戏曲爱好者的青睐，世代传唱。

《窦娥冤》是关汉卿的代表作，故事是以贪官酷吏阿合马的家奴——张驴儿为人物原形，并结合当时社会上的一桩冤案创作而成。在这部杂剧中，关汉卿成功地塑造了窦娥这一善良、贤惠的妇女，在封建恶势力的迫害下奋起反抗、至死不屈的形象，深刻地揭露了封建统治阶级鱼肉百姓、草菅人命的罪恶，同时也强烈地反映了人民群众对异族统治者的反抗和不满情绪。

窦娥3岁丧母，7岁时，身为穷秀才的父亲窦天章，为了还清借债和筹集进京赶考的盘缠，向蔡婆婆借了几十两银子，把女儿窦娥作为抵押品送到蔡家做童养媳。10年后，窦娥的丈夫又不幸去世。此时，命运多舛的窦娥已无力与命运抗争，她决心侍奉婆婆，服孝守节。一天，窦娥的婆婆外出索债时遇害被救，不料救蔡婆婆的张驴儿父子却是一对地痞无赖。他们趁机要挟，逼窦娥婆媳做他们父子的妻子。婆婆被迫应允，窦娥却执意不从。张驴儿心生毒计，准备下毒害死蔡婆婆，以逼窦娥就范。不料张驴儿的父亲却误食毒药身亡。张驴儿见状，反诬窦娥毒死其父，以告官为名，再次逼窦娥就范。窦娥坚决反抗，张驴儿见逼迫不成就把窦娥告上官府。在黑暗的吏治下，张驴儿打通关节，见钱眼开的楚州太守桃杌，不问青红皂白，严刑拷打窦娥。窦娥不但没有在酷刑下低头，反而质问桃杌："则我这小妇人毒药从何处来也？"桃杌见酷刑屈服不了这个弱女子，便要拿蔡婆婆来拷打，以威胁窦娥。窦娥是倔强的，但更是善良的。为了避免婆婆受折磨，窦娥招认了罪行，并被判处了死刑。满腹冤屈的窦娥无处申诉，在押赴刑场斩首的路上，她对天地鬼神提出了震撼人心的控诉：

"有日月朝暮悬，有鬼神掌着生死权，天地也，只合把清浊分辨，可怎生糊涂了盗跖、颜渊！为善的受贫穷更命短，造恶的，享受富贵又寿延。天地也，做得个怕硬欺软，却原来也这般顺水推船。地也，你不分好歹何为地，天也，你错勘贤愚枉做天！哎，只落得两泪涟涟。"

在这字字血、声声泪的控诉之后，关汉卿又凭借他丰富的想象力，以浪漫主义的笔法，让窦娥在临刑前立下三桩誓言：若她实有冤情，她的颈血将会溅在一丈二尺的白练上，没有半点落地；六月天将会降下三尺瑞

雪,掩盖她纯洁的躯体;楚州当亢旱三年。这三个预言都一一应验了。最后,关汉卿以窦娥的父亲做官回来后,因窦娥托梦,重审此案,替她伸冤雪恨为收场,给了戏剧一个昭雪冤狱的结局。

科学奇才郭守敬

郭守敬于1231年出生在河北邢台,他是我国宋元时期著名的天文学家和水利工程家,在数学、理学等方面也有卓越的贡献。他的祖父郭荣学识渊博,对数学和水利都很有研究。郭守敬幼时从师于当时著名的学者刘秉忠、张文谦等人。他认真读书、刻苦钻研,进步很快,十五六岁时,他曾经得到一幅从石刻上拓印的莲花漏图(古代一种计时器),没半天,就弄清了它的制造方法和原理。

忽必烈统一全国以后,下令要修改历法,郭守敬和王恂受命主持这项工作。由于原有的天文仪器陈旧不堪,观测天象时难以获得精确的数据,郭守敬决定把创制天文仪器的工作放在首位。他想到历法的根本在于测验,而测验要精确,首先要有精密的仪器。于是,他决心自己动手创制和改造天文仪器。在短短的3年之内,郭守敬制成了简仪、圭表、仰仪等十多种天文仪器。

首先,郭守敬大胆地改革了圭表。圭表是我国古代发明的一种测量日影的工具,根据日影变化以决定春分、秋分、夏至和冬至等二十四节气。古代的圭表一般高只有8尺,不易观测记录,且误差较大。有一次,郭守敬在测量日影时,发现圭面上的刻度在几尺几寸时,观察还是比较清晰,可是影子到了分度上就难以辨认,这给记录的准确性带来了影响。一天下午,郭守敬与好友王恂在山顶看日落,他注意到一个现象:太阳越往西沉,各种各样物体的影子也在慢慢地延长,忽然,他高兴地叫了一声:"有办法啦!我把圭表的表柱增高!表越高影子越长,表高成倍地增加,影子长度不也就成倍地延长吗?"郭守敬想到了按比例放大的原理,说得具体一点,比如长1厘米与长1.1厘米的两件东西,用肉眼看不出差别,可是把它们扩大一百倍,成为1米和1.1米,两者的差别就明显多啦。王恂想一想，明白了，说："老朋友，你真行啊！我们马上试！"根据郭守敬的设计，新的圭表制成了，表高增加5倍，影长也增加了5倍，观测的误差则降到1/5。

改进了圭表不久，郭守敬又创制了简仪。简仪是一种测量日月星座位置的主要天文仪器，它是郭守敬对西汉时落下闳发明的浑仪进行改造而成。他大胆地去掉浑仪几个妨碍视线的活动圆环，再把原来作为固定支架的圆环全部拆除，改用柱子托住，这样既实用，又简单，故称简仪。简仪中还有不少革新，如瞄准天上星星的窥管，做得太细不容易瞄到星星，做得太粗又瞄不准。郭守敬想办法在口径较大的窥管前面，装了两根交叉为"十"字的细线，"十"字中心对准星星，既瞄得到，又瞄得准。现代大炮瞄准器里，也有这种"十"字线。并且，简仪可精确到1/36度。简仪造成于1276年，在当时是十分先进的，比欧洲发明同样类型的仪器要早300多年。

郭守敬不仅是一个天文学家，还是一个水利专家。他在水利方面所作的最大贡献是开凿了"通惠河"。元初，从南方运到大都（今北京）的粮食，先通过南北大运河运到通州，从通州到大都有30多里旱路，只能靠大车运。但这段路不好走，尤其下雨天更是难于行走。所以在当时开凿通州到大都的运河势在必行，可是水源问题难以解决。

公元1291年,新历造成之后,郭守敬又把注意力转到开凿通州的运河工程上。早在1262年,郭守敬曾引浑河水入运河,但没几年运河就被泥沙给填满堵塞了;又于1266年引白浮泉到大都,但工程只进行了一半就被迫停工了,因为大都南部地势太高,水流到中部就过不去了。鉴于上两次的失败,郭守敬吸取教训,大胆地采用了新的设计方案,不把白浮泉的水直接引向东南,而是引向西,再折向南沿,沿西山东麓,注入昆明湖,再接梁河引入大都,蓄于积水潭,然后向东南出崇文门,东下通州高丽庄,和大运河衔接。

就这样,郭守敬经过半年多时间的筹划,大都运河工程于公元1292年春动工,到第二年秋就开凿完成了。从此,江南的粮船可以一直驶进大都,不仅繁荣了大都的经济,也便利了南北物产的交流,促进了社会生产力的发展。所以,忽必烈命名这条运河为“通惠河”。

元世祖忽必烈死后,元成宗即位。有一年,成宗召郭守敬到上都,商议开凿铁幡竿河渠的事。郭守敬早就知道这个地方降雨量大,年年有山水泻下,他建议成宗将河渠开凿到六七十步宽。但成宗不听郭守敬的建议,为缩小工程费用,在施工的时候,将河面宽度缩减了1/3。第二年又是大雨,山洪暴发后,河渠排放量不够,导致水溢堤决,淹没了许多人、畜、房子,差一点把皇帝的行宫也冲掉。成宗后悔莫及地说:“郭太史(郭守敬)神人也,悔不该当初不听他的话呀!”

郭守敬在历法方面也有卓越的成就。他所修成的《授时历》计算出一年为365.2425天,和地球绕太阳的周期只差26秒,与现在世界上公用的阳历相同。《授时历》施行了364年,是我国古代推算最精确、使用时间最长的历法。

郭守敬一生坚持不懈,从事于科学实践,直到86岁高龄还在进行着研究。他作为13世纪中国杰出的科学家,在科学的各个领域所创造的功绩是巨大的,是举世公认的,他在世界科学史上的地位是永世不可磨灭的。

元顺帝宠奸亡国

元朝的最后一个皇帝元顺帝，其母罕禄鲁氏是西北边陲一个部落首领的女儿，元明帝和世㻋早年未做皇帝时，曾经驻军西北，为取得当地部族支持，娶了罕禄鲁氏，生下了元顺帝。

元顺帝即位之后，朝廷中左右丞相争权夺利的斗争已达白热化程度。左丞相唐其势是燕铁木儿的儿子，又是元顺帝的皇后伯牙吾氏的亲哥哥。元顺帝比较喜欢右丞相伯颜，就疏远唐其势。唐其势不服伯颜，他在至元元年，纠集一批死党，企图发动宫廷政变，另立一个叫晃火帖木儿的亲王当皇帝。伯颜在与唐其势斗争中，早已是枕戈待发，他后发制人，趁其不备，抓获唐其势乱党。唐其势被抓时，一直跑进宫中，躲在皇后伯牙吾氏的座位下面。伯牙吾氏用衣服遮住兄弟的身体，竭力想营救哥哥免于被抓。这一下触怒了元顺帝，他当场下令守卫抓住伯牙吾氏，命伯颜叫人将伯牙吾氏拖出皇宫，随即又令人将皇后毒死在一座民居中。

唐其势兄弟被杀，余党也被扫灭，伯颜权倾朝廷，利令智昏。后来，他竟狂妄地向元顺帝建议，将汉家大姓张、王、刘、李、赵五姓汉人统统杀光，元顺帝到底还算有些人性，没有同意伯颜的意见。

伯颜有个侄儿从小由伯颜养育，名叫脱脱。脱脱虽依靠伯父伯颜的权势升至御史大夫，但脱脱对伯父为非作歹的行为看不惯，多次向元顺帝申诉忠心爱国之志，元顺帝担心有诈，暗派两个亲信阿鲁与世杰班与脱脱交往，探明脱脱真实心迹。脱脱很快取得阿鲁和世杰班信任，他暗中接受元顺帝的指派，充当内应，监视伯颜活动，伺机除掉伯颜。公元1340年2月，恶贯满盈的伯颜请元顺帝出城打猎。脱脱将计就计，让元顺帝欣然答允，以消除伯颜戒心。到了打猎那天，脱脱率军占领大都各座城门楼，亲自指挥。阿鲁、世杰班紧随元顺帝左右以备不测。晚上9点多，他们派亲兵秘密赶往元顺帝在野外的宿营地，将元顺帝接走。凌晨3时许，元顺帝便派人带诏书赶至伯颜驻地，赐酒毒杀了伯颜。

脱脱执政后，元朝一段时间内出现了回光返照的迹象，史家称之为“脱脱更化”。但脱脱得不到昏庸的元顺帝的有力支持，加上哈麻等佞臣

的掣肘,遂使脱脱感到无力维持元朝危局。公元1354年,脱脱在江苏高邮被元顺帝下诏除去兵权,此时已是山雨欲来风满楼,红巾军起义纷起。翌年,脱脱被流放云南瘴疠之地,哈麻还嫌不放心,索性斩草除根,他假传元顺帝旨意,命人毒死了脱脱。哈麻乃无耻小人,他洞察昏庸的元顺帝的低劣秉性,向元顺帝推荐了一个西天僧,这人教元顺帝一套"大喜乐"的房中术,很让元顺帝尝到了房事的舒畅,使其乐此不疲,整天沉浸在女色房事之中。西天僧整天为元顺帝在民间选美,每次为3~4人不等,进宫"供养"。此供养即是由元顺帝行房,行房时既有"十六天魔"倩女跳舞助兴,又有亲随太监长安不花领队的11名宫女组成的乐队伴奏。

哈麻充任元顺帝行房修炼时的"倚纳",他被元顺帝倚重任命为宰相。多行不义的哈麻有时也对元顺帝的所作所为看不下去,有一次,他对父亲说:"天下的士大夫一定在讥笑我,我有何面目见人!如此助纣为虐。皇上越来越昏庸,又如何君临天下!现在皇太子已长大,聪明过人。不如立他为帝,让皇上靠边吧!"哈麻的妹妹听到以后,立刻告诉丈夫秃鲁帖木儿,秃鲁帖木儿竟去元顺帝处告密。翌日,元顺帝传旨哈麻、雪雪二兄弟不用入朝,不久即传旨哈麻流放,两人未上路,又被杖毙。

元顺帝就是这样昏庸的一个人,所以他的身边自始至终都围绕着一大批的奸佞小人,朝政昏暗,官逼民反,只等有一点火星就会燃起一场燎原大火。当各路红巾军爆起,刘福通、韩山童等人发动农民起义之后,紧跟着朱元璋的势力渐渐壮大。1376年,朱元璋的25万北伐大军攻到大都城下,元顺帝率后宫三千佳丽仓皇出逃,3天之后,在应昌病死(内蒙古什克腾旗),医生诊断为花柳。就这样,一个统治中原90余年的元王朝从此灭亡。

第九章　明朝时代

明王朝是中国封建社会的中衰时期，在中国历史上的封建统治王朝中，明太祖朱元璋是唯一出身贫苦的皇帝，他依靠农民起义军的力量，攻下元大都后，逐渐完成全国的统一。朱元璋登基后，除旧布新，兢兢业业，在他的统治下，国家经济得到了恢复和发展。自他之后，明成祖朱棣以"靖难"夺得政权，明王朝的经济继续向前发展，曾一度达到盛世阶段。成祖与宣宗多次派郑和下西洋，为中国历史上的航海事业做出了巨大贡献。

朱元璋、朱棣对朝臣的不信任，是历代皇帝中少见的。这导致在明王朝中期，宦官开始备受宠信，并被赋予重权。由于宦官权力过大，他们越来越有干预朝政的条件，这是明代后期的政治逐渐走向腐朽、最终走向灭亡的主要原因。

明王朝政权衰竭的另一个原因是：自明开国以来，农民起义连续不断，海盗倭寇经常登陆骚扰，北方女真族即满族的崛起，使明王朝的统治受到相当的威胁。明王朝末期，统治政权曾有一度的回光返照，名相张居正为明朝政权的稳定做了不懈的努力，改革10年亦有成效，在此期间，倭寇侵扰在戚继光的抗击下也得到了很好控制。然而，宦官奸臣魏忠贤把持朝政后，使本来就病入膏肓的明朝统治雪上加霜，再加上此时恰逢李自成揭竿而起，挥师南下。这朝廷政治的混乱和军事上的消耗，正好给予了后金努尔哈赤向明进攻的有利条件，经过短期的苟延残喘，明王朝最终走到了尽头。

综观明朝时期，随着社会生产力的提高，手工业脱离农业独立发展的趋势，比以前更加明显了。社会分工进一步扩大，手工业出现了采矿工业和加工区域的分工，形成了原料加工和手工业地区彼此互为市场的局面，从而促进了商品经济的进一步发展，除此之外，纺织业、制瓷业、制铁业、造纸术等等都有了相当的生产规模和专业分工。明代的家具制作和制陶是中国民族工艺的典范和代表，其工艺达到了中国古代家具、陶瓷的顶峰，在如今世界上的古文物收藏品中更是名列前茅。明代在科学技术，航海技术方面也具有很高的成就。在文学艺术领域更有很大的突破，绘画艺术达到中国绘画的顶峰；《西游记》等通俗小说的问世是当时的知识分子对社会现象的反映、揭露和批判，为中国的文学史作出了贡献，对中国近代文学的影响也极为深远。

岭北行省
钦察汗国
察合台汗国
伊利汗国
辽阳行省
辽阳
中书省
大都
北京
元
黄河
奉元
宣政院
武昌
杭州
琉球

朱元璋建立明王朝

朱元璋(公元1328年－公元1398年)出生于安徽凤阳,本名朱重八。当时布衣百姓一般都不取正式名字,只用行辈或父母年龄合计数作为称呼,故朱元璋名重八则是按排名所取。

朱元璋7岁那年,就操起牛鞭给地主家放牛,后来成为大明开国功臣的徐达、汤和、周德兴等人都是他这时候结识的牧牛伙伴儿。由于他聪明,有胆识,多主见,自然成了这一群小孩中的领袖。

朱元璋17岁那年,淮北发生旱灾、蝗灾和瘟疫。他的父母、长兄在不到半个月的时间里相继病死,乡里人烟寥落,鸡犬声稀,好不凄凉。朱元璋走投无路,只好剃光脑袋进了皇觉寺,做了和尚。灾情日重,靠收租米度日的皇觉寺也维持不下去了,主持只好把寺里的和尚一个个打发出去云游四方,自谋生路。进寺刚刚50天的朱元璋也只得加入了游方僧的队伍中。

云游中,朱元璋亲眼目睹国事日非,对当时的社会有了深刻的认识,也大大丰富了他的人生经验,他决定广泛交友,待时而动。

公元1352年,他回到皇觉寺不久,就接到了已在郭子兴部队当了军官的穷伙伴汤和的来信,邀他前去投军,于是他连夜直奔濠州城。朱元璋入伍后,打仗非常勇敢,无论遇到何等强敌,他总是奋不顾身,争先陷阵,加之他又识得一些文字,就格外受到郭子兴的器重,遇有战事,总让朱元璋伴随左右。没多久,他就成为郭军中的重要将领。郭氏夫妇看到朱元璋人才出众,对郭的事业很有帮助,就把21岁的养女许给了朱元璋。

公元1355年3月,郭子兴去世,朱元璋取得了这支起义军的领导权。他率领着这支部队,采纳宿儒朱升"高筑墙,广积粮,缓称王"(即积极扩充兵力,巩固后方,发展生产,储备粮食,不图虚名,暂不称王)的建议,转战南北,先后消灭了许多元朝军队和其他起义割据势力,直至推翻了元朝的统治政权。

公元1368年,朱元璋在应天(今南京)正式登上帝位,建立了明朝。随着明王朝的建立和巩固,昔日与朱元璋枪林弹雨,风雨同舟的将领,现在都成为新王朝的显贵，他们有的仗着自己开国功高，骄横放纵，多行不法，有的竟斗胆欲与皇权抗争，因而渐渐和中央皇权发生矛盾。

公元1380年，丞相胡惟庸谋反。朱元璋在镇压胡惟庸集团的同时，以镇压奸党为名，将那些行为跋扈、心怀不满危及皇家统治的大臣都统统罗织为胡党罪犯，处死抄家，整个胡案前后共杀掉3万多人。

公元1393年，朱元璋又以谋反的罪名诛杀大将军蓝玉。蓝玉居功自傲，胡作非为，后又有人告发蓝玉谋反，朱元璋就将蓝玉抄斩三族，与蓝玉关系密切的大臣大将，都被称为逆党，也遭到抄家灭族。此案一共杀了15000人，军中的骁勇将领无一幸免。不仅如此，朱元璋还常以"莫须有"的罪名对大批开国功臣滥施淫威，连替朱元璋出生入死、功勋卓著的徐达也难逃厄运。徐达背生疽，最忌吃蒸鹅，朱元璋却在此时赏赐蒸鹅，徐达知道皇帝要自己的命了，只得含着泪水当着使臣的面把蒸鹅吃下，没过几天就一命呜呼。

明朝功臣中，能够善终的寥寥无几。只有汤和深悟功成身退的道理，主动交还兵权，告老还乡，绝口不提国事。朱元璋很是高兴，派人在凤阳为汤和修建府第，厚赐礼遇。

朱元璋这种兔死狗烹、鸟尽弓藏的做法，搞得朝野内外人人自危。当时的京官在每天早晨入朝之前，总要与妻儿诀别，交代后事，及至傍晚平安归来，便合家庆幸。后来杀得朱元璋身边竟没有替他办事的文臣武将了，他想出了个绝招，让"罪犯"们戴罪办公，这么一来，大明初期竟有戴着脚镣坐堂审案的御史，有挨了80大板回原衙门办事的朝臣。这是中国历史上绝无仅有的。

朱元璋在政治上实行"以猛治国"，进行了许多改革。在经济上则采取了"休养生息"的政策，使社会经济得到了较快的恢复和发展。在此基础上，以后的三朝中社会生产力继续上升，从而形成了"明初盛世"的局面。公元1398年，71岁的朱元璋因病去世，庙号太祖，史称明太祖。

靖难之役

公元1398年，明太祖去世。皇太子朱标早逝，皇太孙朱允炆继承了皇位，改年号为建文，史称建文帝。继位的建文帝目睹北方诸王日益强大，便和兵部尚书齐泰、太常寺卿黄子澄商议削藩，废周王橚、齐王榑、岷王楩等为庶人，湘王柏自焚而死。朱允炆还下令诸王不得接近文武百吏，进一步限制诸王权力。

朱棣面对权力将被削弱的危机，开始暗中准备起兵事宜。朱棣为取得建文帝的信任，消除建文帝对他的疑忌，便派自己的儿子朱高炽等人前往南京，假借祭奠太祖朱元璋之机以暗察虚实。后又故意留朱高炽于京师，以蒙蔽朝廷，接着假装生病，不见外人，并上书乞求让朱高炽等归省。最后开始装疯，在大街上乱跑，大喊大叫，语无伦次，有时躺在地上半天不醒，甚至整天昏睡。在盛夏时节，围着火炉烤火，嘴里还念念有词："真冷啊！真冷啊！"以致北平布政使张昺和都指挥使谢贵都信以为真。建文帝虽有所察觉，也佯装不知，一面遣还朱高炽，一面暗中加紧调兵遣将，加强防备。

公元1399年6月，有人告发燕王谋反，建文帝下诏严斥燕王，逮捕燕府官属，并密令燕地驻军谢贵、张昺统军围困燕王府第，密令北平都指挥张信逮捕朱棣。张信早被朱棣收买，他连夜遣人入燕府报信，于是朱棣和僧道衍（姚广孝）密谋，把张昺、谢贵诱入燕王府杀掉，并以"清君侧"为名，起兵"靖难"。

燕王朱棣命张玉、朱能乘夜攻夺北平九门，守城门的士兵慑于燕王的声威，仓促之间不知所措，有些城门不战而开，到天明时，北平的9个城门已被占了8个，只有西直门一直固守。燕王派人向西直门守兵喊话，守门将士听说其他地方已被燕王的士兵所占，料难抵挡，便很快散去。燕王下令安抚军民，北平很快安定下来。接着，便马不停蹄地攻略周围的重镇和关隘，有的强夺，有的智取，连陷蓟门、怀来、永平、通州各地，从而有了一个稳定的后方。

前方不断失败的战报接踵而至，尤其是怀来大败的消息传来后，建文帝感到了北边形势的严峻，遂任命老将耿炳文为统帅，率军 30 万北征。两军在真定对峙，燕王朱棣的大将张玉、朱能等人率众正面奋击，燕王以奇兵出现在南军背后，前后夹击，横穿敌阵，耿炳文军大败，损 3 万余人，耿炳文急忙入城，闭门坚守，不再出城。耿炳文北伐受挫后，忧心如焚的建文帝临阵换将，用李景隆来代替耿炳文。

李景隆调集兵马 60 万，号称百万，与燕王朱棣大军战于白沟河，两军从黎明战到中午时分，仍然相持不下，双方数十万大军就像两股怒潮，以雷霆万钧之势向对方卷去，一浪高过一浪。后因大风将南军的大旗刮倒，南军阵地顿时混乱起来，攻势大为减弱。燕王抓住这转瞬即逝的机会，麾军猛冲，南军全线崩溃，投降十余万，李景隆单骑逃往德州。

白沟河大战后，燕王朱棣不再以巩固后方为主，而是想取道山东，进击南京。燕军开始接连获得几次小胜，士气高昂，遇到南军便奋勇向前，南军毒箭齐发，燕军伤亡惨重，后来又加上济南守将铁铉、盛庸与赶来的援军对燕军两面夹击，燕军大败，急忙往北逃去。东昌大战是燕王靖难之役中最惨重的失败，燕王精锐部队丧失了不少。山东、河北一带原被燕军占领了一些城池，这时又重新被南军所夺占。第二年，燕王朱棣又率军南下，转战河北。首遇盛庸主力于夹河（今河北武邑南），两军从中午厮杀到天黑，燕王亲自冲锋陷阵，燕军见主帅如此勇猛，士气大振，便恢复了往日所向无敌的军威，接着又陆续击溃了吴杰和房昭的南军。燕王朱棣于年底返师回到北平。

公元 1401 年，燕王朱棣再次亲率大军南下，并开始改变战略，以长驱金陵为目的。燕王接受以前在山东连遭失败的教训，这次不再取道德州、济南一线，而是取道山东和河南一带南下，接连攻破东河、汶上、沛县，直逼徐州。徐州守军固守，燕军未能将城攻下，燕王就移师南下，直下宿州，迅速到达蒙城一带，在淝河击溃平安南军。

这时南军总兵何福率军列阵十余里，沿河向东挺进，在徐辉祖军队的援助下，与燕军大战于齐眉山，这一战燕军损失甚重，骁将王真、陈文、李斌、韩资等战死，形势对燕王朱棣来说相当严峻。而此时建文帝却犯下了一个致命性的错误，他听信谗言，以京师不可无良将为由，命徐辉祖率军撤回南京。

徐辉祖军一走，何福军孤立无援，粮饷不继，燕军乘势全力进攻何福军，何福战死，平安等军将 37 人被燕军俘虏，燕军士气大振。燕王朱棣率军直趋扬州，攻下高邮、通州、泰州等地，长江北岸一带就基本上为燕王所控制。

盛庸自淮河战败后，随即率军专注于防守长江，依靠长江天险来抵挡燕军，当燕军自瓜洲渡江时，盛庸沿江列兵抵御，并奋勇反击，燕军受挫。正当燕军要败退时，朱棣的三儿子高煦率胡骑赶来，殊死反击，燕军遂转败为胜。盛庸策骑逃走，都城南京完全被燕军切断与外界联系。

公元 1402 年 5 月，燕王朱棣率军围困南京，南京投降派加紧了投降活动，李景隆和谷王穗打开了金川门，迎燕师入京。南京城里混乱不堪，宫内发生大火，建文帝下落不明。这样，前后跨 4 个年头，时间达 3 年之久的争夺皇位的“靖难之役”到此基本结束。

公元 1402 年 6 月 17 日，朱棣在南京称帝，后迁都北平（今北京），他是中国历史上较有作为的一个开明之君，史称明成祖。

郑和下西洋

郑和（公元 1370 年－公元 1443 年），本姓马，名三保，回族，昆阳（今云南晋宁）人。公元 1381 年，明太祖朱元璋在平定四川以后，派大将傅友德、蓝玉、沐英等率领两支大军进入云南，打败了盘踞在云南的元梁王，11 岁的马三保被掳入傅友德军中。从此，他随傅友德军到过南京、北平，并从征于塞外。公元 1390 年，傅友德受燕王朱棣节制后，马三保因身强力壮聪明能干，被燕王召入藩邸为宦官。在燕王朱棣起兵夺取皇位的“靖难之役”中，郑和一直跟随在燕王身边，传达命令，并多次参加过激烈战斗，立了战功。燕王即位，马三保因“阉从有功”升为太监，被赐名为郑和。

明成祖即位以后，国内经济继续发展，国力强盛。明成祖为了宣扬国威，据说也是为探察建文帝的下落，“锐意通四夷”，任命郑和为钦差总兵太监，通使西洋。下西洋前，明成祖做了充分的准备。首先是建造海船，命福建都司造海船 137 艘，南京卫造海船 51 艘，浙江都司造海船 1108 艘。

在航海技术上，也采用了当时的先进技术，所使用的磁性罗盘针已相当精确，有 24 个方位，它对航海起了很大的作用。从一地到另一地航行了多少更，便可知总共多少里。明成祖还为郑和组织起人才齐全的出使队伍，从全国各地选择了一批通晓阿拉伯语的懂天文的阴阳官，管医治疾病的医官和医士，以及民梢（船工）、买力（采购人员）、书手（文书）等，共计 27000 余人随行。最后，明朝政府准备了大批的粮食，大量的绸缎、丝、布匹、瓷器、书籍、金银、铜、铁器、钱财，以及其他生活用品，做好了充分的物质准备。郑和的船队一般都是从江苏刘家港出发，先到福建五虎门，由五虎门南下占城（今越南南部），再由占城到满剌加（今马来亚）、爪哇（今印度尼西亚）等，穿过马六甲海峡继续往西行驶。当时的船只都是帆船，需借助风力，所以郑和出使时都是在冬季或早春，以便借助于东北季风。郑和回国时都是在夏季，以便借助于西南季风。郑和前三次出使的终点都是印度半岛南端的古时（今印度卡利库特）。自第四次以后，才越过印度半岛南端，到达波斯湾沿岸，并与阿拉伯半岛诸国和非洲东岸的一些国家发生了交往。起初，郑和船队是沿海岸线航行，后来，郑和的船队便由印度半岛南端横渡印度洋，直达红海口和非洲东海岸诸国。

郑和每到一地，首先是宣读明成祖对各国王和当地头目的诏谕，以宣扬中国皇帝皇恩浩荡，邀其到中国朝贡。接着对国王进行一番赏赐，赐物

主要是金银和文绮、彩绢等物，且惠及王妃和大臣，诸国君长自然也要有一番奉献。这些官方活动结束后，再与当地进行一些货物交易，换回一些宫廷需用之物。

郑和在海外也有过三次用兵的故事。

一次是在旧港（即三佛齐，今苏门答腊岛上的巨港），当地有一个头目是华侨陈祖义，他在当地称王称霸，还公然在海面上聚众抢劫来往船只，经常谋财害命，过往旅客和附近人民对他无不恨之入骨。公元1407年，陈祖义得知郑和的宝船要来旧港，想到船上的珍宝一定不少，心中暗自高兴，企图借此发一笔横财，于是便暗中策划劫掠。后来郑和觉察到他的阴谋，一方面想争取劝他改邪归正，另一方面也做好充分的防卫准备。陈祖义当面表示友好，夜里却动手偷袭，结果被活捉，带回国内，后来被明成祖下令杀掉。

第二次是郑和第二次出使时，明成祖特意让郑和去暹罗国（今泰国），要求暹罗王与占城、满剌加等邻国搞好睦邻关系，不可恃强凌弱。原来，占城的贡使回国时，因遇大风而漂至彭亨，被暹罗军扣留，明成祖赐给满剌加和苏门答剌的印诰也被暹罗军强行抢去，两个国家都来向明成祖控告暹罗王强横无理。郑和到暹罗国后，暹罗王还带兵数万，袭击郑和船队。在苏门答剌军队的密切配合下，郑和指挥将士们英勇杀敌，把暹罗王的军队打得大败，并活捉了暹罗王。但郑和并没有因此而杀他，只是向他宣读了明成祖给他的敕谕后，便放了他。暹罗王心存感激，便马上遣使来中国，"贡方物，谢前罪"，遣还占城贡使，送还满剌加和苏门答剌的印诰，使这一带恢复了和平和安宁。

另一次是在锡兰（今斯里兰卡）。当时锡兰国王叫亚烈苦奈儿，据锡兰历史著作所说，他"不敬佛法，暴虐凶悖，靡恤国人"。他对郑和使团采取了极不友好的态度，令其子纳颜图谋引诱郑和一行离开宝船，俘虏他们，借以勒取赎金；同时发兵5万到海边，去掩动明朝宝船。这一毒计在富有外交和军事经验的郑和面前破产了，郑和不仅机智地避开了他们的偷袭，而且带领随行的将士包围了锡兰王宫，俘虏了亚烈苦奈儿，把他送交明朝朝廷处理，后来朝廷派人将他送回了锡兰。此后，中锡两国重归于好，锡兰使者不断到中国朝贡，那里再也没有发生过劫掠郑和船队的事。

郑和七次下西洋(公元 1405 - 1433 年)共到过 30 多个国家和地区,与这些国家建立了友好关系,吕宋(今菲律宾)、马来亚等国的国王都曾亲自来华访问。28 年的航海活动,耗尽了郑和的心血。公元 1443 年(宣德八年)4 月上旬,这位伟大的航海家在最后一次航海的归途中,病死在印度西南部的古里(今印度科泽科德)。他生前每到一处,就给当地人民带来好处,或做出贡献。至今印度尼西亚有三宝垅,泰国有三宝港等地名,反映了东南亚各国人民和华侨对郑和的怀念和爱戴,南洋华侨至今仍尊称郑和为三宝公。

郑和下西洋是世界航海史上空前的壮举,它比西方"地理大发现"时期的哥伦布、麦哲伦、达·伽马等人的航海要早半个多世纪。郑和七下西洋对中国和亚非各国的友好关系作出了不可磨灭的贡献。

北京保卫战

公元 1449 年,明王朝第六帝英宗朱祁镇继帝位的第十四年,蒙古族的瓦剌部落首领宁顺王也先企图恢复元朝的统治,进犯明王朝。他先派出 2000 余名先遣人员,以"贡马"为名,借削马价引起纠纷,寻找战争导火线,然后以"污辱贡使"为借口,于当年 7 月 4 日,分兵四路,发起正面进攻。由于明王朝军事松懈,一时间没有防备,导致猫儿庄(今山西大同北)、阳和(今山西高阳)等地相继失守。军情十分紧急,边关告急文书飞入京都。

朱祁镇六神无主,只好问计于众臣。宦官太监王振奏曰:"只要御驾亲征,小小瓦剌一鼓可击退……"朱祁镇一向对王振言听计从,不顾众大臣异议,在无充分准备的情况下,于 7 月 16 日,留下皇弟威王朱祁钰镇守北京,自己同王振等带领 10 万兵马,匆匆赶赴大同。

也先得知明军由朱祁镇御驾亲征,便设下诱兵之计,立即传令部队撤出塞外,引明军出塞后,用训练有素的骑兵,一举歼灭之。英宗和王振不谙战略战术,怎知是计,当明军到达大同时,才知瓦剌北撤是阴谋,决定班师回朝。

8月13日，当英宗君臣回到宣府以南，即宣府往大同驿站，名“土木堡”时，瓦剌军从四面八方冲杀过来，明军被杀得丢盔弃甲、狼狈而逃。护卫将军樊忠平时早已恨透为虎作伥的宦官太监，乘机杀死王振，自己也以身殉国。明朝10万兵马，全军覆没，英宗被俘。这就是历史上著名的“土木堡之变”。

英宗帝被俘的消息传入北京，满朝文武大臣乱作一团，平时养尊处优的臣子们，没有一个能拿出好主意，翰林侍讲徐理主张走为上策，向南撤退。礼部尚书胡瑛亦毫无主见。正在关键时刻，兵部侍郎于谦挺身而出，他主张说：京都是国之根本，一动百扰，大势去矣！他列举前朝南迁的前车之鉴。他铿锵有力的言辞，得到诸多大臣的赞同。

皇太后和朱祁钰眼看在这关键时刻能挺身而出的忠臣于谦，当然满心欢喜，立即同意他的所奏，委以兵部尚书的重任。于谦得到太后和威王的准许，立即把京中老弱兵马加以整顿，部署守城，同时十万火急调遣山东、河南军队增援，使得京中人心安定，后方巩固，奠定了下一步战略布置的基础。

俗话说：国不可一日无君。这关系到国家局势是否稳定的大问题，是政权能否巩固的关键。一日，威王朱祁钰临朝理事，众臣早已厌恨王振党羽，提出族诛。于谦奏曰：“王振的死党马顺等人罪该当死，不杀不平民愤，望殿下以国家社稷为重，下令惩办王振死党，局面就会好转。”威王见于谦说得有道理，立即采纳他的意见，将王振的余党全部斩首。这一顺乎民意的决定，得到众大臣的拥护，并很快把局面稳定下来。

公月1449年9月，朱祁钰即位，号代宗皇帝，年号改为景泰元年，尊英宗为“太上皇”。

代宗即位不久，瓦剌军直逼宣府城下。于谦面对敌我兵力悬殊的态势，一手抓防卫，一手抓备战，大力征募新兵，调运粮草，赶制兵器。不到一个月，征集20万人马，做好一切迎敌的准备。

10月，也先挟持被俘的英宗攻破紫荆关，兵逼北京城。于谦主张先打掉也先的嚣张气焰，鼓舞士气，立即调集22万军队，作好迎战的周密布置。于谦布置完毕后，严格宣布军队行兵纪律：临阵将领不顾部队先退者，斩其将；部队不顾将领先退者，后队斩前队。晓谕全军，鼓舞士气。

10 月 13 日瓦剌军向德胜门攻击。于谦不从正面与敌人拼杀，以其人之道反治其人之身，也采用诱兵之计，一面派骑兵佯攻，引敌进入伏击圈之内，而明军早已在民房内埋伏好了火炮，待机歼敌。此计果然奏效，瓦剌军伤亡惨重，也先之弟勃罗在炮火中丧生。也先在德胜门受挫，转攻西直门又不得逞，只好退回原地。瓦剌军先头部队又遭到副总兵武兴等挫败，士气低落，军威不振。

瓦剌军围攻京都，屡遭挫败，进攻居庸关又遭守将罗通抵抗，也先惧怕归路被明军切断，故忙带朱祁镇向良乡（北京房山县东）后撤。于谦见机，即令神机营炮击也先营，打死打伤瓦剌军万余人。敌兵溃不成军，狼狈逃窜，明军乘胜追击，大获全胜。也先带残兵败将逃回塞外。北京之战，瓦剌军受此重挫，引起了内部不和，也先眼见朱祁镇留之作用不大，不如空送人情遣还明朝，遂于景泰元年八月，送朱祁镇返回京都。从此，再也不敢进犯明朝了。

于谦在保卫京城战中立下丰功伟绩。朱祁镇返朝后，不但不感激反而恩将仇报，对于谦拥立代宗怀恨在心，最终找机会谋害了于谦。一代忠君爱国的贤臣就这样含冤而去，正如他《石灰吟》所云：粉身碎骨浑不怕，要留清白在人间。他的忠肝义胆之豪言，至今盛传不衰！

戚继光肃清倭患

戚继光（公元 1528 年 – 公元 1587 年），字元敬，号南塘，山东蓬莱人，是我国历史上著名的民族英雄。

公元 1555 年，倭寇进犯浙江乍浦、海宁等地，三四年内，江浙吏民死于倭患者不下数十万人。这年，朝廷调山东防倭都指挥佥事戚继光到浙江御倭前线，任浙江都司佥事，接着任宁、绍、台参将。他发现军队缺乏训练，临阵畏缩，其中的“客兵”还掳掠无纪，于是在 1557 年提出创立兵营、选兵、练兵等具体办法。戚继光认识到，沿海卫所军队之所以腐败无能，军队中常出现以残杀无辜来冒功请赏的现象，主要是部队成分不好，其中大部分是世代吃粮当差的兵油子，或是无业游民和小市民，本质顽劣、狡猾、贪利。

戚继光于是决心重新招募训练一支既英勇善战，又能听从指挥、恪守军纪的新军。当时在义乌境内发生了因开矿而爆发的民间械斗，众至数万人。他们以义乌的农民、矿工为一方，对抗永康、丽水、龙泉、景宁等县的开矿者，械斗异常激烈，死伤不计其数。戚继光在上司的支持下，于当年10月亲自到义乌招兵。经过一番努力，他不但平息械斗，而且从中招募了4000名年轻力壮的农民和壮工，接着，他对招募的士兵进行严格训练，效法岳家军，终于建立起一支战斗力极强的劲旅戚家军。

公元1561年4月，倭寇一两万人，驾战船数百艘，又一次大举侵扰浙东的台州和温州，骚扰的地区有好几十处，声势震动了整个东南。戚家军迅速出击，先在龙山和雁门岭大败倭寇，接着驰援台州，在台州外上风岭设伏，命令士兵每人手执松枝一束，隐蔽住身体，使倭寇以为是丛林。等倭寇过去一半，迅即发布进攻命令，士兵一跃而起，居高临下，猛烈冲锋，有进无退，全歼了这股倭寇。台州之战历时一个多月，共斩杀倭寇1400余人，烧死溺死4000多人。戚继光因功升都指挥使。次年，又有一支倭寇窜扰温州、台州，又被戚继光剿平，浙东倭患渐次平息。“戚家军”的名气从此也就传开了。

台州之战胜利前后，戚继光总结多年来在浙江沿海抗击倭寇的经验，编写了一部重要的军事著作《纪效新军》，作为训练和教育士兵的教科书。

这时，福建沿海倭患严重，福建巡抚向朝廷一再告急，戚继光奉命入闽抗倭，仅仅3个月，就荡平横屿、牛田、林墩三个倭寇巢穴，然后回浙休整部队，升任分守台、温、福、兴、福宁中路等处的副总兵官。不久，倭寇再扰福建，兴化府（莆田）陷落，随即又占据了平海卫。

明朝廷感到情势严重，任命俞大猷为福建总兵官，命戚继光再次入闽协剿。戚继光深感兵力不足，再次到义乌募兵，使戚家军的总人数增至一万以上，随后一路行军，一路训练，于四月赶到福清。戚家军担任中路主攻，在平海卫与倭寇展开激战，斩歼倭寇2200余人，救出被掳男女2300余人。克复平海卫，收复兴化府，然后又北上政和、寿宁，歼灭倭寇1600余人，救出被掳百姓3000多人。戚继光升任都督同知、总兵官，镇守福建全省及浙江金华、温州二府地方，都督水陆诸戎务。

不久，旧倭新倭20000多人，又陆续在福建泉州、漳州、兴化等地登陆。戚家军分成数支，和倭寇展开激战，于一个月内水陆奏捷12次，擒斩敌人3000余人。

公元1563年11月，倭寇20000余人围攻仙游，仙游军民昼夜登城死守，情势十分危急。戚继光调各路明军，切断仙游倭寇与福建其他各处倭寇的联系，对兵力占优势的倭寇发起总攻，将围攻仙游的倭寇一举消灭，被围50天的仙游城至此全部解围。仙游大捷是以戚家军为主力的明军继平海卫之战的又一重大胜利，共歼灭倭寇20000人，生擒通事（翻译）一名，救出被俘男女3000多人。接着，他又于同安、漳浦两地大败倭寇，福建境内倭患始平。

公元1565年以后，他配合广东总兵俞大猷进行抗倭。长期以来的倭患经过戚继光、俞大猷等抗倭将领的共同努力，和沿海军民的奋战，至1566年，终于得到基本解决。

公元1567年，明穆宗朱载垕继位后，北方经常受到蒙古族的进犯，进入内阁的张居正为了加强北方边防，调戚继光到京师神机营任副将，次年夏天，又令他总理蓟州、昌平、辽东、保定四镇军务。他一面训练边兵，一面加高边墙，修筑敌台（空心台），在从山海关到镇边（今北京昌平）的漫长边防线上，建起了雄伟的敌台1017座。这时，他又将自己在北方练兵的经验写成了第二部重要的军事著作《练兵实纪》。

公元1572年，他在汤泉（今河北遵化）进行了车、骑、步三军配合的大演习，为时长达20多天，参加演习的士兵10万人以上，其规模和所取得的成绩都是空前的。的确，演习后没几个月，就由两场真刀真枪的激战证实了这一点。

公元1573年春，蒙古大封建主、朵颜部的酋长董狐狸和他的侄子长昂，率领部众进逼喜峰口，要挟明朝政府给予赏赐，遭到拒绝，便在塞外大肆焚掠，企图引诱明军出战，伺机进行截击。戚继光胸有成竹，将计就计，派兵出击，将董狐狸擒获，董狐狸只得请降。明朝政府于是接受了他的进贡要求。

公元1575年，长昂和董狐狸故态复萌，与长秃（董狐狸之弟，长昂之叔）会兵进犯长城。戚继光命明军分兵两路出塞，将长秃等军杀得大败，将长秃活捉。董狐狸终于献降表，并保证今后不再进扰边塞。

万历十年（1582年），张居正病重逝世，明神宗亲自执掌朝政，原来对张居正心怀不满的人便纷纷出来诬陷张居正在任时刚愎自用、专横跋扈。戚继光因受过张居正的赏识和重用，此时也被牵扯，远调广东镇守。3年后，他告老还乡，回到山东蓬莱。1587年（万历十五年）12月28日，戚继光病逝。

李时珍与《本草纲目》

李时珍（公元1518年－公元1593年），字东璧，号濒湖，湖北蕲州（今湖北蕲春县）人。祖辈世代行医。父亲李言闻，对医学颇有研究，因自己年轻时行医被视为职业低下，不能入科第，故不喜欢时珍再继承父辈行医的职业，要时珍立志走科举之路。

李时珍少时聪慧过人，遵父训读了《四书》、《五经》之类八股文章，14岁曾中秀才。由于他淡泊名利，看透他所处的时代官场腐败，更加无意仕途。17岁后，参加武昌府试，屡试不第。父亲要他继续努力，但李时珍早已无心求取功名。父亲看拗不过他的铁石心肠，只好凭他选择自己的道路。从此，他跟随父亲左右，抄药方或上山采草药，同时攻读《内经》、《伤寒论》等,取得长足进步。

嘉靖二十四年(公元1545年),蕲州一带因受洪水灾害,灾后瘟疫流行,百姓贫困无钱求医,只好求诊于李家。李时珍有志学医,且体恤民众疾苦,借此机遇临床实践。在他父子俩施诊下,治好许多病人,受到乡里好评,这更坚定了他学医的信念。在他勤奋钻研下,37岁的李时珍已成为荆楚一带名医。“千里求药于门”者,络绎不绝。

有一天,楚王朱英𤈦的儿子患气厥病,久治不愈,慕名派人请李时珍为他儿子治病,三服病愈。楚王挽留他在府中任“奉祠正”,兼楚王私人医生,李时珍同意了。他知道,楚王一向与郝、顾两富绅交厚,两家藏书甚丰,正好可借此机遇博读有关《神农百草经》、《征类本草》等历代药典,丰富自己的医学知识。李时珍深知,一个医生只明医理,不懂用药,不能治好病,而懂用药必先懂药理。为此,他在嘉靖三十一年(公元1552年)做了撰著《本草纲目》的准备。

不久,朝廷令全国名医集中太医院,楚王只好遵旨推荐李时珍赴京都太医院任职。李时珍也借此机会,更好地与名医切磋,交流医术;同时,又能阅读到民间见不到的善本医学典籍。李时珍是一个正直的人,当他看到明世宗对真正的医学并不怎么重视,却一贯迷信于一些骗人的方士,让他们整日在宫里做道场,炼金丹,想借此使自己长生不老。李时珍厌恶那歪风盛行的环境,但他还是想借太医的力量,依靠国家出资重修在理论和实践上都有很大缺陷的《本草》。在此,他几次提议编撰《本草》一书,都被拒绝,甚至还有人指责他“擅动古人经典,狂妄至极”。李时珍雄心受挫,翌年,告病归里。

回到家乡后,他边行医,边查阅前贤著述、药典、典故、传奇等,“凡有相关,靡不备采”。此外,他还踏遍青山,尝尽百草,足迹遍及河南、河北、江西、安徽、江苏诸省,攀登天柱峰、茅山、武当山,采集标本,求教于药农、果农,亦偷尝仙果(榔梅),熟食鼓子花(旋花)等。他非常注重实践,好多药用植物都是在实地考察研究中发现的。

李时珍花了将近30年的时间撰著《本草纲目》一书,全书共52卷,分为16部62类,计190余万字,入书药物1892种,处方11096则,附图1600幅。此书详尽地讲述了药物产地、形态、栽培、采集等,还说明了炮制方法，分析性能和功用，是一本不可多得的医药经典。

万历二十一年（公元 1593 年），76 岁的李时珍与世长辞了。3 年后，即万历二十四年（公元 1596 年），《本草纲目》正式出版，并流传于世界各地，很早时该书就已被日本、朝鲜、英国等国译成日、朝、英、俄、法等国家文字出版。另外，李时珍还著有《奇经八脉考》、《濒湖脉学》等书。

名相张居正

张居正自幼聪慧机灵，幼时被乡里誉为神童。据说张居正在两岁的时候，他的堂叔父抱他在膝上，他就认识《孟子》书中的“王曰”两个字。张居正 5 岁开始从师接受启蒙教育，自幼勤奋好学，10 岁时就通六经大义。

张居正 12 岁那年到荆州府参加考试，知府李士翱很赏识他的才学，把他介绍给湖广学政田顼。田顼面试张居正，出题《南郡奇童赋》，他挥毫即成。田顼惊讶不已，不久就补张居正为府学生。

张居正 13 岁时到武昌参加乡试。考试期间，他在游览楚王孙园亭时，写过《咏竹》绝句：“绿枝遍湘外，疏林玉露寒。凤毛从劲竹，直上劲头竿。”后两句张居正借竹自喻，显示出了他少年时代的远大抱负。这一年，张居正本来可以考中举人的。但是由于他年龄较小，当时的湖广巡抚、金陵才子顾璘，看到这个少年才学出众，不同凡响，怕他一旦中了举人之后，会骄傲狂妄，停步不前。顾璘就和监试的冯御史商量，故意使张居正落选，让他受些挫折，激发他更加勤奋读书。

3 年之后，张居正 16 岁时再度参加乡试，一举成名，成为当时最年轻的举人。顾璘知道后非常高兴，亲切接见张居正并说明当年让其落选的原因，张居正听后十分感激。顾璘当场赠以犀带，并鼓励他不断努力，日后成为腰围玉带的辅国英才。

公元 1547 年，张居正 23 岁入京参加会试，考中了进士。接着，张居正被选入翰林院为庶吉士，相当于现在的实习生。从此他踏上了政治舞台。在明朝，自明太祖朱元璋始不再设宰相职位，改由内阁大学士作为皇帝的咨询班子，这样内阁大臣实际上行使了宰相的职权。庶吉士虽职位不高，但它是入阁的必经之途，是内阁大学士必须具备的资历。因此庶吉士一直是仕途学子们争取的对象。

当时的翰林院中人才荟萃，藏有丰富的图书资料。张居正怀有忧国忧民之心，无意享受悠闲自得的生活。在同僚们醉心于歌台舞榭，忘情于吟风弄月的时候，张居正却埋头攻读历朝典章，探索救国兴邦之道。张居正远大的政治抱负和刻苦学习的精神，得到内阁大臣、翰林学士徐阶的赏识。3 年之后，张居正当上了翰林院编修之职。

明世宗昏庸无能，奸臣乘机掌权，奸佞之臣严嵩凭着阿谀奉承而步步高升。嘉靖二十一年（公元 1542 年），严嵩的儿子严世蕃仗着父亲的权势，官至工部侍郎。父子二人结党营私，招财纳贿，官员的升迁贬谪全部掌握在他们父子二人的手中。

徐阶也善于向明世宗献媚求宠，因此也得到了世宗的信任。

明世宗不理朝政，严嵩一手遮天，明朝嘉靖年间危机四伏政治黑暗，财政危机，外寇入侵，民怨沸腾，张居正目睹了一切之后思想出现悲观情绪。他认为世上即使有一个“磊落奇伟”之人，也不一定有人能够了解他，即使了解他，也未必肯启用他。因此，他郁郁不得志，深深地感到怀才不遇无法施展自己的抱负。张居正在翰林院工作 7 年后，1554 年就称病辞官回归故里。临行前，他写了一封信给内阁大臣徐阶。在信中，他批评徐阶见利忘义，并且恳求老师应敢作敢为，起来和严嵩公开斗争。

张居正回江陵老家闲居了3年，自己种了半亩竹子，成天闭门读书。张居正表面悠闲自在，实际依然关心国家大事。

公元1557年，张居正再次进京为官。朝廷任命张居正为国子监司业，他决心投入朝廷的政治斗争之中去。公元1562年，朝廷内部的政治斗争已见分晓。严嵩和方士蓝道行产生矛盾。蓝道行受到明世宗的宠幸，他就利用扶乩（扶乩：古代迷信的人占卜问疑）的机会，假作仙人的身份说严嵩父子是奸臣，明世宗是个极端迷信的人，对方士的话他言听计从，于是开始怀疑严氏父子。徐阶知道这个消息后，就支持御史邹应龙上疏揭发严嵩父子的罪行。因此，明世宗下诏罢了严嵩的官，把严世蕃贬到雷州。三年之后明世宗又下令把严世蕃逮捕进京，斩首示众。

罢免严嵩之后，明世宗任用徐阶为首辅。徐阶很器重张居正，因此他的官职稳步上升。

公元1566年，明世宗病逝，他的第三子朱载垕即位，第二年改元隆庆，这就是明穆宗。徐阶、张居正两人一起商量和起草了明世宗的遗诏，革除嘉靖年间的种种弊政。公元1567年二月，张居正升任吏部左侍郎兼东阁大学士，正式入阁，成为明朝统治阶级至关重要的人物之一。

第二年，张居正针对嘉靖以来的各种弊端向明穆宗上了《陈六事疏》，指出当时朝政积习已深，弊端百出，颓废不振。他在《陈六事疏》中说，如不及早改革，势必积重难返。张居正向穆宗提出了实行改革的六个方面：一、“省议论”；二、“振纪纲”；三、“重诏令”；四、“覆名实”；五、“固邦本”；六、“饬武备”。

张居正为了写这份奏疏，付出了很多心血，表现了他革新政治的满腔热情。

但是，穆宗和世宗一样，醉心于挥霍浪费，吃喝玩乐。在这期间，大臣之间争夺首辅的权力之争更加激烈，穆宗在位6年，首辅先后换了3个人，先是徐阶，后是李春芳，最后是高拱，斗争之激烈由此可见。

公元1571年末，内阁中只剩下首辅高拱和次辅张居正两个人了。

嘉靖年间，高拱和张居正曾一起任职国子监，因而关系很好。起初，两人还算齐心协力共同辅政。但是，不久二人就发生了矛盾。高拱深恨徐阶，设计陷害徐阶，连徐阶的几个儿子都不放过。张居正与徐阶关系却越发密切,想方设法保护徐阶的几个儿子。这时,高拱就造谣中伤说张居正收受了徐家的贿赂。

穆宗第三子朱诩钧 10 岁当上了皇上,他就是明神宗万历皇帝,穆宗遗诏命高拱、张居正和高仪三位大学士为顾命大臣,共同辅佐 10 岁的幼主。高拱是首辅,为人十分骄横,心胸狭窄。他认为,张居正是他的下属,高仪年老有病,他们二人都不是自己的对手。因此,高拱唯我独尊,手掌主权,一手操纵内廷的人事安排。

按照明朝的规矩,朝廷发布的诏令,由内阁来起草,司礼监盖印章,使内外廷互相牵制,所以,内阁和司礼监就产生了权力上的对峙。明神宗接位后,按照母后的意图任命宦官头目冯保为司礼监掌印太监以兼管特务机构,这就扩大了司礼监的权力。高拱对此很恼火,他想把权力夺回来,就授意御史、言官轮番上奏,弹劾冯保。冯保利用职务上的方便,在太后面前竭力诽谤高拱,说他蔑视幼主。双方斗争激烈到白热化程度,几乎争得你死我活。这个时候张居正坐山观虎斗,表面上不偏不倚,实际上则支持冯保,和高拱对抗。

公元 1573 年 6 月 16 日,明神宗在神极门召见群臣。高拱以为这是要罢免冯保。可是高拱走上殿一抬头,却见小皇帝身边站着神气活现的冯保,他知道情况不妙。很快,冯保高声宣读了太后和皇帝的谕旨,历数了高拱的罪状,并撤去他的一切职务,贬为庶民,勒令回乡。

高拱被罢官之后,张居正顺理成章当上了首辅。这样张居正终于实现了他多年来执掌朝政、改革政治的夙愿。

张居正当上首辅之后,把工作的重点放在教育小皇帝上。他像老师教育学生那样,辅导年仅 10 岁的明神宗。为此,他特意编了一本图文并茂的历史故事书,叫《帝鉴图说》,每天耐心细致地讲解给小皇帝听。由于张居正的讲解绘声绘色,明神宗对这本书爱不释手,每天总是兴致勃勃地听张居正讲课。

张居正讲课不仅循循善诱,深入浅出,而且不断提问启发。有一次,张居正讲到汉文帝在细柳营劳军的故事,就说:"明代立国以来太平日子久了就轻视了武备,应该及时加强武备才对。"明神宗听了之后,连连点头称是。还有一次,张居正讲完宋仁宗不爱用珠玉装饰的故事之后,就问小皇帝对此有什么理解？神宗回答说：“做君王的应该把贤臣当作宝贝才是，珠玉珍宝有什么用呢？”张居正听了神宗的回答后，心里非常高兴，就进一步启发说：“普天下的老百姓都靠粮食生活，至于珠玉这类东西是饿了不能充饥，冷了不能御寒的。英明的君主总是重视粮食轻视珠玉。”

张居正对小皇帝一直严格要求，神宗也把他当严师看待。有一次，神宗朗读《论语》时，把“色勃如也”错读成“色背如也”，张居正立即严厉地纠正说：“读错了，应读作‘勃’字。”这使小皇帝对他既尊敬，又畏惧。张居正在教育小皇帝的同时，还竭力讨好穆宗之妻陈皇后和神宗生母李贵妃，所以二人对张居正一直非常信任。张居正还笼络宦官冯保，也取得他的支持。至此，张居正地位得到了巩固，独揽了朝政，国家大事几乎全由他一人做主。

张居正是一个干练的政治家，他当机立断，开始实行改革。张居正的新政前后历时10年（1573年－1582年），主要内容如下：

一、整顿吏治，伸张法纪。

二、实行开源节流的经济改革。

三、裁革弊政，整顿驿递。

四、整饬军备，加强边防。

五、兴修水利，发展农业。

六、整顿学校，倡导学风。

张居正用了10年时间，大胆地对当时明朝的政治和经济制度进行改革，使国家财政收入增加，政治有了转机，仓库存粮充足，百姓的生活有了改善，为恢复和发展生产起了积极的推动作用。但张居正的改革触犯了豪门贵族的利益，他们表面上服从张居正，背地里对他恨之入骨，一直谋划着排挤张居正。

在公元1577年的秋天，张居正的父亲张文明死了，按照封建礼教的惯例，他必须离职居丧守孝3年。当时明神宗还很年轻，国家政务离不开张居正，张居正也不甘心因守孝而中断正在进行的改革。因此，在明神宗和一批大臣的挽留之下，张居正让儿子代他去奔丧，自己留在京师继续实行改革。反对改革的官僚们抓住张居正父死不奔丧的事，纷纷向明神宗上书弹劾张居正，指责张居正贪恋利禄，违背“伦理纲常”，要朝廷罢他的

官。不时有人在京城的大街上张贴大字报攻击张居正，闹得满城风雨。明神宗非常气愤，遂下诏书，无论是谁再反对张居正留任一律处死，这才把这场风波平息下来。然而，斗争并没有结束。

公元 1582 年，张居正病故，明神宗亲理朝政。明神宗由于长期受张居正压制，想起昔日张居正对自己的约束，起了逆反心理，便对他产生了反感和仇恨。这时，反对改革的官僚再次攻击张居正专横跋扈。

公元 1583 年的 3 月，明神宗下诏彻底革除张居正的全部官爵，废除改革，抄没张居正的家产，并残酷地杀害了他的九族同胞。

徐霞客探险

徐霞客（公元 1586 – 公元 1641 年），名叫徐弘祖，霞客是他的别号。他出生在一个“世代书香”的封建地主家庭，祖父和父亲都是当时著名的学者。在家庭的熏陶下，他从小爱读历史、地理一类书籍、图册。在私塾读书的时候，老师督促他读儒家经书，他却背着老师把地理书放在经书下面偷看，并深深地为这些书籍所吸引，看得出神的时候，禁不住眉飞色舞。

十几岁那年，他的父亲不幸因病死去，他决心亲自到名山大川去游历考察一番，以实现他儿时便产生的远大志向。但是他想到母亲年纪老了，家里没人照顾，就一直没敢提这件事。

他的心事毕竟还是被母亲觉察到了。母亲了解到他有这样的愿望，跟他说：“男儿志在四方，哪能为了我留在家里，做篱笆下的小鸡、马圈里的小马呢！”母亲鼓励他，并且亲手为他准备行装，还给他缝制了一顶远游冠。有了母亲的热情支持，徐霞客远游的决心更坚定了。

徐霞客在他 22 岁那年，开始离家外出游历。他先后游历了太湖、洞庭湖、天台山、雁荡山、泰山、武夷山和北方的五台山、恒山等名山。他的足迹遍布大半个中国，范围达今 19 省市。每次游历回家，他跟母亲和亲友谈起各地的奇风异俗和游历中的惊险情景，他们都听得津津有味。

后来，他的母亲死了，徐霞客就把全副精力扑在游历考察的事业上。

在他50岁那年,他开始了一次路程漫长的旅行。他花了整整4年时间,游历了湖南、广西、贵州、云南4省,一直到边境腾冲。他跋山涉水,到过许多人迹不到的地方去攀登悬崖峭壁,考察奇峰异洞。

徐霞客早年的旅行,主要是登名山、游胜迹,偏重于搜奇览胜。后来,他逐渐认识到到对大自然的观察和了解不能停留在表面上。因此,在1636年徐霞客进入了有计划、有系统地深入考察和研究自然的新阶段。

徐霞客的全部旅程主要是在徒步跋涉中进行的,他到处登危岩,爬绝壁,涉洪流,探洞穴,饱尝了艰险。

1637年,徐霞客在探访融县(今广西壮族自治区融安县)龙岩的时候,遇到雨后暴涨的洪流。由于失足落入水中,湍急而旋转的水流很快把他卷走。幸亏他抓住了岸边的一丛荆棘,才得以脱险。

有一次,他在湖南茶陵,听说当地有个麻叶洞,洞里有神龙或者精怪,如果不是有高超法术的人,都不敢进洞探视。徐霞客不信神怪,他出高价雇了个当地人当向导,进洞考察。正要进洞的时候,向导问他是什么人,当他知道徐霞客是个普通读书人的时候,向导吓得连连直往后退,说:“我以为您是什么法师,才敢跟您一起进洞,原来你只是个读书人,我才不冒这个险呢。”

徐霞客并不罢休,带着他的仆人举起火把进洞探险去了。村民听到有人进入了麻叶洞,都争先恐后拥到洞口来看热闹。徐霞客在洞里考察了很久,一直到火把快烧完才带着仆人从洞里走出来。围在洞口的村民看他们竟然安全出洞,都十分惊奇,说:“我们等了好久,以为你们一定给妖精吃了呢。”

徐霞客漫游西南的时候,除了随身的一个仆人外,还有一个名叫静闻的和尚和他们做伴同行。有一次,他们在湘江乘船的时候遇到了强盗,他们的行李财物被抢劫一空,静闻和尚因为受伤,在半路上死去。到最后,连仆人也离开他逃走了。但是这些挫折都没有动摇他探索自然的决心。

徐霞客在旅途中,每天晚上休息之前,不论白天怎样辛苦劳累,他总是把当天见到的听到的都详细记录下来,即使在荒山野林里露宿的日子,也总是在篝火旁,伏在包袱上坚持写日记。徐霞客去世后,留下了大量日记,这实际上是他的地理考察记录。经过他的实地考察,纠正了过去地理书上记载的许多错误,发现了许多过去没人记载过的地理现象。例如古代地理书上说岷江是长江的上游,徐霞客经过实地考察,弄清楚长江上游不是岷江而是金沙江。又如他在云南腾冲打鹰山考察的时候,发现了那里有发生火山爆发的遗迹。他在游历中考察最多的是岩溶现象,在桂林七星岩,他对那里千姿百态的石钟乳、石笋等地形地貌进行了十分详细的记载,这是世界上最早研究岩溶现象的记录。后来,人们把他的日记编成一本《徐霞客游记》。全书共20卷,约40万字,内容丰富,资料翔实,具有很高的学术价值,而且写景状物十分逼真,引人入胜。这部书不但是我国古代地理学上极其宝贵的文献,还称得上是一部优秀的文学著作!

徐霞客一生忠于科学事业,直到生命的最后一息。1640年,当他重上云南鸡足山时患了足疾,被送回家乡。1641年正月逝世。

东林党六君子狱

明神宗万历二十九年(公元 1601 年),神宗宠爱的郑贵妃想立她儿子朱常洵为太子,许多大臣为维护传统的封建世袭制度,要求立长子常洛为太子。于是,朝廷上爆发了“争国本”的斗争。在这场斗争中,吏部郎中顾宪成因力争“无嫡立长”,触犯了神宗,因之被罢官,回老家无锡。

公元 1604 年,顾宪成创办学堂,约高攀龙、钱一本等一些志同道合的朋友在无锡城东东林书院讲学。顾宪成非常痛恨朝廷黑暗腐败,在讲学的时候,免不了议论朝政,指责批评一些当政者的弊端。一些对世道看不惯,和当局合不来的所谓“抱道忤时”,退处林野的士大夫,纷纷闻风响附。这些不得志的士大夫在讲学之余,在东林书院讽议时政,臧否人物,自负气节,和当权派相对抗。他们的言论得到社会上对现实不满的地主、官僚、知识分子和商人的支持,朝中和他们同观点的官僚士大夫也与其遥相呼应。东林书院的名声越来越大,因而无形中成为社会舆论的中心,反对派就把他们称为“东林党”。

明朝到了万历之时,朝廷内外党派林立,社会危机正在加深。东林党人目睹政治的腐败,要求改革弊政,缓和日益尖锐、势将危及封建统治的阶级矛盾。著名东林党人顾宪成认为士大夫应该关心朝廷,关心民生,关心世道。他在讲学时说:“在朝为官,志不在君父;在地方为官,志不在民生;闲居水边林下,志不在世道,这些都是君子所不能做的。”这些话被传为一时名言,顾宪成及其同党被誉为“清节姱修”、“士林标准”。

万历四十八年(公元 1620 年),神宗和光宗在不到两个月内相继病死后,东林党的命运从此有了转机。神宗临终之时,杨涟以一个小小的给事中受命。光宗暴卒后,杨涟、左光斗等一批东林党人又合谋从乾清宫逐走李选侍,扶立熹宗朱由校,自此东林党人受到重用。

天启初年,内阁、都察院、吏部、兵部、礼部等要职都为东林党人所把持。但是,当政后的东林党人并没有什么建树,他们毕竟只是封建社会没落时期的地主阶级中的一个政治集团,他们提不出一个救世良方。并且,这些被誉为正人君子的东林党褊狭傲慢,不能容人,将凡是不合群的人都视为异党,加以排斥。这一做法不但没有壮大东林党自己的势力,反而迫使一些本非死对头的官员投靠正在发迹的魏忠贤。

魏忠贤因与客氏(熹宗奶妈)有暧昧关系,获得秉笔太监这一重要职位。魏忠贤本就大字不识,当上秉笔太监后,他就利用王体乾和李永贞两个识字的太监为他效劳。魏忠贤生性猜忌、残忍、阴险、毒辣,和客氏狼狈为奸,宫中谁也不敢和他作对。王体乾虽是司礼监掌印太监,位在魏忠贤之上,也得服服帖帖地听从他使唤。

天启三年(公元1623年),魏忠贤兼掌东厂,权力更大,加上有客氏做内援,权势日益显赫。由于朝中两大派官僚争斗的激烈和客氏的不断唆弄,熹宗渐渐由信用东林党人变为宠信宦官近侍。魏忠贤这班阉人得到皇帝的信任后,乘机从中弄权,勾结外廷官僚,操纵朝中一切大权,于是,宦官专权的局面再度出现。与东林党作对的各派官员便纷纷投靠到魏忠贤门下,形成一股强大的邪恶势力,人们称之为"阉党"。

宦官得势,首辅、东林党人叶向高于天启四年(公元1624年)被斥逐辞官。内阁中的其他东林党人也一一遭罢黜。阉党顾秉谦升为首辅,控制着整个内阁。魏忠贤又和锦衣卫都督田尔耕勾结,利用东厂和锦衣卫这两个特务机构钳制百官,镇压异己。魏忠贤用尽一切办法,恩威兼施,拉拢官员,使其党羽爪牙遍布朝野内外。当时,从朝廷内阁、六部至四方总督、巡抚,无不遍置魏阉死党。

魏忠贤一人得道,鸡犬升天,其弟侄亲朋,一个个官高禄厚。而魏忠贤更是不可一世,他所到之处,"士大夫遮道拜伏",一些逢迎拍马的官员甚至呼他为"九千岁"。朝中事无巨细,必须派人飞驰至魏忠贤面前请示,经他认可方能办理。熹宗虽然近在咫尺,却无人请裁,真是朝廷上下,只知有魏阉,不知有皇帝。

阉党的胡作非为,引起正直官员的极度愤慨,于是,便有东林党人为伸张正义而对他们进行揭发和斗争。

天启四年,副都御史杨涟上疏痛斥魏忠贤的24大罪,其中有:自行拟旨,擅权乱政;斥逐直臣,重用私党;亲属滥加恩荫;利用东厂,陷害忠良;以及生活糜烂腐化、穷奢极侈等等,大胆地揭发了魏忠贤的奸恶,刺痛其要害。魏忠贤遭受这番弹劾后,对东林党人切齿痛恨,决心赶尽杀绝,其党羽也想借机报复，以泄旧恨。而朝中魏大中、黄尊素、袁化中、周宗建等70多个官员还是冒死上疏，请求熹宗明辨是非，肃清朝野邪恶之势，确保权政清明。但由于熹宗的昏庸和阉党权势之大，魏忠贤依然逍遥法外，毫发无损，而为首揭发魏阉的杨涟、左光斗于同年10月被罢官。

此后，魏忠贤更是无法无天，他竟然还在熹宗面前煽动说"东林将谋权"，怂恿熹宗镇压东林党人和异党官员。阉党们还阴谋编造黑名单，有所谓《点将录》、《天鉴录》、《同志录》等，把不阿附于魏忠贤的官员开列入内，统称之为东林党人，呈献给熹宗，对他们罗织罪名，逐一施行残酷的打击迫害。

天启五年（公元1625年），朝廷终于兴起大狱，首先逮捕东林党著名领袖杨涟、左光斗、袁化中、魏大中、周朝瑞、顾大章等6人，诬以受贿，交给锦衣卫拷打追赃。锦衣卫都督田尔耕对这6人5天就进行一次拷打逼供，杨涟等5人被折磨死于狱中，顾大章自杀。这就是历史上有名的"东林党六君子狱"。

努尔哈赤统一女真族

努尔哈赤（公元1559年－公元1626年），姓爱新觉罗，满族人（满族是中国历史上女真族的后裔），嘉靖三十八年出生于建州左卫猛哥帖木儿家。父亲塔世克，为建州左卫指挥，祖父觉昌安，为建州左卫都指挥，这父子俩都是明王朝的忠臣。努尔哈赤幼年丧母，因不堪继母虐待而分居自主。他少年时生得身材魁梧，隆鼻大耳，声若洪钟，能过目不忘，被称为聪明贝勒。他为人果断，青年时常往来于马市，以出卖土产、药材、毛皮等为生，后来投到辽东总兵李成梁帐下当兵，这使他受到较深的汉文化的影响，同时也学会打仗的本领，他能通汉语和蒙语。

明万历十一年（公元1583年），明朝总兵与苏克素护河部的图伦城主尼堪外兰联合攻打因父冤死而叛变的古埒城主阿太章京。古埒城主阿太章京之妻系觉昌安孙女，觉昌安恐孙女遭难，即同儿子塔世克率兵支援。因尼堪外兰唆使古埒城城民作乱，混乱中杀了阿太，擒获觉昌安父子并予以杀害。努尔哈赤闻父、祖被杀,悲愤中禁不住发誓:决报此仇。

努尔哈赤从家中找出盔甲13副,带人攻打图伦城,尼堪外兰被迫退守保甲版,走抚顺欲入明境而被拒,遂逃往鄂勒珲筑城而守,以为这里隔着董鄂、珲河诸部,较为安全。努尔哈赤于是改变方略,先攻克附近的苏克素护河部的瓜尔佳城,再东去克浑河部的贝珲城、董鄂部后,就进逼鄂勒珲,尼堪外兰被迫逃入明境。努尔哈赤以缉拿仇人为由,请明廷将尼堪外兰送还,并要求每岁赐银800两,蟒缎15匹,开抚顺、清河、宽甸、瑷阳四处为通商所,并乘胜攻克完颜部,4年后又征服了长白山的鸭绿江部。

万历十九年(公元1591年)努尔哈赤向北与海西扈伦部争雄,海西四部中叶赫部最强,其酋长叫纳林布禄。他见建州势力日益强大,疆土不断扩大,心里非常害怕,决定在努尔哈赤还没有真正壮大之前消灭他。于是纳林布禄纠集海西四部,蒙古科尔沁、锡伯、卦勒察三部,长白山珠舍哩、纳殷各部30000人,分三路进兵。

努尔哈赤看出他们各部虽称3万,但大多是乌合之众,不堪一击,于是率军疾驰200里,于古埒山据险而待,同时令百骑前往挑战。联军闻努尔哈赤军到古埒山,又见有人挑战,果然人心不齐,各顾各的,尚未对阵,个个保命奔逃而去。建州军乘胜追击数十里,斩首无数,诸部大震,先后屈服。努尔哈赤势力愈益强大,统一了女真各部。

万历二十七年(公元1599年)努尔哈赤命额尔德尼等人用蒙古文字拼写女真语言,创制出满文(即老满文,又叫无圈点满文)。万历四十三年(公元1615年)除原设四旗外,又增设四旗,确定了兵农合一、军政合一的八旗制度。还根据统治的需要确立了以八旗贵族为中心的最高军事决策机构,设议政王大臣同八旗旗主共议政事、参决机务。而在此同时,建州和海西部的农业生产已有相当基础,与汉族地区之间贸易往来也已比较频繁。所有这些对于满族社会的发展和共同体的最终形成都起了很大的促进作用,也为努尔哈赤称汗打下了基础。

万历四十四年(公元1616年)正月,努尔哈赤以赫图阿拉(今辽宁新宾)为兴京,称汗,国号大金(史称后金),年号天命。

萨尔浒之战

努尔哈赤建立政权后,利用两年的时间整顿内部,并大力发展生产,扩充兵力。在努尔哈赤的精心治理下,后金国力日趋上升,势力也日益壮大。明王朝的当政者见后金发展如此迅速,内心不免感到恐慌。他们为了压制后金,就采用停止女真的入贡,关闭辽东马市等办法,企图用经济封锁的手段,使努尔哈赤屈服,但这不仅不能达到目的,反而激起努尔哈赤兴兵犯明的决心。

明万历四十六年(天命三年,公元1618年)努尔哈赤以“七大恨”为理由,进兵抚顺,抚顺守将李成梁投降,后金军占领抚顺城,并将人畜物资全部掳掠夷城而去。同年秋,又攻克清河堡,明廷震动。

万历四十七年(公元1619年),明廷以杨镐为辽东经略,联合忠于明朝的叶赫部,号称40万大军,分兵四路出沈阳:由山海关总兵杜松居中路之左,以广宁道张铨为监军,从浑河入抚顺关;由辽东总兵李如柏居中路之右,以辽阳道阎鸣泰为监军,从清河入鸦鹘关;由开原总兵马林会合叶赫部兵居北路,以开原道潘宗颜为监军,出三岔口;由辽阳总兵刘铤会合朝鲜兵居南路,以海盖道康应乾为监军,以游击崔一琦为朝鲜兵别监入宽甸,分四路对后金首府兴京进行合击,企图一举除去后金的威胁。

而努尔哈赤则利用明军兵力分散，步调不一的弱点，集中八旗全部兵力6万人，以速战速决、各个击破的方针来与明军对抗。时逢大雪，兵不能进，明军杜松想立头功，不按统一规定时间，先行渡过浑河，连克三小寨后，乘胜进入萨尔浒谷口，以3万兵力屯萨尔浒山，自己引兵2万攻界藩。

努尔哈赤亲自率兵15000人，以400属后攻精骑兵为护卫在界藩构筑工事，得知杜松军快要接近界藩，立即于谷口伏精骑而待，等到杜军过去后，从尾后攻，将杜松军赶到界藩渡口时，又派兵役1000相助反攻；而努尔哈赤则亲自率六旗兵直趋萨尔浒山大营。

当时太阳尚未西斜，却突然间阴霾四合。在咫尺不相辨时，明兵却燃起火炬。这火炬正好帮助努尔哈赤寻找到攻击的目标，于是后金军中万箭齐发，发无不中；而明军却只能毫无目标地将大炮攻向树林，向空中乱射一通。后金兵乃乘黑占领了萨尔浒山。

杜松闻报赶往救援，后金兵即从山上冲击，与山下兵一起对杜松军进行夹击，并把杜松军分割开来，混乱中，杜松中矢身亡。至此，明军中路左翼5万军马全军覆没。就这样，努尔哈赤以各个击破、速战速决的策略先后将明军李如柏的右侵军、刘铤的南略军、马林的北路军一一击败，明军几乎全军覆没。明军北路主将马林侥幸逃回开原后，努尔哈赤又挥师攻下开原及铁岭，进军到明边境。萨尔浒一战，使后金部队由战略防御转为战略进攻。

萨尔浒战役明军惨败后，杨镐下狱治罪。复派熊廷弼驻军辽阳，镇守辽东。熊廷弼招抚流亡，修养守备，加强防务，努力固守，使努尔哈赤年余无法进兵，无法继续取得进展。但不久，朝廷以熊廷弼不战为由，将他免职，免职后由袁应泰代之。袁应泰不懂用兵，防务随之松懈。到明熹宗天启元年（天命六年，公元1621年）春，努尔哈赤乘机攻占辽阳，总兵贺世贤战死。三月，进攻沈阳，袁应泰死守，后金兵乃冒炮火登城，刚一登城，城中则大乱，袁应泰自焚而死，城陷。沈阳既下，又分兵四下进攻，依次攻下辽河以东的堡、寨、营、驿及海州、盖州、复州、金州等大小70余城。

努尔哈赤于明天启五年（天命十年，公元1625年）将都城由兴京迁来沈阳，称盛京。此时，明与后金冲突局势更加紧张，明廷不得已又起用熊廷弼，同时却以宦党王化贞为巡抚，由于两人意见不合，互相掣肘，使熊廷弼筹划的水陆配合的“三方布置策”无法实施，从而使努尔哈赤得以西渡辽河，占领广宁，然后又连下 40 余城，熊廷弼被杀。继后，由大学士孙承宗出镇辽东，他采用袁崇焕的建议，以宁远、锦州为重点，筑城置炮，扼守后金骑兵入关的通道，初步稳定了战局。

但不久孙承宗亦遭排斥，由宦党高第取代。高第是一个爱财如命、贪生怕死之人。他主张将汉人驱赶入关，然后放弃关外土地。袁崇焕在宁远拒不受命，与军民一起死守孤城。天启六年（天命十一年）正月，努尔哈赤得知高第系贪生怕死之人，认为时机已到，乃率铁骑等 13 万人马进犯宁远。努尔哈赤意想不到的是，在宁远却遭到袁崇焕的狙击，而且竟相持数月不能攻下，最后还遭到袁崇焕炮火的猛烈轰击，不但军队受到前所未有的损失，自己也被炮火击伤，不得不率全军撤退。回到盛京后，曾感叹地对部下说自己“自 25 岁以 13 副盔甲发兵征讨以来，驰骋纵横身经百战。战无不胜，攻无不克，现在竟然连一个小小的宁远城都攻不下来，难道这是天意？”他又气又急，终日郁郁不乐，而后又加上伤势日益加重，不久就去世了。努尔哈赤死后不久，他的第八个儿子皇太极登基做了后金大汗。清朝建立后，努尔哈赤被尊为太祖武皇帝。

李自成进军北京

李自成，陕西米脂人，出生于农民家庭，少年时便喜欢骑马射箭，练就一身好武艺，青年时期因还不起租税而被官府抓获，后得侥幸逃脱，从此便投身起义军中。

明朝末期，朝廷对农民赋税地租剥削日益加重，手段也越来越残酷狠毒；又加上连年灾荒严重，天下百姓过着非人的生活，甚至有些地方还出现了人吃人的现象。面对天下如此惨状，统治者依然不顾老百姓的死活，剥削与压迫更加变本加厉，这使得天下饥民纷纷揭竿而起。农民起义首先是从李自成的老家陕西开始的。

明熹宗天启七年（公元 1627 年）年初，从陕西白水农民王二举旗造反开始，各地相继而起者不计其数，有高迎祥、红军友、吴灯子、张献忠等。

但各起义军间各自为战，分合无常，在陕西和山西之间与朝廷周旋，到崇祯四年至五年（公元1631年－公元1632年）之间，各路义军先后拥王自用、高迎祥为盟主，各义军号称36营，部队20余万，由陕西向山西转移，出现了联合之势。

此时，李自成投入其舅父高迎祥（闯王）部称闯将，他在河南扩大了队伍，自为一军。

崇祯七年，高迎祥所部误入兴安（今陕西安康）的车厢峡，处境十分危险，李自成以诈降之计，使义军通过险区。

崇祯八年，农民军面对明军分进合围的紧迫局势，高迎祥等13家72营，在荥阳商讨对策，在意见分歧、莫衷一是时，李自成以他的聪明和远见提出两项主张：一、“分兵定所向”，说是“一夫犹勇，况十万众乎！”二、“所破城邑、子女玉帛惟均”。荥阳大会是农民起义军由分散的各部聚集在一起商讨对敌和今后的战略和策略的大会，大会后农民起义军顺利地粉碎了围剿，同时使农民军在战略上由防御转为进攻，战术上由被动变为主动。可以这样说，这次荥阳大会在中国农民运动史上是一个创举，同时也显示了李自成的政治远见和军事指挥能力。

后来高迎祥、张献忠、李自成为东路军，他们在攻克凤阳后，张、高不和，张独自率部南下，高则西进中原，两大主力又分开，从而削弱了义军的力量。崇祯九年7月，高迎祥牺牲，众推李自成为闯王。李自成为闯王后，率部坚持斗争，连克宁羌、剑州、昭化、梓潼，进逼成都，击杀过明总兵、知州、知县等多人，声势大振。到崇祯十一年春，梓潼失利，又在潼关南原遭到明军洪承畴和孙传庭的合击。“自成尽亡其卒”，独与刘宗敏、田见秀等18骑突围，窜伏商、洛山中。在避伏山区期间，上下皆修文习武。崇祯十一年，他积极作好出山的准备。明廷因清兵大举入关，不得已而放松了对农民军的围剿。崇祯十三年（公元1640年），李自成东出河南后，失散的义军和饥民争相投附，队伍很快发展到声势浩大的数十万大军。随后牛金星、宋企郊、李岩、宋献策等亦先后投附，都得到闯王信任，也为农民起义军出过很多好主意，如“贵贱均田”、“迎闯王，不纳粮”、“平买平卖”等口号，李岩提出的“取天下以人心为本，请勿杀人，收天下心”和散财物赈饥民等好主意，都受到人们的欢迎，也对起义军的发展起到了积极的作用。

崇祯十四年至十五年期间，闯王军先后攻破洛阳、项城；乘势下南阳，破禹州、襄城；围开封，大战朱仙镇，再围开封，回郏里讲武场击败孙传庭。

崇祯十五年底，李自成军主力 40 万人向湖北襄阳进击，明军名将左良玉乃拔营东遁，所过之处鸡犬不留，千里一空，义军入襄阳，荆州惠王朱常润潜逃，荆襄尽归闯王，湖广巡抚宋一鹤自杀。崇祯十六年春，李自成改襄阳为襄京，称新顺王、奉天倡义文武大元帅，建立政权，更改明制度。十月，破潼关，杀孙传庭，进占西安。

崇祯十七年（公元 1664 年）正月，建国号大顺，建元永昌，改西安为西京，铸“永昌”宝钱。2 月，渡黄河下太原，沿途发檄文宣布朝廷残酷统治的罪行，重申“贵贱均田之制”和“五年（一说三年）不征粮”、“平买平卖、公平交易”等政策。

同年 3 月 14 日挥军攻京师。居庸关守将唐通投降，接着又陷昌平，至此号称天险的京师北大门就敞开了。17 日，义军兵临城下，将京城团团围住，奉命守城的李国祯所部京兵三大营已不听调动，不久则全部投降。当时，守城军士虽还有 10 万之众，但多已无心应战。义军从明军手中缴获的火炮等器械，反过来成为攻打明军的利器。

此时的崇祯帝朱由检更加心情暴躁,反复无常,在宫中和文武百官演出了一幕幕悲喜剧,一会儿痛斥提议迁都、退守南京的大臣,一会儿哀叹身边没有像岳飞那样忠君报国的名将。此话一出倒引得大家想起了惨遭酷刑冤死的名将袁崇焕,不禁面面相觑。崇祯也自觉得失言,于是就走下御座请求大臣们拿出退敌的良策来。众大臣平时只知贪赃枉法,享乐享福,到此时只能各顾各的,哪还能拿出什么退敌良策。朱由检做梦都不会想到:作为一个皇帝,拥有整个国家,握有生杀大权,竟会落到了叫天天不应,叫地地无门,无可奈何的地步。最后,他竟然荒唐到组织太监去上阵打仗,其结果更是有去无回。在此同时,李自成攻破内城后,各路军纷纷从阜成门、西直门、德胜门、安定门、宣武门、崇文门等处涌入,李自成则由曹化淳引路从西长安门进入承天门(天安门),最后到达紫禁城皇宫。当时除崇祯吊死,有的后妃自裁外,未能逃脱而被抓获的皇太子等三兄弟,以及未自裁的贵妃和宫女们,李自成并未对他们加以处置,还为崇祯举行了隆重的葬礼。

李自成进入北京后,在西京政权基础上加以扩大。他仍以农民将领为核心骨干,也录用明朝四品以下的官员,并开科取士,但废除以八股策论取才的做法,当时机构设置基本上仿明朝,以牛金星为天佑阁大学士,以宋企郊等为尚书,分掌吏、户、礼、兵、刑、工六部门,让刘宗敏掌管"比饷镇抚司",还在河北、山东、河南等十多个省建立起府、州、县各级政权,以恢复地方秩序、稳定整个局势。农民起义军能在短期内在如此广泛的地区建立起权力机构,这是前所未有的事例。大顺朝采取的财政政策是坚持农民5年(或3年)不纳粮,这就只好依靠"比饷镇抚司"向明朝勋戚、显宦、贪官污吏和富商的追赃拷索来解决,但在执行中,却刑杀过甚,因而树敌过多,造成了从中央到地方,不论官绅人人自危的局面;对明朝三品以上官员多半将他们刑杀,对官僚地主等不加区别地追逼拷打,这样的财政政策和对待降臣政策,都对李自成政权的巩固危害很大。进京以后,李自成曾下令严禁扰民,军士掠杀者斩,轻者也要断手砍足,李自成本人依然是粗衣粝食,保持着农民本色,还不时问民疾苦。但以牛金星、宋企郊等为代表的这些人却招权纳贿,结党营私;刘宗敏等人则以功臣自居,骄傲自满,不遵守纪律,不执行命令。当李自成要刘宗敏前去攻打吴三桂时,他竟不听命令，不服调遣，并且在旧官僚的美人计和金钱的引诱下也日渐腐化。李岩对牛金星等在政治上只依照旧制行事不满，也不赞成在追赃索饷中不加区别地对待地主官僚的做法，而对于某些将领以功臣自居、目中无人的作风也很反对，特别是在处理吴三桂问题上的失当，使已经决定归降的吴三桂，反而投清和起义军作对，更使李岩大为失望。李岩提出的这些问题都是大顺朝的致命伤，不但未受到重视，反遭到牛金星等进谗言而被杀害。

李自成1664年3月进京后，吴三桂的兵力依然守住山海关，以阻止清兵入关，李自成请吴三桂之父吴襄作书招抚吴三桂。因父亲和姬妾陈圆圆在李自成手中，吴三桂决定归降，但因传闻陈圆圆落入大顺军手，一怒之下，吴三桂移师急回山海关，反而向李自成军挑战，并斩获万余人。李自成深知问题严重，于大顺永昌元年(公元1644年)4月13日亲自率军征讨，吴三桂闻报，即向清军多尔衮请求派兵救援。大顺军21日抵山海关，即与吴军展开激战，吴军失利，损失惨重；到23日，大顺军在鏖战中，眼看将要取得最后胜利时，突然遭到清骑兵的猛烈袭击，顿时乱了阵脚，纷纷向后溃退，混乱中，兵卒被砍死、射死，被战马踏死的不计其数。

军事失利后，大顺军撤回北京，此时，京畿内外的地主武装闻讯即蠢蠢欲动，步步进逼。大顺军队认为北京已守不住了，久留北京不如速回西安以图再起，于是4月29日，李自成匆匆忙忙地在武英殿即位称帝，并于30日又匆匆忙忙地撤出北京，6月经由山西，至7月到达西安。永昌二年，公元1654年，在清军两路追击下，复由陕西沿汉水转入湖广，同年4月，这位年仅39岁的农民起义军杰出的领袖不幸在地主武装(一说在村民)袭击下，带着他的遗憾被害于湖北通山县的九宫山下。

就在李自成退出北京的同时，另一支起义军的首领张献忠在四川称帝，宣国号为大西。1647年，清军驱入四川，张献忠带领部队在川北凤凰山与清军展开了一场恶战，张献忠不幸中箭身亡。至此，明朝末年的两支主要的农民起义军先后以失败而告终。

史可法义不投降

史可法(公元1601年－公元1645年),字宪之,号道邻,河南祥符(今开封)人,出生于清贫的书香门第,是明末杰出的抗清将领、民族英雄。他幼时学习用功,进步很快,20岁考入明王朝中做官。1638年冬,史可法奉令从六安赴援京师;1641年受到崇祯帝赏识,官至户部侍郎,总督漕运;1643年,崇祯又升其为南京兵部尚书,参赞机务。

明崇祯十七年3月(公元1644年),李自成攻陷北京,崇祯吊死煤山后,阉党余孽马士英、阮大铖欲迎立便于他们控制的福王朱由崧(明神宗之孙)为监国,东林党人史可法等虽对朱由崧极不满,但在当时,为了顾全大局,也不得不同意迎朱由崧到南京为监国。

两天后,福王朱由崧监国,大家推举内阁大臣,众人都推举史可法、高弘力、姜曰广、马士英。大家又讨论起用人问题,推举郑三俊、刘宗周、徐石麒。于是,朝廷拜史可法为礼部尚书兼东阁大学士,与马士英、高弘图一同任命。史可法仍然掌管兵部事务,马士英仍旧在凤阳督师。又制定南京师部队建制,仿照北京旧制,侍卫和锦衣卫军,都编入队伍操练,不设锦衣卫东西司房和南北镇抚司官员,以杜绝告密,安定人心。当时马士英天天盼望入京做阁相,等他见到朝廷的委任状时,勃然大怒,率兵入南京,将史可法原来给他们的"七不可信书"呈给福王。于是,福王便委其以重任,辅佐朝政。从此,马士英联手阉党,把持朝政,他们卖官鬻爵,排斥异己,并密谋将史可法排挤出南京。无奈之下史可法只得请求外出督师,出镇淮、扬。

清顺治二年3月15日(公元1645年),福王即皇帝位,建元弘光。次日,史可法辞朝,福王加他太子太保衔,改任兵部尚书、武英殿大学士。

史可法一出发,便派人查访崇祯皇帝、皇后的灵柩和太子二王的所在,并奉命祭告凤阳、泗州皇陵。高杰驻军扬州,史可法对他开诚布公,以君臣大义开导他,高杰十分感动,接受史可法的约束。当年10月,高杰率领军队北征,史可法到清江浦,派遣官员在开封屯田,以作经营中原的准备。诸镇分管地带,从王家营向北直到宿迁最重要的地方,史可法亲自驻守，并在沿河南岸筑起壁垒。

11 月 4 日，船到鹤镇，接到前方报告，清兵已经到了宿迁，史可法进入白洋河，下令总兵官刘肇基前往救援。清兵回转人马攻下邳、宿迁两地，史可法急书报告朝廷，马士英对人说："他是要给河防将士请功。"朝廷因此不予理睬，而各镇军马也迟迟不前往救援，而且还互相攻击。清顺治三年（公元 1646 年）正月，由于缺乏粮饷，各路军将都忍饥挨饿，人马困顿。

清兵攻取山东、河南北部，逼近淮南，同年 4 月初，史可法欲将军队移往泗州，保护明朝祖宗陵寝之地。军队正准备移动时，清将军左良玉率兵进攻南京，朝廷召史可法救援。他渡江抵达燕子矶时，黄得功已打败左良玉。史可法乘机率军队直趋天长，并传令各路将领救援盱眙。但很快又得到报告，盱眙军已经投降清兵，泗州援军将领侯方全军覆没。

史可法急行一天一夜赶回扬州，误传许定国的军队就要到来，且已经消灭了高杰余部。城里人全部冲杀出来，一只船也没有了。史可法传令各外镇军救援，但没有一兵一卒到来。20 日，清兵大队人马到来，驻在班竹园。第二天，总兵李棲凤、监军副使高歧风率部投降清兵，城中军力更加单薄，各文武官员分头防守，史可法防守旧城西门险要地带。阵前，他给母亲写了封遗书，并且说："我死后，可安葬在高皇帝陵墓旁。"

4 月 25 日，清兵逼近城下，用炮轰击城西北角，攻入城中；史可法自杀未死，一位参将拥着他逃出小门，被清兵俘获。史可法大声呼喊："我就是史督师。"清军将史可法带至豫亲王多铎帐下，多铎劝其投降归顺，史可法大义凛然回答道："城存与存，城亡与亡，大丈夫头可断，血可流，而志不屈，苟且偷生，充当亡国奴，还不如死了痛快！"说完便缄口不言，多铎见劝降不成于是挥刀砍杀，史可法壮烈牺牲。同时被俘的扬州知府任民育，同知曲从直、王缵爵，江都知县周志畏、罗伏龙，两淮盐运使杨振熙，监饷知县吴道正，江都县丞王志端，赏功副将汪思诚、幕僚卢滑等人全部被处死。

史可法壮烈殉国，其志可嘉，他那忠贞不屈的英雄气概永远值得人们敬仰。

郑成功收复台湾

明王朝末期,当农民军在西南进行浴血抗清战斗时,东南沿海一带人民在民族英雄郑成功领导下,也在进行着艰苦的抗清活动。

郑成功,名森,字大木,福建南安人,系郑芝龙的长子,母亲是日本人。他出生于日本,7岁归国,幼时即稍通书史,15岁入南安县学,后入南京太学,师从钱谦益。

顺治二年,唐王在福州称帝时,见郑成功生得英俊,人又机敏聪颖且文武双全,心里颇为喜欢,于是赐朱姓,名成功,被称为"国姓爷",封忠孝伯,令统领禁旅,以驸马都尉行事。

顺治二年5月,郑芝龙降清后被封为同安侯,亦封其子郑成功为海澄公,其弟郑鸣逵为奉化伯,弟芝豹为左都督。

10月郑芝龙奏称:郑成功、郑鸣逵拒绝受封,12月又遣使敕赐郑成功为靖海将军、海澄公印,仍不接受。郑成功在父亲暗中和洪承畴往来,要他随父降清请赏时,除自己坚决拒绝外,曾多次劝其父不要叛明降清,甚至哭跪于地。最后其父仍不听,即率百人迳赴厦门、金门,在离开他父亲时给他父亲写了一封断绝书。

郑成功在广东募得数千人,回到鼓浪屿,设明高皇帝神位。其父旧部亦多归附于他,兵势大盛,就与诸将共盟誓,共谋勤王之事,多次出击,清廷屡次招抚均不受。不久清军入闽南,他家中被大肆抢掠,其母自杀而亡,成功得知愤恨至极,牢记国恨家仇,誓与清廷势不两立。郑成功以厦门、金门两岛为基地,拥有10万大军,战舰5000艘,又招募漳、泉等处勇士合17万。他治军有方,赏罚分明,成为东南沿海一支抗清的劲旅。

永历八年时,郑成功先以"明招讨大将军忠孝伯"后以"延平郡王大将军"为号召,发兵攻打漳州,守将刘国轩、朴世用等降,属县十邑俱下,又乘胜攻克泉州所属各县邑。福建巡抚佟国器奏请迅速发兵来剿,并调潮州水师来厦配合对郑军进行夹击。永历九年11月,郑成功出兵围舟山,舟山副将出降,震动了宁波、定海。永历十二年夏6月,郑成功以少司马张煌言为监军,率师北伐,抵浙江海面时,天朗气清、风平浪静,不期突发飓风,遭严重损失,被迫退守厦门。

永历十三年(公元 1659 年),郑成功探知清军三路入滇,江南武备空虚,乃乘机复出北伐。同年,率舟师入崇明,见沿江各要塞防守严密,但郑成功以 17 舟长驱而进,却无人敢与之交锋。军抵瓜洲,清兵出战,死伤千余人而逃,瓜洲陷,六月克镇江,准备进取南京,东南震动,江苏、安徽的太平、宁国、徽州等 4 府 3 州 24 县,皆闻风相率归降,而淮扬常苏 4 府亦准备旦夕响应。郑成功的北伐,有力地牵制了清军对西南的用兵。此时,郑成功的部将甘辉向他建议:北取扬州,以断山东来援;南据京口,以断西浙的漕运,扼其咽喉;号令各地,江南可不战而定。这本来是万全之策,取胜之道,可惜郑成功竟然不听,他已因"累捷"而"自骄",以为取南京已易如反掌了。

同年 7 月,郑成功将南京团团围住,这引起顺治的震惊,顺治在南苑召集众臣商议,准备率师亲征。顺治到达南京后,听闻郑成功因胜而骄,便假借投降欺骗郑成功,趁其不备而攻之。郑成功大败,所剩兵无几,乘船出海而逃,被迫退守厦门。

清廷实行严密封锁的办法将福建、广东沿海百姓后撤 40 里,以切断郑成功与内陆的联系。在这种情况下,郑成功才意识自己的严重错误,因不听诸将特别是甘辉的话,以致有今日困守孤岛的局面。正在一筹莫展之时,忽报道,熟悉台湾情况的荷兰通事何斌(一说何延斌)逃回厦门。台湾乃郑氏家族早年经营的地盘,故地难忘,郑成功乃召见何斌。攀谈中,何斌得知郑成功近况,便建议郑成功往台湾发展,并愿助其一臂之力,郑成功听闻后便决定攻打台湾。

台湾自古就是我国的领土,明代后期台湾的汉人已达 10 余万人,占台湾总人口的 90% 以上,他们和台湾高山族人民一起对台湾进行了开发。明万历二十九年(公元 1601 年),荷兰殖民者继葡萄牙、西班牙之后,率舰队来到东方,于万历三十一年以后,数次偷袭并企图强占我澎湖地区,被击败后转而侵略台湾。明天启四年(公元 1624 年)荷兰殖民者强占了台湾,并在台南筑"赤嵌城"(又称红毛城)、修筑"热兰遮"(台湾城,今安平镇),征收高额人头税,把大批台湾人民抓去卖做奴隶,如此残暴的殖民统治必然引起台湾人民的反抗。

在永历十五年(公元1661年)3月23日,郑成功命其子郑经严守厦门和金门,自己率25000人(一说40000人)、战船350艘,由何斌领航,从金门(一说从厦门)出发。先抵澎湖,通过地势复杂、航道曲折的鹿耳门,出敌不意地逼近“赤嵌城”殖民者的要塞下,打得荷兰侵略者措手不及。要塞经不起郑家军炮火的轰击,侵略者只好放弃“赤嵌城”,退守台湾城,以待援军。

郑成功为了减少伤亡,采取围而不攻,“候其自降”的战略,隔断它与外界的一切联系,派部在海上巡视,以阻击海上来的荷兰援军。围困几个月后,一支由几艘战舰组成的荷兰援军赶来,城内荷兰人以为反攻机会来了,企图出城配合夹击。谁知荷兰舰队在半途就遭到阻击,吓得所剩各舰掉转船头飞速而逃。荷兰总督揆一只好派人到郑营求和,请求以白银10万两,换取郑成功罢兵退出台湾,遭到郑成功坚决拒绝,并严正声称:“台湾自古属于中国!自应由原主收回!”在荷兰殖民者一再据守顽抗下,郑成功下令切断城中水源。8个月后荷兰侵略者宣布投降,台湾回到了中国人民的手中,结束了台湾人民长达38年的苦难日子。

郑成功收复台湾后,改赤嵌城为承天府,台湾城为安平镇,置天兴、万年两县;设置与明代大陆相同的政治机构;委派官吏,鼓励开垦,还从大陆漳、泉、惠、潮等沿海各县招来农民,使教驾牛犁耙之法,播种五谷割获之方,以振兴农业生产;开市场、促工商、兴富强之业;设官职、办设学校颁礼制。这一切改革措施相继实施,促使台湾经济在很短时间内就发展起来。康熙元年5月8日,这位抗清志士,年仅39岁,正当盛年,壮志未酬时,带着遗憾,病死于台湾。郑成功死后,由其子郑经袭位。

第十章　清朝时代

清朝时期，是中国封建社会的衰老时期；也是中国封建社会逐渐向半殖民半封建社会转化的时期。自清统一全国以后，社会秩序相对稳定，各种制度也随着统一而逐渐完备起来。大致说起来，清强盛时期的行政效率要比明代强些，它不只大量沿袭了明制，也注意吸取明朝失败的教训。

自古以来，每个朝代的建立初期都会有盛世出现，相比较来说，清朝盛世的周期还算较长。从康熙到乾隆年间，国家发展欣欣向荣，无论是在政治、军事、经济、农业、科学上都有所发展，达到了清王朝极盛的顶端。然而，“盛极而衰”，这是千古不变的定律。由于乾隆晚年陶醉于盛世之中，不知改革创新，不思进取，还洋洋自得，并开始追求穷奢极欲的生活，宠信和纵容大贪官和珅，大开贡献之门，以致民怨沸腾，国库空虚，把大清帝国推上一条走向衰败的不归路。

1840 年，英国殖民主义者入侵，鸦片战争爆发，中国的大门从此洞开，愚昧无知的清统治者软弱无能，任由帝国主义的铁骑大肆践踏掠夺我中华的大好河山，竟还无耻地向列强表现出一副奴颜嘴脸。随着帝国主义势力的侵略和清廷的对外卖国、对内压榨，广大劳动人民的生活更加困苦，各地人民不得已起来反抗，清朝的封建统治也因此遭受到沉重打击，但同时也推动了资产阶级民主革命的发展。自孙中山创立了中国第一个资产阶级革命团体——兴中会，中国的武装革命便从此开始了。革命军初期的几次武装起义都遭受到镇压和打击，但革命党人那种以满腔热血为革命奋不顾身的崇高精神振奋了全国人民的反抗意志，激起了更多的人投入反清的斗争。1911 年武昌起义胜利后，全国各地的革命斗争便达到了高潮，清廷统治陷于崩溃瓦解的局面。

汤若望传法东土

汤若望，原名约翰亚当沙耳，姓方白耳氏，日耳曼国人。

明朝万历年间，意大利人利玛窦将西方的天文历算知识带到中国来，他与徐光启交游甚深，徐光启从利玛窦处学到了许多新知识。

明朝崇祯初年，日食时间测算不准。徐光启上奏说："钦天监的官员测算天文现象用的是郭守敬的办法，如今已是数百年时间了，自然会出现误差，应该及时修正。"崇祯皇上听取了他的意见，专门设置了修定历法的机构，令徐光启任监督，汤若望负责推算。

徐光启死后，崇祯皇帝任命李天经代理监督职，李天经将汤若望所写的有关著作和恒星屏障上奏给朝廷。经过多次与台官测算日食和气候节气，考定闰月先后时间，证实汤若望的办法十分准确灵验。崇祯皇上看到西洋技术推算的结果果然准确，于是要台官按照这个办法修定《大统术》。还没有完成，明朝就灭亡了。

清朝顺治元年(公元1644年)，睿亲王多尔衮攻占明朝都城北京。当年6月，汤若望上奏道："我在明朝崇祯二年(公元1629年)来到北京，选用西方新学修正了中国的旧历法，制造了测量日月星晷、定时考验的许多仪器，但是这些仪器在战火中被毁坏了。我准备重新制造后再呈献朝廷。现在先将今年8月初一日食的情况用新法推算出来，把京师日食限定分秒和起复的方位，以及各省所见不同的情况也开列出来，呈献朝廷。"睿亲王多尔衮下令汤若望修定历法。

7月，礼部请颁布新历法。多尔衮将新历法定名为《时宪历》，表达朝廷敬天爱民之意。从顺治二年起颁行新历。汤若望又上言："历法以全年的节气、太阳出入，昼夜时刻划分为重。现在的节气、日时、刻分、太阳出入、昼夜时刻，都按照路的远近来推算，并且我又增加了历首，以便于人们使用。"多尔衮称赞他制历精确。

8月初一有日食，多尔衮下令大学士冯铨与汤若望一起率领钦天监官员到观象台测算验证。结果《大统历》、《回回历》测算的时刻都不准确，只有汤若望所制定的新历法完全吻合。

清世祖迁都北京后，令汤若望负责钦天监事宜。汤若望上书推辞，皇上不允许。汤若望又上疏请示另外给他一方敕印，将原来的钦天监大印交回礼部，这样就可以既尽到修订历法的责任，又可以抽出时间完成自己学习的志愿。皇帝还是拒绝了他的请示，并且下谕要汤若望遵照圣旨行事，率领下属一道精修历法，整顿钦天监规章，如果谁怠于监事，玩忽职守，朝廷立即查办。后清世祖又加封他为太仆寺卿，很快又改其为太常寺卿。

顺治十年（公元 1653 年）三月，赐他法号"通玄教师"，并在敕书中说道：

"国家要大展宏图伟业，授时定历是当务之急。上古羲和以后，汉朝有落下闳、张衡，唐朝有李淳风、僧一行，对于天文历法，每代都有修正。元朝郭守敬所制定的历法最为精确严密，然而关于经纬度数，还不能与自然现象完全符合，所以晷度偏差一年一年地变大。"

"汤若望从西洋东来，精通象纬历法，徐光启将你推荐给朝廷，中国治历法的专家如魏文魁等都赶不上你。但因为你远道而来，不是中国人，人们都不愿意承认你的成功，所以你始终没有得到重用。我接受天命，定鼎中原，你为我修定《大清时宪历》，最终成功。又能行事端正，保持优良品德，尽职尽责。现在特意赐给你一个美名，使人家知道天生你这个贤能之人，帮助我朝制定历法，弥补了数千年来的缺失，这并不是偶然的。"很快清世祖又提升他为通政使，官秩是正一品。

钦天监实行了汤若望的新历法后，撤去了回回科。顺治十四年（公元 1657 年）4 月，已被革职的回回科秋官吴明炫上疏指出："我的祖先默沙亦黑等十八姓本来是西域人，自从隋朝开皇年间就到中国研究历法，一直被授职为历官，如今已有了 1050 年时间，专门负责研究天上各宿星的行止。顺治三年，钦天监掌印汤若望对我回回科说，凡是日食、月食、太阴五星互相侵犯，天象占验等，都不要上奏报告了。我看到汤若望推算，2 月、8 月都看不见水星。现在我于 2 月 29 日仍在东方见到水星，而且据我推算，8 月 24 日晚仍可看到水星。这都与天象占验有关，我不敢不把推算结果向皇上报告，请求皇上恢复回回科，以便快要被中断了的学问能得以流传后世。"

他又将当年以回回术推算一阴五星陵犯书及日月交食、天象占验的图像呈上朝廷。另外他又指出汤若望犯了三项错误：一是遗漏了炁星，二是颠倒了觜参星，三是颠倒了罗计星。8 月，顺治皇帝下令内大臣爱星阿和各部院大臣都到观象台测验水星，结果水星没有出现。于是商量要治吴明炫的罪，罪名是上奏欺诈，不合实情。这一罪行按清律应当绞死，但后来并没有实行。

康熙五年（公元 1666 年），新安卫的官生杨光先来到京师，专门呈上他所写的《摘谬论》、《选择议》两书，指责汤若望新历法的 10 个错误，并且指出，他选择荣亲王的葬礼时间错误地用了《洪范》中的五行。康熙将这些交给议政王大臣会议讨论。

议政王讨论后上奏："历代旧历法，每天分 12 个时辰，分 100 刻。新法改为 96 刻，致使康熙三年立春这一节气，提前到来。汤若望错误地奏称春气已在参、觜二宿星上应验，要求设调次序，四月份删除紫炁二星宿。上天保佑皇上万寿无疆，历法也应无穷。汤若望只献上 200 年的历法；选择荣亲王的葬期，他不用正阴阳五行，所用《洪范》五行，所选择的山向、年月都犯了杀气，这事关重大。汤若望和刻漏科杜如预、五品挈壶正杨宏量，历科李祖白，春官正宋可成、伙官正宋发、冬品正朱光显、中官正刘有泰全部凌迟处死，原监官刘必远、贾文郁、宋可成之子宋哲，李祖白之子李实等人应全部斩杀。"

圣旨下来后，由于汤若望为清朝效力多年，且年已衰老，杜如预、杨宏量因勘定陵地有功劳，一起免死，并下令重新讨论。议政工等又经重议，定汤若望流放，其他的照原议不变。皇上又下令免去汤若望的流放罪，李祖白、宋可成、宋发、朱光显、刘有泰全部斩杀。从此不再使用汤若望的新历法。

圣祖玄烨亲理朝政后，用南怀仁治理历法，杨光先被罢免，并重新使用新法，其时汤若望早已离开了人世。

康熙智擒鳌拜

公元1662年，清圣祖仁宗皇帝玄烨继位，号康熙，时年8岁。根据世祖顺治遗诏，以索尼、遏必隆、苏克萨哈、鳌拜四人为辅政大臣，受命辅助幼主登基，治理天下。四大臣中索尼资历最老，为人正直，遏必隆和苏克萨哈都听从他的主张办事，而鳌拜军功最大，他自恃功高、结党营私，从不把幼主和其他三位辅臣放在眼里，独断专行。辅政大臣多系武将出身，思想守旧，辅政期间，出了不少大问题，他们以遵守顺治"遗诏"的名义，要求朝政坚持旧制，反对渐习汉制，提出"今当率祖制，复旧章"的口号，要求废除沿袭明朝内阁制和翰林院的机构设置，要求降低御史的地位，罢去各省的巡抚，并一度废除科举制度，大大削减进士的名额。而鳌拜的专权更表现在安插亲属，擅杀大臣上。当时侍卫内大臣地位最高，位在大学士之上，鳌拜将自己的儿子任其职位。内大臣费扬古是开国元勋，他与鳌拜之间很早就产生了矛盾。鳌拜掌权后，借故诬陷费扬古有叛逆之罪，将费扬古及其子一起施以绞刑，足证其专横跋扈已至极。后来四大臣中，遏必隆依附鳌拜，索尼也奈何他不得，唯苏克萨哈常与之对抗。后鳌拜因一己私利，想扩大自己的圈地，遭到大学士苏纳海、直隶总督朱昌祚、保定巡抚王登联的一致反对，鳌拜竟当着康熙的面声称要治三人的罪，康熙下旨不允伤害三人。鳌拜竟敢矫诏将苏、朱、王三人处死并株连家族，籍没其家产。康熙闻知此事，不禁大怒，但深知鳌拜的党羽亲信众多，且多盘踞要津，如强行斩除可能会激起事变，将难以收拾，为今之计只好伺机而行。

康熙六年6月，辅政大臣一等公索尼见苏克萨哈经常与鳌拜因事意见不合而起纷争，索尼因痛恨鳌拜所作所为，却奈何他不得而郁闷于心，最后竟忧郁愤恨而死。

秋7月，康熙亲政，时年14岁。鳌拜因苏克萨哈屡次反对自己而深恨之，苏克萨哈知鳌拜势大，久欲将自己除去，今见帝已亲政，为免除祸害，即上本奏请，愿前往守先帝陵墓，以养晚年。鳌拜借机大做文章，说苏克萨哈存有异心，要以极刑凌迟处死，康熙不同意，而鳌拜竟敢在康熙面前大挥手臂，吓得14岁的康熙只得点头同意。鳌拜将苏克萨哈全家不问老少诛了九族。此后鳌拜更加肆无忌惮，每次奏事，竟揎臂皇帝之前，强说不已，直到皇帝应允方罢。

经过苏克萨哈的事件以后，眼看鳌拜气焰日益嚣张，康熙觉得要想真正亲政就必须除掉鳌拜，否则自己就成了傀儡皇帝，于是下决心非要除掉鳌拜不可。但康熙深知要想除掉鳌拜也不是轻易的事，必须想个万全之策。没多久，他想出一个智取鳌拜的计策，与太皇太后以及索尼之子索额图商议后即采取行动。他们决定从八旗子弟中选出勇武有力的少年100名，进入内苑侍帝，并一同演习布库（满语为撩脚）角觝贯跤等诸般武艺。经过一年多的演练，个个武艺高强，足以对付鳌拜了。

此时的鳌拜以为自己的地位已是不可动摇的了，平时入宫奏事时，见皇帝和众少年在演习，以为是儿童玩耍而已，没有引起他的怀疑，加上皇帝对他日益“敬重”，先封二等公，后又加封太师。康熙八年贺新岁时，鳌拜竟明目张胆地身穿黄袍，除帽结不同外，俨然皇帝装束，其狼子野心已昭然若揭。更有甚者，随后他托病不朝，要求皇上亲往问候，为了不使鳌拜起疑心，康熙与往常一样，装作对他恭敬的样子，不动声色地前往他的府第。为了进一步稳住鳌拜，又加封鳌拜为一等公，使鳌拜完全除去戒心。康熙与索额图知事情关系重大，虽然已稳住鳌拜，但如果事件发起后，在进行中若出现半点差错，后果都将不堪设想。于是他们对具体步

骤、每个细节可能出现的问题都再三进行了考虑,并反复做了周密的布置。

一切安排妥当后,于康熙八年5月的一天,与往常一样,康熙帝以入宫议事为名,单独召鳌拜。鳌拜不但不疑,反而趾高气扬地进了宫,等他到了内廷后,听到身后的几重殿门全被关闭,又见康熙端坐龙椅,毫无表情,不像往常那样毕恭毕敬,他带几分惧怕,突起疑心,但还是装作若无其事一样,挥舞拳头大声喊道:“皇上召臣有何要事商议?”康熙见他仍然如此嚣张,不由得不怒气冲天,便大声喝道:“鳌拜你知罪吗!?”鳌拜有恃无恐地反问:“臣何罪之有?”康熙怒喝道:“你罪恶滔天,你欺朕年幼,不把朕放在眼里,你结党营私,拉帮结派,飞扬跋扈,擅权专政,图谋不轨,你嫉贤害能,滥杀大臣,你……你罪恶累累,举不胜举,罄竹难书……”于是大声喝道:“左右还不下手更待何时!”说时迟,那时快,只见预伏在两厢的众少年蜂拥而出,一拥而上。鳌拜猝不及防,已被掀翻在地,众少年你一拳我一脚,纷纷压在他身上,他被打得昏昏沉沉,半天动弹不得。康熙命将鳌拜收监候审,并命康亲王执刑拷问,列其罪30条,康熙亲审条条俱实,交廷议,廷议定为斩立决。康熙顾念他为大清打天下,出生入死有战功,又是顾命辅政大臣,不忍诛杀,免他一死,革去一切职务,处以终身禁锢,又对鳌拜死党工部尚书济世、内秘书院学士吴格塞、兵部侍郎迈音达等革去官职,并将济世、吴塞格加以绞刑。鳌拜在囚禁中死于监狱。

康熙帝用计除掉了鳌拜,朝廷上下一片欢腾,一些原来比较骄横的大臣领教了康熙的厉害,便再也不敢放肆了。康熙帝亲自执政后,大力整顿朝纲,鼓励生产,严惩贪官污吏,使刚刚建立的清王朝渐渐强盛起来。

康熙平三藩之乱

康熙八年5月(公元1669年),康熙清除掉鳌拜的内患以后,想到镇守云贵的平西王吴三桂、广东的平南王尚可喜、福建的靖南王耿精忠的三藩,他们不但兵权在握,而且在吴三桂统治下的云南,已成为既威胁朝廷,又祸害百姓的黑暗王国。尚可喜在广东也多行不法,私行收税,“令其部人私充盐商，据津口立总店”，而其子女多达130余人，亦多骄纵不法。耿精忠在福建“横征盐课，擅设船舶，苛派夫役勒粮米，久为民害”，也是无法无天。三藩的兵力约占清军总数一半或接近一半，而且“天下财赋，半耗于三藩”。三藩又都是外姓人，他们终究是朝廷的隐患。想到这些，康熙不禁忧从心生，此时他真想把三藩马上撤掉，但撤藩恐怕比制服鳌拜要难得多，处理不当，危险性会更大，要有万全之策方可行动。这样就只好等待时机再作打算了。

康熙十三年(公元1673年)3月，尚可喜因年老多病，不能视事，将权力交给长子尚之信。尚之信乃一骄横残暴、酗酒嗜杀、胡作非为之徒，掌权后，更是不听其父的话。尚可喜知其子迟早会闯出大祸，为避免受牵连，不得已采用食客金光意见，上疏要求归老辽东，王爵由其子承袭、留镇广东。康熙对于撤藩，正苦于无从下手，见到此疏，真是喜出望外，即令吏部拟议定夺。吏部力排众议，经康熙裁定后：令尚可喜全家率部迁回辽东，而对其子袭爵、留镇要求，不予答复。此时吴三桂已得到其子驸马吴应熊密报，经过反复考虑，并派人秘密与耿精忠通气后，于同年7月，先后上奏折请撤归安插。康熙看到吴、耿奏疏，心知他们意在试探朝廷态度，还带有威胁成分，他是不怕威胁的，心想：是你们自己给朕这个机会，如不趁此机会撤掉吴、耿二藩更待何时？但他知道，上次撤掉尚可喜时，王公大臣中意见就有很大分歧。多数人不主张撤，怕引起叛乱，有的主张“抚之自定”；有的主张“裂土罢兵，互不侵犯”，防止事态扩大。而户、兵、刑三部尚书则力主撤藩，认为“撤亦反，不撤亦反”。康熙的态度始终是坚决的，他说：“朕阅览历史，凡藩镇握有重兵的，时间一长，总不免生出异心，引出祸来。今三藩之害已显而易见，且势焰日炽，如不早定主意先发制人，恐将来追悔莫及。朕意已决，勿庸多议！”同年8月，康熙下诏撤藩，同时派礼部左侍郎哲尔肯、学士傅达礼往云南，户部尚书梁清标往广东，吏部左侍郎陈一炳往福建处理各藩撤兵事项，又命户部侍郎达都会同盛京户部侍郎及奉天府府尹察看安插三藩的场所，9月调鄂善为云南总督。

吴三桂得到消息大吃一惊，11月21日，终于令全军束发改装，扯起反旗，自称“天下都招讨兵马大元帅”，另称“总统天下水陆义师举明讨虏大将军”，发布“兴明讨虏”檄文，声势浩大地攻入湖南。第二年3月耿精忠在福建造反。同时广西、襄阳、陕西等地的提督、总兵以及台湾的郑经，内蒙古察哈尔的布尔尼兄弟都乘机叛乱，布尔尼还直逼张家口。一时之间，战火遍及滇、黔、闽、粤、桂、湘、鄂、川、陕等省，声势浩大，锐不可挡。贵州巡抚曹申世、提督李本深，云南提督张国柱皆起响应，消息传入京城，举朝震动。大学士索额图提请对主张撤藩的诸臣加以严办，以平息叛乱，康熙不允。他说："朕自少时即以为三藩势焰日炽，不可不撤，撤藩乃朕之本意，岂可因叛，遂诿过于人也！"于是下诏削去吴三桂官爵，宣布吴三桂罪状，将其子驸马吴应熊系狱，提出打击首恶，剿抚兼施，分化瓦解的策略，重点打击吴三桂，坚决将他铲平。并急诏暂缓闽、粤撤藩事，以减轻压力。吴三桂发兵原想让朝廷害怕他的兵威，然后裂土议和，划江为国，所谓"事纵不成，可划江而国"。康熙看透了吴三桂的心思，不与议和，并下诏赐其子应熊及其孙世霖死。

吴三桂闻子与孙均被赐死后，大怒。同年5月乃以大队兵马扼守湖南，令吴应麟、马宝、张国柱严守岳州抗击清军，同时分两路进兵北伐；北路由四川攻秦陇，南路由长沙进江西，江西军又分两路，其中一路令副将二人率倮倮兵数千人，由长沙进袭袁州。同年秋，倮倮兵入袁州，连陷萍乡、安福、上高与耿精忠兵会合，连陷30余城。康熙闻警，也分四路迎击，命贝勒尚善为安远靖寇大将军出江西，简亲王喇布为扬威大将军镇江南，命定西将军贝子洞鄂与大学士莫洛由陕西入四川，命奉命大将军康亲王杰书与贝子博喇塔由浙江入闽，更命干南亲王尚可喜（可喜获准撤藩，未成行，吴三桂反起，因数次拒与吴三桂同叛，而被封为亲王）与两广总督金光祖合讨广西孙廷龄。9月，广西提督、左江总兵叛降吴三桂，全省震动，康熙命安亲王岳乐为定远平寇大将军赶赴讨之。12月陕西提督王辅臣（吴三桂养子，吴三桂初叛时曾寄书给王辅臣许以官爵令他反）以马衰饷缺为辞打死莫洛，踞略阳，报与吴三桂，吴三桂犒劳20万两银，不久吴三桂又相继攻取汉中、兴安。康熙闻报，下旨斥统兵诸大臣迁延观望而遭城陷。于是欲御驾亲征，经群臣谏阻，改派大学士图海为定远大将军，节制征西各军，进讨王辅臣。

康熙十五年（公元1676年）2月，尚可喜次子尚之孝统兵往潮州，尚之信代理军事，经不住吴三桂的劝诱而随之叛乱，于21日，将其父软禁在藩府，派人监视，效吴、耿亦束发改服，发檄远近，并受吴三桂封为招讨大将军辅德公。当时惠州有尚之孝，高州有两广总督金光祖及镇南将军舒恕，肇庆有副都统莽依图共有精兵二三万，合力足以制服尚之信，但因金光祖暗与吴三桂通，乃牵制诸军使无法进兵，而巡抚佟养钜又降吴三桂，尚之信军威大振，击败舒恕军，舒恕败走，莽依图也突围逃去，吴三桂晋封尚之信为辅德亲王。尚可喜被软禁后，忧愤成疾，不久呕血而亡。早在康熙十四年 12 月，吴三桂曾趁王辅臣叛变时，留兵 6 万守澧州、岳州以拒荆州之军，留兵 7 万守长沙以挡江西岳乐之军，使降将杨来嘉（原郑成功裨将，降清授襄阳总兵，后投吴三桂）进扰郧阳，自引大兵赴湖北松滋。到康熙十五年春，康熙命大学士图海为抚远大将军，率轻骑往陕西征讨。图海至平凉后，即对河西三部：靖逆将军张勇、固原提督赵良栋、陕西提督王进宝等进行整顿，做到赏罚分明，严格军纪后士气大振，军威远播，王辅臣闻风畏惧，坚壁守城，不敢出战。图海即移兵城北虎山墩，诱王辅臣出，王辅臣却以为歼敌机会已到，率万余人突出。图海令诸将左右包抄，加以痛击，王辅臣大败，二名总兵被斩，为图海军所擒获、坠崖死者无数，王辅臣退守城中，图海断其饷道，辅臣无计，只得再次投降。同时吴三桂部将王屏藩等亦为张勇、王进宝所败，陕甘遂平，从而使吴三桂取道川陕直捣京城的计划破灭。

当耿精忠叛，并分三路进取江西、浙江北上时，康熙即命康亲王杰书为奉命大将军，贝子博喇塔为宁海将军率师征讨。7 月至浙江破海州，围温州。当康熙侦知郑经与耿精忠反目，郑夺取了漳、泉、汀等州，耿发兵与之相攻时，即命康亲王杰书立即举兵直取福建。耿精忠得知三路军俱破，闽地多为郑经所夺，康亲王又挥师入闽，已下建阳，向延平推进，知大势已去，于是他派遣儿子显祚报大军乞降。康熙以滇粤未平乃允其降。耿精忠怕前总督范承谟揭露其罪恶，将之杀害以灭口。康熙十五年 10 月，康亲王进抵福州，耿精忠奉诏于初四日率文武百官出城受降，并遵旨谕复其靖南王爵，仍驻守福州（至康熙二十年，吴三桂叛平，耿精忠被召入京，有人告其仍蓄意谋反，议定当斩，即与其子显祚同戮于市，并废其靖南王府）。

尚之信既归附吴三桂，吴三桂乃数次促其出师越庾岭北伐，尚之信以内部未安定为借口拒绝了吴三桂，吴三桂又遣使索饷，尚之信有后悔意。不久，吴三桂派遣马宝、张国柱犯韶州，又以董重民为总督，进驻肇庆府，把守要冲之地。之信恐惧，又闻孙延龄被杀，恐怕也会轮到自己，益惧，就派密使至江西扬威大将军、简亲王喇布军前乞降，康熙闻报降谕，许以立功，尚之信乃擒总督董重民，等待大军进粤。康熙十六年6月，将军莽依图率军由江西吉安直指韶州，尚之信闻报亲率军民出城受降，康熙下诏尚之信仍袭平南王爵，驻守广东（康熙十九年，尚之信被赐死、尚之孝降为平南将军，平南王府乃废）。康熙十七年，吴三桂年已67岁，见王辅臣、耿精忠、尚之信相继投降，既失去陕、闽、粤的犄角之援，又失去江西和广西之半，目前只剩下云南、贵州、四川、湖南及广西数郡，地盘日缩，清兵又日渐逼近，财政渐竭，税赋不足以供军需之用，真是到了势穷力蹙的地步了，要想打进京城去，已根本不可能。此时吴三桂恐人心涣散，想以即帝位来维系人心，加上部将也争相劝其称帝，于是在当年3月，即皇帝位，建元昭武，国号周，并由长沙迁都衡州，改衡州为定天府。吴三桂称帝后，思有所作为，于6月发兵攻占郴州，又召马宝、王绪、胡国柱等拼力进攻衡州门户——势在必争的永兴城，战斗异常激烈，该城正、副都统均战死。吴三桂军在占据外城营垒后，对该城进行三面围困，并连夜攻击不停，清援兵无法进前，吴三桂更以炮轰城，打开了缺口，守城军兵以土石抢修缺口，边

修边战，城将陷者数次。一日，吴三桂军突然投营而去。众人惊讶，派人侦知，原来是吴三桂女婿胡国柱见清军压境，情势紧迫，谋欲降清，马宝劝他不可造次，胡不听，马宝急告吴三桂。时值中秋节，吴正在与歌姬们赏月作乐，闻此突变，且是自己的女婿，一时心急，乃大呼："大势去矣！"即气绝而死。马宝等到云南迎吴三桂孙吴世璠来衡州继位，改元"洪化"，始发丧，将护灵柩返云南。吴世璠一路受挫于南宁，复弃贵阳走云南，遁入五华山据守，后城破自缢。至此，先后绵延9年(康熙十二年至二十年)的三藩之乱始告平息。

雍正巧计谋皇位

康熙六十一年(公元1720年)阴历11月13日，做了60年皇帝，年近70岁的玄烨在京郊的畅春园病逝。其第四子胤禛即皇帝位，胤禛为孝恭仁皇后乌雅氏所生，号雍正皇帝。

康熙一生共有皇子35人，公主20人。开始，他最喜欢老二胤礽，将其视为掌上明珠，胤礽2岁时就被立为皇太子。皇长子名胤禔(tí)，是惠妃所生，算庶出。胤礽是康熙第一个皇后孝诚皇后所生，康熙按立长立嫡的传统做法，立他为皇太子。胤礽也很聪明，从小就通晓满汉文字，诗词歌赋，四书五经，刀剑骑射，无所不精，在皇族中确实是出类拔萃的，似乎这一切都十分圆满，顺理成章了。但是，其他的34个皇子都想当皇太子，他们幕后的后妃、大臣更是为此展开激烈的争斗。而且这种争斗，随着康熙年事已高，愈演愈烈。

由于皇太子立得早，在皇太子周围就集结起一帮政治势力，这帮势力以索额图为首。而胤礽皇太子当久了，变得贪财好货，酗酒好色，又因不能早登皇位而性情浮嚣，偶有不当的话说出来。有一次，索额图教唆胤礽"可乘黄舆著黄袍"的话，竟被康熙得知。康熙眼见皇太子恶行增长，已不能容忍。何况康熙在传位问题上绝对不能容任何人置喙，他在行政上注重宽仁，在伦理上讲求孝道，而皇太子的所为正与自己背道而驰。于是发出一道上谕：废除胤礽皇太子名号，把索额图押进天牢。

皇太子被废，这并没有使皇室内部的争斗平息下去，皇子们见太子被废，都觉有机可乘，个个使出浑身解数，争夺皇储的斗争更加白热化。他们为探听康熙的意图，打通层层关系，让一切得力人士在康熙面前为自己多美言几句，更有甚者借助歪门邪道，把皇宫搞得鸡犬不宁。

皇长子胤禔因为庶出，未能立为太子，心怀怨恨。他曾请喇嘛巴汉行魇胜术，幻想咒死胤礽。此次见胤礽被拘禁，他向康熙建议，杀了胤礽，而且不必父皇动手，由他动手。康熙一听，震怒之下，又听到行魇胜术的告发，康熙革去胤禔郡王爵位，将他终身监禁。

皇八子胤禩(sì)是个野心勃勃的人，能量最大。就在废黜胤礽的两个月后，康熙令朝臣商议立嗣，朝臣们竟然众口一词，推举皇八子为皇太子，内中竟然还有国舅佟国维。胤禩深受众望并没有使康熙高兴，反而引起他的猜疑。康熙从皇太子的废立中得出的教训之一，就是绝对不准结党谋位，其次必须讲诚孝。胤禩在这些方面，又是与康熙抵触的。公元1714年11月康熙出巡塞外，驻跸遥亭。胤禩往祭亡母，竟然只派一个太监去遥亭向康熙请安。康熙大为恼怒，命人将胤禩锁拿，交与议政处处理。

康熙无奈，在废掉太子的第二年又立胤礽为皇太子，好让诸王子死了争夺皇太子的野心，但此举仍然是徒劳无效，皇子们的争斗依然进行。

围绕立储的长期纷争，使康熙愤懑抑郁，心志失常。公元1712年即康熙五十一年，康熙再废复立三年的二皇子胤礽，理由是“狂疾未除”、“秉性凶残，与恶劣小人结党”。这之后，康熙下诏警告诸皇子与王公大臣：“册立皇太子乃关系社稷大事，由朕自行抉择之，谁敢私谋皇太子名号，朕严惩不贷！”从这以后，直到康熙死去，康熙没有再立皇太子。

距康熙下诏不久，青海的蒙藏两族发生叛乱。康熙命皇十四子为“抚远大将军”，率数十万大军前去平叛。在诸皇子中，掌此兵机者，惟十四皇子一人！所以朝野都揣度康熙可能内定十四皇子为皇太子。

然而，在这惊心动魄的皇位争夺战中，笑到最后的却是四皇子胤禛。这个胸有城府，善韬晦的人具有超人的禀赋。胤禛生母是德妃乌雅氏，出身低微，但他交由贵妃佟氏抚养。佟氏是佟国维之女，隆科多的姐姐。康熙二十八年(公元1689年)佟氏被册封为皇后，胤禛认她为养母，对她格外孝敬。隆科多以国舅之亲，任步军统领，掌握拱卫北京和畅春园的兵权，他成了胤禛笼络的首要对象。其次还有年羹尧，他是胤禛妃子的哥哥，多年任陕甘总督。此外胤禛平常态度超然，故意与佛教徒来往，仿佛一个怡情悦性的散淡闲人。在与诸皇子的关系上也是四方讨好，不亲不疏。对康熙则是百般孝敬，康熙第一次废太子时，气得生病，拒绝治疗，胤禛冒死罪劝康熙治病。胤禛书法仿康熙笔体，也常受康熙赞赏。他办事认真，执法严明是经过长期磨炼的，早年康熙曾教导他"戒急用忍"，他熟记于心，时加砥砺，果然以后终成大器。

胤禛在诸皇子争夺太子之争中，不显露山水，以静制动，以不争之争的斗争策略取得了成功，一方面胤禛赢得了康熙的信任，抬高了自己的地位，亲和了父子的私人感情；另一方面，胤禛懂得锋芒收敛的道理，他始终保持低姿态，给人一种实力不够，太子之位遥不可及的印象，这就使政敌不以自己为目标，不集中力量对付他，使自己有机会发展势力。并且他还频频在皇帝面前说其他兄弟的好话，为他们争取利益，或在需要时给以帮助，尽量使兄弟们的地位与自己相当。这一切都被康熙看在眼里，曾多次传谕旨表彰，恰恰也正是这一切为以后争夺皇位赢得了超重的砝码。

康熙六十一年（公元1722年）阴历8月，康熙在热河狩猎返京又去南苑行围。11月初七，回畅春园，说是"偶冒风寒"。初九因冬至将近，命胤禛到天坛斋戒，以便代他行祭天仪式。13日凌晨，病情突然恶化，传诸子入见。皇三子胤祉、皇七子胤祐、皇八子胤禩、皇九子胤禟、皇十子胤䄉、皇十二子胤祹、皇十三子胤祥及步军统领隆科多至榻前，次日隆科多早朝传遗诏如下："皇四子胤禛人品贵重，深得朕躬，必能克承大统，著继朕登基，即皇帝位。"下达诏书时，胤禛并不在场，他赶到畅春园，进见康熙问安，直到康熙去世，隆科多才向胤禛宣述遗诏，于是胤禛即皇帝位，改元雍正。

曹雪芹与《红楼梦》

曹雪芹以其名著《红楼梦》轰动于世，这部书是中国古典文学中艺术性和思想性结合的最好典范，《红楼梦》不仅在国内家喻户晓，在世界文坛上也是举世公认的文学名著。

曹雪芹名霑，据说他降生之时，正值天降甘霖。他字梦阮，号雪芹、芹溪，辽阳人氏，他家本是汉人，由于先祖归附"满洲旗"，称为老汉姓旗人。他家世代都是包衣（满语：奴仆），后成为从龙勋旧。

曹雪芹的曾祖母孙氏，曾是康熙皇帝的保姆，所以从曾祖曹玺起，他家就受到康熙的圣恩眷顾，三代袭"江宁织造"的高官。康熙皇帝五次南巡，就有四次下榻于曹家，由此可见曹家的显贵以及与皇室关系的亲密。然而，世事多变，政坛险恶。雍正上台后，曹雪芹的父亲因事受到削职抄家的处分，曹家从此败落了下来。但是曹家虽经浩劫，却未陷死地，从南京迁至北京后，又过了一段平静的日子。但好景不长，曹家因再次卷入政治斗争的漩涡，又一次被抄家，曹家至此彻底地破落了。

家庭的巨变，使曹雪芹成了一介布衣，那种"举家食粥酒常赊"的困顿，使曹雪芹备尝生活的艰辛与世态炎凉，这使他的世界观发生了巨大变化。

曹雪芹天资极高，20刚出头，他便开始苦心经营鸿篇巨著《红楼梦》。这之前，他曾投亲靠友，过着教书幕僚的清客生活。他的好友敦诚写诗劝道："劝君莫弹食客铗，劝君莫叩富人门，残杯冷炙有德色，不如著书黄叶树。"在一番痛彻肝胆的思想斗争之后，他决定彻底抛弃仕途经济，来到北京西山一荒僻村庄写作《红楼梦》。

一次，他连买纸的钱都没有了，只好把旧年皇历拆开，把书页反过来折上，订成本子，作为稿子。物质的贫困和精神的落寞没有动摇他的信念。这期间，乾隆二十八年，他唯一的爱子成了痘疹的牺牲品，这自然给了他沉重的打击。曹雪芹写成《红楼梦》前80回，全书尚未完成和定稿，就与世长辞了。

曹雪芹的生卒年至今依然是个未解之迷，始终是考证红学的学者研究的热点。

《红楼梦》原名《石头记》。乾隆五十六年(公元1791年)第一次出版时,才改名《红楼梦》,小说以贾宝玉、林黛玉的爱情故事为线索,反映了贾、史、王、薛四大家族的衰败过程。金钏的投井,晴雯被诬惨死,司棋的自尽,鸳鸯的悬梁……都是那么惨不忍睹。作品中描写了众多的人物,无不丰满、栩栩如生;而人物之间关系盘根错节,极为复杂,加上语言文采斐然,《红楼梦》的确是一个博大精深的知识宝库。所以当《红楼梦》正式出版时,马上惊动了全社会,当时北京流传一首民歌:“开谈不说红楼梦,读尽诗书也枉然。”由于小说内涵精深博大,研究者代有新人新见,逐渐形成专门学问——红学;并且跨洋过海,超出国界;红学家中,也是门派林立,唇枪舌剑,他们对人物的品评,举凡作者的考证,主题的确认,价值的取向,无不别出新意,迥然异响。《红楼梦》无与伦比的艺术魅力,也使它被译为一二十种版本,甚至进入现代的媒体——电影、电视,为普及《红楼梦》做了更大的宣传。曹雪芹不愧为世界级的文学大师。

乾隆帝与《四库全书》

乾隆皇帝是中国古代帝王中颇有作为的一个封建君王。他24岁当上皇帝,在即位初期,革新政治,全国出现一片欣欣向荣的景象,无论在政治上、经济上、文化上、科学上、军事上都有很大的进步,达到了清朝的鼎盛时期。乾隆自称“十全老人”,文治武功天下第一,平定西北叛乱,统一新疆是他对中国历史的重大贡献;在他执政期间,妥善安排土尔扈特举族回迁,人数达17万之多,在当时甚至具有很大的国际影响。

乾隆除了武功之外,还十分重视文治,他一面开科举考试,招收文人学者,编写各种书籍,一面又大兴文字狱,镇压有反清嫌疑的文人。但他懂得,光靠文字狱实行文化统治是不彻底的,很多学说书籍还大量贮藏在民间,不利于大清统治的内容肯定存在。于是他想了一个办法,就是汇集全中国的藏书,来编辑一部规模空前的巨大的丛书,这么做一可以笼络大批知识分子,显示皇帝注重文化的积累;二可以借机把民间的藏书统统过滤一下,可谓是一举多得。

乾隆三十八年(公元1773年),乾隆皇帝(清高宗)正式下令开设四库全书馆,组织各方精英编纂《四库全书》。由皇室郡王、大学士为总裁,六部尚书、侍郎为副总裁。主要校纂人是总纂官纪昀(即纪晓岚)、陆锡熊和总校官陆费墀。在馆担任纂修的一共360人,其中担纲主纂的有戴东原、邵晋涵、姚鼐、朱筠、王念孙、伍大椿、翁方纲等著名学者。

我国古代常把图书馆分成经、史、子、集四个大类,经包括历代儒家的经典著作(即《诗经》、《论语》、《孟子》等等之类)和研究文字音韵的书;史包括各种历史、地理、传记等书;子包括古代诸子百家学说和科技著作,如:农学、医学、天文、历法、算法、艺术等;集包括文学的总集和专集等,按照四大类集中贮藏起来,就叫做"四库"。

这部书所搜集的书籍主要有以下来源:敕撰本和内府本(朝廷内藏书),《永乐大典》本(此书残缺,由残存部分辑出),各省采进本(各省征集的遗佚书),私人进献本(各地藏书家进献的书),通行本(书坊流行书籍)。

编纂工作始于乾隆三十八年(公元1773),迄于乾隆四十八年(公元1783年),费时10年始告竣。全书共收著录之书3770种,79016卷,36018册。

清朝为编纂这部书，所费财力物力巨大，这也是乾隆十分珍视这部书的原因。这部书不同于类书（比如像清朝康熙年间编的《古今图书集成》），类书是将原著拆散，分类容纳，虽便于学者专题研究查阅，但却不能通览各书全部内容，而《四库全书》贵在收录了各书的全部内容。

全书一律手抄，先后共抄成正本7份（另有底本一份）。这7份书分别藏于内廷四阁：北京文渊阁、圆明园文源阁、热河行宫文津阁、奉天陪都文溯阁；江浙三阁：杭州西湖行官文澜阁、镇江金山文宗阁、扬州大观堂文汇阁。作为底本藏于翰林院的那部书，历经英法联军、八国联军入侵，或散或盗或焚于大火，残存部分现藏于英国大英图书馆中。上述7部书，也历经劫难，所幸文渊、文津、文溯三阁共有两部书完整保留到现在。文源阁的书，在第二次鸦片战争中英法联军入侵北京时焚毁；文宗阁、文汇阁的书毁于太平天国战火；文澜阁的书部分散失，后经抄补基本齐全。可见乾隆当年苦心孤诣地珍藏书籍，狡兔三窟实在是有必要的。

乾隆下江南

乾隆前后共6次下江南南巡，其中前4次都是奉太后旨谕巡幸，第六次巡幸江南时，乾隆已76岁高龄。表面上看，乾隆是奉母览胜，其实际原因则是政治性的。南巡的主要目的是为巩固和发展“全盛之势”，据乾隆十八年记载，江苏省有民田68万余顷，向朝廷上税337万余两白银，粮食215万余石；浙江省有民田45万余顷，向朝廷上税281万余两白银，粮食113万余石。两省田地赋银赋粮总数，分别占全国田地、赋银、赋粮的16%、29%、38%。在每年运京供宫廷食用的400万石漕粮中，江浙竟占了257万石，为漕粮总数的64%。这几个数字足以证明江浙两地在全国经济总量上的特殊地位。其次，江浙人文荟萃，文化发达，仅以科举为例，江浙两省的状元最多，顺康雍乾四朝61名状元，江浙两省竟占51名之多。再次，江浙又是明末遗民活动中心，反清思想和反清行动一直持续不断。当年南明弘光朝廷就以江浙为统治中心。所以，清廷要巩固大清江山，就必须控制这两省。

历次南巡一般都是在正月十五前后从北京动身，从陆路经过直隶、山东到江苏的清口渡河，乘船沿运河南下，经扬州、镇江、丹阳、常州进入浙江境内，再由嘉兴、石门抵杭州。回銮时，绕道江宁（今南京），祭明太祖陵，检阅军队，大概 4 月底或 5 月初返回北京。整个南巡，水陆行程约 6000 里。

为了供皇帝车马行车，朝廷结合各省专门修筑了御道。御道要求路必须笔直。因此凡是御道经过的地方，许多民居被拆，坟墓被挖掘，良田被毁坏。凡是石板、石桥，都要用黄土铺垫。皇帝车仗经过之前，御道一律泼水清尘。途中建行宫三十处，除行宫外，有些地方还搭盖黄布城和蒙古包帐篷以供住宿。之间每隔二三十里，设尖营，供小憩打尖用。进入江南后，主要走水路。共用船 1000 艘，皇帝和后妃乘坐的船名“安福舻”和“翔凤艇”。动用拉纤的河兵 3600 人，分作 6 班，每班 600 人。整个南巡队伍上至王公大臣，下至章京侍卫，多达 2500 多人，另外有上万夫役。陆上队伍前后迤逦百里，浩浩荡荡，在河上行驶，舳舻相接，旌旗蔽空。每到一地，“圣驾入境前一日”，地方官员便专程出境迎接，并准备大量美食佳肴。乾隆的生活条件和设施与在宫中没有大的差别：每天早晚照样鸣钟奏乐。茶房所用乳牛，多达 75 头，膳房用羊 1000 头，牛 300 头。凡这些都是从北京提前运到镇江、宿迁等地，随时宰用。乾隆饮水多有讲究。在南巡途中，饮用水都是远道运来，在直隶境内，用香山静宜园的泉水；到德州，用济南珍珠泉水；过红花埠入江苏境，用镇江金山泉水；到浙江，用虎跑泉水。

为了迎接圣驾，地方上也是大肆靡费，竞相攀比。首先沿途搭建彩棚、牌楼、景点、香亭。那些彩棚富丽精工，无与伦比。如直隶保定长芦隘口搭起的各种各样的彩棚，有的像楼阁，有的像亭台，各自争奇斗妍，绵延几十里。其次是大肆修建园林，著名的苏州园林、狮子林、扬州九峰园，就是为供御览改、扩建的。九峰园中有无数奇石。其中 9 个最高奇石，个个像苍颜白发老人。乾隆见了喜不自胜，选中其中两个，命人搬到北京御苑中去了。扬州平山堂本无梅花，盐商捐资植梅万株，以备乾隆御览。乾隆南巡多在元宵节前后开始。第五次南巡时，临近镇江，只见运河南岸立着一个硕大无比的仙桃，用绿叶映衬，鲜嫩可爱。当御舟驶近，忽然烟火迸

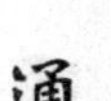

射，那颗仙桃突然裂开，中间出现一个巨大的舞台，上面有几百人，正串演寿山福海的新戏。这是镇江盐商为讨乾隆欢喜而设计的。

乾隆安乐骄奢，喜游山水，纵情声色，铺张浪费，而各地方官争相效尤，花费了国库和地方府库数不清的钱财，造成了极大的浪费。同时这种做法还对社会风气的败坏，起了推波助澜的作用，使献媚取宠、曲意逢迎成为时尚。所以乾隆中叶之后，贪污腐化大肆风行，乾隆自己也说："朕六次南巡，皆劳民伤财矣！"而这种结果，则为清朝衰落埋下了伏笔。

乾隆游乐时并不废政务。例如，在南巡途中，他随身带着处理政务的班子，各地奏报直接送沿途的行宫，乾隆随时审批。第二次南巡时，正值平定准噶尔部战争，乾隆一边巡幸，一边阅读前方奏报，指示方略，发布命令。他还利用召见地方官的机会，考察吏治。例如江西巡抚郝硕，就是在考察中就地免职的。其次是视察河务河塘工程。乾隆二次南巡时，视察了徐州治河情形，命令用石堤代替土堤。他大力表彰治河功臣。他两次视察了浙江海宁的海塘工程，命令修筑了柴塘与石塘两道塘坝，对于抗御海潮侵袭，起了重要作用。再次，他利用南巡机会，从政治、思想、文化诸方面做了笼络东南士人的工作。他到江宁，目的是为了祭明太祖陵。他喜欢吟诗作画，又善书法，曾到江南邀名士沈德潜与他诗歌唱和。某次游西湖，恰逢天降瑞雪，乾隆诗兴大发，吟道："一片一片又一片，三片四片五六片，七片八片九十片……"可是到第四句时，文思滞塞，怎么续也续不下去。还是沈德潜从容为乾隆皇帝解了围，他续道："飞入梅花都不见。"清纯之诗意，跃然纸上。乾隆当时大喜，把身上的貂皮大衣脱下赏给了他。

豪贪和珅兴亡记

和珅姓钮祜禄氏，字致斋，满洲正红旗人。他是以满族官学生的身份，靠袭世职当上清朝三等侍卫的。

在充当御前侍卫的时候，和珅巧于钻营，善于抓住每一个机会，很快就得到了乾隆帝的赏识。一日，乾隆皇帝密召和珅进宫，详细地询问了和珅的履历和家庭出身，和珅一一对答如流。乾隆也许自觉自己慧眼识英雄,当下就传旨宣布:提升和珅为副都统,总管御用仪仗车马兼安全警卫。从此和珅平步青云,有皇上当靠山,连升数级。翌年即乾隆四十一年他当上户部侍郎,不久又擢升军机大臣兼内务府大臣。和珅果然也是不负皇上厚望。他善于揣摩圣意,谄媚有术,专拣皇上爱听的话说,专挑取宠的事办,有时也会认真依法办一两件事情,他就是这样虚虚实实地糊弄着乾隆皇帝。

乾隆四十五年(公元 1780 年),他奉皇帝之命和侍郎喀凝阿同去昆明查办云南总督李侍尧贪污受贿一事。李侍尧原是乾隆信任过的人,和珅到昆明后先不去总督官邸,而是微服私访,掌握了确切材料后,先逮捕李侍尧身边亲信,然后穷追猛打,终于使这个亲信供出李侍尧索贿贪污的详情。最后将此案卷连同自己在昆明了解到的民风吏治情况,具文上报皇帝裁处。整件事办得如行云流水,干净利索,所以后来乾隆帝还把金枝玉叶的公主下嫁给和珅之子丰绅殷德,委任和珅之弟和琳为四川总督。

精明的和珅知道即使贵为皇上天子也要食人间烟火,所以他不时以重礼晋献皇上,每次皇上、皇后寿辰时,他都带领满朝文武大臣和各地督抚奉献金银财宝,一次,乾隆过生日竟收下金佛万尊。这样一来,和珅就更得乾隆的欢心了。

由于乾隆对和珅深信不疑,言听计从,因此,他在大权在握以后,就公开贪赃受贿。无论满汉大臣,想保禄位,想飞黄腾达,或者想消除牢狱之灾、杀身之祸,无不走和珅的门路,付以重金。江苏吴县有一个名叫石远梅的珠宝商,此人经常怀揣锦匣,匣内锦囊装着黄金大丸,剥去丸壳就露出一颗大珍珠。这些珍珠贵重的一粒 20000 金,稍次的也值 10000 金,但当时士大夫们争着抢购,齐说要买了去送给中堂和珅大人。

和珅贪财纳贿的一个突出办法就是经常打着皇帝和朝廷的招牌,假公济私,中饱私囊。乾隆帝是一个好大喜功的风流皇帝,一生中六下江南,表面上是出巡走访,实际上是游山玩水,寻欢作乐,越到晚年时期,越发利害,每次出巡,尽情挥霍,大举土木,使得财政上严重超支。但这些事情乾隆大多交给和珅一手操办,即使国库空虚,他也要和珅想办法筹措。这就使得和珅在贪污上有了很大的便利,有机会大量地为自己敛财。

和珅除了受贿,还趁自己掌管国家财政收入和保管国库之便,明拿暗偷。全国各地进贡给皇帝的珍宝古玩，他可以先挑自己中意的，剩下的才送进皇宫。

随着乾隆皇帝渐入老迈，和珅也逐渐打起太子的主意。乾隆六十年（公元1795年），已是84岁的乾隆决定将帝位传给第十五子颙琰，自己当太上皇。和珅是最先知道乾隆上述决定的人，为讨好新皇帝，博得颙琰对他拥戴之功的感激，保住自己的前程，和珅亲自送给太子颙琰一柄象征吉祥喜庆的玉如意。但是，和珅聪明反被聪明误，他派人暗中监视着新皇帝的行动，并随时向太上皇报告。然而随着新皇帝的亲政，聚集在他周围的党羽也逐渐增多，和珅的动向自然也被嘉庆皇帝掌握，这不能不使嘉庆皇帝产生反感。

太上皇乾隆皇帝弘历（公元1711年－1799年）驾崩刚刚5天，嘉庆皇帝就一举铲除了乾隆的宠臣大学士和珅，诏书宣布了和珅的20条大罪状，同时下令对和珅罢官抄家，将其关入死牢，后又下旨赐其上吊。

从和珅家抄出来的财产清单计有："凡一百九号。赤金580万两，生沙金200万两，元宝银940万两，当铺75座，银号42座，土地8000余顷，花园一处，亭台64所，房屋近2700间。此外仅衣服就有：貂皮的1502件，杂皮的1243件，其他衣服5316件。"整个家产折合白银8亿多两！乾隆年间，政府每年收入总数是7000万两，算起来还不到和珅家产的1/10。

所以当时社会上流传着这样的民谣:“和珅跌倒,嘉庆吃饱。”据说这些被抄没的财产是这么处理的,其中一部分,赏赐给有功的亲信大臣,其余绝大部分被嘉庆皇帝据为己有。当时曾有位大臣建议要公布和珅家产的处理使用情况,嘉庆听到后雷霆大怒,他生气地说:“看你敢追查一下试试? 今后大小朝臣就不要再提这笔家财了。”满朝文武只得就此作罢。

林则徐虎门销烟

林则徐(公元1784－1850年)是福建侯官(福州)人,其父林宾日,秀才出身,以教书为业。林则徐出生时,就任福建巡抚的徐嗣曾的官轿正好从林家门口经过,其衣冠车驾威仪给林宾日留下了深刻的印象。他给刚出生的儿子起名“则徐”,就是希望儿子效法徐嗣曾,读书上进,光宗耀祖。

果然,林则徐没有辜负师长们的期望,他13岁中秀才,19岁中举人,27岁中进士,历官14省,任过监察御史、布政使、河道总督、巡抚、总督和钦差等官职。而且大清皇帝每遇棘手的问题时,总是派林则徐前去解决,他被中外人士视为忠心不二的能臣干吏。

嘉庆十六年(公元1811年),林则徐考中进士后,就被选为翰林院庶吉士。在京时期,他与南方出身的清流派小京官结成文学团体“宣南诗社”,社友中有陶澍、黄爵滋、龚自珍等人,他们之间常常诗酒唱和,议论时局,讨论经世致用之学,结成深厚的友谊,这自然为林则徐今后出任封疆大吏,建立斐然政绩打下了基础。

清朝的国力在乾嘉之际开始由盛而衰,与此同时,英美法诸国正逐渐完成工业革命,资本主义需要广阔的商品市场和原料产地,英国首先将目光投向了远东的庞大帝国——中国。由于中国是自给自足的自然经济,英国只得求助于鸦片贸易来扭转巨大的贸易逆差。至道光年间,吸食鸦片已成为危及国计民生的祸害。有鸦片烟瘾的人,每至发瘾,浑身无力,眼泪鼻涕双流,平素也是耸肩缩脖、面焦骨枯、神衰情怠的病夫模样。满洲贵族、旗丁、太监、官吏、地主、绅士、士人、商贾、戏子、仆役、兵弁、和尚、道士、娼妓……上下九流无不染上烟瘾恶癖。面对清朝忧危局面,以林则徐为代表的严禁派官僚，大声疾呼彻底消灭烟毒，林则徐并上奏折道："若犹泄泄视之，是使中原数十年后无御敌之兵，且无可充饷之银。"极言烟毒大害。道光帝震惊之余，决定派林则徐赴广东查办禁烟。

道光十八年（公元1838年），鸿胪寺卿黄爵滋上疏，请旨明令禁绝鸦片。这时林则徐正在湖广总督任上，他厉行禁烟，使两湖地区禁烟颇见成效。道光皇帝早已赏识林则徐，故这年12月下诏任命林则徐为钦差大臣，节制广东水师，到广州海口查办鸦片走私案件。

公元1839年，林则徐作为钦差大臣奉命到达广州后，发动了一场轰轰烈烈的群众性禁烟运动。他严厉打击与洋人走私鸦片的贪官污吏，与英国鸦片贩子针锋相对，大力制裁英国鸦片贩卖团伙的首脑，以下令断绝贸易为由，迫使英美商人向中国政府缴烟。道光十九年5月18日，缴烟工作告竣，共缴鸦片1987箱又2119袋。6月3日，林则徐、邓廷桢等人到虎门视察焚烟。午后二时许，销烟池石灰海水沸腾，烟雾弥漫，顷刻间鸦片化为渣沫黑烟，随海潮流入大海。销烟一共进行了20天。这就是当时震惊世界的"虎门销烟"。这一撼世壮举表明了我国的民族尊严和浩然正气是不可毁灭和亵渎的，从此拉开了近代中国人民反殖斗争的帷幕。

为了对林则徐的虎门销烟给予报复，更为了使闭关锁国的中国开放市场，英国从本土和印度调派了远征军，并命义律为对华谈判全权大臣。1840年6月英舰到达珠江口，因林则徐防范严密，英军无隙可乘，北上攻陷浙江定海，又直逼天津大沽口，以穆彰阿为首的投降派全力攻击林则徐，将罪过推在有功之臣林则徐身上，林则徐被革职充军到新疆伊犁。战争前后，1842年7月，英国封锁瓜洲，攻陷镇江，兵舰直驶南京下关，清政府与英国侵略者签订中国近代史上第一个不平等条约——《南京条约》，中国从此沦为半殖民地半封建社会。

道光二十五年（1845年）10月，林则徐获赦，朝廷清流派官僚奔走相告，欢喜异常。此后，他任陕甘总督。1850年又调任云贵总督。

道光三十年（1850年）底，洪秀全举义反清，道光侦知后数次宣召林则徐入京，林则徐以病重不能应命。第二年，洪秀全起义爆发，道光强令林则徐以钦差身份赶赴广西，林则徐只得抱病启程。道光三十年11月19日，乘轿至广东普宁县城洪阳镇时，旧病加剧，只得暂住，请普宁县保和堂名医黄华诊治。黄医生切脉后，断定病状危殆，当即写下症论和方论，并配合药物治疗。由于随从医官是北方人，认为剂量太轻，不让林则徐服药。延误至第二日，黄医生再次诊脉，断定先前药未服，其病已入膏肓，无法救治。11 月 24 日，林则徐病死于洪阳，终年 66 岁。

林则徐病逝后，道光皇帝给他的谥号是“文忠”，甚至连敌人英国侵略者也不敢轻视他，对他敬畏三分，所以英国伦敦蜡像馆矗立有这位伟人的蜡像。

林则徐在大力禁烟、致力于海防建设方面是功勋卓著的。而且他能在中西两极初逢之时，敢为天下先，迈出了解、研究西方的第一步，在禁烟运动期间，他注意罗致人才，研究外情，比如他搜罗了一批外语人才，著名的有袁德辉、梁进德，这些人都通晓西班牙语、英语。他主张“师夷长技以制夷”，学习借鉴外国先进的科学技术，大量翻译外语杂志报纸，了解国际惯例，国际时事。尤其值得称道的是，他命人翻译《四洲志》（原书名《世界地理大全》，英国慕瑞著，《四洲志》是根据此书摘印的，译文 87000 多字，全部材料后来被魏源分类辑入《海国图志》中，该书影响极大，后来流传至日本，对明治维新产生了重大影响）。这些事实足以说明林则徐在中西初次会面之时，在中国从相对封闭状态被迫纳入世界运行体系的转变时代，能以务实精神及时调整“天朝中心”等不切实际的自大心态，算得上自觉调适，顺应转折的俊杰，也正如许多历史书所评价的“近代中国睁眼看世界第一人”。

林则徐功绩远不止这些，他一贯清正廉洁，他曾任河道总督、巡抚、总督等显职，往往在赈灾、平冤、擢才、断案等方面口碑极好，民间呼之“林青天”。即使他落难充军新疆期间，也是心忧社稷，荷戈万里。他关心民瘼，推广坎儿井，纺纱车，当地人称为“林公井”、“林公车”。他的英雄事迹和爱国精神，将会永远被中国人民乃至世界人民所铭记。

洪秀全创立太平天国

丧尽天良的洋鬼子用鸦片打开了中国的贸易大门,又用炮舰保护了那罪恶的鸦片贸易。《南京条约》签订后,外国货潮水般涌入中国,严重地破坏了中国千百年来形成的较稳固的农村经济结构。懦弱无能的清政府为支付战争赔款,加紧了对人民的剥削。广大的贫苦大众经受不起这种家破人亡、流离失所的磨难,纷纷组织起来,与腐朽的清王朝进行坚决的斗争。太平天国起义的爆发也正是历史发展的必然。

1814 年,洪秀全出生在广东一个中农家庭里。他 7 岁到村中私塾读书,由于天性好学,聪明过人,18 岁时,他在史学和文学方面的造诣就远近闻名了,但因为家贫,只好以教馆为生。他在父母相继双亡、服孝期满后,来到府城广州赶考,结果名落孙山。1843 年他重整旗鼓又赴广州考秀才,仍然落榜。洪秀全在广州应试期间,曾得到一本基督教的宣传品《劝世良言》并大约浏览过。名落孙山之后,他激成大病,高烧不退,神志昏迷,眼前幻象迭出,口中狂言,以至过了 40 多天才复元。从此他性格大变,由一个活泼热情的青年一变而为沉静庄严,不苟言笑的人。有一次,他无意中又翻阅了《劝世良言》,发现内容十分新奇,于是他认真地研读起来。

道光二十三年(1843 年)7 月,暑日炎热,洪秀全约会老同学冯云山和族弟洪仁玕仿照基督教"洗礼"仪式,洗净全身,此后,三人结为一个秘密革命团体——拜上帝会。洪秀全相信这种泊来的新教将会吸引许多信众。他们首先砸毁了家里的孔、孟牌位,这不免引来一些乡绅的攻击。1844 年 4 月,他和冯云山赴广西紫荆山区传教。他大力号召兄弟姐妹共灭邪神,同时他还用心良苦地编造出一个神话,说自己曾在生病时上过天,并且还看到天父,自己是受天命而来,是上帝的次子,耶稣是上帝的长子。洪秀全待组织基本建立后回广东,开始了两年多的著述活动。他写了《原道救世歌》、《原道醒世训》、《原道觉世训》,被视为太平天国理论上的奠基之作,在这里他阐发了农民的平等和平均思想,第一次提到社会上的两大对立营垒:正善与邪恶。这说明洪秀全的思想已经自成体系。与此同时,冯云山在紫荆山区烧炭工人中发展组织基本顺利,会员已发展至数千人，已初步形成以洪秀全、冯云山、杨秀清、肖朝贵、石达开、韦昌辉等人为首的领导核心。这期间虽然发生了冯云山被捕、拜上帝会险些解体事件，但由于杨秀清当机立断，代天父传言，稳定了军心，不久后就将冯云山营救出狱。拜上帝会建立初期一切还算顺利，只有一些小型战争，但基本上是有惊无险。

道光三十年（公元 1850 年）正月，清宣宗（道光）旻宁驾崩，咸丰皇帝即位，史称清文宗。6 月间，洪秀全派人去广东花县接洪、冯二人来广西，以免起义后遭清政府株连杀害。7 月，洪秀全下令各地会友务必在 11 月 4 日前到桂平县金田村“团营”，并计划于道光三十年 12 月初十，即洪秀全 38 岁生日那一天举行武装起义。

拜上帝会在各地的会员接到命令后，集聚金田人数达 20000 之众。一天，洪秀全、冯云山正在花洲山人胡以晃家中密谋起义，官府得知这一消息，派兵包围。杨秀清等人立即派兵救援，将清兵全部歼灭，这就是太平天国史上著名的“迎主之战”。

新即位的咸丰帝听到风声，急调林则徐为钦差大臣、广西巡抚前往镇压，林在普宁病死后，咸丰帝改派两江总督李星源为钦差大臣接替林则徐。

清江协副将伊克坦布在 1851 年元旦那天带领 1000 多名贵州双枪兵（火药枪加鸦片枪）杀到金田村附近，伊克坦布被斩了首级，全军成了向金

田起义陪送的进见礼。

这两次战役的胜利，助长了太平军的士气，他们经过顽强的战斗，给清政府带来了很大的打击，在一定的程度上灭了敌人的威风。至此，太平军也更加强大了。1851 年 1 月 11 日，太平军按原定计划举行隆重仪式，正式宣布起义。这些后来被清廷叫做“发匪、粤匪”的拜上帝会会员，个个蓄发，精神抖擞地列队开向前线，由此揭开了纵横 18 省坚持 14 年反封建、反侵略的农民革命战争的序幕。

太平天国后期虽然取得了很大胜利，势力发展到十几个省市，并坚持斗争达 14 年之久，但是后来由于内部矛盾及战略上的失策和部分领导者的变异等情况的出现，最后曾国藩、左宗棠的湘军、李鸿章的淮军同英、美侵略者的联合进攻，导致了太平天国的最终失败。但太平军还是动摇了清王朝的统治，打击了外国侵略者，并加速了清王朝封建统治的灭亡进程，使得中国这头昏睡的巨狮渐渐清醒。

李鸿章创办洋务

李鸿章（公元 1823 年 – 公元 1901 年），安徽合肥人，咸丰八年（公元 1856 年）加入曾国藩门下，参与军机要务、编练淮军，很得曾国藩赏识，不久便官至巡抚。同治九年（公元 1870 年）李鸿章任直隶总督兼北洋大臣，掌清朝至要权柄，致力洋务，曾开办军事、民用工业、建立北洋水师，是《中法新约》、《马关条约》、《辛丑条约》的签署者，与曾国藩、左宗棠等人发起兴办军工业的洋务运动。

同治二年至三年（公元 1862 年 – 公元 1863 年），时任江苏巡抚的李鸿章在上海设立三所制炮局，其中一所由英国人马格里监督生产。

起初，炮局设在松江的一座破庙里，只有 50 人，规模极小，没有一台像样的机器，每天生产的炮弹数量很少。李鸿章遂决定从淮军中挪出部分军饷，由马格里从英国买了一批制炮机器，工作效率才有所提高。不久，李鸿章在两江总督曾国藩支持下，在上海成立了江南制造局，该局除了生产枪炮之外，还造过一些军用船只，并建立了炼钢厂、栗色火药厂等。

它是当时国内最大的兵工厂,经费充裕,技术力量雄厚。

同治四年(公元1865年),李鸿章还把马格里主持的苏州洋炮局迁到南京,扩充为"金陵制造局"。由于官办军事企业的产品不计算成本,不管盈亏,更不考虑市场需要,加上军医出生的马格里对技术是外行,所以该局生产的大炮、弹药质量都十分低劣,导致大沽炮台的官兵们试放该局造的两门大炮时,发生了爆炸事件,当场炸死5名士兵,伤官兵13人。李鸿章听后大发雷霆,立即命令召马格里来天津。

马格里吊儿郎当地来见李鸿章,李鸿章让他亲自试放。马格里一听心里非常害怕,但事已至此,只好赶鸭子上架,结果又一次发生爆炸,李鸿章于是撤去马格里的职务。李鸿章调任直隶总督,接管崇厚开办的天津制造局时,吸取上次事件的教训,上任没多久他就将英国商人密妥士撤职,将一些技艺不精的洋专家统统撤换。

19世纪70年代开始,李鸿章督办海防。早在太平天国战争末期,李鸿章已经形成了一套惟武器论。由于19世纪70年代中期的日本侵台事件,中国赔款50万两白银,朝廷提出了六条"紧急机宜",以期早日达到"自强有实而外侮潜消"的目的。按照李鸿章的观点,在同治十三年的这起事件中对日本委曲将就,根本原因就在于铁甲船上。此后,李鸿章先后委托总税务司赫德向美国的阿姆士特龙兵工厂买了10艘小型的兵舰,光绪十一年(公元1885年)他又通过驻德公使李凤苞向德国的伏尔舰厂订购了两艘6000匹马力的铁甲船(定远、镇远)和一艘2800匹马力的钢甲船(济远)。光绪十四年(公元1888年),北洋海军正式成立,拥有20多艘军舰,并建设有旅顺口、威海卫两个主要海军基地。中日甲午战争爆发后,北洋舰队全军覆没,也宣告了洋务运动的彻底失败。

当然,李鸿章在洋务运动中的活动远不止这些,他还筹办了一些民用企业,著名的如轮船招商局和开平矿务局、电报总局、上海机器织布局等。1871年,他首倡由容闳等人率华童去美国学习军政、船政、步算、制造等学科,这些赴美的人中就有后来成才的詹天佑、刘冠雄等,他们带回了西方先进的科学技术,传播西方的新思想、新观念,对中国知识界、思想界影响极大。

李鸿章等人积极从事的洋务运动,鼓吹"中学为体,西学为用"的自强新政，最终都以失败告终，但洋务运动引进了西方的一些先进科技和先进管理知识，又为企业培养了一批科技人员，客观上有利于中国资本主义的发展，而且为后人在观念、思想上的转变打下了一定的基础。

光绪二十六年（公元1900年），义和团在北京闹事，八国联军进军北京，太后和皇帝逃到了西安，李鸿章时任议和全权大臣兼直隶总督，他派兵围剿京郊的义和团后，孤身一人进入北京，与八国联军的将领周旋，谈判议和，最后订了丧权辱国的条约，各国才相继退兵。

光绪二十七年间（公元1901年），因京师被洗劫一空，李鸿章忙于善后事宜，又奉朝廷诏书推行新政、设立政务处。最终他因积劳成疾，吐血身亡，死时78岁。

火烧圆明园

1840年以后，清政府与外国侵略者签订了许多丧权辱国的不平等条约，中国人民备受西方侵略者的欺凌。但是，以英法为首的列强对获得的权益仍不满足，他们想方设法地寻找借口，企图逼迫清朝政府签订新的条约，以获取更多的好处。不久，机会终于来了。

咸丰六年，法国天主教神父马赖违背《南京条约》、《黄埔条约》中不允许外国传教士到中国内地传教的约定，公然闯入广西西林县境内进行传教。他招收了一伙地痞流氓，名为传教，实际上抢劫财物，强奸妇女，无恶不作。县令张鸣凤将马赖及其随从逮捕，并将马赖和两个民愤极大的教徒斩首示众。法国得知这一消息以后，恼羞成怒，硬说马赖无辜被害，立即通知英国，要派远征军到中国，英政府心领神会，也想找个向中国挑衅的借口。

同年秋天，广州水师搜查了停在黄埔港的中国船只“亚罗”号。“亚罗”号是中国人肖成贩卖私盐的走私商船，肖成雇用了一个爱尔兰人当船长，水手全是中国人，其中有曾作过海盗的李明太和梁建富等。广州水师发现这个情况，把李明太、梁建富和嫌疑犯12人逮了起来，押在水师巡逻艇上。英国领事巴夏礼得知这一情况后，以“亚罗”号在香港登记过，领过通航证，挂过英国国旗，是英国船为借口，说中国人没有上船捕人的权力，要求水师军官梁定国释放被逮水手，遭到梁的严厉拒绝。

巴夏礼气急败坏地向两广总督叶名琛提出最后通牒，要求立即释放被捕的人，并要求出面道歉。同时，巴夏礼还威胁叶名琛，要在24小时内给予答复，否则英国海军就要攻打广州。叶名琛害怕得罪英国人，吓得赶紧派人把所逮的12人全部送交给了巴夏礼。但是，成心找麻烦的巴夏礼却嫌所派的人官职太小，而拒绝接收。英国海军就以这为借口，发动了侵略中国的第二次鸦片战争。

战争刚开始，叶名琛不战而逃，英军很快攻入广州，由于人民的奋起反抗，英军被迫退到虎门。在美国和俄国的支持下，英法联盟再次攻打广州，叶名琛不作丝毫抵抗，并且还拒绝了部将添兵设防、以备迎敌的主张，英法联军很快便攻陷广州城，俘虏了叶名琛。英法联军在广州烧杀抢掠一番后，又北上到天津大沽口，攻陷了大沽炮台，随后沿白河直攻到天津城下，扬言攻克天津后再进攻北京。清政府惊慌失措，急忙派人去天津议和，与英、法、俄、美分别签订了丧权辱国的《天津条约》。《天津条约》又一次丧失了中国许多权益，激起了中国人民的强烈不满。但是英法政府对由此获得的利益仍不满足，他们决定再使用武力，逼迫清政府进一步让步。

咸丰九年5月(1859年6月)，英法侵略军炮击大沽炮台，守卫炮台的爱国将士英勇抵抗，英法联军遭到惨败，退出大沽口。次年春天，英法两国调集了20000多人再次攻占大沽，又占领了天津，向北京东边的通州推进。咸丰皇帝带着皇后、贵妃和大批官员仓皇逃到承德，只留下其弟恭亲王奕䜣在北京与侵略者谈判。

英法联军攻到北京后，以为咸丰皇帝还住在圆明园，便绕过安定门和德胜门，占领海淀区，向圆明园进兵。

圆明园位于海淀以北两里的地方，包括圆明、万春、长春三园，康熙年间开始修建，雍正时进行了扩建。园内有乾隆皇帝从江南运来的奇峰异石，有能工巧匠们巧夺天工的杰作。圆明园方圆20华里，占地5000多亩，四周有澄怀园、蔚秀园、承泽园、朗润园、勺园、近春园、熙春园、一亩园、自得园、清漪园、静明园等巨大的园林建筑群。园内有弯弯曲曲的流水，高高低低的假山，湖如明镜，山似叠翠；园内有美妙奇物，不拘常套的宫殿建筑；有别具一格的“西洋楼”；有无数名贵的奇花异木；有数不清的珍宝玉器。圆明园堪称是世界上独一无二的园林。

英法侵略军闯进圆明园，看见如此多的珍贵文物和金银珠宝，就像饿狼一样，疯狂地抢夺起来。能拿走的尽量拿走，拿不走的就用枪托或棍棒砸毁，一连几天，侵略军把圆明园洗劫一空。

美国公使额尔金发表声明说：“圆明园是中国皇帝最喜爱的行宫，为了给中国皇帝极大的震动，警告他一下，使他今后不敢再在我们面前妄自尊大，应该把他这个老窝烧毁。”英国陆军司令格兰特支持额尔金的声明，说：“为了给中国政府留下深刻印象，知道我们的厉害，有必要烧毁圆明园。”他们命令米启尔骑兵团到圆明园分头同时放火。

霎时间，圆明园到处火焰冲天，浓烟滚滚，遮天蔽日，庄严华贵的宫殿和优美玲珑的亭台楼阁被大火吞没，一座座地倒塌下去。园内奇花异草也都被践踏烧毁。整个圆明园顷刻间变成一片焦土和瓦砾，世界上最辉煌壮丽的建筑群就这样从此消失了！

烧毁圆明园后，侵略者又抢掠和烧毁了畅春园和海淀镇，把圆明园的附属园苑万寿山的延寿寺、静明园的十六景、静宜园的二十八景等地也洗劫一空，然后放火烧毁。

之后,英法侵略者又欲攻打北京,并扬言要烧毁皇宫,这可吓坏了清政府,在英国武力恫吓和俄国的诱逼下,恭亲王被迫与英法签订了更加屈辱的《北京条约》。从此,中国人民遭受的灾难更加深重了。

慈禧太后发动辛酉政变

孝钦显(慈禧)皇后,满洲国叶赫那拉氏,系安徽徽宁池广太道道员惠徵之女。咸丰元年(公元1851年)被选入皇宫,封为懿贵人,咸丰四年(公元1854年)被封为懿嫔,咸丰六年(公元1856年)3月生子,就是后来的穆宗同治帝。母凭子贵,叶赫那拉氏当年就被进封为懿妃,第二年进封懿贵妃,咸丰十年(1860年)八国联军攻入北京,与咸丰帝一起逃往热河行宫。次年7月,咸丰帝病死,其子穆宗同治帝继位,她和孝贞皇后一起被尊为皇太后,也就是后来所说的慈禧太后。

咸丰在位的10年,内忧外患不断,先是太平军、黑旗军起义,继则捻军大乱淮泗,纵横捭阖,而英法等国又乘虚要挟,大动干戈。沙俄更是狼贪虎恶,一下子就割去了东北100多万平方公里的土地,连满洲帝国的发祥地也不放过,这是使爱新觉罗宗室蒙羞的奇耻大辱啊!不久,八国联军又火烧圆明园。在急火攻心、郁郁寡欢之中,咸丰身染重病,沉疴不起。

1861年7月,咸丰皇帝在多次昏厥之后,知道自己将要弃世,吩咐御前太监传肃顺、载垣、端华等八位大臣入宫议事。他知道懿贵妃是权利欲极强的女人,而皇后钮祜禄氏即慈安皇后少主见且无子,他如不事先安排好"托孤",今后势必会出现女后专权的局面,而六弟恭亲王他又极不信任,所以他就把安定爱新觉罗宗室帝祚,防止女后擅权的重责交给协办大学士、尚书肃顺和怡亲王载垣、郑亲王端华等八大臣。在他看来,八大臣联手足以抗衡懿贵妃,即便是恭亲王加入也不怕。

待八位大臣到达后,咸丰传下圣旨:"咸丰十一年七月十六日奉御笔:皇子载淳现立为皇太子;著派载垣、端华、景寿、肃顺、穆荫、匡源、杜翰、焦祐瀛,尽心辅弼,赞襄一切政务。特谕!"

当众大臣正要告退,让皇上静养时,咸丰憋足劲叫了一声"还有",大家赶紧收住脚步,下跪承旨。

“朕有‘御赏’、‘同道堂’两颗印章,可作为下诏的符信;‘御赏’为印起,‘同道堂’为印说。”

原来“御赏”是咸丰赐予皇后钮钴禄氏的私章,“同道堂”是咸丰赐予独子载淳的私章。这两枚私章成为皇权的象征,咸丰皇帝的意思已十分明确。

“御赏”印章在皇后钮钴禄氏手中掌管,而“同道堂”印章在叶赫拉那氏即懿贵妃手中,那是因为小皇帝载淳年幼,而叶赫那拉氏是他的生母,所以叶赫那拉氏代子掌印也是理所当然。

咸丰死后,八大臣拥立载淳为皇帝,并发出章疏:尊皇后钮钴禄氏为慈安皇太后;尊贵妃叶赫那拉氏为慈禧皇太后。

不久,山东道监察御史董元醇突然提出请两宫皇太后垂帘听政的建议。在载淳之前,清朝有过两个娃娃皇帝:清世祖(顺治)福临和清圣祖(康熙)玄烨,他们分别由多尔衮、鳌拜辅政。八大臣援引史实,以“本朝无垂帘故事”为理由,驳回董元醇的建议,并拟旨建议严办董元醇,慈禧扣住不发,八大臣以罢朝相威胁,最后还是慈禧妥协。

慈禧从这次失败中吸取教训,她不动声色,暗中通过常在宫内走动的醇亲王福晋传话给奕譞(慈禧胞妹夫),再通过奕譞联络曾经失宠的奕䜣,又通过奕䜣联络北京的外国使领馆,为举行政变紧锣密鼓地准备。

奕䜣是咸丰的弟弟,因为排行老六,为人刁钻巨猾,办事阴狠毒辣,所以被人称为“鬼子六”。当时正在北京与八国联军议和,控制着北京的局势,当他看到咸丰死时没有任命自己辅政,心中十分不快,但机会还是来了。

一个黑漆漆的夜晚,安德海像一条赤练蛇倏地滑入恭王府。奕䜣将安德海引入密室,安德海从贴身衣兜里取出慈禧的一封密函递给奕䜣,奕䜣展读,愁眉豁然开朗。他觉得夺取大权的机会来了。安德海的到来,等于接通了两宫太后与恭亲王的联系。

奕䜣果然火速前往热河避暑山庄。当8月初一日奕䜣出现在山庄时,肃顺等人大惊失色,但听说是奉两宫太后懿旨而来时,他们才稍稍放心,心想太后宣召恭亲王哭灵,也是让他尽手足之情,何况自己这边已有了大清皇帝的遗诏,那是铁案如山的。肃顺等人错就错在低估了对手。

当晚在烟波致爽殿里,奕䜣跪地请安毕,慈安、慈禧毕竟是妇人,丈夫新丧见了小叔子自然也就触景生情,慈安泪落如洗,慈禧也默默垂泪,说到咸丰弥留人世时的种种情形,宫女太监们相继出殿。这时,慈禧知道机不可失,赶紧问奕䜣对付"乱臣"肃顺的办法。

奕䜣说道:"现在的关键是要离开避暑山庄,剩下的事就都好说了。"慈安问:"那么大清皇帝的遗诏呢? 人家手上握有法宝呢!"

慈禧从容地说:"遗诏又非御笔,怎么说都可以,我们手中的两颗印子可镇住他们! 实在不行,可以借用洋人的力量。"奕䜣道:"洋人也可以站在我们一边。这些事你们就可以放心了,我早就计划好了,我看,步骤可以这样,皇上与两太后和七大臣起驾回京先行,肃顺护送大行皇帝梓宫在后缓行,再由醇亲王留守热河避暑山庄,相机行事。我这里令胜保率兵弁半路截住肃顺,以快打慢,战无不胜。"

9 月 20 日,小皇帝载淳、两宫皇太后以及八大臣的扈从们一起,浩浩荡荡地回京,慈禧等人的车轻马快,早把护送梓宫的肃顺远远抛在后面。

肃顺一行的队伍尚在京郊怀柔的山路九曲十八盘,行进的速度犹如蜗牛。当他们夜宿密云的行馆时,奕䜣已从热河追上来,半夜中,以迅雷不及掩耳之势,包围行馆,逮捕肃顺。肃顺从被窝里被抓出来时,还咆哮着追问:"凭什么抓我?"奕䜣回答:"奉旨拿问。"肃顺说:"我还是襄赞政务大臣,未曾革职,先要拿问,真是奇闻!"奕䜣冷冷地驳斥道:"既然有旨拿问,自然要革职,你不必多言!"

公元 1861 年 9 月 30 日肃顺被抓。

当日早晨,辅政大臣载垣、端华、景寿、穆荫、匡源、杜翰、焦祐瀛,照例去军机处上班,当他们来到内右门时,被突如其来的数十名侍卫团团围住,一个个被捆起押走。

至此,咸丰皇帝任命的八位襄赞政务大臣,五个被革职,发往新疆效力赎罪。载垣、端华被赐令自尽。肃顺在宗人府被审问时还咄咄逼人地问道:"新皇尚未登位,拿问我的谕旨盖的是何人大印?"主持审问的宗正回道:"用的是东、西两宫太后的印。"肃顺顿足叹息:"罢! 罢! 好一个西太后!"在履行供词签字手续时,同时受审的载垣、端华迟疑着不愿落笔,肃顺却痛痛快快地签了字。他对载垣、端华说道:“承认也死,不承认也死,武则天重生,顾命大臣还想逃命吗?”宗人府判肃顺“凌迟处死”,那拉氏故作姿态,改为“斩立决”。

除掉八大臣不久,慈禧进一步登天,掌握了国家大权。就在政变的次日即10月1日,慈安和慈禧在养心殿东暖阁开始了垂帘听政的政治生涯。10月9日,载淳正式即帝位,明年改元同治。小皇帝载淳的年号,原来叫“祺祥”。祺祥是载垣拟定的,不能再用,在大学士贾桢建议下才改为“同治”。意思是由两个太后共同治理国家。

辛酉政变标志着叶赫那拉氏爬上了统治中国的最高宝座,这一年,她刚刚27岁。慈禧到公元1908年病死,在这47年中,她一直操控着整个国家的命运,祸国殃民,是中国近代史上一个臭名昭著的大野心家、阴谋家,典型的卖国巨贼。

中日黄海大战

公元1894年,中国和日本终于因为朝鲜问题爆发了一场大规模的战争。按中国传统的干支纪年法,这一年是甲午年,所以,历史称这场战争为“中日甲午战争”。甲午黄海之战是中日战争中一次激烈的海战。这场战争的最后结果是中国战败赔款并割让了宝岛台湾。

早在明治时代,日本就确立了“大陆政策”,他们的计划是先占领朝鲜和台湾,进而征服中国乃至世界。

1876年,日本强迫朝鲜签订了《江华条约》,朝鲜自给自足的自然经济开始逐步解体。1885年,日本又利用朝鲜“甲申事变”的发生,强令清政府签订了中日《天津条约》,规定朝鲜今后若发生重大变乱事件,中日两国或一国需要出兵朝鲜时,必须提前通知对方。这样,朝鲜就陷入了“一仆两主”的尴尬局面,这也为日本出兵朝鲜,爆发日清战争埋下隐患。

1894年4月,朝鲜爆发东学党农民起义,朝鲜国王央求清政府派兵镇压。6月5日,李鸿章派直隶提督叶志超、太原镇总兵聂士诚率兵1500人渡海抵达朝鲜半岛。

日本探知消息,早于6月2日便开始向朝鲜派兵,又在6月8日在仁川登陆,控制了从仁川到汉城一线战略要地。7月25日,日军向牙山清军发起进攻,清军主将叶志超弃守,聂士诚在成欢驿迎战也失败,而同日,日本联合舰队又在黄海海域截击了中国广乙、济远两舰和清朝租用的英国商船高升号,造成舰沉人亡的惨剧。

8月1日,中日两国同时正式宣战。

9月15日,日本陆军分四路攻平壤,平壤失守,主将叶志超仓皇狂奔五百里退回国内。

在海上,日本联合舰队气焰嚣张地寻找时机与北洋舰队决战。9月16日,海军提督丁汝昌率北洋舰队护送援军至大东沟,9月17日返航,上午11时,行至大东沟以南黄海海面,正与日舰相遇,日舰共12艘以松岛为旗舰。

北洋舰队是10艘,以定远号为旗舰。丁汝昌发现日舰后,即令定远、镇远二艘铁甲舰居中,为“人”字阵列队迎战。12点50分,双方开始交火。北洋舰队远远地发出第一排炮弹,都没有击中。日本吉野等4舰,凭着它的快速,横越定远、镇远两舰,而绕攻右翼超勇、扬威两小舰,超勇号中弹

起火沉没，扬威号也中弹燃起大火，只得出阵救火，因为搁浅又丧失了战斗力。

与此同时，在定远舰上指挥的丁汝昌却因船身猛烈震动，而从飞桥上摔下来，丁汝昌遂命定远号管带刘步蟾代他指挥。定远号等舰猛击日舰"比壑"、"赤诚"、"西京"，并击毙赤诚舰长——日军少佐坂元八郎太，比壑号、赤诚号因受伤严重退出战列。

战斗延至下午2：30，北洋舰队被日舰左右夹击，尤以旗舰定远号被号称日本海军精锐的"吉野"、"高千穗"、"秋津洲"、"浪速"4舰包围，情况十分危险。

致远舰管带邓世昌见旗舰被围打，为保护旗舰，下令开足马力，疾速驰向阵中，不料被吉野等4舰围攻，激战中船身多处受伤，且弹药将尽，船身马上就要沉没。"吉野"见致远号炮声沉寂，知道致远号已缺乏弹药，于是肆无忌惮地冲杀过来，连续向"致远号"发射重磅炸弹，妄图一举击沉"致远舰"。

邓世昌对帮带大副都司陈金揆说："倭舰全靠吉野，如果把它撞沉，足使倭奴丧气！"吉野急忙躲避，同时施放鱼雷，其中一发鱼雷击中致远舰，船向左倾，邓世昌与大副陈金揆等全舰将士同时落水。

海上波涛滚滚，邓世昌的随从刘忠将自己的救生圈让与邓世昌。邓世昌宁死不肯接受，正在争执之时，恰逢一北洋快艇驶来，艇上水手们大声叫道："邓大人，快上船！"邓世昌不为所动，他决心与致远舰，与将士们同生死。就这样他任海水浸袭，身体逐渐淹没。此时，他喜爱的那只"太阳犬"用嘴叼着邓世昌的衣袖，不让他往下沉溺。邓世昌用手将爱犬赶走，爱犬仍不肯离去，又游过来叼着他的发辫往上拽。邓世昌毅然用手按住爱犬，一同沉入大海，壮烈殉国。

随着，北洋舰队右翼阵脚超勇、扬威二舰也中弹沉没后，经远舰便失去保护。"经远"在管带林永升指挥下，与敌舰激战。敌舰集中火力以排炮猛攻"经远舰"，一颗炸弹在林永升面前炸开，林永升中弹身亡，大副陈荣、二副陈京莹也相继中炮身亡，经远舰最后在烈焰中下沉，全舰仅生还16人。

下午5点多，"靖远"舰在叶祖珪的指挥下，修复好漏洞。他主动代替定远舰指挥,北洋舰队向日舰猛击,声威大震,日舰这时损失惨重,掉转船身向西南海面远遁。

黄海之战中,日本军舰重伤5艘,北洋舰队沉没5艘,李鸿章为保住自己的实力,令北洋舰队龟缩在威海卫军港内,不敢巡海出战,白白将黄渤海的制海权让给日本人,致使整个日清战争中国失败。

不久,日本军队又卷土重来,他们在打败清军微弱抵抗的情况下,很快就攻下威海卫炮台,他们调转炮口,对准北洋舰队开火,军舰一艘艘被敌人击沉,清政府辛苦经营了11年的曾经是远东第一的北洋舰队最后在威海卫军港内全军覆没,令中国海军含垢忍辱,李鸿章要承担这一罪责。

甲午战争以日本人的胜利而告终,李鸿章又奉慈禧之命去日本议和。在谈判桌上,日本人威胁逼迫,李鸿章最终还是在不平等条约上签字,这就是历史上的《马关条约》。根据这个条约,中国向日本赔偿的军费就有二亿两白银,最让人痛恨的是,李鸿章还把台湾割让给日本。这一丧权辱国的举措令举国上下悲愤不已,更让那些丧心病狂的侵略者肆无忌惮,气焰更加嚣张。

戊戌变法

公元1895年-1898年,在中国发生了一场颇有声势的资产阶级维新变法运动,其高潮为1898年的百日维新。

自黄海战役后,中日签订了《马关条约》,举国轰动,无不悲痛气愤,此时恰逢文人举子进京参加进士的会试。康有为、梁启超、谭嗣同等人联络集结了各省在京参加考试的举人,向朝廷上奏书,请求拒绝议和,主张迁都、变法,但被阻碍而没有上达,这就是所谓的"公车上书"。后来康有为又单独上书,由都察院代奏,光绪帝看后很赞同他的看法,召见了康有为。康有为借机向光绪帝陈述了国内目前的形势,请求光绪帝施新法除旧政,光绪帝同意康有为的观点。于是,召集全部军机大臣开御前会议,6月23日下午诏书"明定国是"决定变法。

这是一场由资产阶级改良主义者领导的自上而下的改革。然而,这一场改革不能不触动封建顽固派守旧势力，不能不动摇他们的统治地位，因此，百日维新一开始，围绕顽固派和维新派的斗争，就顿时激烈起来。

1898年6月27日，当"明定国是"的诏书颁发才4天，慈禧太后就逼迫光绪皇帝下令将翁同龢革职，赶出北京。翁同龢是光绪皇帝的亲信大臣，在帝党和维新派之间起着互联的作用，将他革职，自然削弱了变法维新的力量。接着又规定，凡是授给二品以上的大臣新职，都要到太后面前谢恩，从此控制光绪帝的人事任免权，防止维新派获得高级官职。6月23日，慈禧太后又逼迫光绪任命荣禄为直隶总督兼北洋通商大臣，统率北洋三军，这实际上是控制了北京。慈禧太后又用光绪帝的名义，宣布10月19日往天津检阅军队，准备到时发动政变，逼迫光绪帝退位。同时，慈禧太后还派出大批亲信太监，暗中监视光绪帝，把守内廷各处宫门，盘查出入人员。维新派和帝党，已经落进了慈禧太后布置的天罗地网之中。

维新派既没有掌握军政实权，也得不到人民群众的支持，他们对待人民群众的态度，从来都是十分错误的。他们把当时各地进行斗争的人民群众视作"盗匪"，命令官员查拿、镇压，在这危急的时刻，他们当然没有可以依靠的力量。他们反复商量，唯一能想到的办法，就是托庇于袁世凯的军事力量。袁世凯早年曾在天津小站督练新建陆军，这时是荣禄的部下，是北洋三军中的重要将领，他的军队就驻扎在天津附近。当变法维新高涨的时候，他曾投机参加强学会，一度表示过赞成变法。康有为想，如能把袁世凯争取过来作为变法主力，事情就好办了，因此，他建议光绪帝重用袁世凯"以备不测"。光绪帝发出上谕召袁世凯来京，并于9月16、17日两日接连召见，给他侍郎衔，命令他专办练兵。袁世凯其实一到北京就遍访了权贵，早已摸透内情，只是不动声色罢了。

这件事，很快被后党知道了。荣禄马上抽调一支军队到天津，沿着天津到北京的路上布防，防止袁世凯的军事调动；又抽调一支军队到北京，驻扎在城外，加强京城的警卫。这时候，光绪帝的一举一动都受到监视，完全失去行动自由，他知道自己快要大祸临头，皇位不保，心里非常焦急。他在17日托林旭带密诏给康有为，告诉他要赶快设法解救。康有为第二天接到密诏，立即在南海会馆召集梁启超、康广仁等商讨应付办法。最后大家一致认为还是要紧抓袁世凯，并想办法说服他出兵相助。

20日,光绪帝又一次召见袁世凯,要他保护新政。退朝之后,老奸巨猾的袁世凯匆匆赶回天津向荣禄告密,荣禄得报后,连夜乘专车进京,赶往颐和园去向慈禧太后报告。袁世凯通过这一叛卖行动,从此飞黄腾达起来,他用维新派的血,染红了自己的顶戴,而将变法维新运动陷于血泊之中。

9月21日凌晨,慈禧太后带着大批人马气急败坏地从颐和园赶到紫禁城,闯进光绪帝卧室,拿走了全部的奏稿,命令把光绪帝囚禁在中南海的瀛台,对外则宣布光绪帝生病,不能亲理政务,从21日起由慈禧太后"临朝听政"。同时,她还下令大肆搜捕维新派和倾向维新派的官员。百日维新期间推行的全部新政,除了京师大学堂等少数几项措施以外,都被废除。这一年是甲子纪年的戊戌年,所以史称"戊戌政变"。

康有为在20日已经离开北京,第二天从天津搭乘英国轮船逃往香港,没有被抓到,他的弟弟康广仁被抓去;梁启超当天得到日本使馆的保护,化装逃往日本。其余没有来得及逃走的都被革职、监禁或充军,只有谭嗣同还在到处活动,想要营救光绪帝。他已抱定为变法牺牲的决心,因此沉着等待逮捕。入狱后,他在狱中墙上题诗一首:"望门投止思张俭,忍死须臾待杜根。我自横刀向天笑,去留肝胆两昆仑。"

9月28日,慈禧太后下令杀死谭嗣同、康广仁、刘光第、林旭、杨锐、杨深秀六人。他们被称为"戊戌六君子"。

谭嗣同等人死后,戊戌变法至此也就算彻底失败了,但此后的清政府内部的斗争更加激烈,并牵涉到了外交事务。不久便有了义和团运动爆发,八国联军入侵,清朝几乎面临灭亡的局面。

八国联军占领北京城

天津陷落后,1900年8月4日,八国联军20000人自天津沿河两岸向北京进犯。当时,北京和天津间清军达10万人,其中"勤王师"30000人,驻京武卫军、甘军、虎神营等30000人,从天津撤退的宋庆、马玉昆部10000多人,加上直隶练军等共200余营。5日,义和团和马玉昆部在北仓阻击联军，打死打伤日军400多人、英军120人，血战多时，北仓失守，裕禄走杨村。

6月联军攻杨村，清军正处于“溃勇未集，无以战守”之状，刚一交锋，便溃阵而逃，宋庆、马玉昆旋即北逃通州。此时，裕禄仅率少数随从，驻扎于杨村附近的蔡村，见事不可为，口呼“智穷力尽，辜负国恩”而自杀。

同日，帮办武卫军事务大臣李秉衡临危受命，率几个幕僚和数百义和团出京御敌，名为节制4军(张春发、万本华、夏辛酉、陈泽霖)，实无一兵应命。7日，李秉衡行抵马头，会夏辛酉军，随即进驻河西务。9日，马玉昆部逃到河西务，声言敌众我寡，势不可挡，李秉衡劝其同抗敌，“并力堵御”，马玉昆没有听从，继续向南苑逃去。张春发、万本华两军已抵河西务，联军尾随马玉昆攻河西务，李秉衡急督军阻击。张春发未见敌即逃，万本华、夏辛酉军战败，河西务失陷，李秉衡退至马头。时宋庆、马玉昆等败军数万汹涌溃退，充塞道路，难以阻遏。陈泽霖军不战自溃，逃至济宁；万本华军溃而北逃向山西；夏辛酉军溃而南逃向山东。

10月，李秉衡退至张家湾。11日，联军逼近张家湾，李秉衡自尽殉国，张家湾为联军所占。12日，联军侵占通州，宋庆闻风而逃。

俄军曾与各军约定15日会攻北京，但为抢“首功”，13日夜，俄军背约

首先进攻北京东便门，遭到甘军和团民坚强抵抗，战斗“猛烈殊常”，14日两点，俄军攻占东便门城门，随即进攻内城建国门，甘军在城墙上向俄军猛烈开火，击毙、击伤俄军甚多，击毙团长安丘科夫上校，重伤直隶司令官华西里耶夫斯基将军。激战到下午，俄军才攻入内城。俄军抢先进攻后，日军立即攻打朝阳门、东直门，在朝阳门遭到甘军顽强抵抗，从清晨打到黄昏，日军才攻占朝阳门。英军在俄、日两军进攻之后，攻广渠门，守兵先已溃逃，英军乃于下午两点首先侵入北京城，并从水洞爬进东交民巷使馆区。法、美等国军队也相继侵入北京城。荣禄率领的武卫中军及神机、虎神等营的数万清兵早作鸟兽散。义和团与旗兵在宫门外联合抗击侵略军。

15日凌晨，西太后挟光绪帝，带着溥仪等微服出德胜门西逃，随行者仅载漪、刚毅等10余人，护卫清军100人。16日，紫禁城失陷。

在联军司令官议定由美、俄、日、法等国军队分别驻守紫禁城各城门后，围绕着如何对待紫禁城的问题，各国公使与联军司令官又进行了几次磋商。有人力主占领紫禁城，以免中国人误会真有神灵在保佑这片圣地，以致联军不敢进驻。也有人认为，还是以不占领紫禁城为好，因为洋人如果攻进紫禁城，将会进一步激怒中国军民，也势必激化列强与逃离北京的清政府的矛盾，这样就会影响和平谈判，影响偿付赔款，甚至会导致中国被瓜分。几经辩论，在前一种意见略占优势的情况下，他们决定用盛大的阅兵游行来亵渎紫禁城，以此来庆贺联军攻占北京，并表示对大清帝国的羞辱。

根据公使团和联军司令官联席会议的决定，八国联军于8月28日上午在大清门前举行了阅兵式。按事先的协议由800名俄军作为领队，其后的队伍是由800名日军、400名英军、400名美军、400名法军、250名德军、60名意大利军和60名奥军组成。各国使节和司令官都参加了这一活动，俄国的利涅维奇中将因军衔最高，代表联军检阅了部队。阅兵完毕，各国侵略军按列队的顺序开始到紫禁城游行，依次由大清门进入，经过各门和各大殿，过左内门，出神武门。一路鼓乐齐鸣，好不威风。游行结束后，紫禁城的所有大门又都关闭了。

这次阅兵和游行，是八国联军对北京的一场象征性的摧毁。

八国联军占领北京后，对北京居民进行了残暴的屠杀和抢劫。侵略军日夜包围各坛口，搜捕屠杀义和团，仅庄王府一处，就杀死烧死1700多团民。侵略军不仅在大街小巷"逢人即发枪毙之"，且闯进民宅乱杀乱砍。11国使馆成员也参加了屠杀，并以杀人数目互相炫耀，京内尸积遍地，腐肉白骨纵横。联军在京到处烧房，凡设过拳坛的王公府邸、寺院和民宅，"皆举火焚之"。大批珍贵图书档案被焚毁，在第二次鸦片战争中被英法联军劫余的《永乐大典》，又失去307册，珍贵图书被毁者数以万计；清中央部门的档案文稿，皆集中"在长安门内付之一炬"；许多重要档案资料被随意丢弃，长安门附近"满街破纸，皆印文公牍"。联军还到处奸淫妇女，屠杀幼童。联军占领北京之后，曾特许军队公开抢劫3日，后又以捕拿义和团搜查军械为名继续行抢，传教士、使馆官员也趁火打劫，大发横财。于是，皇宫、官衙、王府、宫邸、商店、当铺、钱庄、民户皆被洗劫一空。法军统帅佛尔雷一人就劫掠珍宝40箱，天主教北京大主教樊国梁自己承认的抢劫数字是"二十万三千零四十七银两又五十枚"，日本侵略者掠取户部所存之银"其数在百万镑以上"。北京"自元明以来之积蓄，上自典章文物，下至国宝奇珍，扫地遂尽"，所失"已数十万万不止"。

10月4日，《清议报》根据一个日本归国军人所述，报道了北京战后的惨状，往日巍然耸立的屋宇楼阁，几乎全被联军所劈击烧弃，再也找不到数百年来的庄严美观，留存者仅有一二。街市被毁去十分之二三，居民们无法在京城居住，多四面逃避，以致兄弟妻子离散，一片凄凉惨淡。财物则任人掠夺，妇女则任人凌辱，不能自保。进入北京的八国联军，将校率军士，军士则同辈相约，光天化日之下大肆成群抢掠。官宦富豪之家，无一幸免此难。掠夺的什物，除金银珠宝外，还有书画、古董、衣服以及马匹车辆等所有值钱的东西。由于军人们不方便将抢来的东西都带走，于是他们便低价转售，因此京城里操奇之人一时颇多。此外，盗贼横行，粮食匮缺，偶尔有小贩出来，也免不了被兵士劫夺一空。所以，中国人连白天也不敢在街上单独行走。

11月17日，联军总司令瓦德西抵京。12月10日，联军设立"北京管理委员会"，在北京实行军事殖民统治。

西太后西逃始末

光绪二十六年(1900年),英、美、俄、德、法、意、日、奥八国联军入侵中国,直接进犯北京。7月19日夜,炮声骤急,人心惶惶。慈禧不敢入睡,坐镇养心殿,听取军情报告,忽然载漪入报:"老佛爷,洋鬼子打进来了!"接着,军机大臣荣禄也慌里慌张地入报沙俄哥萨克骑兵已杀入天坛。

谣言越来越多,越来越耸人听闻。

7月20日,慈禧召集王室亲贵和军机大臣会议,紧急商议撤离京师避难事宜。

7月21日凌晨,慈禧与光绪皇帝、皇后、瑾妃、大阿哥溥儁等人换便衣乘马车仓皇离京,行前将珍妃投入神武门内的一口井里,珍妃时年24岁。

由于当时东直门,齐化门已被洋人攻下,慈禧一行从神武门出宫,经景山西街出地安门西街西行。当队伍到德胜门时,难民如潮涌。慈禧胞兄、隆裕皇后之父桂祥率八旗护军横冲直撞一阵,才开出一条道来。

队伍在上午11时抵达颐和园,两宫人员纷纷下车进入仁寿殿休息。不多久,慈禧下令出发,随行者十余人,马玉昆率1000多名护驾军兵及神机营部分官兵护驾。队伍马不停蹄地急行军,逐渐不闻枪炮声,后面也无一个洋兵追来。两宫人员及兵勇均疲累不堪,到晚上7时许,才赶到一个叫贯市的小村,进入一座回民礼拜寺歇息,胡乱吃些东西,勉强和衣而卧。

翌日一早,李莲英等在当地弄了三乘蒙着黄布的驼轿,慈禧、光绪、隆裕各一乘,接着轻装前进。由于安全已不成问题,慈禧只留下数百名原紫禁城护驾军护驾,马玉昆的队伍被打发了回去。

西行之初,沿途官逃兵乱,百姓流离,慈禧和光绪帝只能夜宿土炕,既无被褥,又无更换的衣服,更谈不上御膳享用,仅以小米稀粥充饥。到怀柔、宣化后,地方官纷纷出城接驾,进奉衣食,情况才逐渐好转。

慈禧一行,一路坎坷,至8月17日方到山西太原。慈禧原打算落脚太原,但山西适逢大旱,地瘠民贫,供给困难,又听说德法联军欲攻山西,太原亦不安全,于是决定转至陕西西安。闰8月19日,慈禧又重新踏上征途。大队人马经祁县、灵石、平阳府、蒲州府，至风陵渡，南渡黄河，过潼关入陕，经华阴、临潼，于9月4日到达西安。慈禧先选择抚台南院（巡抚衙门），后又移驻北院（总督衙门），作为自己和光绪帝的行宫。

到西安后，安全有了保障，慈禧又开始摆起太后的架子，暂且过着偏安西北，养尊处优的日子。同时，为了他日能“体面”回銮，命庆王奕劻回京会同直隶总督李鸿章与各国交涉议和。

惊魂初定的慈禧于患难之中为笼络人心，大肆封赏西行官兵、西行太监，其中一次就赏马玉昆所部白银10000两，赏董福祥马队白银3000两，赏岑春煊一军白银2000两。

慈禧担心各国公使会把自己列为首号战犯，经常通电联系李鸿章，了解议和进展状况，为讨好列强，她不断发布上谕：“此次中国变乱，事出仓促，以致开罪友邦，并非朝廷之意，对于首祸必定严办，肃清乱源，拳匪聚集之所，要认真剿办，毋稍姑息，以绝祸根。”这些话完全表明她要丢卒保帅，不惜一切代价讨好列强。

光绪二十六年11月初一，经与11国公使的艰苦磋商，一份包括12条条款的《议和大纲》终于确定下来。奕劻、李鸿章等人将《议和大纲》送到西安，清廷复电表示“立即照允”。

次年正月初三(1901年2月21日),按列强的要求,清廷发布上谕,惩办"战犯",将载勋、赵舒翘、英年、毓贤、启秀、载漪、载澜、董福祥等11名清廷大吏或正法或远戍边疆,终身监禁。

惩办了战犯,便消除了中外议和的一大障碍,剩下的主要是赔款。慈禧为尽量满足列强要求,以光绪的名义下罪己诏,奴颜十足地称:"量中华之物力,结与国之欢心。"

光绪二十七年8月15日,《辛丑条约》签订,中国给各国赔款白银4.5亿两,本息相加相当于清政府12年的收入总和。《辛丑条约》的签订,标志着中国完全沦为半殖民地半封建社会。

"议和"告成,慈禧一行于同年8月24日取道河南,直隶回銮,归程与西行大不相同。从西安启程时,百姓"伏地屏息","各设彩灯"欢送,数万人马照京城銮仪卫之制列队行进,慈禧乘坐八人抬亮轿,舆夫身穿红绸驾衣,轿前有御前大臣及侍卫,后面是3000多辆官车,装着慈禧及王公大臣的行装及土特产,浩浩荡荡如同打胜仗般凯旋。

慈禧銮驾所经之处,全部新修平坦大道,并铺上一层软黄土,净水泼洒,以防车队扬起尘埃。一路上设行宫37处,皆富丽堂皇,仅洛阳一处行宫即花费白银78000两。

具有讽刺意义的是,慈禧还京途中,路上经河南卫辉城,原计划从南门入城,但被当地一名法国神父挡住道路,随从文武大臣无一人敢上前交涉。慈禧一朝被蛇咬,十年怕井绳,也是无奈得很,只得下令改从西门入城。

光绪二十七年11月28日,慈禧、光绪帝等人终于风尘仆仆地回到了北京,京城地方官动用了大量财力和人力,将御道装饰一新。但入城的气氛还是叫人感到气闷与压抑,沿途大街上除了乱哄哄的八国联军官兵围观外,跪迎慈禧回銮的官员百姓寥寥无几。经历浩劫的京城再也打不起精神来迎接这个祸国殃民的国贼了。

秋瑾献身革命

秋瑾(公元1876年－公元1907年),浙江绍兴人,出生在福建厦门。她的父亲长年在外做官,她一直在父亲的身边长大。秋瑾的性格热情倔强,从小就喜欢读书,能言善辩,20岁时就已是出色的诗人和作家。她还喜欢剑侠,对古时候行侠仗义的人非常钦佩。可惜这样一个多才多艺的女子,却在父母的包办下,嫁给了一个浪荡公子。

秋瑾的丈夫王延钧,是湖南湘潭的一个官僚子弟。他仗着家里有钱,在北京买了个京官做。同时他五毒俱全,吃喝嫖赌,样样精通,对秋瑾也像对牢房里的囚犯一样,一举一动都要加以干涉。这一切措施却激发了秋瑾要和封建家庭决裂的想法。因此,她大胆地穿戴起了男装、西装、皮鞋、蓝色的鸭舌帽。自谓"竞雄",意思是与男子竞赛争雄。秋瑾的这一行动表现出她对传统束缚的强烈反抗精神。八国联军入侵北京时,她亲眼看到了外国强盗的兽行,深深感到了清朝的腐败无能。从这时起,她的爱国激情就像火一般燃烧起来。

1904年春,秋瑾为了寻找革命的真理,毅然离开了儿女和丈夫,只身远走日本。在日本,她一面学习,一面积极参加反清的革命活动。孙中山在日本组织同盟会时,她立即加入,由于她具备坚定的革命意志和过人的才华,很快被推荐为同盟会浙江支部的负责人。在日本留学期间,秋瑾特别重视发动妇女来参加革命,组织留日的女同志成立"共爱会"以摆脱封建制度对女子的束缚,并由自己担任会长,立志要把中国广大妇女从"十八层地狱"解救出来。她还把自己的名字改为"竞雄",她日夜憧憬实现她"人权天赋原无别,男女还须一例担"的理想。

1906年,秋瑾回国后,在上海创办了中国女学,主编《中国女报》。同时,还加入了蔡元培、章太炎等组织的革命团体——光复会,结交了很多革命志士。在上海,她还和革命党人陈伯元等租了几间房子,专门制造炸药,以此来增强革命党人的武装实力。

1906年冬天,同盟会发动了萍(乡)浏(阳)醴(陵)起义,威震长江流域,全国的革命潮流一下子高涨起来。秋瑾激动不已,她自告奋勇担负起浙江起义的领导工作,回到家乡绍兴主持大通学堂,准备起兵支援萍浏醴起义。

大通学堂是光复会重要骨干徐锡麟、陶成章创办的,实际上是一所军事学校,也是光复会培训干部、组织群众的据点。秋瑾接办这所学校后,为便于活动,她组织了一个公开组织——体育会,亲自担任教员,每天清晨带着几百名学生做操,练习骑马、射击等。此外她还亲自到金华、兰溪等地联络会党,秘密组成“光复军”,并于1907年5月和徐锡麟议定7月间在浙江、安徽同时发动起义。

但在6月间,由于绍兴的会党过早地暴露了目标,清政府听到风声,到处査处革命党人。徐锡麟怕夜长梦多,日久生变,就趁警察学堂提前举行毕业典礼,安徽巡抚恩铭及文武官员前来祝贺的机会,举枪打死恩铭。清军围上来,他率领学生冲出学堂,攻占了军械所,准备开仓取枪举行起义,结果被清军死死围住。由于双方力量悬殊太大,徐锡麟被捕,丧绝人寰的恩铭手下竟将他的心掏出来炒食。

当秋瑾从报纸上看到徐锡麟遇害的消息时,这个刚强的女英雄不禁泪珠滚滚,悲愤欲绝。但也恰恰在此时,因叛徒向绍兴知府贵福告了密,大通学堂很快被暗探监视住了。革命党人王金发获悉后,急忙赶来劝她暂时离开绍兴。但秋瑾为了布置各地起义军安全转移,拒绝了他的劝告,斩钉截铁地说:“我要是怕死就不会出来革命,革命不流血怎能成功,我决不离开绍兴!”说完,她拉开抽屉,把起义军花名册交给王金发,让他马上离开绍兴。王金发刚走,突然一大群清兵冲进了大通学堂,逮捕了秋瑾。

在绍兴知府衙门公堂上,阴险的贵福动用酷刑,逼迫秋瑾招供。但秋瑾一言不发,以惊人的毅力忍受了酷刑的折磨,没有吐露半点革命机密。敌人见她如此坚强,心中不由暗生恐惧,于是决定将她偷偷杀害。

7月15日凌晨4点,当人们正在睡梦中的时候,这个坚强的民主革命战士,旧时代觉醒的前驱者,被敌人暗杀于绍兴城内古轩亭口,这一年她才31岁。临刑前,她神色庄严,毫不畏惧,从容地在供词上写了一行字:“秋风秋雨愁煞人。”

秋瑾牺牲后,其好友徐寄尘不忘烈士生前“愿骨埋西泠”的遗愿,亲自在杭州西泠桥畔买得一块土地,并和秋瑾盟姐吴芝瑛把秋瑾葬在西泠桥畔。同时吴芝瑛也甘冒政治风险，为秋瑾家属喊冤除祸。辛亥革命后，孙中山亲往绍兴“风雨亭”向烈士默哀，并题了如下一挽联来悼念她：

江户矢丹忱，感君首赞同盟会；

轩亭洒碧血，愧我今招侠女魂。

对联中的江户即今天的日本东京。

秋瑾是为民主革命而牺牲的第一个杰出的女英雄，是近代妇女中最先觉悟的觉悟者。她的名字与日月同辉，她的业绩与山河共存。如今杭州西子湖畔，每年清明时节，青少年、妇女、各界人士，海外侨胞都前来悼念秋瑾。

邹容出版战斗论著《革命军》

邹容（公元1885年－公元1905年），原名绍陶，字蔚丹，四川巴县人。自幼聪颖好学，在很小的时候便已熟读四书五经。他博闻强记，喜欢阅读名人传记，少年志士夏完淳的反清事迹，对他后来的反清产生了强烈影响。

19世纪末维新思潮兴起，邹容受到了很大的影响。他经常翻阅新书新报，接受西方的先进思想，因而眼界大开，也渐渐懂得国内外大事。受维新思想的浸润，邹容朦胧地有了用西方资产阶级文明来改造旧中国的愿望。他决心除旧布新，走一条有益于国家民族的道路，因此他特别敬仰为变法而流血、慷慨就义的谭嗣同。他开始大胆地抨击孔孟儒学，因而被书院开除。

1901年夏，邹容听说四川要派22名青年赴日本官费留学，就徒步数百里到成都应考，取得了备选资格。可是邹容平时愤世嫉俗，主张革新，因此四川总督奎俊取消了邹容官费留学的录选资格。虽遭此打击，但邹容却没有因此而丧失维新的信心，他决定冲破阻拦，，自费去日本留学。

1902年春，邹容进入东京同文书院学习。这期间，他结识革命有志青年陈独秀等人，并积极参加留日学生的革命运动和各种集会。在会上，他慷慨陈词，讲述清朝政府丧权辱国的事实，指出唯有推翻腐朽的清政府，才能挽救中国的危亡。与此同时，邹容还认真地研读了卢梭的《民约论》、孟德斯鸠的《万法精理》、美国的《独立宣言》等著作，这些对他的思想影响极为深刻。他决心学习法国、美国的榜样，写一本通俗易懂、宣传革命道理的书，来发动国内有志之士，共同推翻清政府。因此，他日夜劳作，开始撰写后来震惊中外的《革命军》。

1903 年 4 月，邹容因看不惯留洋官僚姚文甫的卑鄙行为，借故痛打了姚一顿。事后，姚找人要谋害邹容，朋友们怕他有生命危险，便劝他回国。邹容回国后，来到上海，住在"爱国学社"，与章炳麟结下了深厚的友谊。章比邹大 18 岁，章常以"小弟"称呼邹容，二人结成了生死与共的忘年之交。在章炳麟的关心和帮助下，邹容的革命民主思想日趋成熟。

同年 5 月，爱国学社在张园召开拒俄大会，邹容登台演说，强烈地谴责沙俄对我国东北三省的侵略行为，并发起成立"中国学生同盟会"。同时也就在这个月，他以惊人的速度完成了《革命军》的写作，序末署名"革命军中马前卒邹容记"。章炳麟亲自为此书作序，并称它是震撼社会的"雷霆之声"。

《革命军》是宣传革命、唤醒全国同胞的战斗号角。全书约 2 万言，比较全面地论述了当时面临的革命诸多问题，充满了战斗的激情。它高唱革命的赞歌，热情地宣传民主革命思想，指出献身革命是每个人不可推卸的责任。他号召全国同胞"仗义群众革命军"，"作十年血战之期，磨吾刀，建吾旗，各出其九死一生之魄力"，以革命的手段推翻清王朝的统治，建立起资产阶级共和国。《革命军》于 6 月由上海大同书局出版，刚上市不久就被销售一空，销售量达百十万册，对社会影响极大，成为当时激励广大爱国者走向革命的最好的"教科书"。

倾向革命的上海《苏报》于 5 月底 6 月初率先刊登宣传这一著作。清朝统治者对这些宣传革命的文章感到触目惊心，立即下诏，命令上海地方政府与外国租界勾结，将《革命军》列为禁书，6 月 30 日逮捕了章炳麟。邹容听到章被捕后，不愿置身事外，以生死与共的决心，当天就自动到英租界投案。7 月 7 日，《苏报》报馆和爱国学社也都被查封了。

这就是由中外反动势力一手造成，轰动一时的"《苏报》案"。章炳麟、邹容在敌人的会审法庭上，义正词严，据理驳斥，使敌人狼狈不堪，英租界当局竟无理地将邹容判刑两年。1905 年 4 月 3 日凌晨，距两年禁期还有 70 余天时，邹容却突然于狱中逝世，年仅 21 岁。人们怀疑他是被中外反动派毒死的，因前一天邹容曾服工部局医生所给药物一包，死时口吐鲜血。邹容为中国资产阶级革命事业献出了自己的青春和生命，但却没有一块安息墓地。为此，他的战友深感不安，同盟会员刘三（季平）决心为战友营葬。1906 年 4 月 3 日邹容逝世周年纪念日，他秘密将邹容的棺木运回华泾安葬。

1912 年，孙中山任临时大总统期间，为了表彰邹容革命的功绩，授予邹容“陆军大将军”的荣衔。随后，章炳麟也撰《赠大将军邹君墓表》刻于墓，以纪念这位把生命献给中华民族的战友。解放后，多次出版了他的战斗论著《革命军》，在纪念辛亥革命 70 周年活动中，上海人民还重新修建了邹容墓，以志悼念。

民主革命运动先驱孙中山

孙中山（公元 1866 年 – 公元 1925 年）名文，字逸仙，号中山，广东香山（今中山）人，是伟大的民主主义先行者，资产阶级革命家。他早年到香港学习西医，从师于当时世界著名药理博士——唐德。1892 年，他毕业于

香港西医书院，学习期间结识爱国青年和会党成员，并开始从事挽救民族危亡的政治活动。

甲午战争失败后，孙中山本着兴起革命的宗旨来到夏威夷，投靠兄长孙眉。孙眉在夏威夷经商数年，已成为当地华人首富。他看到弟弟有如此伟大目标，大为赞赏，便拿出一部分财产给弟弟作为经费，并以自己的影响极力为孙中山的主张进行宣传。1894 年 11 月，中国第一个革命团体兴中会在夏威夷诞生了，并于 11 月 24 日召开了第一次会议。大会拟订《兴中会章程》，着重指出民族面临严重危机，以“亟拯斯民于水火，切扶大厦之将倾”为宣传口号，号召爱国志士团结起来，“振兴中华”。在入会秘密誓词中，更明确提出“驱除鞑虏，恢复中华，创立合众政府”的革命目标。

兴中会成立后，即进行扩展组织、发展会员的工作。几个月内，陆续有一些华侨入会，在 129 名会员中，华侨资产阶级占 62.5%，自由职业者占 11.7%，工人占 25.8%。他们均属广东籍，其中香山县人占 56.3%。檀香山兴中会是中国近代史上第一个资产阶级革命小团体，它的成立标志着中国资产阶级民主革命运动的开始。

1895 年 1 月，孙中山回到香港，着手建立一个能够采取实际革命行动的指挥部，与香港“新学”团体“辅仁文社”(1892 年成立)的杨衢云、谢缵泰等人协商，筹建香港兴中会。2 月 21 日，香港兴中会正式成立，为避人耳目，对外用“乾亨行”名义作掩护。由于香港兴中会成员几乎都是思想比较激进的反清分子，香港兴中会章程中宣布的政治主张也就比檀香山兴中会激烈得多。章程中除重申严重的民族危机外，着重揭露清政府的残暴腐败和国内尖锐的阶级矛盾，同时还健全组织规定，制定了相应的纪律。这就使兴中会和旧式会党有了鲜明的不同，使它成为一个能够采取实际革命行动的战斗核心。

孙中山领导的兴中会是一个“驱逐鞑虏、恢复中华”的反清组织，清政府视之为大逆不道，于是处心积虑地缉拿孙中山。

公元 1896 年 10 月 11 日至 10 月 23 日，孙中山在伦敦遭非法绑架。退休回国的唐德博士听说后，便在伦敦的《地球报》上刊登了一条“清政府无耻绑架革命领袖”的消息，引起了轰动。在英国政府的压力下，清朝驻英大使馆释放了孙中山。从此，孙中山继续积极进行资产阶级民主革命运动。

20世纪初，随着国内革命形势不断发展，各地革命团体陆续出现。各革命团体都把推翻清政府作为自己斗争的目标，但在如何推翻以及成功以后的前景等问题上并不完全一致，活动地区也存在着一定的局限性。因此，组织一个全国性革命大团体就成了资产阶级革命派的当务之急。

1905年7月下旬，孙中山从欧洲到达日本，倡议将革命团体联合起来，建立革命联盟组织。7月30日，召开筹备会议，与会者包括兴中会、华兴会、光复会、科学补习所的部分成员，并有留学生中其他的团体成员和个人参加，共70余人。孙中山被推为会议主席；经过反复讨论，决定新成立团体，定名为“中国同盟会”，简称“同盟会”；在讨论团体宗旨时，孙中山坚持用“驱除鞑虏，恢复中华，创立民国，平均地权”16字，并对16字做了详细解释，同时论述了世界革命趋势及解决民生问题的重要性，会议以多数通过，随后举行加盟人宣誓仪式。

8月20日下午，在东京举行同盟会正式成立大会，出席会员百余人。大会决定设总部于东京，公推孙中山为总理。根据会章规定，同盟会采取立法、司法、行政三权分立原则设立机构，总理之下分设执行、评议、司法三部。会上推举黄兴为执行部庶务，协助总理主持本部工作。会章还规定，同盟会在国内外设立9个支部：国内5个，国外4个。又决定以《二十世纪之支那》杂志（后改名为《民报》）作为同盟会机关报。同盟会是中国第一个全国性资产阶级革命政党，它的成立，使中国革命运动有了一个统一的领导核心，从而把中国革命推到一个新阶段。

1907年至1911年，孙中山在湖南、两广、云南等省发动多次武装起义，但均遭失败。1911年10月10日武昌起义后，各省纷纷独立以响应。12月29日，光复各省派代表在南京筹组中华民国临时政府，推选孙中山为临时大总统。1912年1月1日，孙中山在南京宣誓就职，宣告中华民国临时政府成立。

孙中山先生将一生的精力都用在振兴中华的事业上，为中华民族摆脱封建统治、民主自立和团结统一做出了杰出的贡献。人们为了怀念他，尊称他为“国父”。

汪精卫刺杀载沣

汪精卫(公元1883年-公元1944年),广东省三水县人,本名兆铭,字季新、季恂、季辛,他是中国近代史上一个十分典型的政治人物。

1904年9月,汪精卫与朱执信、胡展堂等人作为留学生东渡日本求学,也正是在这个时期,汪精卫接受革命思想的熏陶,成为孙中山领导的同盟会中的一员。

1907年至1909年,孙中山领导的各次起义先后失败了,一部分革命党人也因此意志消沉,孙中山和章太炎、宋教仁等人由于政治分歧而发生分裂。清廷和改良派对此欣喜若狂,更加大肆鼓吹和玩弄"立宪"的骗局。面对这种形势,汪精卫认为,对于清廷,革命党人除要进行各种运动外,还必须采取"直接激烈之行动",才能打破清廷"立宪"的骗局,促使国人从"迷梦"中醒悟,否则会使"革命行动,寂然无闻"。至此,汪精卫决定赴北京进行暗杀活动。

1909年春,汪精卫与同在日本的同盟会成员黄复生、喻培伦、陈璧君(汪妻)等人组织了一个"北上暗杀团"。9月,黄复生首赴北京,在东北园处租赁房屋,设立机关。12月,汪精卫携同陈璧君、喻培伦等人赶赴北京,并在琉璃厂火神庙西夹道开设"守真照相馆",以此为掩护,伺机进行暗杀活动。汪精卫最先的暗杀对象是时任总理大臣兼军机大臣的清皇室庆王奕劻。但奕劻侍从如云,警卫严密,一时无法下手。因此,汪精卫又改为刺杀从欧洲考察海军归来的载洵、载涛等人。汪精卫带着装有炸弹的铁壶,冒着大雪,在北京车站等候了一天,当载洵等人下车时,有许多戴红顶花翎的人同行,因无法辨认,怕伤及无辜,只得无功而归。

两次行动未成,汪精卫与黄复生、陈璧君等密议,决定"擒贼先擒王",改为刺杀摄政王载沣。

当时载沣居住在北海北岸醇王府。他每天早晨8点出王府去皇宫都走银锭桥这一条路,从北海后门往东进地安门,过景山进入皇宫。汪精卫等人商议后认为,可将炸弹埋于桥下,将其炸死。

1910年3月31日半夜,汪精卫与喻、黄两人在银锭桥下掘土,铁镐声惊动了周围各家所养的狗，一时吠声四起，使他们不得不撤走。第二天，他们将铁罐伪装好，雇了一辆骡车运到银锭桥附近的清虚观。过半夜后，黄复生、喻培伦将铁罐抬到桥下，装入头天晚上挖好的土坑内。不料在掩埋时，被一个巡夜人发现，此人立即去报告了警察。至此，事情暴露，暗杀计划失败。汪精卫立即返回东北园，连夜召集紧急会议，研究再次刺杀的办法，决定汪、黄留守北京，陈璧君、喻培伦远赴日本、南洋买药、筹款，以伺机再次刺杀。

但是，银锭桥下炸弹被发现的第二天，北京各报纷纷刊载这一消息。民政部尚书善耆、步军统领正堂毓朗及警察厅厅丞章宗祥等即亲往银锭桥勘查，经过对起获炸弹的检验，发现盛药的铁罐为中国货，旋即查问城内各铁铺，很快得知是鸿太永铁铺为守真照相馆特地制造的。

4 月 16 日，摄政王府的马队卫士金祥瑞等人买通火神庙西尖道内负责修版的王某，设法窃取了汪精卫等人的照片，经铁铺掌柜确认后，逮捕了汪精卫、黄复生等人。汪精卫被捕后，他要来纸和笔墨，奋笔疾书，写下了近 4000 字的供词，他在供词中痛斥清廷假“立宪”之骗局，指出如果不进行革命，不打破封建专制，所谓实行立宪，其结果不过是“在于巩固君权”，其强权只会比过去更加厉害。

汪精卫暗杀载沣，载沣对此极为震怒，欲杀汪而后快。但肃亲王认为，当此立宪时期，杀死革命党人，只能激起其他革命党人更加激烈的反抗，对朝廷并无好处，不如从轻判处，以收缓和民心和拉拢革命党人之效。清廷遂判汪、黄无期徒刑。与此同时，孙中山、胡汉民、陈璧君等人也展开行动，设法营救，陈璧君变卖其庶母的财产，并四处筹款，以营救汪精卫。

1911 年 10 月 10 日辛亥革命爆发，全国各省纷纷响应，宣布独立自治。面对辛亥革命洪流的冲击，摇摇欲坠的清政府一方面调兵遣将，起用袁世凯加紧对武汉地区革命党人的进攻，企图将革命镇压下去。另一方面在政治上推行安抚政策，以此来缓和反清情绪，于 10 月 30 日宣布“开放党禁，以示宽大，而固人心”。由此，汪精卫等人获释。

汪精卫虽因 1910 年暗杀摄政王而声名显赫，但此后他却走上了一条出卖祖国的不归路。他一生的活动可分为两个阶段，在辛亥革命爆发到第一次国共合作这一期间，他是一名资产阶级民主主义者；但从“七·一五事变”之后，他便走向了反动，成为了中国民主革命的敌人，并最终走上了叛国道路，成了民族的败类、汉奸、卖国贼，遗臭万年。

黄兴领导黄花岗起义

黄兴(1874 年－公元 1916 年)，原名黄轸，出生于湖南善化县龙喜乡凉塘村(今长沙县东乡)，他的父亲黄筱村，是当地颇有名气的秀才，他对仕途没有兴趣，只愿在家乡当私塾先生。

黄兴自幼天资聪慧，由于受到其父的影响，孩童时期的黄兴对清政府表示了不满。平时，他很爱听民间老人讲述洪秀全、杨秀清的革命事迹，他还常常偷看太平天国杂史，革命在他幼小的心灵里留下了明显的印象。少年时期的黄兴，不仅刻苦求知，勤奋好学，而且还喜爱武术，曾拜浏阳的武术家李永球为师，学过乌家拳术。

1893 年，他入长沙城南书院读书，1896 年春，他考上秀才，两年后，他又到两湖书院继续深造。黄兴一方面如饥似渴地学习，另一方面又毫不松懈地苦苦思索，寻求振兴中华、拯救民族的途径。

1902 年春天,黄兴因成绩优异,被湖广总督张之洞选派去日本学习。这次到日本留学,是黄兴一生中的转折点。他把学到的西方知识、革命理论和中国的国情结合起来,进一步认识到要使中国强盛,就必须推翻腐朽没落的封建制度,实行根本改革。从此,开始了他的革命生涯。

1903 年 6 月,黄兴学成归国,回到长沙后,他和同乡好友刘揆一着手商讨成立革命组织。11 月 4 日,黄兴以过生日为名,邀请了宋教仁、陈天华、刘揆一等 12 人,成立了华兴会。为了不引起清政府的注意,华兴会对外称为"华兴公司",黄兴后来被推举为会长。华兴会成立后,黄兴等积极筹划长沙起义,但起义消息被叛徒泄露出去。起义还没来得及发动,就失败了。长沙起义夭折后,清政府到处缉拿黄兴,黄兴只得再度东渡日本,流亡海外。

1905 年 7 月下旬,孙中山到了东京,经宫崎寅藏介绍,孙中山和黄兴这两个著名的民主革命家终于见面了。他们两人一见如故,畅谈国家大事,不知不觉就过去了两个小时,最后,他们举杯庆祝愉快的会晤,开始了两人的革命合作旅程。

1905 年 8 月,中国同盟会在东京成立了,这是中国资产阶级民主革命史上的一个里程碑。黄兴被推选为执行部庶务,仅次于孙中山。同盟会成立后,黄兴在发展组织、宣传革命等方面,做了不少的工作,但他的主要精力和主要贡献还在于领导和发动武装起义,其中尤以黄花岗起义著名。

1911 年 1 月,黄兴赴香港主持军事,参与策划广州起义。起义原定 4 月 13 日进行,但在这时,刚从马来亚归来的同盟会会员温生才,独自一人刺杀了广州驻防将军孚琦,引起了清廷的戒备。起义变得越来越困难,许多革命党人要求缓期起义,大部分敢死队员撤回。

此时,黄兴的心情非常沉重,深知延缓起义就等于取消起义,以后怎么向革命党人及海内外同胞交代呢?他心急如焚。

黄兴渐渐冷静下来,对当前的局势作了全面考虑之后,决定按原定日期 4 月 27 日下午 5 点半举行起义。起义前,黄兴感到这次起义凶多吉少,因此,他写下了《绝笔书》:"今天我就要前往战场,我发誓要身先士卒,努力杀敌,不敢有辜负各位贤能的期望……在此写下绝笔……"表现了一位英勇无畏的革命家的气概。

起义开始后，黄兴立即率领130多名敢死队员直奔督署衙门，可是总督张鸣岐等重要官员已经从阁楼顶上逃走了，黄兴便命敢死队放火烧了总督府，又向外冲出来，率队伍冲向东辕门。黄兴率领的敢死队员与广东水师提督李准派来的清军相遇。革命军顽强抗战，奋不顾身，但由于清兵人多势众，黄兴等只得且战且退。坚持多时，黄兴发现自己这边的枪声冷落下来，回头一看，才发现只剩下他一个人了，眼看寡不敌众，便退到一家已歇业的店铺里，清兵没发现他，便撤走了。

黄兴后来在当地百姓的帮助下顺利出城，乘船过珠江，直奔南岸郊区，寻找到了秘密机关。4月30日晚，黄兴化了装，乘哈德安号轮船到了香港。

1911年10月10日，武昌起义爆发，武汉三镇光复。随后，袁世凯率清军包围了武汉三镇，黄兴到汉口保卫武汉，在最危急的时刻担负起最艰巨的任务，任武汉战时总司令。

11月20日，黄兴又开始指挥革命军与冯国璋的北洋第四师展开激烈的汉阳争夺战。最终因敌众我寡，汉阳失陷。汉阳保卫战，在黄兴的领导下坚持了24天之久，同时吸引了清军的大部分主力，为革命赢得了时间，最终迎来了清朝反动统治的覆灭和中华民国南京临时政府的成立。12月1日，黄兴辞去了战时总司令职，乘日轮赴沪。

1912年1月1日，南京临时政府成立，黄兴被任命为政府的陆军部总长，担负了政府的重要职责。由于袁世凯耍两面手法，孙中山辞去临时大总统的职务，袁世凯窃取了革命的果实。南京临时政府撤销后，黄兴被袁世凯任命为南京留守，他为维护国家利益作了种种的努力，终为袁世凯所迫，撤出南京。"二次革命"失败后，黄兴为顾全大局，退避美国，在此期间，他坚决反对袁世凯丧权辱国的行为，坚决维护共和。

1916年7月，黄兴从国外回到上海，继续为革命事业奋斗。

但遗憾的是，黄兴壮志未酬，已积劳成疾，1916年10月10日，在武昌起义5周年纪念日，他旧病复发，胃血管破裂，抢救无效，于10月31日凌晨4点30分，这位杰出的中国资产阶级民主革命家，在上海与世长辞了，年仅42岁。12月23日，黄兴的灵柩由上海出发，1917年1月5日运抵长沙，4月15日在长沙举行了国葬典礼，并被安葬在岳麓山云丰宫旁。

风雨中溥仪登基

溥仪(公元1906年-公元1967年),中国封建社会的末代皇帝,登基时还未满3周岁。大清帝国咸丰十一年(公元1861年)8月,咸丰皇帝在热河承德避暑山庄因病驾崩。临死,遗命唯一的儿子、6岁的载淳为嗣,是为皇太子。载淳生母乃懿贵妃那拉氏,母以子贵,子既为帝,那拉氏便被称为慈禧太后,因居西宫,故称西太后。慈禧权力欲望极其强烈,于京中发动政变,宣布垂帘听政(史称"辛酉政变"),从此掌握大清帝国最高权柄,前后达半个世纪之久。

光绪在位34年,与慈禧矛盾极深,最后在西太后各种高压下,抑郁"驾崩",年仅38岁。慈禧太后风烛残年之时,又面临再次择帝之大事。本来,她并不想再从醇亲王府中招来一个烦恼累赘之帝。可是,通过江湖术士掐算后,慈禧改变了初衷,竟然在与醇亲王府中所出皇帝光绪闹了几十年的别扭之后,再次选定了醇亲王府的子息继承帝位。

光绪三十四年(公元1908年)10月20日,光绪"驾崩"两个时辰后,载沣被宣入中南海,跪在慈禧太后的帏帐前。慈禧开口说道:"载沣,现国家有难,朝廷不可一日无君,现颁诏,立你的长子溥仪为嗣,赐你为监国摄政王!明天你将溥仪带入宫来,举行登基仪式。"

慈禧太后的决定传到醇王府,醇王府立即像热油锅里扔进几滴水——炸开了。溥仪的祖母不等念完谕旨就昏过去了,对于西太后的歹毒,她是领教过的,所以她不忍心让孙子再落入慈禧太后的魔掌,哭闹不止。后来,人们不得不把她扶进去。于是,来接皇帝的内监便将溥仪包起要走,但3岁的溥仪拼命不依,又哭又闹。奶妈王焦氏看到孩子哭闹挺可怜,慌忙露出奶头给他喂奶。最后,太监们一商量,决定由载沣抱着"皇帝"带着乳母一起去中南海,再由太监抱他去见慈禧太后。

1908年10月21日,一群太监将溥仪带入了皇宫,10月23日,慈禧太后便一命呜呼。又过一个多月,也就是12月2日,举行了隆重的皇帝登基大典。

溥仪生于1906年1月14日,此时还差一个半月才满3周岁,坐在皇帝的龙床宝座上，竟哇哇大哭起来。他父亲载沣侧身坐在宝座上，双手扶着皇帝，叫他不要再哭闹，以免搅了新皇帝登基盛典。根本还不懂事的稚儿，怎么知道父亲的一片苦心，只是害怕这些文武百官不断地来磕头，满屋子黑压压的一片人群；害怕山崩地裂般的锣声、鼓声、钟声。加上大祚之礼的服饰之沉重和累赘，哭声更大了。性子较急的载沣，觉得如此盛典，皇帝却哭闹不止，太不像话，心中一急，不由冲口而出，叫道："就快完了！就快完了！马上就回家了！一完就回家了！"

此话一出，文武官员们窃窃私语起来："怎么说是'快完了呢？'是啊，说要回家是什么意思呢？"好像这是一句预言，会带来什么不祥的征兆似的。

载沣这一语脱口而出，竟不幸得到了灵验。溥仪当皇帝不到 3 年，大清帝国就灭亡了。

武昌起义引发辛亥革命

1911 年 10 月 10 日，由武昌起义爆发引发全国范围内的辛亥革命，导致中华民国的成立。

武汉处在长江和汉水的汇合处，素有"九省通衢"之称。1906 年，京汉铁路全线通车后，同北方各省的陆路交通也很便捷，所以，这里成为中国内地当时最大的货物集散地。武汉同时又是西方资本主义势力扩张的重点区域，日、俄、英、法、德等国先后在武汉设立租界，各国洋行在汉口租界内随处可见。另外，湖北的民族工业，从张之洞的布、纱、丝、麻四局到后来的火柴、面粉、自来水、玻璃等都有较大发展，资本主义的发展为资产阶级革命提供了物质基础，令人特别值得关注的是，湖北的新军在南方各省中是最精锐的部队。1905 年，张之洞在湖北黄陂招收的 96 名新军中，有 24 个秀才，12 个廪生。由于新军士兵的文化素质较高，容易接受新的思想，为革命在新军中进行工作创造了条件。

1911 年的广州起义和四川保路风潮，推动了革命形势的迅速发展。湖北革命党人决定利用这个机会在武汉发动起义。10 月 10 日晚，新军工程第八营的革命党人在领导熊炳坤的带领下，打响了武昌起义的第一枪，他们杀死镇压起义的反革命军官，冲到楚望台军械库夺取弹药，军械库守军中的革命士兵们闻风响应，一举占领了楚望台。随后，步、炮、辎等各营士兵纷纷起义，齐集楚望台，发动起义的士兵临时推举原日知会会员、队官吴兆麟担任指挥，向总督衙门发动进攻。湖广总督瑞徵仓皇逃走，起义军一夜之间占领武昌，取得起义的胜利。长江对岸的革命党人闻风而动，也分别在11日晚上和12日早上占领汉阳和汉口。就这样，革命党人完全控制了武汉三镇。

湖北革命党人发动武昌起义，并取得起义胜利，这个消息震动了全国。从10月10日到11月9日短短一个月内，全国就有湖北、湖南、江西、陕西、广西、贵州、安徽等13省和上海市等地宣布脱离清政府独立。在迅速发展的革命形势下，全国各省纷纷响应和席卷全国的群众性自发斗争，汇合成为资产阶级民主革命的巨大洪流，这一革命洪流，以迅猛之势冲垮了清王朝的封建统治。

1911年12月25日，孙中山自海外回到上海，使资产阶级革命者欢欣鼓舞。孙中山不负众望，积极投入到革命政权的组建工作中，各省革命党人都推举孙中山为临时大总统，4天后，各省代表在南京举行会议，正式选

举孙中山为临时大总统。南京临时政府至此诞生。1912 年 1 月 1 日，孙中山在南京宣誓就职，宣告中华民国临时政府成立，以 1912 年为民国元年，改用公历。

公元 1912 年 2 月 12 日，在北洋军阀袁世凯的威逼之下，清王朝的最后一个皇帝宣统被迫宣布退位。清王朝从皇太极改国号为清起至此共 276 年的大清封建统治结束了。

第十一章　近现代

自中英第一次鸦片战争后，资本主义列强便一齐踏入中国，对中华民族肆无忌惮地进行掠夺和奴役，他们控制了中国的政治，控制了中国的财政经济命脉。而当时的清政府却已腐败至极，不但不能保护国家和人民的利益，却反过来投降了列强侵略者，依靠他们的支持来剥削压迫中国人民，致使拥有几千年历史的文明古国面临灭亡的危险。

在这国家民族生死存亡的危急关头，以孙中山为代表的最先觉者，勇敢地呼吁人民奋起推翻卖国的腐朽的清王朝。孙中山组织起一切爱国主义人士，成立中国革命同盟会，确立了“驱除鞑虏，恢复中华，建立民国，平均地权”的纲领。星星之火，可以燎原，这把革命之火终于点燃了中国人民对帝国主义和满清政府黑暗统治长期郁结的怒火，爆发了武昌起义。

革命人士于1911年10月11日正式成立“中华民国”，孙中山被推选为临时大总统。

1912年1月1日，孙中山在南京宣誓就职，3月宣告中华民国临时政府正式成立。但不久政权就被袁世凯给窃取了，他在北京就任临时大总统。

自1911年爆发武昌革命以后，中国的另一支无产阶级队伍也逐渐联合团结起来，成为一支强大的以人民为主的队伍。

1915年陈独秀在上海创办《新青年》，成为新文化运动的发端。它对知识青年摆脱旧思想的束缚起到了巨大的作用，促使人们加紧追求救国救民的真理，为伟大的五四运动作了思想上的先导，为马克思列宁主义在中国的传播开辟了道路。自列宁领导的俄国革命胜利后，中国产生了第一批具有初步共产主义思想的知识分子。

1921年7月23日中国共产党正式成立。从此，中国革命进入一个崭新的时期，中国人民在毛泽东、周恩来等众多的共产党领导人的领导下，经历艰苦复杂的斗争，打败了日本帝国主义，赶走了国民党反动派，终于在1949年成立了中华人民共和国。这是中国最广大的工农联盟的政权，它使全国人民得到了解放，翻身做了主人。中华儿女从此为了新中国的美丽的明天而团结一致，奋斗不息！

宋教仁被刺案

1913年3月20日夜，宋教仁应袁世凯之邀从上海坐火车到北京商量要事。在上海北火车站宋教仁正聚精会神地和前来送行的国民党要员黄兴、廖仲恺、居正、于右任等人谈话，突然，一个身穿黑呢军装的矮个子飞步上前，掏出手抢。“叭、叭、叭”朝他身上连开3枪，顿时，车站像炸了窝一般，旅客惊慌万分，四处逃散。等警察赶来时，矮个子溜走了，宋教仁则倒在血泊当中。因抢救无效，于3月22日逝世，年仅32岁。

这就是民国初年震惊中外的宋教仁被刺案。

宋教仁遇刺逝世后，国民党上下悲痛万分，黄兴随即将此恶耗电报传达袁世凯、国务院及参议院，又与陈美琪联合致函上海巡捕房，悬赏银1万元并要求迅速破案。然而，调查的结果却让全国哗然：血案的主谋竟是当时的临时大总统袁世凯，而直接主使人则是袁的走狗，上海大流氓头子应桂馨。

本来，在偌大的十里洋场，要抓获凶手谈何容易，可出乎意料，破案却十分顺利。

先是两名从四川来上海投考学校的学生向交际部主任周南陔报告疑情，说是鹿鸣旅社一个叫武士英的矮个子曾经指着宋教仁的照片对他们说：“这个人是我的对头，我要干掉他。”周南陔立即派人去鹿鸣旅社找武士英，无意中他们发现武士英房内有一张应桂馨的名片，联系到应的身份，案情渐渐明朗化了。

巡捕房根据以上的线索，对应桂馨进行抓捕，后来在英租界一家妓院里抓住了这个流氓头子。可是，应桂馨不是一般人物，在官场上、黑社会里都很有权势，对这样一个人没有足够的罪证是难以降服的。当天晚上，捕房人员和国民党有关人员将应宅人员全部扣留，进行大搜查，但至半夜都没有找到与刺杀宋教仁有关的只字片纸。怎么办？周南陔灵机一动，便从被软禁的应桂馨的几个姨太太中下手，巧妙地从姨太太们的手中骗出一个箱子。周南陔赶紧拿回来，并召集人员检验，里面有密码和往来电文、手枪等物，破译出来的电文有“毁宋酬勋”等字样。

抓获凶手武士英则更是顺利，当时国民党人陆惠生只是试探性地向被扣留的应府人群喊了一声："武士英！"谁知，人群中的一个矮子竟然应声回答，巡捕们立即将他逮捕，经两个四川学生辨认确是武士英。随着武士英、应桂馨的招供，刺杀事件终于水落石出。

原来，袁世凯篡夺辛亥革命的果实后，日益显露出他的称帝野心。于是，宋教仁等人积极组建国民党，希望以国会第一大党，成立责任内阁，由他担任内阁总理，以此限制袁世凯专制。袁世凯又惊又气，心想：宋教仁的主张一旦变成事实，我多年来的皇帝梦不就成泡影了吗？于是，他就把矛头对准宋教仁。

袁世凯首先对宋教仁施展惯用的金钱笼络手段。有一次他特意派人将宋教仁请到家中，借此送给宋教仁一套西服和50万元支票一张，但都被宋教仁给拒绝了。

此后，宋教仁继续在各地展开国会竞选活动，袁世凯终日寝食难安。一日，他紧急召见北洋政府的国务总理赵秉钧和内务部秘书洪述祖，三人在袁世凯的办公室里密谈了两个多钟头，一个大阴谋策划出来了，袁世凯下定决心暗杀宋教仁，除去心腹大患。他们把暗杀地点选在南方国民党人统治的上海，并利用江浙一带的黑社会势力达到这一目的，其最佳选择便是打着"中华共进会"招牌的上海流氓头子应桂馨。

应桂馨是一个见利忘义，异常狡诈的流氓头子。对暗杀宋教仁的勾当，他并不亲自出马，而且在选择杀手时，还特意避开自己团体的小圈子。在重赏之下，应桂馨终于找到一个杀人不眨眼的无赖——武士英，于是便有了开头的一幕，就这样，一代资产阶级革命家便丧于黑枪之下。

真相大白后，袁世凯惊恐万分，为了毁灭罪证，造成死无对证的假象，他设计毒死武士英，刺死应桂馨。但历史是无情的，不久，全国爆发了讨伐袁世凯的"二次革命"，极大地促进了全国革命运动的高涨。

袁世凯复辟称帝

袁世凯复辟帝制，从1916年元旦正式改元“洪宪”开始，到1916年3月23日宣布撤销帝制，废止洪宪年号，总共只做了83天皇帝，登极大典尚未举行，“圣旨”不出宫门一步，实际上袁世凯只是做了一场南柯梦，过过皇帝瘾罢了。这就是我们历史上常说的：袁世凯83天皇帝梦。

1909年，袁世凯被清廷罢职，回到老家河南项城，其间有一个叫许一仙的术士为袁世凯算命说：“贵人光临，目前龙在浅滩，辛亥八月，龙飞在天，主贵人东山再起，潜龙可升……”总之，意思是说袁世凯到了辛亥年就能东山再起飞黄腾达！

袁世凯得知自己有如此的好命后，欣喜若狂，他知道清政府离不了他，用不了多久就会有人来请他出山，也正好趁此机会干点别的事。于是他表面上无所事事，整天着布衣、戴草帽垂钓于河边，一副悠然自得的样子。其实他在暗地里与北洋军阀来往密切，为自己东山再起铺垫基础。1911年4月，广州黄花岗起义爆发，摄政王载沣派大臣荫昌带领北洋军前去镇压，岂料北洋军根本不服从荫昌的指挥，很多将领借机鼓吹说帝国主义已看出清廷人心丧尽，此残局只有袁世凯才能收拾。清政府无奈，只好派载沣亲自去请袁世凯出山，袁世凯从此掌握清廷兵权。

辛亥年（公元1911年）武昌起义的第二天，正是袁世凯的52岁寿辰，袁乃宽、赵秉钧、梁士诒等云集袁世凯府上，为其祝寿。这些心腹闻知他今年将有福相和吉运，纷纷奉承拍马，劝其称帝，尤其是梁士诒因五路借款贪污案怕被人揭发，就以拥戴袁世凯称帝，想建立殊功来赎罪。他亲自来到袁世凯的住处，借机向袁世凯分析当前局势，建议袁世凯趁此时机捷足先登，称王称帝。袁世凯则心中有数，认为自己有能力欲擒故纵，先予后夺，且“福运”在此，不必着急。所以在与清廷讨价还价之后，就任钦差大臣、湖广总督、内阁总理大臣，其后又就位临时大总统，正大总统，平步青云，他飘飘然了，认为确有神助，做了“第一人”之后，就要做九五之尊的皇帝，实现“神意”。

据说袁世凯有睡午觉的习惯。有一天中午，当他午睡未醒时，有一丫环送茶到他卧室，看到袁世凯一副五短身材，白白胖胖，仿佛一只猪躺在床上，这个丫环吓了一大跳，“啪”一声，不小心把袁世凯最心爱的一只玉制茶杯掉到地上摔坏了。这个丫环吓得魂不附体，不知如何是好，她知道自己将要保不住性命了。这时，她突然间想到了一个妙计，那就是告诉袁世凯说，她之所以会把茶杯打碎，是因为她看到袁世凯躺在床上，俨然就像一条龙，所以把她吓坏了。果然，袁世凯听到此言后，不仅没有惩治这个丫环，还给予重赏。此后，袁世凯更是自命为“真龙天子”，认为皇帝梦马上就要实现了。

为了顺顺当当做皇帝，袁世凯想再证实一下，于是他找了一个赫赫有名的名叫无非子的术士，为他算卦。这一卦，无非子整整算了21天，他算定袁世凯只有称帝一条路可走，而且要登基必须在当年举行庆典，因为当年是卯年，大吉，而且国号要定为“洪宪”。最后，无非子大笔一挥，秘授袁世凯大总统一方红纸，两个大字：九九，示意江山稳固，传世永久。

从此，袁世凯彻底“落实”了神意天意，认为登基做皇帝已是水到渠成、顺理成章的事了。揭穿了说，他一门心思想做皇帝，当今局面，无人可以阻拦他称帝。他认为自己当皇帝是天意、神意，再加上无人可以与他抗衡，更是可以稳稳当当坐龙椅了。

不久，杨度、孙毓筠、严复、刘师培、胡瑛、李燮和等六人的组织筹安会，号称筹安六君子，为帝制鼓吹。他的儿子袁克定为了当太子，也竭力从旁进言，劝他父亲称帝，他常对袁世凯说“大丈夫做事，要乾纲独断，不能仰人鼻息，任人掣肘”一类的话。就这样，袁世凯多方布置，以武力为后盾，以“神意”为借由，违背民意，悍然于1915年12月12日复辟帝制，次日上午接受百官觐见。并且按照无非子所说的紧锣密鼓地做登基准备，共挥霍了数千万元。

袁世凯在1915年12月31日申令明年改元“洪宪”，1916年元旦正式称中华帝国，所有一切都行皇帝仪式，可是遭到了全国一致反对，连他的弟弟、妹妹也因其称帝与之断绝关系。冯国璋、靳云鹏、李纯、朱瑞、汤芗铭五位将军，乃北洋五员大将，举足轻重，他们也反对袁世凯称帝，联名致电各省，征求加盟，袁世凯见自己苦心培植的嫡系将领如此动作，变成“叛徒”，不仅不替自己出力，反要拆台，十分生气。就这样，袁世凯众叛亲离，违背历史，在革命党和护国军乃至全国人民的压力下，不得不于3月23日申令废止洪宪年号，连头带尾做了83天皇帝，掐头去尾恰是81天。无非子批字“九九”，九九八十一，是说袁世凯只能做81天皇帝，果然，就是81天皇帝龙运。

袁世凯于1916年6月6日病死，虚岁58。据说，在袁世凯死的那一天，他把袁克定叫到里屋去，对他说：“这个事我做错了，你以后不要再上那几个人的当！”而且还大呼“上当”不止。过了半小时，他就死了。

袁世凯称帝之所以如此短暂，一是他自身品质太低劣，无笼络人心的品德资本；更重要的是他违背了社会发展的趋势，对社会的走向并未掌握，只是一厢情愿，所以遭到了全社会的反对。他这种作法终将被历史唾弃、遗臭万年！

蔡锷护国讨袁

蔡锷（1882年－1916年）原名艮寅，字松坡，湖南邵阳人，中国近代史上杰出的爱国民主主义者。

武昌起义爆发后，云南同盟会会员朱德（当时任新军连长）等人积极活动，准备响应武昌，在云南发动起义。革命党人一致推举具有强烈爱国之心、并多次参加革命活动的蔡锷担任起义的临时总指挥，当时他是新军第十九镇三十七协的协统（旅长）。

起义当天，全体起义官兵不约而同地抽出匕首把脑袋后面的辫子割掉了，发誓与卖国的清王朝彻底决裂。蔡锷命令大家高举红旗，推翻清朝在云南的反动统治，消灭一切抗拒共和的敌人。战士们高喊着革命口号，奋勇进攻敌人盘踞的据点。朱德带领两队士兵，在炮火的掩护下，很快攻下了总督衙门，从床底下揪出“总督大人”李经羲，一刀把他的小辫子割了下来，并把他押解到蔡锷的指挥部。李经羲看到起义军的总指挥正是他的“心腹”蔡锷，一下子傻了眼。云南起义成功后，蔡锷被推举为云南军政府都督。他在云南实行了一些改革措施，并协助贵州、四川独立。蔡锷的大名渐渐传遍了全国。

1913年7月，孙中山发动了“二次革命”，讨伐窃国大盗袁世凯。这次革命失败后，大批革命志士来到云南，蔡锷都热情接待，并加以重用。袁世凯得知消息后，担心蔡锷的力量过分强大，便写信要他到北京当大官，以便于自己掌控。1913年10月，蔡锷从云南调往北京，任陆军部编译处副总裁的闲职。1914年底，袁世凯又让他担任全国经界局督办，负责改革田赋制度，这位雄才大略的将军蔡锷，当起了“土地爷”，实际上是过着被袁世凯监视的日子。1915年袁世凯和日本签订了灭亡中国的《二十一条》，接着又积极筹划恢复帝制，蔡锷这时才看清了他的真面目。而袁世凯也知道蔡锷是他复辟帝制的一个大障碍，便把他软禁起来，并让密探严密监视蔡锷的一举一动。没几天，密探来报告说蔡锷与云南密谋反对帝制的人有书信往来，于是袁世凯就派了一批军警突击搜查蔡锷的住宅。

宅院被搜之后，蔡锷意识到北京不是久留之地，必须尽早设法离开。于是他设计麻痹袁世凯，假装生活放荡、整天吃喝玩乐，看戏观花，不过问政治，渐渐地，袁世凯对他的监视松弛了。在韬光养晦的生活中，蔡锷结识了一位有胆有识的奇女子——小凤仙，他们引为知己，表面上，蔡锷是在与扬州名妓花天酒地，实际上，他们却经常在共议护国大事。

一天，蔡锷的喉病发作了，连话也说不出，病势十分严重。

第二天，蔡锷向袁世凯告假请求外出治疗，袁世凯见他确实病重，加上对他的戒心也松了，就同意了。

蔡锷乘车到天津然后绕道日本、香港和越南，于 1915 年底到达昆明。这个消息传到北京，气得袁世凯又跺脚又捶胸地说："我一生骗人，没想到竟然被蔡锷骗了。"

到了昆明后的蔡锷将军，由于咽喉结核的折磨，身体极其虚弱，但他的意志更坚定。12 月 25 日，蔡锷联合唐继尧宣布了云南独立，第二天又成立"护国军"，亲任第一军总司令，出兵讨伐袁世凯。接着，蔡锷发布历数袁世凯十大罪状的讨袁檄文。

蔡锷率领 3130 名护国军战士高举战旗向四川进军，袁世凯派出十几万大军在四川围剿堵截。在战斗中，身为总司令的蔡锷不顾日益加重的病情，身先士卒，每天睡不到 3 小时的觉。战士们在他的爱国精神鼓舞下，不怕饥寒交迫，与敌人浴血奋战。与此同时，全国各省亦纷纷响应护国军，宣布反袁独立。袁世凯又气又急，1916 年 3 月 22 日被迫宣布取消帝制，6 月 6 日，袁世凯在绝望中死去。

然而，蔡锷的病情加剧了，可他仍静不下心来养病，他知道自己时日不多，为了祖国统一，他视死如归。去世的前几天，他依然在病床上与参谋长和秘书共商重建四川的计划，研究老百姓和战士们的生活问题。不久，他的咽喉更加肿痛，日夜高烧不退。无奈之下，被迫前往日本东京就治。但终因病入膏肓，无法救治，于 1916 年 11 月 8 日，蔡锷将军在日本东京福冈大学医院不幸与世长辞，时年仅 34 岁。

孙中山先生在挽联中这样颂扬他："平生慷慨班都护，万里间关马伏波。"他的爱国精神与英雄行为将永远铭记在人们心中。

陈独秀与《新青年》创刊

陈独秀，原名庆同，字仲甫，安徽安庆人，中国共产党的创建人和领导人之一。他是新文化运动的首倡者和主将，正如毛泽东所说的："陈独秀是五四运动的总司令。"

1901年以后,陈独秀三次留学日本。1903年参加拒俄运动,不久又襄助章士钊主编报纸,宣传排满革命思想。1904年创办《安徽俗话报》,传播爱国民主思想和科学知识。1905年在安徽与柏文蔚等组织岳王会,联络大批革命志士,为同盟会在安徽的发展打下了基础。1905年8月到日本东京参加同盟会成立会议后,便留在日本主持工作。1915年,为阻止袁世凯搞复辟,从日本回到上海。

1915年9月15日由陈独秀主撰的《新青年》创刊,它原名《青年杂志》,因与当时《上海青年》名字雷同,故从9月1日第二卷第一号起,正式改名为《新青年》。

陈独秀创办《新青年》后,就吹响了新文化运动的号角。一场革命过后,尤其是不彻底的革命,接踵而来的总有一股反动逆流,民国初年出现的尊孔复古思潮正是对辛亥革命的反动。但是,在一场革命失败之后,也总会出现一些新的革命志士,他们吸取革命失败的教训,继承先辈的革命精神,把革命引向一个崭新的阶段。

《新青年》的创刊标志着新文化运动的兴起,它擂响了思想解放运动的战鼓,创刊号上的第一篇文章是陈独秀撰写的《敬告青年》,他满怀激情地讴歌,"青年如初春,如朝日,如百卉之萌动……人生最可宝贵之时期也"。他把希望寄托在青年身上,呼唤青年,号召青年应该奋发向上,排除陈朽腐败。

民主、科学、新文学,这是当时《新青年》也就是新文化运动的三个主要内容。在这三个方面,陈独秀都有着较大的贡献。

陈独秀不是尊孔派,而是反孔派。针对当时的尊孔逆流,陈独秀于1916年10月至12月,连续发表三篇论文给予驳斥,其中《孔子之道与现代生活》影响最大。陈独秀提倡科学,主要着眼于发展科学精神,破除封建迷信。陈独秀也是新文化运动中的一名急先锋,他主张推倒一切陈腐铺张、雕琢阿谀、迂晦艰涩的古典贵族文学,建设明了的通俗的写实的社会文学。

1917年,陈独秀到北大任文科学长期间,李大钊、鲁迅、胡适、钱玄同、刘半农等都参加到编辑部并成为主要的撰稿人,这样,一个以《新青年》为中心的新文化阵营逐渐形成了,一个以打倒孔儒封建思想为内容,以反对文言文为形式的新文化运动展开了，陈独秀事实上成了这个运动的主将。

由于《新青年》提出的问题切中时弊，所以深受青年们的欢迎，许多青年称它是“青年界之良师益友”，“青年界之金针”。我国老一辈无产阶级革命家，如毛泽东、周恩来、朱德等同志，大都受到它的影响。

1918 年下半年以后，由于十月革命的影响和马克思主义在中国的传播，《新青年》开始刊登介绍十月革命和马克思主义的文章。为了适应挽救中国民族危机的需要，陈独秀和李大钊等在 1918 年 12 月又创办了《每周评论》。

陈独秀的思想很大程度地影响了中国有志青年。随着五四爱国运动的爆发和发展，极大地解放了人们的思想，提高了中国人民的觉悟，促进了科学文化的发展，标志着中国新民主主义革命从此开始了。1919 年 6 月 9 日，他与李大钊草拟了《北京市民宣言》，并连夜亲自送到小印刷所印刷，这个《宣言》是五四运动中一个重要历史文献，它提出了取消密约、免除徐树铮等军阀职务、言论集会自由等要求。《宣言》印好后，陈独秀、李大钊、高一涵等人分赴市内一些重要公共场所散发。6 月 11 日晚，陈独秀、高一涵、邓初三到新世界屋顶花园散发《宣言》传单。由于天色太暗，陈独秀误将特务暗探当作群众，以致被埋伏在屋顶花园里的一伙暗探当场抓住。陈独秀担心高一涵和邓初三不知道他已被抓，再继续发传单将会又受遭殃，故意大呼大跳起来，说：“暗无天日，竟然无故捕人！”陈独秀的被捕在全国特别是在进步知识分子中引起了巨大反响，在强大的社会舆论压力下，反动当局不得不于 9 月 16 日将陈独秀释放出狱。

出狱以后，陈独秀的革命意志更加坚定，开始接近并接受马克思主义，并和其他进步人士开始广泛宣传马克思主义，为中国共产党的成立做出了重大贡献。

孙中山广州蒙难

1920 年 10 月，粤军陈炯明部打败桂系军阀占领广东。1921 年，孙中山南下广州进行第二次护法运动。

5月15日，孙中山就任非常大总统，陈炯明大权独揽，任内政总长兼陆军总长，粤军总司令和广东省长。

广西平定后，孙中山决定出师北伐，但陈炯明想占据两广，他借口“保境息民”、“联省自治”反对北伐，同时勾结驻洛阳的吴佩孚，驻长沙的赵恒惕，对孙中山北伐的准备活动进行多方面的破坏。他指使湖南督军赵恒惕拒绝北伐军过境。陈炯明除了采用挑拨、谋杀等手段破坏北伐外，还从经济上限制和刁难，长达半年之久。孙中山迫不得已于1922年4月21日免去陈炯明的内务总长、粤军总司令、广东省长三项职务。陈炯明不甘心，继续操纵他的爪牙蓄谋叛变。

6月14日，从早到晚不断有人到总统府报告陈炯明谋反的消息，但孙中山不相信陈炯明会真的背叛他，因此，孙中山拒绝了随从要他离开总统府的建议。

1922年6月16日子夜，约摸2点时分，孙中山刚刚躺下，就听到寂静的夜空中，隐隐约约传来一阵阵军号声，间或还夹杂着稀疏的枪炮声。虽然声音隔得较远，但仍是那样的清晰可辨，陈炯明果然下手了。

陈炯明派出4000多人把总统府团团围住，孙中山决然表示：“我决不能在此危难关头，离弃职守！”经过大家反复苦求，孙中山才勉强答应与宋庆龄一起转移。但宋庆龄深明大义，她知道若和孙中山一起走，会带来许多不便，请求孙中山先走，自己只身留下。枪炮声越来越近，子弹不时从总统府上空呼啸而过。孙中山还犹豫不决，大家一时顾不得许多，便七手八脚为他乔装易服，林秘书找来一块白布，裹住孙中山的公文包，便和林参军强扶孙中山迅速从总统府右侧穿出。

一路上有惊无险，孙中山一行急速来到堤海军令部，后又登上永丰舰，指挥海军与叛军对抗。患难之时，孙中山想起了蒋介石。

这时，蒋介石正在浙江为其母逝世一周年祭奠，孙中山命人发出急电：“事急盼即来此。”蒋介石接到电报后，认为乘此可以捞到更多政治资本，决定冒险赴广州，他写信给张静江嘱托后事以及他的两个儿子。

6月29日，他冒险乘快艇登上了永丰舰。蒋介石这种“间关赴难”的勇气、举动及其忠诚，使孙中山感到极大的安慰并留下了深刻的印象。

孙中山见到蒋介石后，非常高兴，当即授他海上全权指挥，并对外国记者说:“蒋君一人来此,不啻增加二万援军。”

蒋介石登舰后,表现积极,他还常常趁夜深人静之际,悄悄上岸,为孙中山采购食品和蔬菜。孙中山因此很受感动,对蒋介石的信任度也更加提高,这大大抬举了蒋介石的身价,为他以后的发迹、飞黄腾达铺平了道路。

从6月16日到8月9日长达55天的日子中,孙中山在永丰舰上斗志昂扬,和陈炯明的叛军做了艰苦卓绝的斗争。他每天总是精神饱满地接见络绎不绝的谒访者,商谈国事,批阅公牍,忙个不停。在永丰舰上,孙中山没有半点官架子,对官兵们平易近人,十分和蔼,深受官兵们的爱戴。坚持到8月初,由于北伐军回师靖难受阻,孙中山知道这种事情已不值得再做下去,他纵观全局,权衡利弊,决定接受大家的意见。

8月9日下午3时,他和蒋介石等离开永丰舰,乘英国“摩汉号”炮舰,由广州赴香港,10日,转乘“俄罗斯皇后号”邮船到达上海。虽然第二次护法运动失败了,但孙中山依然坚持不懈地为革命呼号奔走。

孙中山回到上海后,得到了中国共产党和俄国共产党(布尔什维克)的热心帮助,振作起精神,实现了国共合作,创办了黄埔军校,促进了中国革命的发展。可以说,陈炯明的叛变使孙中山深刻地认识到军阀的本质,促进了他思想上的转变。

9月份,蒋介石别出心裁,回宁波专心撰写《孙大总统蒙难记》,痛斥陈炯明,歌颂孙中山。书写好后,蒋介石又专程到上海谒见孙中山,请他为《蒙难记》写序,孙中山欣然提笔,并在书中极高地评价了蒋介石的作用,蒋介石成为轰动一时的新闻人物,并在以后被委以黄埔军校校长的重任。蒋介石从此便一发不可收拾,成为中国近代史上的风云人物。

冯玉祥发动北京政变

冯玉祥(公元1882年－公元1948年),字焕章,安徽巢县人,国民党著名爱国将领。他出身贫苦农民家庭,14岁入伍,辛亥革命时参加滦州起义。由于受孙中山革命思想的影响,他拥护共和,主张革新。

1922年，冯玉祥追随直系吴佩孚在第一次直奉战争中打败奉系张作霖，任河南督军。可吴佩孚一心想除掉冯玉祥，冯玉祥被调任陆军检阅使，在南苑“专事”练兵。冯玉祥丢了地盘，又无粮饷，对吴佩孚耿耿于怀，决心报仇。

在1924年的第二次直奉战争中，冯玉祥和张作霖联合起来，倒戈反直。10月23日凌晨，冯玉祥在直系援军第二路司令胡景翼、京机警备副司令孙岳的接应下，发动“北京政变”，将贿选总统的直系曹锟囚禁起来，吴佩孚在内外夹击下，迅速溃败，浮海逃往南方。

冯玉祥由于受孙中山革命思想的影响，对溥仪自退位之后，依然保留皇帝尊号，享受国君之礼，清室成员仍然留居故宫，还几度上演复辟丑剧的小朝廷十分不满。1917年，张勋复辟时他曾发表通电，要求驱逐溥仪出紫禁城，由于段祺瑞等从中作梗，未能如愿以偿。现在，北京政变成功，在掌握了北京政权后，他决心乘势除去满清王朝留下的这个“小朝廷”。

溥仪等清朝的遗老遗少们在得知冯玉祥发动北京政变的消息后，惊慌失措，已有一种不祥的预感。溥仪准备逃往天津租界，几个“王公大臣”纷纷劝说溥仪早做准备，以防万一，溥仪在他们的怂恿下，竟幻想“武装自卫”。一天，溥仪摆起“天子”的架子检阅他的“御林军”，哪知，他的老兵将没操练几步，一个个嘘嘘作喘，队形散乱。溥仪看到这般情形，不禁对天长叹一声。

1924 年 11 月 5 日上午,冯玉祥派得力部下鹿仲麟等率 20 名军警,直趋故宫,驱逐溥仪。

这时,溥仪正和婉容"皇后"在宫内吃水果聊天。忽然,"小朝廷"的内务大臣绍英上气不接下气地跑来,气喘吁吁地说:"皇、皇上,不、不好了,冯玉祥派兵逼宫来了!"溥仪一听,如同劈头打了个响雷。溥仪预感到大祸临头了,但他借口时间仓促,要赖不肯走。鹿仲麟严肃地说:"你到底愿意做平民,还是愿意做皇帝?做皇帝,我们自有对待皇帝的办法。景山上的大炮,可就不客气了。"鹿仲麟本想吓唬一下这帮"龙种",没想到闻讯而来的皇亲国戚当真了,吓坏了,顿时,抱成一团嚎啕大哭。

当天上午,溥仪召集王公大臣们开了最后一次御前会议,决定接受冯玉祥重订的优待条件,即刻离宫。溥仪及清室成员乘坐冯玉祥派来的汽车移住什刹海醇王府,即北府,被冯玉祥软禁起来,故宫由善后委员会负责接收。

冯玉祥发动北京政变,把溥仪驱逐出宫,完成了辛亥革命未完成的任务,剪掉了清王朝留下的一条尾巴,推动了历史发展的进程。

冯玉祥虽然身为国民党高级将领,但他极力反对蒋介石搞内战,反对他的独裁和卖国政策。1928 年,冯玉祥被任命为国民政府委员、行政院副院长、军政部长。"九·一八"事变后,他积极主张抗日,痛斥蒋介石的不抵抗政策。1933 年 5 月,冯玉祥开始与中国共产党合作。抗日战争胜利后,冯玉祥与李济深发起组织中国国民党革命委员会,1946 年出国考察水利。1948 年 9 月,他积极响应中国共产党号召,回国参加新政治协商会议筹备工作,在途中因轮船失火,不幸遇难。

毛泽东组织成立新民学会

毛泽东(公元 1893 年 – 公元 1976 年),湖南湘潭韶山冲人,中国最主要的马克思主义革命家、战略家和理论家,中国共产党、中国人民解放军和中华人民共和国的主要缔造者和领导人。

1911 年的春天,18 岁的毛泽东告别家乡来到长沙求学。不久,他考取了湘乡驻省中学，他在这里学到了许多新知识、新思想。有一天，一个同盟会会员到他们学校作了反对清政府的演说，他觉得对这场革命一定不能袖手旁观，于是立刻报名参加革命军队。

1912 年春，新军被解散，毛泽东只好回到学校继续学习。很快，他考入了湖南第一中学，但读了半年之后，他觉得这里的课程太肤浅，于是，他决定退学。退学后，他每天坚持到湖南图书馆看书，他是第一个进馆看书的人，一借到书，他就伏在阅览室的桌上聚精会神地看，一刻也不肯休息，到图书馆关门才出来。

1913 年春，他考入了湖南第一师范。在一师的几年中，他特别爱惜光阴，刻苦学习，一分一秒也不肯荒废，几年中他读了很多文学、哲学、科学的书，得到了很丰富的新知识。他还天天看报、看杂志，认真研究时事，更坚定了改造社会、改造国家的决心。

毛泽东学习注重“理论联系实际”，积极参加社会实践。他认为游历是结合实际探求知识的一个重要途径，在一师的几年中，他曾几次访问农村。1916 年 7 月初，学校放假，同学们纷纷回家，学校里已经没剩几人，而毛泽东早就打定主意不回家，约好一个同学，一起到农村旅行和进行访问。他们从长沙出发，穿着草鞋，背着包袱、雨伞，渡过湘水，向宁乡、安化、益阳等县前进。他们走过很多热闹的市镇，也走过很多冷僻的村落。他们每到一处，就找那里的农民谈话，了解地主收租、农民交租的情况，了解农民生产、生活上的困难问题，了解土豪劣绅奴役、欺压和剥削农民的真相。晚上住在旅店里，也找店家攀谈，询问当地风俗习惯和乡村中新发生的事情。他们每天都要接触一些新问题，收集一些新材料，获得一些新知识，这些都是书本上学不到的东西，广大农民遭受的种种压迫和痛苦，逐渐地在他们头脑中构成鲜明、深刻的印象。通过这种参观访问，毛泽东丰富了不少感性知识。他在路上把沿途的见闻、感想，用生动、通俗而又风趣的文字，写成一篇篇通讯，寄给《湖南通俗教育报》发表，引起了不少读者的注意。

毛泽东认为要改造旧中国，必须具备雄厚的集体力量，他决定找朋友结成团体。1917 年的秋天，毛泽东用“二十八划生”的名义，发出了“求友启事”，希望有很多进步青年和他交友，可过了很久，只有 3 个人来信和他联系。毛泽东觉得这样找朋友,联系的青年不多,应进一步提出更好的办法,他和几个志同道合的好朋友商量了好多回,决定成立一个团结进步青年的组织。

经过几个月的酝酿、讨论,一个以改造中国为奋斗目标的新民学会正式成立了。他们选定 1918 年 4 月 14 日,春假后不久的一个星期天,13 个经毛泽东联系邀约的青年学生和青年教师,在湘江西岸的岳麓山下饮马塘蔡和森同志的家里,召开新民学会成立大会。

大会由毛泽东主持,会上首先讨论和通过了由毛泽东起草的新民学会章程;会议将要结束时,讨论了发展会员问题,毛泽东说:"首先,我们的会员应该大量发展,但必须注意,就是会员一定要品德好、志向高、学习好、确实上进的青年,我们才欢迎他入会。"大家一致赞成。

从此,第一师范的优秀学生,长沙中小学的优秀教师,都逐渐加入学会,接着,长沙一些主要的大中学校的优秀学生也加入学会,到五四前夕新民学会的会员发展到了 70 多人。

这些人中,除了蔡和森同志等十多人到法国勤工俭学外,大多数留在长沙教书和读书。每隔半月或一个月,就要开会一次,每次会议都有中心内容:有时讨论学术、思想问题;有时讨论国内外的时事;有时报告各人的学习、工作,以便互相督促,互相鼓励。这些新民学会会员,在毛泽东的领导带动下,学习的劲头很大,工作充满活力。五四运动时期,在毛泽东领导的学生爱国运动中,他们常起着骨干作用。

留法勤工俭学运动

1914 年,第一次世界大战爆发后,法国因缺乏劳动力,曾经在中国大量招募华工,帮助它做战争勤务,中国工人到法国去的达到几十万人。那时候,吴玉章、蔡元培等人看到这种情形,就决定号召一批中国学生到法国做工,这样既赚了工资,学了法文,还可以进入法国的学校学习。

1915 年,吴玉章、蔡元培回国创设了一个留法勤工俭学会,提出"勤于作工,俭以求学"的口号,号召国内青年学生用半工半读的方法到法国去求学，以吸收法国先进的科学文化知识，输入西方文明，造就一批振兴中华的有用人才。

为了帮助到法国求学的青年解决一些具体困难问题，吴玉章、蔡元培还在巴黎成立了华法教育会，专门负责安排赴法学生的具体事宜。后来，吴玉章、蔡元培诸先生从法国回来，在北京、上海等地，大力宣传留法勤工俭学的好处，到了1918年夏天，这种留法勤工俭学运动已在全国各地掀起了一个不小的浪潮。

1919年以后，随着马克思主义的广泛传播，在五四新文化运动的影响和推动下，研究新思潮，探求救国救民的道路，已成为中国青年学生最迫切的愿望。以李大钊、毛泽东、周恩来等为代表的共产主义知识分子以极大的热情，积极领导和促进了留法勤工俭学运动的进一步发展。留法勤工俭学的目的，不是为了单纯地学习西方的科学文化知识，而是通过这一途径，更好地学习西欧工人运动和俄国十月革命的经验，寻找“改造中国与世界”的“救时良方”，带着这个目的，许多有志之士漂洋过海，来到法国。在1919年到1920年间，留法勤工俭学运动风靡全国，形成了一个空前规模的高潮。中国共产党最早的一批党员周恩来、朱德、邓小平、陈毅、聂荣臻、李富春等都曾在法国学习过。

留法勤工俭学学生的生活是十分艰苦的，在工厂劳动的同学尤其艰苦。法国资本家惟利是图，不管同学们的体力条件如何，往往把又脏又累又笨重的体力活让学生们去干；同学们整天辛勤劳动，但所得工资非常微薄。当时，西欧各国经济危机，法郎贬值，物价暴涨，勤工俭学学生的这点微薄工资，仅够自己艰难度日。困境迫使留法勤工俭学学生们不得不团结起来，周恩来、赵世炎等在留法勤工俭学的学生中进行广泛联系和组织工作，团结了一批具有初步共产主义思想的知识分子。

1922年6月，在赵世炎、周恩来等人的共同组织下，“旅欧中国少年共产党”成立，并于同年8月1日出版了《少年》月刊，努力宣传建党建团的重要意义。他们宣传共产主义思想，捍卫无产阶级的理论，批判无政府主义，报道共产国际和世界工人运动的消息。

1923年2月中旬，旅欧中国少年共产党正式改名为中国共产主义青年团旅欧支部，并决定进行共产主义教育，加强勤工俭学学生的团结，开展华工教育等。伴随着中国革命运动热潮的日渐高涨，在中共旅欧支部和旅欧共青团的指引下，留法勤工俭学学生开始关心政治、萌发了革命热情，大大提高了参加实际革命活动的自觉性。

1924 年至 1925 年间，国内形势发生了重大变化。1924 年 1 月，中国国民党一大在广州举行，第一次国共合作正式形成，第一次大革命轰轰烈烈地开展起来。

1925 年 5 月，爆发了震撼全国的“五卅”反帝爱国运动，中国革命掀起新的高潮。形势的发展，需要大批有能力有威信的领导干部投身于大革命的第一线，于是，周恩来、赵世炎等先后回国。

时至 1926 年底，留法勤工俭学学生的数量已经很少了，他们中一些人后来考上了官费生，到法国中等专业学校或大学去读书，更有一些人因生活无着落而纷纷归国，留法勤工俭学运动的历史也宣告终结。留法勤工俭学运动，是中华儿女为追求光明，追求解放，为解除民族灾难和痛苦而进行的一种尝试。同时，这一运动也为那些有志于改造中国的青年提供了寻找真理的环境和条件，不仅培养了一批掌握科技的专门人才，更重要的是锻炼和培养了一批优秀的坚强的革命战士，使他们成为中国新民主主义革命的重要组织者和领导者，造就了像周恩来、邓小平、聂荣臻、李富春、蔡畅等党和国家的重要领导人和杰出的老一辈无产阶级革命家。

中国共产党成立大会

1919年五四运动后,中国工人运动迅速发展,建立工人阶级政党的问题提到历史的进程上来。马克思主义在中国得到更加广泛的传播,许多革命社团和进步刊物如雨后春笋般地涌现出来,一批具有初步共产主义思想的先进知识分子以极大的热情,研究和传播马克思主义和俄国十月社会主义革命的经验。

中国革命形势的发展,引起了以列宁为首的俄国共产党的注意,共产国际决定帮助中国的马克思主义者建立共产党组织。

1920年3月,共产国际派魏金斯基来到北京,见到了李大钊,两人真诚地交换了意见,都意识到在中国建立党组织的紧迫性,魏金斯基随后又风尘仆仆地赶到上海,会见了陈独秀。自此之后,社会上一些具有初步共产主义思想的先进知识分子也在斗争的实践中认识到,只有马克思主义才能救中国,只有在中国建立共产党组织,才能实现自己的崇高理想。在共产国际的帮助下,各地纷纷建立了共产主义小组,中国革命的曙光就要出现了。

1920年8月,陈独秀、李达、李汉俊等在上海成立了中国第一个共产主义发起组,陈独秀被推为书记;10月,李大钊、张国焘等在北京发起成立共产党小组;接着董必武、陈潭秋等在武汉;毛泽东、何叔衡等在长沙;王烬美、邓恩铭等在济南;陈公博等在广州;周恩来等在法国巴黎;周佛海在日本也先后成立了共产主义小组。

1921年6月3日,共产国际首任驻华代表马林乘坐"阿切拉号"轮船到上海,不久,尼克尔斯基也来到上海,他们很快与李达、李汉俊等人建立了联系,在分析了中国革命的形势以后,他们建议召开党的代表大会,正式成立党的组织。

1921年7月23日,中国共产党第一次全国代表大会在上海法租界贝勒路树德里三号公寓里开幕,出席大会的有各地共产主义小组选举推派的李达、李汉俊、张国焘、刘仁静、毛泽东、何叔衡、董必武、陈潭秋、王烬美、邓恩铭、陈公博及日本的中国留学生代表周佛海等13人,代表党员57

人。共产国际代表马林、尼克尔斯基出席大会。陈独秀、李大钊因故缺席。

会议由张国焘主持,毛泽东与周佛海任记录,23日到30日,前后8天时间,会议进行得较顺利。然而,在7月30日晚8点多,由于有特务闯入会场,迫使会议停止。为防止突发事件发生,全场人员立即撤离。撤离后不到10分钟,法租界巡捕包围了会场,但他们最终还是一无所获,扫兴而去。

为了使代表大会继续开下去,只好转移会址,代表们分两批离开上海去嘉兴。因考虑马林、尼克尔斯基出现在嘉兴易引人注意,而陈公博因中途有事,携妻子李励庄去了杭州,从容地“游西湖,逛灵隐”,所以他们三人没去嘉兴。

7月31日上午10时左右,代表们到达嘉兴,租了一条游船。为了会议的安全,代表们带着乐器、麻将牌,船的中舱桌上还摆着酒菜,以游客身份作掩护。大会讨论通过了中共的第一个纲领,规定党的奋斗目标是以无产阶级革命军队推翻资产阶级,采用无产阶级专政,废除资本主义私有制,直到消灭阶级差别。党的组织原则是民主集中制,确定党成立后的中心任务是组织工人阶级从事工人运动。大会选举了党的中央机构,由陈独秀、李达、张国焘三人组成中央局,陈独秀为中央局书记,李达为宣传主任,张国焘任组织主任。这次大会宣告中国共产党的正式成立。下午6时左右,大会胜利闭幕。

中共的成立,是中国历史上一件开天辟地的大事。从此,在中国出现了一个完全新式的,以共产主义为奋斗目标,以马克思列宁主义为行动指南的统一的工人阶级政党。它改变了中国革命的方向,加速了革命的胜利进程。毛泽东曾经这样说过:自从有了中国共产党,中国革命的面貌焕然一新。

中山舰事件

第一次国共合作期间,以蒋介石为首的新右派为篡夺革命领导权,制造了一起海军史上骇人听闻的"中山舰事件",该事件标志着国共两党关系的重大转折。

1926年3月18日,已经是风和日丽、百花争艳时节的广州,天气却显得有些反常,乌云密布,阴晦不开。

当天下午,海军局代局长兼中山舰党代表李云龙(共产党员)很迟才回到家中,妻子潘慧勤告诉他说:"刚才作战科有位姓邹的人来过,搁下一封信便匆匆走了。"

李云龙把信拆开,见是邹毅科长的字迹,上面写着:"军校办事处欧阳钟秘书来局,谓奉黄埔邓教育长(即邓演达)电话,转奉蒋校长面谕,饬海军局即派得力军舰两艘开赴黄埔,听候校长调遣,职(邹科长自称)已通知宝璧舰预备前往,其余一艘,只有中山自由两舰可派,请在此两舰决定一艘。"

李云龙看完信后,心中很怀疑:这道命令怎么转了这么多手?要动用军舰,到底发生了什么事?但转而又想:军人以执行命令为天职,况且是蒋校长面谕,肯定有急用,军机大事万万不能耽误啊!于是,他顾不得吃晚饭,急冲冲地跑去找自由舰舰长谢崇坚,商量派舰的事。

谢崇坚明白李云龙的来意后,双手一摊,难为情地说:"报告局座,本舰刚从海南岛返回广州,机件出了故障,正在维修,恐怕一时还难以开航,请您改派其他的舰船吧!"李云龙只好悻然告退,决定改派中山舰前往黄埔,听候调遣。李云龙签了两张同样的命令,交给了宝璧舰黄舰长和中山舰舰长章臣桐两人执行。

李云龙处理完这件事后,长舒了一口气,这才感到饥肠辘辘,于是狼吞虎咽地吃起晚饭。

第二天(19日)早上6点左右,东方报晓,天气阴沉,江雾迷蒙,小渔船千帆竞发,中山、宝璧二舰迎着朝霞开赴黄埔,不到一个小时,便顺利抵达黄埔岛,停泊在黄埔军校大门前的码头边,升火待令。船一靠码头,章舰长立即上岸，找教育长邓演达报告情况，请示任务。邓教育长一听，丈二和尚摸不着头脑，感到很惊疑，原来他对调舰之事根本不知道，也没有向任何人转达电话指示。于是，章舰长回舰上等候，可迟迟不见蒋介石的身影。

凑巧，当天下午苏俄顾问团要参观中山舰，李云龙马上打电话给蒋介石，询问他是否要军舰急用，蒋介石假装惊讶地说："本校长不需要兵舰急用。"李云龙便向蒋请示说："那可以将中山舰调回广州吗?"蒋介石毫不含糊地表示同意，得到蒋的答复后，李云龙便命令中山舰开回广州，以供顾问团参观。

下午5点左右，中山舰接到命令后立即返航，经过一个小时，到达广州，一路风平浪静，殊不知一个经过精心策划的反革命大阴谋即将发生了。

20日凌晨3点多，万籁俱寂，新婚不久的李云龙夫妇还沉浸在甜蜜的睡梦中，忽然一阵"嘭嘭嘭"的急剧敲门声把他们惊醒了。李云龙迅速翻身起床，可没等他穿好衣服，七八个荷枪实弹的歹徒便破门而入，为首的歹徒指着李云龙，杀气腾腾地说："我们奉蒋校长的命令抓你，赶快跟我们走一趟!"说完，不由分说地把李云龙绑起来，用手巾塞住他的嘴巴，推推搡搡地押上汽车。

汽车在万福路第二十师办事处停了下来，原来，中山舰代舰长章臣桐也被捕在此，李云龙一看便知道这是一次有计划有组织的军事政变。不久，黄埔军校副校长欧阳格走了出来，好似狗子长角装模作样地说："哎啊！老李，这到底是怎么回事？你在新婚蜜月之中，为什么这么早起身异动呢!"

"胡说，我并未有丝毫异动。"李云龙怒目相对，冷笑几声，"别装蒜了，就是你和蒋介石指使特务绑架我!"

欧阳格顿时拉下脸孔："来呀！给我把他的眼睛蒙起来!"接着又喝令："来人，把他的军衣剥下来，将他的手臂绑起来押走!"接着，用毛巾包住驳壳子弹，强塞入李云龙口中，以致李嘴角崩裂，血涌如注，鲜血染红了他的白衬衫。

之后，李云龙又被几经周转，押送到他处暗设的公堂，严刑拷打，百般逼供。最后，他被押到一间小房间里，特务们为他取下蒙眼毛巾，又用几条粗绳，将他绑得紧紧的，动也不能动了。

这时，陈肇英也来了，他曾任闽南土匪民军的头目，后来投靠了蒋介石，凭借和蒋介石的关系，当上虎门要塞司令，借职私收过路船费。李云龙任海军局长后，断了他这一财路，因此对李云龙恨之入骨。他这时也趁机公报私仇，亲上"公堂"，指挥用刑，他见李云龙身绑几条粗绳，觉得还不解恨，又亲自上前，拳打脚踢，并凶神恶煞地对士兵喝道："蒋校长的命令，把这姓李的，绑紧一点！"监守兵用力将绳子拉紧，陈肇英还是觉得不解恨，咆哮地说："给我再绑紧一点。"监守兵又拿了一条绳子，使尽吃奶力气进行捆绑，李云龙被绑得两臂红肿，痛入骨髓，但始终咬紧牙关，不哼一声。面对各种酷刑，李云龙对无端诬陷之词，坚决不承认，体现了一位共产党员的英勇气概！

在逮捕李云龙的同时，蒋介石下令在广州实行戒严，又大造谣言，诬告共产党企图谋反。顿时，国民党新右派闻风而动，疯狂地向共产党进攻，蒋介石亲自部署和指挥这次反革命事变，反动派气焰嚣张。这一事件被称为"中山舰事件"或"三·二O"事件。

"三·二O"事件发生后，我党毛泽东、陈延年、周恩来等人极力主张对国民党新右派进行打击。但这时的陈独秀，犯了右倾投降主义错误，害怕对新右派的反击会引起资产阶级退出革命，使革命统一战线遭到破裂，拒绝了毛泽东等人的建议。由于陈独秀采取妥协退让政策，共产党接受了国民党新右派的无理要求，同意退出第一军中的共产党员，这就使蒋介石的阴谋得逞，完全控制了国民党的第一军和黄埔军校。

"三·二O"事件更加助长了蒋介石的反共气焰。同年5月25日，蒋又提出了旨在限制中国共产党的所谓"整理党务案"，陈独秀再次妥协退让，使蒋介石的反革命翅膀逐步坚硬起来，终于在1927年4月12日公开叛变革命，给中华民族带来了深重灾难。

北伐开始后，蒋介石因反革命羽毛未丰，不得不释放了李云龙，但始终没放过他。1928年2月，李云龙在广州被特务逮捕，凶残的国民党反动派将李云龙杀害于黄花岗。

八一南昌起义

1927年蒋介石进入上海后,同帝国主义列强、国内的官僚买办和流氓头子密谋策划,发动了"四·一二"反革命政变,同时在沪、苏、浙、闽、粤等地大肆屠杀共产党员和革命群众。

4月15日,蒋介石在南京发出清党公告和清党通电,破坏国共合作。4月28日,奉系军阀张作霖杀害了中国共产党的主要创始人李大钊。5月21日,长沙反动军官许克祥发动"马日事变",解除工人武装,逮捕共产党人。但在此时,陈独秀等共产党的重要领导人由于自身的软弱,在反动派的威逼诱导下犯了严重右倾投降主义的错误,致使革命实力遭受严重打击。

在反动势力疯狂残害和压迫的白色恐怖中,广大的革命者视死如归、毫不畏惧,他们坚决拿起武器跟反动派抗争到底。

6月10日,武汉国民政府主席汪精卫在郑州举行策划反共会议,公开宣布与共产党决裂。他们首先在军中取缔共产党的一切革命活动,封闭一切工会、农会和革命团体,然后又对共产党员和革命群众进行疯狂屠杀。汪精卫的叛变,标志着第一次国共合作完全破裂,国民大革命失败。汪精卫叛变后,革命处于低潮,中共中央为挽救革命,决定举行武装起义。

周恩来于7月27日到达南昌,依照中央命令,成立前敌委员会,由他亲任书记,准备发动南昌起义。起义原定为8月1日凌晨2时开始行动。

参加起义的部队有朱德领导的军官教导团、警察和消防队共数百人,贺龙的第二十军7500多人,叶挺的第十一军第二十四师5500多人。全军共约两万人,这些军队构成了南昌起义的主要力量。

8月1日凌晨2时,南昌城内准时响起起义的枪声,经过5小时的激战,歼灭守敌,南昌全城被起义军攻占。

起义成功后,前敌委员会任命贺龙任总指挥,刘伯承为参谋长,依照原定计划,从8月3日起撤离南昌,打算先占据广东东江地区为根据地,然后进取广州,准备重新北伐。

1927年8月7日中国共产党在汉口召开紧急会议。确定了实行土地革命和武装起义的总方针，纠正和结束了陈独秀右倾投降主义错误，选举了新的临时中央政治局，以瞿秋白、李维汉、苏兆征为中央政治局常委。八七会议是中国共产党历史上的一个伟大的转折点，中国革命从此开始了从大革命失败到土地革命战争兴起的历史性转变。毛泽东在发言中指出："以后要非常注意军事，须知政权是由枪杆子中取得的。"这成为一句影响深远的名言。

起义队伍在向南行军途中，由于天气炎热，医药和给养缺乏，部队减员达 1/3 以上。但也有不顾危险加入起义队伍的，陈毅就是其中最具代表性的一个，他率一部分军队参加了进来。

起义军在江西会昌击败堵截的敌军后，东入福建，占领长汀，稍得休整。然后南下广东，到大埔县后，留朱德分兵扼守三河坝，监视梅县方面之敌，主力进占潮州、汕头。其时全军已不满万人。9 月 28 日的汤坑之战，起义军伤亡 2000 余人，且弹药将尽，无力再战，被迫退却，潮汕相继失守，部队被打散。10 月 2 日的三河坝之战，朱德一军也损失很大。

1927 年 12 月 11 日根据中央指示，张太雷、叶挺等同志又发动了广州起义，1927 年 9 月 9 日毛泽东等同志发动了湖南、江西边界的秋收起义。

1928 年 4 月，朱德、陈毅率三河坝余部辗转江西、湖南的南部，最后到

井冈山与毛泽东会师。这些武装起义与南昌起义连接起来,是第二次国内革命战争与创立红军的伟大开端。

南昌起义虽然失败,但打响了武装反对国民党反动派的第一枪,为中国共产党摸索和开创了以农村包围城市的革命道路,为中国共产党获得最后的胜利起到了转折的作用,为新中国的成立做出了重要的历史性的贡献。

1933 年,中共中央将 8 月 1 日定为中国人民革命军队诞生的光荣节日——建军节。

陈嘉庚倾资兴学

陈嘉庚(公元 1874 年 – 公元 1961 年),生于福建省同安县集美社,他是爱国华侨的一面旗帜,是我国现代史上具有重要影响的人物之一。

陈嘉庚 17 岁时就随父亲到新加坡,在国外创办实业,逐渐富裕起来。辛亥革命后,陈嘉庚再三考虑,决心回乡创办学校为祖国做贡献。

辛亥革命后的 10 年间,陈嘉庚把大部分精力放在办学上。1918 年,第一次世界大战的最后一年,陈嘉庚的海外实业仍在继续发展。一战结束后,他已经成为一个拥有时值 400 万元资产的大实业家了。辛亥革命虽然推翻了清王朝,但并没有给中国带来繁荣和富强,而且在列强的干涉下,这次革命的成果几乎被剥夺殆尽了。陈嘉庚认为中国事事落后,任人宰割,若想发愤图强,一洗国耻,振兴教育是唯一有效的途径,于是他决定筹办厦门大学。陈嘉庚回国后,正值“五四”运动蓬勃发展,这无疑给他的办学活动以巨大的推动力。1919 年 7 月 13 日,他在厦门浮屿“陈氏宗祠”召开了筹办厦大发起人会议,会上,捐款厦门大学开办费 100 万元,表示常年费分 12 年付款,共 300 万元。

创办厦门大学,陈嘉庚认为校址设在厦门岛最合适。他认为厦门与台湾隔海相望,又是闽南华侨出入的必经之地,万吨巨轮,畅通无阻,将来必将发展成为更繁荣的海港。经过实地考察,他将校址选在五老峰下的演武场一带。

陈嘉庚向当时政府请求拨演武场1/4作为校址，得到批准后，他托上海美国技师毛惠设计绘制校舍蓝图，并积极物色校长、教师。

1921年，陈嘉庚选定5月9日“国耻纪念日”那天举行厦门大学校舍奠基仪式。他亲自修改美国技师设计的方案，第一批校舍建筑改为一字形，“群贤”楼居中，左右是“同安”楼和“集美”楼。当时的校址内怪石参错，荒冢丛立。陈嘉庚亲自督促工人，清理坟墓，开采石条，就地作为校舍地基和筑墙的材料。次年2月，首批校舍落成，学生由集美迁到新校址上课，随后，又相继建成“映雪”、“囊萤”、“笃行”、“兼爱”、“博学”等楼和生物学院、化学院以及白城教职员住宅等。

陈嘉庚因自己财力有限，便向南洋富侨劝募，但均遭拒绝。陈嘉庚毫不气馁，决心按自己的财力陆续兴建教员宿舍和科学实验室。

陈嘉庚的海外实业经过一段时间的辉煌后，1926年春起，股价突跌，各胶厂亏损严重，陈嘉庚原计划创办造纸厂，但为了筹备厦门大学工程资金，为了不耽误学校工程工期，他不得不将已付买机器款20万元自动放弃。1926年到1928年的三年间，陈嘉庚每况愈下，资产只剩五六百万元了。

为了创办厦门大学，1926年，陈嘉庚超支108余万元；1927年，超支120万元；1928年，超支160余万元。1927年起，资本主义世界爆发了空前严重的经济大危机，物价暴跌，陈嘉庚各厂各分店所存原料及制成品价值也下跌100余万元。为了支付集美、厦大两校经费及贷款利息，陈嘉庚又加欠银行100多万元，无力偿还。

1931年8月，陈嘉庚被迫接受银行条件，将所有资产折值200余万元，银行也拨若干现金，改组为陈嘉庚股份有限公司，补助厦大、集美两校经费每月5000元。这样，陈嘉庚就从大企业主变成一名为外国金融资本支配下的股份有限公司的股东。陈嘉庚看到在外国资本的钳制下，前途发展无望，便决计全部收盘不干，到1934年初，尚欠债70000余元。陈嘉庚通知各货主或将原物领回，或取制成品抵数。至此，陈嘉庚股份公司及所属各厂各分店全部关闭。

在经济危机和外国垄断资本压迫的夹击下，陈嘉庚虽然经济拮据，但他仍竭力维持厦、集两校的经费。

1932 年,某外国垄断集团提出以停止维持集美、厦大两校为条件把陈嘉庚的企业作为附属公司而加以“照顾”,他断然拒绝说:“宁使企业收盘,绝不停办学校。”

1934 年,所有企业全部收盘结束后,他仍劝林文庆募捐 20 余万元,连同出租各胶厂应分利润,以此来维持厦大、集美两校的开支。1936 年又亲自说服李光前、陈六使等人捐款 115000 元,自捐 45000 元,在马来西亚购买橡胶园 400 英亩,充作厦大基金。他曾对厦大校友语重心长地说:“我们的国家是永远有希望的,我们的学校是永远会存在的。”到 1937 年,他看到厦大虽然维持现状,但设备缺乏,深怕耽误青年的前途,经过反复认真地考虑,终于决定将厦大无条件移交国民党政府接办,改为“国立”。

陈嘉庚为兴学作出了很大的牺牲,他曾经说过,如果在企业中落期间停止维持集、厦两校经费,是有足够的财力度过不景气之年,以期东山再起的。但是,他没有这样做,而且从不后悔,这种倾资兴学、百折不挠的精神,的确令人钦敬。

厦门大学建成后,特聘邓芝园任校长,招学生 300 名,目的是:研究学术;培养人才;指导社会。1935 年,厦大设文、理、教育、法、商 5 个学院,后又增设工程学系和海洋学系。建国后,1952 年,经院系调整,厦大成为文理科综合大学。1962 年,被列为全国重点高等学校。全校占地面积 1500 亩,校舍建筑面积 21 万平方米。

陈嘉庚先生不惜舍小家为大家,为祖国文化事业做出了杰出的贡献,他是世界华侨史上划时代的代表人物,炎黄子孙将永远铭记这一位民族英雄。

井冈山会师

1928 年 4 月 28 日,在朱德同志和陈毅同志带领下,南昌起义保存下来的部队和湖南南部的农民军来到了宁冈砻市。4 月底,毛主席率领工农革命军主力从湖南江西边境回到砻市,两支革命武装在井冈山胜利会师,对推动全国革命高潮的到来,产生了深远的影响。

"八一"南昌起义的队伍,经过9个月的辗转,才来到井冈山革命根据地。自从他们撤离南昌后,消息被敌人严密封锁。毛泽东非常关心这支革命武装队伍,但总是不知道他们的下落。直到在酃县水口镇打游击的时候,毛泽东才偶然发现一张敌人留下的报纸,报纸说朱德的部队已经到了广东省潮州、汕头一带。

南昌起义部队有了下落,毛泽东非常高兴,他马上召集干部开会,告诉大家这个好消息,并决定去寻找他们。大家都表示同意,于是就派何长工去广东寻找朱德的部队。何长工化装出发一个多月后,毛泽东的弟弟毛泽覃突然来到茅坪,他是朱德派来找毛泽东的。原来朱德听说毛泽东在井冈山建立了革命根据地,就特地派他来进行联系。毛泽覃向毛泽东报告了南昌起义剩下来的这支部队几个月来转战各地的经过。毛泽东听后分析了南昌起义部队目前的处境,决定把他们接到井冈山革命根据地来,并让毛泽覃留下来做建党工作。

何长工出来寻找朱德的部队,到韶关后,在一家旅馆洗澡时偶尔听见敌军议论朱德一班人马正在附近。何长工听到这里高兴极了,他不顾一切,急匆匆地赶路,终于找到了朱德、陈毅等人。第二天,朱德握着何长工的手,给他一封介绍信并让他尽快回到井冈山,告诉毛泽东他们正准备发动湘南暴动。何长工带着介绍信回到井冈山,毛泽东听了何长工的报告后,更加密切注视这支革命武装的行踪。不久,朱德发动了湘南暴动,但很快就失败了,朱德不得不带领队伍向湖南、江西边境转移,但是敌人一直尾追不放。毛泽东这时候住在酃县水口镇,一听到这个消息,马上带领工农革命军支援朱德。在毛泽东亲自掩护下,朱德同志的部队安全到达宁冈砻市,受到根据地军民的热烈欢迎。

毛泽东完成了掩护任务后,率领工农革命军主力返回砻市,早就有人报告说朱德已住在龙江书院,等他回来。毛泽东一听非常高兴,就朝龙江书院走去。朱德、陈毅等人早就在门口等候了,等毛泽东走近龙江书院时,朱德抢前几步,毛泽东也加快了步伐,把手伸出来,两只有力的手,紧紧地握在了一起。

两支革命武装会合在一起了,虽然战士们来自不同的省份,大家的说话腔调不一,但都有一个共同的心愿,跟随毛泽东、朱德、陈毅,建设和发展井冈山革命根据地,使星星之火得以成燎原之势。

5月4日,山清水秀的砻市,到处张灯结彩,美丽的砻市变得更加漂亮、可爱。两万军民在大草坪上举行庆祝会,主席台被无数云霞似的红旗簇拥着,上面挂着一条横幅写着:“庆祝两军胜利会师暨红四军成立大会。”

大会宣布成立中国工农红军第四军,毛泽东同志任党代表,朱德任军长,陈毅任政治部主任。毛泽东指出这次大会师的伟大意义,同时分析了根据地和红军的光明前途。毛泽东成功地把革命的退却和革命的进攻结合起来,使星星之火,终成燎原之势。大会还向全体指战员重申了红军的“三大任务”和“三大纪律,八项注意”。红四军的成立,使井冈山革命根据地出现了蓬勃发展的新局面。工农红军在毛泽东的带领下,走上了“工农武装割据”的正确道路,根据地展开了轰轰烈烈的“打土豪,分田地”活动,井冈山地区的红军力量更加壮大,井冈山革命根据地更加发展。

1929年1月,彭德怀在井冈山革命根据地的基础上发展成立了湘赣革命根据地。井冈山革命根据地的建立,开辟了一条中国红军以农村包围城市,最后夺取城市的伟大的革命道路。

皇姑屯事件

张作霖(公元1875年－公元1928年),字雨亭,辽宁省海城县人,其先祖本姓李,因过继给张家,改姓张。张作霖从小就不愿意读书,又嫉妒他人上学,经常拦路打骂,阻挡他人学习。张作霖早年还当过兵,也做过土匪,后来受清廷的招抚,曾任奉天省巡防营前路统领。辛亥革命时,张作霖乘机取得辽宁警备大权,成为袁世凯的拥护者,并于1916年就位奉天督军兼奉天省长。

早在1905年,张作霖任清军骑兵营管带驻防新民时,就开始与日本人相勾结,对日本军队抱有好感,还将日本间谍藏在家里。正因如此,日本帮他于1918年攫取了东三省巡阅使之职,当上了“东北王”。张作霖有日本撑腰,实力大增,野心也随之膨胀起来。他通过1920年的对皖系的战争和1922年、1924年两次直奉战争,在北京政权中占有了一席之地。1927年,随着北伐战争的胜利进军,北洋军阀的统治岌岌可危。英美帝国主义转而扶持蒋介石,企图支持蒋介石“统一中国”,这使得日本深感不安。

而张作霖此时的目的是想总揽北京政权。他觉得要维持自己的统治,单靠日本力量还不够,因而还与英美频频联系,并且不接受日本人所要索取的更多在华权益,所以日本人和张作霖之间的矛盾是愈演愈烈。

1928年5月末、6月初,张作霖在蒋冯联军的攻击下,已成热锅上的蚂蚁,日本又紧紧相逼,一方面让张作霖在“日张条约”上签字;一方面又逼张作霖回东北,因为在东北,日本人的势力强,可以逼张作霖就范。但张作霖又留恋于北京的大权,不肯回东北。

5月27日,张作霖正在打牌,日本公使芳泽谦吉突然来访,劝说张作霖退出关外。张作霖很不高兴,自认为自己的翅膀已经长硬了,终于拒绝了芳泽的要求,这就使日本人下了除掉张作霖的决心。

随着北伐军的进逼,张作霖也不得不准备回东北。而此时日本人也正积极着手进行除掉张作霖的准备。他们制定了两种方法来实现他们的阴谋,一是枪炮袭击火车;二是用炸药炸毁火车。为达到不留痕迹的目的，他们采用了第二种方法，而且为了预防爆炸失败又准备了第二套计划，即采取措施迫使火车脱轨翻车，乘其混乱之机，派刺刀队冲上前去，刺杀张作霖。

1928年6月3日傍晚，张作霖乘坐由奉天迫击炮厂在英国定做的大型厚钢板防弹汽车，驶往火车站，出发前采取了周密的保卫措施。当汽车到火车站后，张作霖的卫队急速登上火车检查安全，一切就绪，才接张作霖上车。此车是专列，共有20多节车厢，张作霖乘坐的是以前慈禧太后坐的花车，挂在列车中部，专车前面还有一辆压道车，以保证安全。

临行前，张作霖接到密报，说最近几天日本人在南满铁路上行动频繁，恐其中有诈，张作霖并未在意，开始了死亡之旅。随行的有靳云鹏、潘复、何丰林、莫德惠等奉系头面人物以及日本顾问松井士夫、町野武马。车过天津时，日本顾问町野借故下车。张作霖哪里知道，日本顾问一下车，就向关东军指挥部报告了专车的行踪。

6月4日凌晨，列车到达日军布下的死亡之阵，执行任务的东宫大尉一按电钮，只见烟尘滚滚，沙石横飞，专列上所挂的3辆贵宾车全部被炸翻。张作霖所乘的花车只剩下车轮和钢梁底盘，其他如车顶棚和车窗全部被炸飞了。

爆炸发生后，张作霖被炸出了丈余远，喉咙出现一个大窟窿，血如泉涌。被人用车护送到元帅府时，已奄奄一息，在医生对他进行治疗时，他断断续续地对卢夫人说："我受伤太重了，两条腿都没了（其实他的腿并没有断），恐怕不行啦！告诉小六子（张学良的乳名）以国家为重，好好地干，我这臭皮囊算不了什么，叫小六子快回沈阳。"几小时后，这个不可一世的"东北王"就结束了他的生命。

为了掩盖事实真相，事件发生后，日本关东军处死两名中国人，给尸体穿上"北伐军"的军装，伪造"国民军东北招抚使"的书信三封，说这次事件是南方便衣队员干的，并举行大规模军事演习，炫耀武力。

张作霖死后，张学良远在北平，主持军政的张作相与众人商定暂将此消息封锁，不让外界知道，一为稳定军心，二是怕日本人趁火打劫，秘占东北，并派人秘密将张学良接回奉天。张学良接到父亲的噩耗时，心里悲痛万分，为了防备日本人在路上杀他，他化装混杂在伤员中坐闷罐车回到奉天，这样，张作霖身亡的消息才公布出来。

7 月 4 日，张学良子继父业，出任东三省保安司令，成为东北最高军政长官。

7 月 21 日，张学良通电与南京政府合作，基于民族大义和杀父家仇，东四省挂起了青天白日旗。12 月 29 日，张学良通电全国，宣布奉天、吉林、黑龙江、热河（1928 年 7 月划归东北）四省"遵守三民主义，服从国民政府，改旗易帜"。至此南京国民政府实现了形式上的统一。

皇姑屯事件的发生，虽炸死了一个张作霖，却促成了东北易帜，这是日本帝国主义者所始料不及的。

古田会议

1929 年 12 月底，中国共产党的第九次代表大会（史称古田会议）在福建省上杭县古田镇召开。这是一次重要的会议，这次大会所通过的决议作为党的建设和军队建设的纲领性文献而载入了党和军队的史册，它的召开有相当复杂的历史背景。

1929 年 1 月，以毛泽东、朱德、陈毅为核心的红四军主力 3600 余人从井冈山向赣南、闽西进军，开辟新的根据地。虽然征途中历尽艰苦，但全军始终团结一致，艰苦奋战，先后打败闽西郭凤鸣旅和赣州刘立毅旅。这样，红军很快就打开了新局面。4 月至 6 月间，利用蒋桂两大军阀混战之机，红四军往来游击于赣水、闽山 20 余县之间，初步开辟了赣南、闽西两块革命根据地，然后发动广大群众，开展革命，建立了红色政权，形成了比井冈山时期更热烈、更广阔的新局面。但是，随着革命形势的发展也产生了一些新的问题。这些新问题的产生是随着红四军党和部队的组织状况和思想状况发生的新变化而来的。

红四军自下井冈山以来，经半年征战，伤亡较大，特别是中、下级军官及各级政治工作人员损失太多，十分缺乏。当时解决的办法有两条：一是要求党中央派人来充当；二是在每次战斗的俘虏中，挑选一些表现好的来充任。

这种组织状况的复杂化，必然带来思想状况的复杂化，农民和小资产阶级思想倾向、旧军队中的封建传统思想和习惯在部队中逐渐滋长，对党的代表制和党对军队的绝对领导发生了动摇。这就要求红四军党的前委要对这些错误倾向加以改正。

然而，这个时期的前委机关和军委机关也发生了“毛病”，“毛病”即反映在对上述问题的认识产生了分歧。特别是1927年5月间，中共中央派刚从莫斯科留学回来的刘安恭到红四军工作。刘安恭到后，由于他自身思想作风不正，硬说红四军有两派，一是拥护中央派，一是反对中央派，故意制造派别纠纷。他就任临时军委书记后，则提出前委只讨论行动问题，不要管军队的其他事，并要求成立正式军委。6月8日，前委在福建上杭白沙召开前委扩大会议，讨论要不要恢复军委，表决结果以36票对5票，决定撤销临时军委，但会议没有解决本质问题，反而使矛盾进一步尖锐。6月下旬，红四军第四次占领龙岩城，于是利用休整的时间，召开红四军党的第七次代表大会，打算解决已经存在的纠纷，但会议否定和回避了争论中的两个关键性问题：一是红四军党内是否存在流寇主义，要不要反对流寇主义；二是红四军党内要不要实行集权制，实行集权制是不是就是实行家长制。而且会议实质上把毛泽东当成了主要的批评对象，指责他应对争论负有“较大责任”，给予党内严重警告处分，大会最后选举时，毛泽东未能当选为前委书记，而被指派去闽西指导闽西地方党开一大，同时养病。

8月下旬，任前委书记的陈毅代表红四军到上海向中共中央报告工作，中共中央决定组织以周恩来、李立三、陈毅3人组成的委员会，由周恩来负责起草对红军工作的指示文件。周恩来对红四军党的七大和前委扩大会处置红四军领导内部分歧存在的缺点提出深刻的批评，并且提出，朱、毛两同志仍留前委工作，毛泽东仍任前委书记。

陈毅根据周恩来的谈话精神，代中央起草了一封指示信，这便是9月28日的《中共中央给红军第四军前委的指示信》。前委根据中央九月来信精神，决定召开红四军党的第九次代表大会，集中解决红军的建军原则问题，毛泽东、朱德、陈毅携起手来，密切合作，经过一个多月的准备工作，召开红四军党的九大条件成熟了。

1929年12月28日，在闽西上杭县古田镇的曙光小学（原为廖氏家祠）内，在毛泽东、朱德、陈毅的共同主持下，红四军党的第九次代表大会隆重开幕了。会上，毛泽东作了关于决议案的报告，并有多次讲话，朱德作了军事报告，总结了南昌起义以来红军的建设经验，批判了各种错误思想，选举了以毛泽东为书记的新的前敌委员会。与会代表一致通过了毛泽东主持起草的《中国共产党红军第四军第九次代表大会决议案》。该决议案强调红军必须服从党的领导，纠正单纯军事观点，绝对平均主义、个人主义、流寇思想等错误观念；必须在红军内外建立正确的政策。这项决议案对红军的建设产生了深远的影响。

大会选举毛泽东、朱德、陈毅、李任予、黄益善、罗荣桓、林彪、任永豪、谭震林、宋裕和、田桂祥11人为前委正式委员，杨岳彬、熊寿祺、李长寿3人为候补委员。一致选举毛泽东为前委书记，毛泽东重新回到红军的领导地位。

大会于1929年12月30日顺利结束，它不仅标志着红四军顺利地渡过了危机，并且进一步解决了以农民为主要成分的军队如何建成无产阶级新型人民军队这个至关重要的问题，确立了党对军队的绝对领导，是中国人民解放军建军史上的一个重要里程碑。

"九·一八"事变

"九·一八"事变发生在1931年9月18日。它是日本侵略者妄图全面侵占中国的序曲。

1929年，发生在资本主义世界的经济危机大风暴也席卷了日本。一时间，日本国内众多企业纷纷破产，工人失业，国内阶级矛盾日益加剧。为了摆脱国内困境，日本统治集团急于发动一场侵略中国东北的战争，借以转移日本国内民众的视线，依靠掠夺中国的丰富资源来拯救自己。

早在日本明治维新时，日本帝国主义就希望变中国为其殖民地；日俄战争后，日本在满蒙取得了很多特权；张作霖统治东北时期，日本对中国东北进行了全面的政治、军事控制和经济掠夺。1927年，日本首相田中义一在给日本天皇密折中进一步提出了先占领东北三省和内蒙古，再侵占全中国的强盗政策。1931 年 6 月，日本陆军省制定了《解决满洲问题方案大纲》，决定对中国东北采取军事行动。9 月 18 日晚上，日本关东军在沈阳北郊柳条湖地区炸毁了一段铁路，诬称是中国军队破坏铁路并袭击日本守备队。晚上 22 点 20 分，日军在以炸药的爆炸声为信号的引导下，悍然向中国东北军驻地北大营和沈阳城发动进攻。这就是震惊中外的“九·一八”事变。

事变发生前，蒋介石致“铁电”与张学良说：“无论日本军队此后在东北如何挑衅，我方应不予抵抗，力避冲突。”日本人都打进了家门，还“不予抵抗”，不知蒋介石是什么心理？这时，是“九·一八”事变前一个月。事变发生时，东北日军不过 10000 多人，而在沈阳只使用了一个联队（团）和两个铁路守备大队（营），而东北军有几十万人，仅沈阳就有 6 个团。但由于张学良忠实地执行了蒋介石的“不抵抗政策”，率兵步步退让，日军见此，加快了进攻的步伐。只有极少数东北军抵抗了一阵子，这使得日军气焰更加嚣张。很快，辽宁、吉林两省大部被日寇占领。

进入 10 月，日军开始进犯黑龙江，但遭到黑龙江省军民的顽强抵抗和阻击。黑龙江省代理省主席兼东北军驻黑龙江总指挥马占山，在民族存亡之际，率部与日军进行了激烈交火。重创日军之后，马占山于 11 月 19 日带领军政人员退出了齐齐哈尔。日军侵占齐齐哈尔之后，调头进攻辽宁锦州，1932 年 1 月 1 日，日军对锦州发起总攻击。张学良命令中国军队全部撤出锦州。1 月 3 日，日军不费一枪一弹地侵占了锦州。得到锦州和辽西之后，日本开始进攻哈尔滨，2 月 5 日，哈尔滨失守。至此，日军侵占了我东北三省，东北的大好河山和三千万同胞陷入水深火热之中。

红军二万五千里长征

1931 年 1 月，王明在共产国际的支持下进入中央政治局，中共中央从此开始了以王明为主要代表、以教条主义为主要特征的“左”倾冒险主义在中国共产党内长达 4 年之久的错误领导。王明“左”倾冒险主义最大的恶果，是造成红军第五次反国民党“围剿”战争的失败。1933 年 10 月，蒋介石调集 100 万大军、200 架飞机，向革命根据地发动了规模空前的第五次“围剿”。

第五次反“围剿”一开始，“左”倾冒险主义者盲目认为，这次战争是“国民党政权同红色政权的决战”，无视敌强我弱，双方力量悬殊的实情，采取进攻中的冒险主义，要求红军在根据地以外战胜敌人，并争取苏维埃在全国的胜利，结果连战失利。1934 年初，红军在泰宁、建宁地区与敌人相持数月，因节节抗击不能取胜而被迫后撤。4 月，广昌失守。7 月，敌人分兵向中央根据地中心兴国、宁都、石城等地突进，红军又奉命分兵六路全线防御，仍无法阻止兵力上占优势的敌军前进。红军战士苦战一年，依然没有打破敌人的围攻，继续在内线作战已无胜利的希望，只剩下长征一条路了。

1934 年 8 月，红军第六军团从湘赣根据地撤离西征，10 月与红二军团会合于贵州印江木黄地区，开辟了以湘西为中心的湘鄂川黔根据地。1934 年 10 月 10 日，中央红军主力共 8 万多人，从福建长汀、宁化和江西瑞金、雩都出发，开始了长征。中央红军突围时，“左”倾机会主义者又实行战略退却中的逃跑主义，从长征开始到 11 月 30 日，红军战士虽英勇苦战，连续突破了敌人构筑的4道封锁线，渡过了湘江，但却付出了惨重的

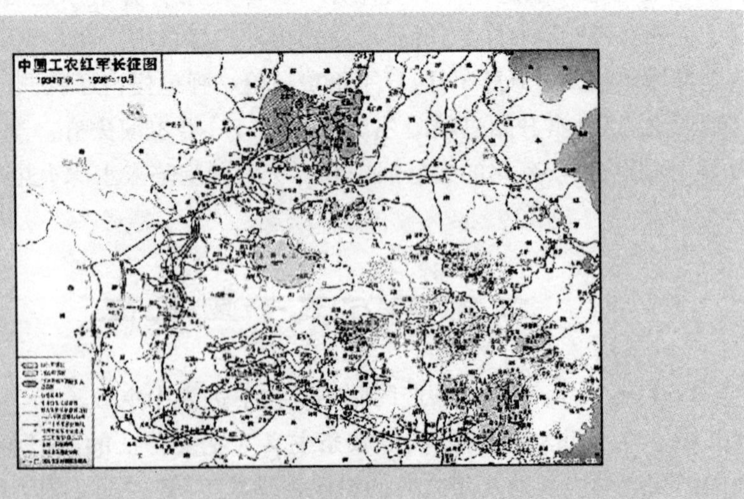

代价，人员由出发时的 8 万多人锐减至 3 万余人。在这革命的危急时刻，中共中央政治局在黎平召开会议，采纳毛泽东的正确意见，向敌人力量薄弱的贵州前进。1935 年 1 月，红军渡过乌江，攻占了贵州北部重镇遵义。1 月 15 日至 17 日，中共中央在遵义召开政治局扩大会议，会议通过了《中央关于反对敌人五次“围剿”的总结的决议》，肯定了以毛泽东为代表的马克思列宁主义的军事路线，否定了王明“左”倾机会主义的军事路线。会议还改组了中央书记处，张闻天任总书记，毛泽东、周恩来、王稼祥、博古任书记处书记，周恩来、朱德指挥军事。随后，红军又组成了毛泽东、周恩来、王稼祥三人军事领导小组，负责指挥军事，从而取消了王明“左”倾主义在党中央的统治，确立了毛泽东在红军和党中央的领导地位。

遵义会议后，为了改变敌人向红军追击、堵截和包围的被动挨打局面，毛泽东亲自指挥红军，四渡赤水，巧渡金沙江，到达了西南的会理地区。从此，红军跳出了蒋介石几十万大军围追堵截的圈子，取得了战略转移中具有决定意义的胜利。

1935 年 5 月，红军顺利通过四川大凉山彝族区，强渡大渡河，飞夺泸定桥，翻越终年积雪海拔 4500 多米的夹金山。6 月，在四川懋功(今小金县)与 1935 年 3 月从川陕根据地出发长征到这里的红四方面军会师。中共中央红军北上时，政治局先后在懋功、毛儿盖召开会议，和张国焘反党分裂主义斗争，并将红一、四方面军组成左、右两路军，继续北上。

1935 年 11 月，红军第二、六军团 2 万人左右由湘鄂川黔根据地突围，经湖南、贵州、云南，于 1936 年 6 月到达西康甘孜，与红四方面军会师，二、六军团合编为红二方面军。7 月初，红二、四方面军自甘孜出发，再越雪山、草地，于 8 月到达甘南。其时，中共中央已派聂荣臻、左权等率部西征，迎接红二、四方面军北上。10 月，红一、二、四方面军在甘肃会宁地区胜利会师。至此，红军三大主力的伟大长征胜利结束。

历时一年，途经二万五千里的长征最终取得胜利，使中国共产党和红军进入抗日前沿阵地，为抗日战争和整个新民主主义革命的胜利开创了有利的形势，打开了崭新的局面。

西安事变

1931年的“九·一八”事变后,日本侵略者加强了侵华活动。而当时的蒋介石却推行“攘外必先安内”的政策,一意要把红军扼杀在“摇篮”里。但由于东北军、西北军在“剿共”过程中,屡遭惨败,使得其将领感到“剿共”是没有出路的,再加上我军积极开展对东北军、西北军抗日民族统一战线的工作,使东北军和西北军逐渐认识到一致抗日的重要性,提出联共抗日的要求。

蒋介石无视全国抗日救亡运动的兴起,不顾东北军、西北军广大官兵日益高涨的抗日情绪,顽固坚持“攘外必先安内”的反动政策,逼迫东北军首领张学良将军、西北军首领杨虎城将军参加“围剿”红军。1936年10月,蒋介石亲自飞抵西安督战,并带着一团卫队住在临潼华清池。

张学良、杨虎城一再向蒋介石进谏,劝其放弃“剿共”计划,为挽救国家和民族,停止内战,一致抗日,恳切要求派东北军和西北军开赴抗日前线,收复被日本侵占的国土,但均被申斥、拒绝。

当时,西安群众得悉蒋介石住在临潼华清池,所以就举行反内战的游行示威,向临潼进发,将到灞桥时天已大黑。张学良用电话告诉蒋介石,希望蒋好好接待。蒋介石不但不听,反而下达了格杀令。就这样,张学良、杨虎城决定实行兵谏,用武力逼蒋抗日。

事变前,张学良将军和杨虎城将军早已把捉蒋的事情布置好了。东北军负责临潼捉蒋,西北军负责解除城内省会公安局和宪兵第二团等蒋系力量的武装,扣押在西郊飞机场的蒋方飞机,拘留住在西京招待所的蒋方军政人员及解除北门火车站过往的蒋方军队的武装。

12月12日凌晨5点钟,在东北军方面,由白凤祥、刘桂五率领的捉蒋队伍同蒋介石的卫队在临潼展开了激战。当他们突破两道路线,进入蒋介石的卧室时,却发现蒋介石不在了。但蒋介石的衣服、帽子、皮包都在,假牙还泡在水杯里,被窝还有温热,蒋介石的座车也在。张学良判断蒋介石不会跑得很远。于是组织队伍搜捕,终于在华清池后山的一个破窑洞里捉到了蒋介石。第二天,天色渐明的时候,宣传车上街散发传单,传单上印的是张学良、杨虎城的通电，其中提出八项主张，主要是要求团结一致抗日。

蒋介石被抓住以后，东北军、西北军的许多将领都主张严厉处置蒋介石，张学良等就此事同中共中央商量。

此时，南京的国民政府得到张、杨的通电震动很大，宋美龄等竭力主张设法救蒋。而亲日派何应钦内心是不希望蒋介石生还的，主张大军讨伐，用以激怒西安军界，置蒋介石于死地，这样，他就可以取而代之。他立即调动军队往西安进攻，并派出飞机对西安进行轰炸，企图把蒋介石炸死。从表面看他好像是为营救蒋介石，其实他的诡计早被蒋介石的夫人宋美龄看破。难怪12月14日宋美龄派一个外国顾问端纳送给蒋介石的一封信中，有“南京方面戏中有戏”一语，这是指何应钦借事变的机会在搞阴谋。

12月17日，中国共产党从民族利益出发派出了以周恩来为领导的代表团来到了西安。他们向张学良、杨虎城分析了当时的形势，提出和平谈判解决西安事变的主张。12月24日，蒋介石被迫接受了停止内战，共同抗日的条件，12月25日，释放蒋介石。西安事变得到和平解决，粉碎了日本侵略者和国民党亲日派扩大中国内战的阴谋，推动国共两党再度合作，延续10年之久的内战暂时结束，抗日民族统一战线初步形成。

“七·七”事变

“七·七”事变即卢沟桥事变，是日本侵略者在1937年7月7日向中国发动的大规模侵略战争的开始。

为了摆脱1937年新爆发的经济危机，日本帝国主义决定发动全面侵华战争，他们妄图依仗其经济和军事的优势，要在3个月时间内灭亡中国。从1937年5月开始，日寇便频繁在北平(今北京)丰台的卢沟桥一带进行挑衅性的军事演习。1937年7月7日晚上19时30分，驻丰台日军一个中队在事先没有通知中国当地驻军的情况下，到卢沟桥中国兵营的龙王庙一带进行军事演习。凌晨时分，日军借口演习时，听到宛平城发出枪声，纷乱中失踪了一名士兵，要求进入宛平城搜查。这一无理要求被中国驻军拒绝。遭到拒绝后，日军便向宛平中国守军发起攻击，并炮轰卢沟桥，中国驻军奋起还击。这就是“七·七”事变。这次事变，既是日本发动全面侵华战争的开始，也是全国性抗战的起点。

1937年7月7日，卢沟桥发生的“七·七”事变，立即在全国引起了强烈反响，事变第二天，中共中央通电全国，号召全国人民、军队和政府团结起来，抵抗日军的侵略，把日本侵略者赶出国门。全国各界纷纷行动起来，积极支援抗战。

“七·七”事变后，国民党政府一方面表示要抗战，一方面又在“局部解决”与和谈阴谋的诱惑下，幻想通过外交途径解决问题。但是，随着形势的日益严重和在全国人民的压力下，7月17日，蒋介石被迫在庐山发表谈话，宣布对日抗战。蒋介石在谈话中表示，卢沟桥事变已到了退让的最后关头，再没有妥协的机会，如果放弃尺寸土地与主权，便是中华民族的千古罪人。蒋介石还说：“如果战端一开，那就地无分南北，无论何人皆有守土抗战之责任，皆应抱定牺牲一切之决心。”他又强调：“因为我们是弱国，所以和平未到根本绝望时期，绝不放弃和平，牺牲未到最后关头，绝不轻言牺牲。”

中国人民从此又开始了长达8年的艰苦抗战。

南京大屠杀

1937年11月，日军占领上海后，南京便成为日军下一个侵占的目标。日军企图水陆并进，占领中国的政治中心，迫使中国政府投降。蒋介石任命唐生智为南京卫戍司令，11月20日，国民政府宣布迁都重庆，继续抗战。

为了保卫南京，国民党军队在上海和南京之间筑起多道防线，但从和日军交火起，这些防线就没有起到作用，到12月5日，南京陷入日军三面包围之中。日军向南京发起总攻，12日，唐生智接到蒋介石命令，“如情势不能主持时，可相机撤退”。唐生智随即召开会议，宣布放弃南京。12月

13 日,南京陷落。

南京陷落后,一场人类历史上最野蛮的大屠杀开始了。当时南京城内有没疏散的居民、外地涌入的难民以及解除武装的军人数十万人。12 月 13 日,日军第六师团长谷寿夫首先入城,他指挥手下将马路边的难民当作射击目标,顿时街巷内、马路上血肉横飞,尸体成堆。14 日、15 日、16 日 3 天大批日军入城,继续搜杀居民、难民和解除武装的军人。17 日,日本华中方面军司令官松井石根进入南京,他对谷寿夫大加奖励,这更助长了日军的屠杀暴行。18 日,日军将城郊难民及俘虏 6 万余人赶到下关草鞋峡,用机枪扫射,然后纵火焚烧。许多日本兽兵还以杀人为乐,竟然展开了杀人比赛。两名日军少尉向井明敏和野田岩,他们约定谁先杀满 100 人,谁夺取锦标。这两个杀人恶魔,于是不分男女老幼,见人就杀,结果向井杀死 106 人,野田杀死 105 人,但无法判明谁先杀死 100 人,两人决定以再杀满 150 人为标准。日本《东京每日新闻》对这两个魔鬼的杀人行径竟专门撰文,并辅以照片大加宣扬和称赞。

在大屠杀中,日军使用了集体枪杀、活埋、刀劈、火烧种种惨绝人寰的方法,场面令人发指。在疯狂屠杀的同时,日军还肆意强奸、轮奸中国妇女,上至 70 多岁的老妪,下至八九岁的女童都未能幸免,许多妇女惨遭蹂躏后又被残忍地杀害。

除了屠杀和强奸之外,日军还在南京全城内进行抢劫和破坏,他们见什么抢什么,抢劫之后又放火,使得南京城内到处是断壁残垣,瓦砾成山。

南京大屠杀长达 6 个星期之久,其间 30 万中国人被杀,2 万人次的妇女被奸淫,8 万多人次的妇女受到侮辱,1/3 房屋被焚毁,商店住宅被洗劫一空。对日军的种种暴行,国际舆论纷纷谴责,称南京大屠杀“不是个人的而是整个陆军,即日军本身的残暴和犯罪行为”,有的国家称日军是“兽类的集团”。

日军南京大屠杀是人类历史上最野蛮、最可耻、最疯狂、最灭绝人性的暴行纪录,然而,南京大屠杀没有征服中国人民的抗战意志,反而更加激起了全体中国人民与日本侵略者决战到底的信心。

台儿庄战役

1938 年初,侵华日军由津浦路南北推进,企图一举夺得徐州,进一步攻占武汉,逼使中国国民政府投降,以实现其迅速灭亡中国的计划。

1938 年 3 月中旬,日军矶谷师团不待蚌埠方面援军北进呼应,便直扑台儿庄,以图一举攻下徐州,打通津浦路。李宗仁将军一面命孙连仲第二集团军坚守台儿庄,一面严令汤恩伯第二十军团迅速南下,以夹击敌军。

31 日,当第二十军团正顺利向台儿庄一线的日军施行围击之时,从临沂方面开来的坂本支队突然出现在其背后。对这突然出现的敌情,第二十军团采取紧急应变措施,决定先歼灭从背后扑来的坂本支队,命令第二师、第四师、第二十五师及第八十九师阻截向台儿庄城方向突进的坂本支队。与此同时,奉国民政府命令于 3 月 31 日调入第五战区的第七十五军周砦部也投入作战,归第二十军团指挥,被部署于岔河镇至大良壁之间。这样,第二十军团与第七十五军就从北至东呈一弧形状,对坂本支队形成围歼态势。

坂本支队的到来,牵制了我第二十军团的兵力,解决了日矶谷军团的外忧,使它能全力地进攻台儿庄。4 月 1 日,矶谷师团向台儿庄东侧的第二十七师阵地发动了猛烈的进攻。面对优势敌军的疯狂进攻,黄樵松师长率领所部官兵坚守阵地,与敌展开了生死搏斗。在黄樵松的督率下,第二十七师官兵奋勇抗击日军的进攻,表现出崇高的决死精神。狡猾的日军以坦克来冲锋,使我军处于被动挨打的局面。我军官兵眼见阻挡不住日军坦克时,突然,一个士兵将十几个手榴弹挂在身上,跃出战壕,隐蔽在弹坑里,待日军坦克接近时,猛然拉响身上的手榴弹,随着“轰”的一声巨响,日军坦克终于不动了,燃起熊熊烈焰。

此时,在台儿庄内,战斗也极其艰苦。由于守军减员严重,又得不到新的补充,所以轻伤员十之八九都不下火线,仍带伤坚持与敌搏斗。守军伤亡日益增多,阵地也逐渐缩小,日军已占据了台儿庄的 2/3。为了稳住并扩展城内阵地,孙连仲命令我军猛然进攻日军,但日军凭借其先进的平射炮、掷弹筒及轻重机枪来阻击我进攻部队,我军难于进展。

4 月 1 日,第二十七师一五八团第三营尚存的 57 名官兵,向守城司令王冠武团长请愿:决定组成敢死队绕道敌后,与我军正面进攻部队前后夹击敌人,收复城西北角。若不完成任务,决不生还。王冠武为他们的英勇献身精神所感动,同意了他们的要求。

入夜,57 名敢死队员在我军炮火的掩护下,以迅雷不及掩耳之势冲入敌阵。一时间,敌阵内喊杀声四起,爆炸声轰鸣,我敢死队员与敌人展开了激烈的白刃肉搏战。敢死队员英勇奋战,个个视死如归,在紧要关头不惜牺牲生命与敌人同归于尽。与此同时,我正面攻击部队也向前突击,前后夹击。战至午夜,我军收复了城西北角阵地。

4 月 2 日夜,奉孙连仲命令,第二十七师又挑选奋勇队 250 人,组成 20 个突击队,分向南北攻击日军,扩展阵地,并与庄内我守军相呼应。这时,庄内日军已处于我东西夹击之中。苦战至此,日军虽逞凶顽,但已成强弩之末。鉴于整个台儿庄战场我军已逐渐占据上风,给顽寇最后一击的时刻已经到来了。

4 月 5 日,李宗仁将军严令孙连仲不论任何代价都要坚守至第二日拂晓,并告诉孙连仲说:"……决定胜负之数在于最后五分钟……"另一方面又对汤恩伯下军令,令他在明天拂晓之前必须赶到,支援城内守军,否则以军法处置。

4 月 6 日清晨,汤恩伯率领第二十军团迅速赶到台儿庄北面。这时李宗仁将军也赶赴到台儿庄附近,亲自指挥各参战部队向敌军发起全线进攻。李宗仁将军一声令下,我全军将士如下山猛虎般向日军发起猛烈的冲击,台儿庄的日军如丧家之犬,丢盔弃甲,辙乱旗靡,四处逃窜。

4 月 7 日,台儿庄的日军被消灭了,我军又重新占领了台儿庄。这次会战歼敌 11984 人,中国军队损失 19500 人。台儿庄战役的胜利,给予日本侵略者沉重的打击,打破了日军迅速灭亡中国的美梦,并进一步鼓舞和坚定了中国人民抗战胜利的信心。

中国通史

百团大战

抗日战争时期,八路军在华北敌后发动了一次规模最大的战役。为了扩大和巩固抗日根据地,击破日军的"囚笼"政策,反击国民党顽固派的反共投降逆流,八路军决定抓住日军兵力分散、铁路沿线兵力减弱和有沙帐掩护的时机,发动此次大战。原计划出动 20 个团兵力,战斗开始后,参战部队增加到 105 个团。因此,彭德怀把它称作"百团大战"。

1940 年 7 月 22 日,朱德、彭德怀、左权签发了八路军总部的这一《战役预备命令》。8 月 22 日晚,八路军总部一声令下,英勇的八路军,以摧毁正太铁路为重点,出敌不意地向正太铁路发起了一场大突袭,开始了敌后游击战中大规模的反攻战。八路军、游击队、民兵和人民群众经过反复激战,正太铁路的车站一个接着一个被占领,敌伪据点也一个接着一个被拔除。

从 8 月 22 日到 9 月 10 日,各个作战部队在地方武装的配合下,经过 20 天的激烈奋战,进行了大小战斗 265 次,攻克敌据点 91 座,毙伤、俘虏日伪军 6000 余人,华北敌人的整个交通线陷于瘫痪。至此,八路军取得百团大战第一阶段的胜利。

"百团大战"第一阶段胜利结束后,9 月 10 日,中共中央发出两个重要文件:《中央关于时局趋向的指示》和《中央关于"击敌会友"的军事行动总方针的指示》,提出"乘胜开展正太线两侧之战斗,去收复敌后各根据地内的某些据点的作战方针",中共中央于 9 月 16 日发布了百团大战第二阶段作战命令。

9 月 22 日,晋察冀军区的部队首先展开了对涞源城、灵丘及其周围的敌据点的进攻。八路军在战斗中冒着敌人密集炮火和施放的大量毒气,勇猛地向敌人发起了猛烈的冲击。至 10 月 10 日,八路军歼灭大量日军,占领了许多敌据点。与此同时,一二九师部队也于 9 月 23 日夜间发动了榆辽战役,向榆辽线的敌据点发动进攻。我八路军冒着敌人施放的大量毒气与之激战,并以坑道爆破对敌发动了强有力进攻,但由于日军在飞机的支援下作顽强抵抗,我军伤亡也很大。百团大战第二阶段作战从 9 月

22 日开始至 10 月上旬结束，历时半个月，消灭俘虏日伪军 7000 余人，攻克敌据点 123 座，而我军也伤亡 4600 余人，另中毒 10000 余人。

百团大战第一、二阶段的战役给日军以沉重的打击。日本鬼子穷凶极恶地开始对抗日根据地“大扫荡”，并实行了杀光、抢光、烧光的“三光”政策，非常地残酷。针对此情况，10 月 19 日彭德怀、左权发出《百团大战后反“扫荡”计划》，就日军大举“扫荡”动向和民兵团反“扫荡”作战任务，作了明确指示。反“扫荡”计划的宣布也标志着百团大战第三阶段的开始。10 月 20 日，“扫荡”太行之敌又调集近万人兵力，向我中共北方局、一二九师师部和晋冀豫所在地麻田等一带进攻。29 日晚，一二九师主力将该敌包围。激战中，我军不顾敌机轮番轰炸，勇猛攻击，迅速突破敌人阵地，与敌展开肉搏战，直至夜晚，将敌大部歼灭。与此同时，我其他各部队也先后粉碎了日军的“扫荡”。

百团战役经历了 3 个半月，大小战斗 1824 次，歼灭敌人 4.63 万余人（其中日军占 50% 左右），破坏铁路 474 公里，公路 1500 余公里，缴获大量枪炮弹药，我军也伤亡 1.7 万余人。这次战役给敌寇以沉重的打击，在政治上也大大地提高了中国共产党及其领导的抗日武装的威望。

这次战役不仅振奋了全国军民坚持抗战胜利的信心，同时也给全国人民以胜利的希望。

皖南事变

抗日战争时期,国民党顽固派发动了大规模"反共"事件,皖南事变是第二次"反共"高潮的顶点。蒋介石不断制造"反共"事端,竟不惜将国共关系推向破裂边缘。

1940 年 11 月 14 日,国民党军令部拟定了《黄河以南剿灭共匪作战计划》,规定第三、第五战区的国民党军主力,应避免与日寇作战,集中力量,分两步迫使八路军、新四军于 1941 年 2 月底以前撤至黄河以北。

1940 年 12 月 3 日,国民党军令部长徐永昌又策划了消灭皖南新四军的作战布置,规定皖南新四军不得由镇江北渡,只准由江南原地北渡,或由国民党另行规定北渡路线,以便相机消灭皖南新四军。蒋介石批准了徐永昌的布置,并指示,如皖南新四军不遵命北渡,应立即将其解决。根据上述"计划"和"部署",第三战区司令长官顾祝同在皖南集结了 7 个师和 1 个旅共 8 万多人,以上官云相为总指挥,准备设置袋形阵地歼灭北渡的皖南新四军。

1940 年 12 月 8 日,何应钦、白崇禧致电朱、彭、叶、项,宣称"调防"是"军令",要求八路军、新四军将黄河以南的部队全部调赴黄河以北。次日,蒋介石又发布命令,限长江以南的新四军于 12 月 31 日前开到长江以北地区,黄河以南的八路军和新四军于翌年 1 月 30 日前开到黄河以北地区。企图将我军调到黄河以北,借日寇之力消灭。中共中央为了顾全大局,基本上同意了将皖南新四军北移的要求,电令项英加紧北移的工作,并及时通报了国民党在皖南集结重兵的情况。

1940 年 12 月 18 日,新四军军分会在中央一再电令下做出决定,皖南部队全部以战备姿态北移。当时全军共约 9000 余人,编成 3 个纵队向茂林前进。

1941 年 1 月 6 日拂晓,新四军老 3 团的一个便衣班在云岭脚下与国民党第 40 师第 120 团的一个搜索连遭遇,发生激战。上午 9 时,新四军特务团先头部队又遭国民党军拦阻,我军进行自卫还击,打垮了敌军。事变的枪声打响后,国民党军队凭借优势兵力步步紧逼,高岭、高坦、铜山等战区炮火纷飞。

6 日下午,军部召开紧急会议,决定先攻星潭,然后冲出包围圈。正当我军于7日晚9时许攻克星潭，正准备乘胜追击，扩大战果时，项英突然下令将部队撤回，将刚才用血肉夺来的星潭，再送还给顽军。

项英这一错误的命令，极大地挫伤了全军的士气，在部队中造成了混乱，更为严重的是延误了战机，丧失了冲出包围圈的宝贵时机，使顽军得以堵住缺口，缩小了包围圈。

8日，上官云相下令全线攻击，要求各路顽军务必在9日中午以前将新四军聚歼于茂林地区，战斗空前激烈。正当战斗极为紧急时，项英、袁国平、周子昆等部分军部领导人私自率一支小分队突围，而置全军于不顾。叶挺、饶漱石当即电请中央处置，中央回电令叶挺主持军事，令饶漱石主持政治，用游击的方式突出重围。

1月10日，叶、项立即致电中央，一面要求周恩来在重庆与蒋介石严阵交涉，一面整顿军队，准备决死战斗。经过几天的激战，新四军已基本弹尽粮绝。

12日下午，由于寡不敌众，东流山阵地失守。在狮形山召开的团以上紧急会议上，叶军长决定立即分散突围，并决定以江北的无为地区为总汇集点。13日凌晨，新四军军部首长率精干人员分两路突围，叶挺、饶漱石为一路，项英、袁国平、周子昆为一路。13日，上官云相又发起第三次总攻击。为了保存力量，叶挺军长义无反顾，深入敌营，与顾祝同谈判，被卑鄙地扣留。项英等一路共约30人，在大观山中隐蔽，坚持了一个多月，后来军中出现叛徒，项英等人被杀害。

在皖南事变中，皖南新四军9000余人，与国民党顽军80000之众英勇拼杀了7昼夜，终因寡不敌众，弹尽粮绝，除约2000余人突围外，3000余人壮烈牺牲，3600余人被俘或失散。

1941年1月17日，蒋介石公然宣布新四军为“叛军”，下令取消新四军番号，将叶挺交付军法“审判”，“并进攻在华中、华北的八路军新四军部队”。为了回击国民党顽固派，1月17日周恩来愤然在《新华日报》题写了“为江南死国难者志哀”的题词，有力地揭露了国民党顽固派的罪行，引起了国内外舆论的强烈反应，国民党顽固派在政治上陷于空前孤立。20日，中共中央军委发布重建新四军的命令，任命陈毅为代军长，刘少奇为政治委员，全军扩编为7个师。至1941年3月，将蒋介石集团的第二次“反共”高潮彻底击败。

重庆谈判

1945年,日本投降时,在我国大陆地区已经形成了解放区根据地和国统区两个大的政治势力。它们各有自己的政党、军队和行政体系。所以,尽管外敌击退了,国家仍分裂着,中国何去何从的问题一时成为全社会关注的焦点。日寇退出后,国民党迅速派大员、军队接收敌占区,对中共解放的区域也采取接收的措施,两党两军的摩擦不时出现,祈盼和平的人士都呼吁国共双方重开和谈。

为争取时间和主动,蒋介石这时一边调兵遣将、积极筹划发动内战,一边提出和平要求。1945年8月14日、20日、23日,他三次电邀毛泽东到重庆"共商国事"。蒋介石的电报是这样说的:"特请先生克日惠临陪都,共同商讨,事关国家大计,幸勿吝驾,临电不胜迫切悬盼之至。"当时国民党治下的重庆,豺狼当道,特务横行,人身安全很没有保证。蒋介石估计毛泽东不肯去,他的一次次邀请电不过是摆个样子,还可以给毛泽东扣上个没有和平意愿的帽子。但是,毛泽东收到邀请电便立即复电,慨然应允。同时,他发表了《对目前时局的宣言》,提出了和平、民主、团结的口号。8月28日毛泽东抵达重庆。随行人员有周恩来、王若飞、美国大使赫尔利等。

毛泽东在重庆与蒋介石做了多次商谈,他代表中共提出了八项原则性意见,与蒋介石针锋相对地争取中共的权利。蒋介石理屈词穷,迫不得已与毛泽东签订了《双十协定》,他想给中共扣"破坏和谈"的帽子的愿望落空了,倒是自己受着协定的约束,很不自在。

在谈判桌上蒋介石多次要手腕,他说:"解放区的问题政府不能再迁就,否则就不成其为国家。"他要求中共放弃枪杆子和政权。谈判桌外,他派出阎锡山的12个师,向上党地区进攻,企图迫使毛泽东妥协。他万万没有想到他的这支精锐部队是肉包子打狗——有去无回。

毛泽东在重庆谈判期间,进行了大量的民间交往。8月30日下午,毛泽东由周恩来陪同来到特园(民主人士鲜英的住所),和张澜、鲜英倾吐心曲。他们在一起共商国是,张澜郑重地说:"蒋介石在演鸿门宴呢!"毛泽东风趣地说:"蒋介石拿民主当时髦货! 他要演民主的假戏,我们就来他一个假戏真演,让全国人民当观众,看出真假,分出是非,这场戏也就有价值了!”随后,毛泽东详细解释了中共的和平、民主、团结的政治主张。这些主张得到两位民主人士的一致称赞。

9月2日中午,张澜以中国民主同盟的名义,在“民主之家”特园,欢宴毛泽东、周恩来等人,沈均儒、黄炎培、张申府等前来作陪。毛泽东一进特园,高兴地说:“这是‘民主之家’,我也回到家里了!”众人闻罢,欢笑起来。在大客厅里,毛泽东勉励大家道:“今天,我们聚合在‘民主之家’;今后,我们共同努力,生活在‘民主之国’。”席间,大家围绕时局这个大主题各自发表意见,毛泽东反复强调“和为贵”,恳切表达了对和谈的冀望。席后他又与沈均儒谈健身,与黄炎培谈职业教育,与张申府话“五四”往事。气氛愈发热烈融洽。一时间,觥动觞举,酒酣耳热,言语欢畅。

重庆谈判,毛泽东原来只想呆一两周,可蒋介石迟迟不在协定上签字。毛泽东一直呆了43天。这期间,他的胸襟才干为世间广泛认识到了,人们不再以为神秘,却生出了更多的崇敬。

谈判对蒋介石来说,总是不得已而为之的一种表演。1945年10月,《双十协定》墨迹未干,蒋介石感觉他已准备好了,就撕毁协议,向国民党各战区将领下达了“剿匪”密令。

千里跃进大别山

1947年,解放战争进入第二个年度,人民解放军消灭了大量国民党的生力军,蒋介石在全面进攻我解放区失败后,改变了战略,以重兵进攻我陕北、山东两解放区。为了摆脱不利局面,毛泽东在5月4日和5月8日两次急电刘伯承、邓小平,要求他们尽快结束豫北反攻,转入休整,争取在6月份跨过黄河,转入外线作战,以吸引蒋介石在陕北及山东的兵力回撤。

6月30日,刘邓大军乘夜色强渡黄河,蒋介石精心构筑的河防工事顷刻瓦解。蒋介石曾对部下们宣称“花园口以下的半条黄河,可以抵得上40万大军!”刘邓大军过河后,蒋介石接到顾祝同的电报,恼羞成怒,他原以为刘邓军会驰援陕北,可万万没想到刘邓会孤军杀过黄河天险,进入鲁西南作战,于是调了豫北的3个师由王敬文率领拦截刘邓。蒋介石并未抽调陕北和山东的兵力回援。渡河后,虎将杨勇率一纵队穷追猛打,乘胜包围了重镇郓城。通过炮火配合，一夜攻下了郓城，全歼敌55师师部及两个整旅，开创了我军一个纵队单独一次歼敌一个师部两个整旅的光辉战例。虽然郓城已被我军攻克，但王敬文仍率军拼命往郓城赶，摆出了一条50公里长的长蛇阵，这正中刘伯承的下怀，他指挥部队大胆穿插，切断敌第70师、第32师、第66师的联系，将敌第32师和第70师合围于六营集，第66师围困于羊山集。经过紧张激烈的战斗，全歼敌3个整编师，共5万人。其后刘邓乘胜追歼残敌，整个鲁西南战役，歼敌4个整编师师部，9个半旅6万余人，顺利揭开了我军战略大反攻的序幕。

蒋介石见强攻不成，便又打起了黄河的主意。他的第一步计划是先派飞机炸毁黄河大堤，吓唬刘邓大军撤往黄河以北，若不成功，再采取第二步行动，引黄河水进入废黄河（即废弃了的黄河，这里特指位于现在的淮河流域北部），将刘邓大军困死在鲁西南地区。形势险恶，8月7日夜，刘邓先斩后奏，不等中央回电就率领大军出发了，兵分三路向大别山疾进。8月9日，毛泽东复电刘邓："决定完全正确。"此时，蒋介石上了刘邓北渡假象的当，从山东战场调来的8个整编师企图合围北渡的刘邓大军。而刘邓大军早已越过了陇海路，蒋介石则大呼上当，一面抽调军队，并下令将刘邓大军围歼于黄泛区内。黄泛区是蒋介石在1938年6月为了迟滞日军的西进，不顾数千万人民的死活，炸开黄河花园口，造成黄水泛滥的数万平方公里的沼泽地。为了争取胜利，刘邓命令部队轻装前进，一夜急行军，刘邓大军以惊人的毅力，战胜重重困难胜利通过了黄泛区。18日，大军进抵沙河；23日，进抵淮河，渡过了淮河，敌军在蒋介石"杀头"令的督促下，拼命堵截；后面由8个整编师组成的追击大军，从各个方向向刘邓大军紧紧逼来。前有强敌，后有追兵，情况万分危急。"狭路相逢勇者胜！"刘邓大军全体将士高喊着口号，冒着敌人的炮火，奋勇前进，陆续到达了大别山区，突出了蒋介石的合围圈。

刘邓大军到达大别山的消息传到陕北，忧心如焚的毛泽东展开了紧锁的双眉。刘邓大军千里跃进大别山，如一把钢刀直插蒋介石"国统区"的心脏，直逼武汉和南京，吸引了陕北、山东的蒋军回援，为粉碎蒋介石的重点进攻做出了重大贡献，揭开了人民解放军战略反攻的序幕。8月22日，陈唐、谢富治率晋冀豫野战军，在晋南豫北交界处渡过黄河，攻入豫西。9月，陈毅、粟裕指挥华东野战军，以8个纵队直穿鲁西南进入豫皖苏大平原，三支大军于12月底在豫南逐平、西平地胜利会师，这说明了中央领导人的战争策略是正确的，使广大民众获得了彻底的胜利。

三大战役

到1948年6月，在中国共产党的英明领导和正确指挥下，人民武装力量得到了迅速发展，人民解放军达到280余万人，解放区也在不断扩大，农业生产在土地改革的推动下得到恢复发展，铁路、矿山、工业也有相当规模。大好的形势为解放全中国奠定了良好的基础。

1948年9月，华东野战军发起的济南战役，在粟裕等人的指挥下，取得胜利，从而揭开了中国人民解放军战略大决战的序幕。

战略大决战，包括辽沈战役、淮海战役、平津战役，这三大战役为解放全国创造了决定性条件。

辽沈战役

解放战争进入到第三个年头时，东北战场形势对中国人民解放军华北野战军在辽宁西部和沈阳、长春地区与国民党军队展开大决战十分有利，国民党只有50余万人，被分割包围在长春、锦州、沈阳3个孤立地区。在遭到连续打击下，国民党官兵士气低落，厌战畏战情绪明显。鉴于此，中共中央和毛泽东指示东北野战军抓住时机，以主力南下，攻取锦州，将国民党军队关在东北，就地歼灭。

1948年9月12日，东北野战军司令员林彪、政委罗荣桓发起辽沈战役。部队首先围攻锦州，同时阻击由锦西、葫芦岛和沈阳方向救援锦州之敌，并继续围困长春之敌。10月14日，东北野战军对锦州发起总攻，经过31个小时的激烈战斗，全歼守敌，锦州解放。在东北野战军军事压力和政治争取下，长春守敌无心恋战，17日，曾泽生率部起义；18日，郑洞国也率部投降，长春因而获得解放。10月26日，东北野战军将从沈阳来支援锦州的国民党军队包围在辽西厉家窝棚地区，经过两天一夜的战斗，到28日，这支由美式机械化装备的部队全军覆没。11月1日，东北野战军向沈阳发起进攻，在军事打击和政治攻势下，沈阳守敌纷纷投降。第二天，沈阳解放，营口、新民、辽阳、抚顺等地也被解放。至此，辽沈战役结束，这次大战共歼敌47万多人，俘虏廖耀湘等多名国民党高级将领。

淮海战役

淮海战役是中国人民解放军在以徐州为中心,东起江苏海州、南达安徽淮河、西迄河南商丘、北至山东临城(今薛城)的广大地区上对国民党军队进行的又一次大决战。决战的中心徐州,是国民党政治经济中心的北部门户,蒋介石称,徐州决战"实为我革命成败,国家存亡之最大关键",因此,他投入80万兵力,由刘峙、杜聿明指挥。

为了有效打击敌人,中共中央命令中国人民解放军华东野战军参战,共约60万人,由刘伯承、邓小平、陈毅、粟裕、谭震林组成总前委指挥。1948年11月6日,华东野战军发起了淮海战役,这次战役分三个阶段:第一个阶段从11月6日到22日,在徐州的东新安镇、碾庄圩地区,国民党第三绥靖区所属3个半师2.3万余人大起义,领导徐东新安镇兵团的黄百韬自杀。第二阶段从11月23日到12月15日,在安徽宿县双堆集围歼黄维兵团,同时歼灭从徐州西逃突围的孙元良兵团,黄维被俘。第三阶段,围歼杜聿明集团。从1949年1月6日到10日,华东野战军全歼杜聿明集团,俘虏杜聿明,击毙邱清泉。

中国人民解放军在淮海战役中共歼灭国民党机械化兵团5个,击退了从南京方面来援的李延年、刘汝明2个兵团,歼敌55.5万人,使国民党反动派失去大兵团作战的能力,基本上解放了华东、中原地区,使国民党统治中心南京处在中国人民解放军的直接威胁之下,蒋介石因此被迫下野。

平津战役

取得辽沈战役、淮海战役胜利之后,中国人民解放军乘势与国民党军队在北平(今北京)、天津等华北地区展开了平津大决战。为了稳住平津傅作义集团,中共中央军委指示东北野战军星夜隐蔽入关,与华北野战军的2个兵团及地方部队并肩作战,抓住华北敌人。1948年11月20日,平津战役开始。中共中央军委任命林彪、罗荣桓、聂荣臻组成平津战役总前委,以林彪为书记,统一指挥东北和华北野战军所部100余万人的对敌作战。

平津战役分为三个阶段。第一阶段是对傅作义集团围而不打、隔而不围。到1948年12月21日,解放军完成了对新保安、张家口、北平、天津、塘沽等军的分割包围。第二个阶段是对被围之敌各个歼灭。12月22日,解放军向新保安发起进攻,全歼守敌第35军。23日,收复张家口,歼敌5.4万人。接着,东北野战军一部与华北野战军第二、第三兵团严密包围北平,并集中兵力围攻天津。1949年1月14日,天津解放。16日,塘沽解放。一时间,北平20余万守敌完全陷入绝境。第三阶段是和平解放北平。在解放军的努力争取、平津地下党和傅作义亲友积极工作下,傅作义于1949年1月21日公告全国,宣布北平城内的国民党守军接受和平改编。1月31日,北平和平解放,平津战役结束。这次战役共歼灭和改编国民党军52万余人,基本解放了华北地区。

辽沈、淮海、平津三大战役震动世界。在近5个月的连续作战中,中国人民解放军歼灭敌人183个师,共计154万多人,总体上消灭了敌军主力,给蒋家王朝以毁灭性打击,而且为进军江南,解放南京、上海以至解放全国创造了决定性条件。

中华人民共和国开国大典

1949年,人民解放军势如破竹,国民党节节败退。百万雄师过长江,解放南京,宣告蒋家王朝的覆亡。

1949年9月21日首届中国人民政治协商会议第一届全体会议在北平(今北京)中南海怀仁堂隆重召开,毛泽东致开幕词,庄严宣告:"中国人民从此站起来了!"27日,第一次全体会议举行,会议通过了六项决议,并成立了以周恩来为主任,彭真、聂荣臻、林伯渠、李维汉等同志为副主任的开国大典筹备委员会,拟定开国大典包括三大项目:一、中华人民共和国中央人民政府成立典礼;二、中国人民解放军阅兵式;三、人民群众游行活动。

1949年的10月1日下午2时,中华人民共和国中央人民政府委员会第一次会议在北京天安门城楼举行,中央人民政府正、副主席宣布就职,并选举林伯渠为秘书长;任命周恩来为政务院(国务院)总理兼外交部长;毛泽东兼中央人民政府军事委员会主席;朱德兼人民解放军总司令;沈钧儒为最高人民法院院长;罗荣桓为最高人民检察署检察长。会议决定向全世界各国政府宣布,中华人民共和国中央人民政府为代表中华人民共和国全国人民唯一合法政府,愿与遵守平等、互利及互相尊重领土主权等原则的任何外国政府建立外交关系。

下午3时,首都各界群众30万人在天安门广场集会,隆重举行开国大典。

林伯渠宣布大典开始。毛泽东庄严宣布:“中华人民共和国中央人民政府今天成立了!”这个庄严的声音通过电波传到全国,传到世界各地,无数的中国人为之欢呼雀跃。伟大人民领袖的声音,也是四万万同胞共同的高昂豪迈的声音,更包含了无数先烈的夙愿。

在国歌《义勇军进行曲》的乐曲声中,毛泽东亲自按下了有电线通往天安门广场中央国旗杆的电钮,五星红旗迎风冉冉升起,54门礼炮齐放28响,如报春惊雷回荡在天地间。

升旗之后,毛泽东主席宣读了中华人民共和国中央人民政府公告,宣告国民党反动政府已被推翻,中央人民政府是代表中华人民共和国全国人民的唯一合法政府。公告宣读完毕,林伯渠秘书长宣布阅兵开始。在《三大纪律八项注意》、《军队老百姓》、《保卫胜利果实》等军乐乐曲声中,朱总司令由聂荣臻总指挥同车陪同,检阅了肃立受阅的三军部队。接着,朱总司令重登天安门城楼,宣读《中国人民解放军总部命令》,号召人民解放军乘胜肃清国民党反动军队的残余,解放一切未解放的国土,同时肃清土匪和其他一切反革命匪徒。

检阅仪式完毕便是分列式。检阅式和分列式历经两个多小时,出动了1.64万名官兵,数十门大炮,数十辆坦克和17架飞机。这两个多小时,其实就是我军以往漫长的战斗历程的缩影,也预示了未来的征途。阅兵式后,欢腾的群众游行队伍通过天安门前,向新的中央人民政府领导人致意,向高高的五星红旗致意。

中华人民共和国的成立标志着中国历史从此进入了一个新的时代;标志着中国劳苦大众摆脱了千百年受封建王朝残酷剥削的统治;标志着中国共产党将全国人民引上了一条走向繁荣富强、民主自立的和平大道。

图书在版编目(CIP)数据

中国通史:学生版/杨非编写. -南京:南京大学出版社,2010.7(2018.1重印)
(青少年课外阅读系列丛书)
ISBN 978-7-305-06874-4

Ⅰ.①中… Ⅱ.①杨… Ⅲ.①中国-通史-青少年读物 Ⅳ.①K209

中国版本图书馆CIP数据核字(2010)第054104号

出版发行 南京大学出版社
社 址 南京市汉口路22号 邮 编 210093
出 版 人 金鑫荣

丛 书 名 青少年课外阅读系列丛书
书 名 **中国通史(学生版)**
编 写 杨 非
责任编辑 封艳霞 编辑热线 025-83207098
审读编辑 张平凤

照 排 南京新洲印刷有限公司
印 刷 皖南海峰印刷包装有限公司
开 本 787×1092 1/16 印张 30 字数 460千
版 次 2010年7月第1版 2018年1月第6次印刷
ISBN 978-7-305-06874-4
定 价 39.80元

网 址 http://www.njupco.com
官方微博 http://weibo.com/njupco
官方微信 njupress
销售咨询热线 025-66665152
